Michael A. Hartenstein

Die Geschichte der Oder-Neiße-Linie

Michael A. Hartenstein

Die Geschichte der Oder-Neiße-Linie

OLZOG

Bibliographische Information der Deutschen Nationalbibliothek

Die Deutsche Nationalbibliothek verzeichnet diese Publikation in der Deutschen Nationalbibliographie; detaillierte bibliographische Daten sind im Internet über http://dnb.d-nb.de abrufbar.

ISBN: 978-3-7892-8218-8

2. aktualisierte und überarbeitete Auflage 2007

Internet: http://www.olzog.de

Umschlagentwurf: Atelier Versen, Bad Aibling
Satz: EDV-Fotosatz Huber / Verlagsservice G. Pfeifer, Germering
Druck- und Bindearbeiten: Ebner & Spiegel, Ulm
Printed in Germany

Inhalt

Vorwort ... 9

1. Die Entstehung der Oder-Neiße-Linie ... 15

1.1 Die Vorgeschichte der Oder-Neiße-Linie ... 15

1.1.1 Entstehung und Charakter des polnischen Nationalismus ... 16
1.1.2 Die Entstehung polnischer Gebietsansprüche bis zum Ausgang des Ersten Weltkrieges ... 23
1.1.3 Die deutsch-polnische Grenzregelung nach dem Ersten Weltkrieg ... 32
1.1.4 Polnische Revisionsforderungen und Gedanken zur Westgrenze 1920 bis 1939 ... 39

1.2 Die Zeit vom Ausbruch des Zweiten Weltkrieges bis zur Konferenz von Teheran ... 53
1.2.1 Forderungen der polnischen Exilregierung ... 53
1.2.2 Die Entstehung der Kompensationstheorie ... 61
1.2.3 Die Atlantik-Charta ... 66
1.2.4 Die Konferenz von Teheran ... 68

1.3 Von Teheran nach Jalta ... 71
1.3.1 Die polnische Reaktion auf die Ergebnisse der Konferenz von Teheran ... 71
1.3.2 Die „innerkommunistische" Festlegung auf die Nachkriegsgrenzen Polens ... 75
1.3.3 Abnehmende Bedeutung der Exilregierung in London ... 83
1.3.4 Das „Londoner Protokoll" vom 12. September 1944 ... 87
1.3.5 Amerikanische und britische Vorstellungen zur deutsch-polnischen Grenze vor der Konferenz von Jalta ... 87

1.4 Die Konferenz von Jalta ... 92
1.4.1 Die Schlußerklärung von Jalta ... 94
1.4.2 Die Bedeutung des Ergebnisses der Konferenz von Jalta ... 95

1.5 Von Jalta nach Potsdam ... 97
1.5.1 Polen und die Sowjetunion schaffen östlich von Oder und Lausitzer Neiße vollendete Tatsachen ... 97
1.5.2 Die Kapitulation des Deutschen Reiches und die „Berliner Erklärung" ... 101

1.5.3 Vorbereitungen zur Konferenz von Potsdam 102
1.5.3.1 Die amerikanische Ausgangsposition 102
1.5.3.2 Die britische Ausgangsposition 104
1.5.3.3 Die polnische Ausgangsposition 106

1.6 Die Potsdamer Konferenz 109
1.6.1 Der Verlauf der Potsdamer Konferenz – die Diskussionen über die deutsch-polnische Grenze 110
1.6.2 Zusammenfassung der Argumentation der Delegationen 126
1.6.3 Die Ergebnisse der Potsdamer Konferenz 128
1.6.4 Das Potsdamer Protokoll und Stettin 130
1.6.5 Die politische und rechtliche Bedeutung des Potsdamer Protokolls 132

1.7 Begründungen für die Oder-Neiße-Linie als Grenze 138
1.7.1 Die Kompensationstheorie 138
1.7.2 „Rückkehr" Polens in „urpolnisches Gebiet"? 143

1.8 Die Vertreibung und Deportation der deutschen Bevölkerung 146

2. Die Oder-Neiße-Linie nach der Konferenz von Potsdam 153

2.1 Die Haltung der Westmächte 153
2.1.1 Die Haltung Frankreichs 153
2.1.2 Die Haltung Großbritanniens 154
2.1.3 Die Haltung der USA 155
2.1.4 Die Entstehung des „Kalten Krieges" als Wendepunkt für die Haltung der Westmächte 156
2.1.5 Amerikanische und britische Revisionsvorstellungen der Jahre 1946/47 158
2.1.6 Die Gründung des „Weststaates" 164

2.2 Die Haltung der UdSSR 170

2.3 Die Haltung der Katholischen Kirche 174

2.4 Die Haltung in der Sowjetischen Besatzungszone Deutschlands bzw. in der Deutschen Demokratischen Republik und die Haltung in der Volksrepublik Polen 180

2.4.1 Polen 1945 bis 1949 180
2.4.2 Sowjetische Besatzungszone Deutschlands (SBZ) 1945 bis 1949 188
2.4.3 Die Haltung in der DDR und in Polen von 1949 bis 1989 194

2.5 Die Haltung in den westlichen Besatzungszonen Deutschlands bzw. in der Bundesrepublik Deutschland 199
2.5.1 1945 bis 1949 199
2.5.2 Die Haltung der Regierungen Adenauer und Erhard (1949 bis 1966) 203
2.5.3 Die Haltung der Regierungen Kiesinger, Brandt, Schmidt und Kohl (1966 bis 1989) 208

2.6 Die völkerrechtliche Anerkennung der Oder-Neiße-Linie im Zuge der Wiederherstellung der Einheit Deutschlands 213
2.6.1 Deutschland: freiwillige Anerkennung der Oder-Neiße-Linie oder Anerkennung als Folge von Druck? 213
2.6.2 Vertragliche Schritte zur völkerrechtlichen Anerkennung der Oder-Neiße-Linie 218
2.6.2.1 Vertrag über die Herstellung der Einheit Deutschlands 218
2.6.2.2 Vertrag über die abschließende Regelung in bezug auf Deutschland 218
2.6.2.3 Der deutsch-polnische Grenzbestätigungsvertrag vom 14. November 1990 219

2.7 Nach der Grenzanerkennung 222
2.7.1 Annexion und Vertreibung im Bewußtsein von Deutschen und Polen 224
2.7.2 Restitution von Eigentum 238

3. Zusammenfassung und Bewertung 251

4. Quellen und Literatur 267
I. Quellenveröffentlichungen, Dokumentationen und Vertragstexte 267
II. Literatur und Memoiren 270

Verzeichnis der Landkarten

Karte 1: Polens Grenzen 1916–1939 37

Karte 2: Die Grenzvorstellung der polnischen Exilregierung im Oktober 1939 und im Februar 1942 60

Karte 3: Die Grenzvorstellung der polnischen Exilregierung vom 7. Dezember 1943 und des „Rates der Nationalen Einheit“ (RJN) vom 15. März 1944 74

Karte 4: Der geheime sowjetisch-polnische Grenzvertrag vom 27. Juli 1944 80

Karte 5: Die Grenzvorstellungen der Alliierten vor der Konferenz von Jalta 91

Karte 6: Die deutsch-polnische Grenze auf der Konferenz von Potsdam 121

Karte 7: Die Oder-Neiße-Linie bei Stettin 131

Karte 8: Deutschland und Polen 1937 und 1945/90 141

Karte 9: Amerikanische Revisionsvorstellungen der Jahre 1946/47..... 161

Karte 10: Die Oder-Neiße-Grenze seit dem Abkommen von Görlitz 1950 196

Vorwort

Von Deutschland wurde am Ende des Zweiten Weltkriegs etwa ein Viertel seines Staatsgebietes innerhalb der Grenzen vom 31. Dezember 1937, mithin also des Staatsgebietes der vormaligen „Weimarer Republik“, abgetrennt. Neue deutsch-polnische Grenze wurde eine willkürliche Linie an Oder und Lausitzer Neiße.

Das Thema „Oder-Neiße-Grenze“ scheint heute, zumal nach den deutsch-polnischen Verträgen der Jahre 1990/91, uninteressant geworden zu sein. Weite Teile der Bevölkerung der Bundesrepublik Deutschland können sachlich oder emotional mit diesem Thema heute kaum noch etwas anfangen. Nach den politischen Umbrüchen in den sechziger und siebziger Jahren in Westdeutschland, der daraufhin dort folgenden weitgehenden Ausblendung der Thematik im Geschichtsunterricht sowie nach der jahrzehntelangen Tabuisierung der Problematik in der DDR assoziieren viele Deutsche mit den Begriffen Oder-Neiße, Pommern, Schlesien oder Ostpreußen diffus allenfalls etwas „Ewiggestriges“ bzw. „Heimattümelei“ – oder wittern gar immer noch „Revanchismus“. Für andere heutige Deutsche liegen Breslau, Stettin, Danzig, die Marienburg, Masuren, das Riesengebirge schlicht in „Polen“, ohne daß sie wissen, daß diese und andere Stätten jahrhundertelang von Deutschen bewohnt waren und zu Deutschland gehört haben. Die einseitige historische Erinnerungskultur in der Bundesrepublik Deutschland und die damit einhergehende notorische Geschichtsvergessenheit konnte, wie in Gesprächen manchmal festzustellen ist, sogar dazu führen, daß es heute Deutsche (darunter sogar Nachfahren von Ostvertriebenen) gibt, die ernsthaft glauben, die alten Ostgebiete Deutschlands seien 1939 von Hitler erobert worden – und 1945 mußten diese Gebiete nach solcher Auffassung eben gerechterweise wieder zurückgegeben werden. Die früher angewandte polnische Propagandaformel von den „wiedergewonnenen Gebieten“ mag dazu das Ihrige auch bei den Deutschen von heute beigetragen haben. Die verbreitete Tabuisierung, die in der deutschen Öffentlichkeit über den endgültigen Verlust der deutschen Ostgebiete nach wie vor vorherrscht, gehört wohl mit zu den eigenartigsten Phänomenen in der Bundesrepublik Deutschland. Daran haben auch Fernsehserien über die Vertreibung oder Günter Grass' Buch „Im Krebsgang“ sowie die Diskussion um das „Zentrum gegen Vertreibungen“ wenig geändert.

Entsprechend unbekannt sind heute in Deutschland (und übrigens auch in Polen!) die Umstände und Abläufe, die 1945 dazu führten, daß diese Grenze entstehen konnte, sowie die Folgen dieser Grenzziehung.

Das vorliegende Buch soll eine übersichtliche geschichtswissenschaftliche Darstellung der Vorgänge sein, die zur Faktizität der heutigen deutsch-polnischen Grenze führten.

Die Zeit der konkreten Entstehung der „Oder-Neiße-Grenze" fällt eigentlich in den Zeitraum des Zweiten Weltkrieges. In dessen Endphase führten die Alliierten USA, Großbritannien und Sowjetunion auf „Kriegskonferenzen" in Teheran, Jalta und Potsdam von 1943 bis 1945 intensive Verhandlungen zum Thema polnische Nachkriegsgrenzen, in die direkt und indirekt auch die polnische Exilregierung bzw. die von Moskau unterstützte kommunistische polnische Regierung einbezogen waren.

Die Entstehungsgeschichte der Oder-Neiße-Linie als Grenze war mit dem Ende des Zweiten Weltkrieges jedoch noch nicht abgeschlossen, da es auch noch eine lange Geschichte der völkerrechtlichen Anerkennung dieser Grenze gab. Auch existierte ein polnischer „Drang nach Westen" nicht erst seit dem Zweiten Weltkrieg, eine Tatsache, die bisher nicht genügend Aufmerksamkeit seitens der Historiographie erhalten hat.

In diesem Buch wird demzufolge die Geschichte der Oder-Neiße-Linie von ihrer „Vorgeschichte" in der Zeit vor dem Zweiten Weltkrieg bis zu ihrer endgültigen völkerrechtlichen Anerkennung 1990/92 im Zuge der „abschließenden Regelung in bezug auf Deutschland" erstmals in diesem Umfang zusammenfassend dargestellt. Ein eindeutiger Schwerpunkt der Darstellung liegt dabei in der Zeit der schon erwähnten „Kriegskonferenzen" von Teheran, Jalta und Potsdam, in der für die neue deutsch-polnische Grenze die Entscheidungen getroffen und verwirklicht wurden. Ferner werden jedoch ausführlicher die für die Entstehung dieser Grenze wichtige, lange vor dem Zweiten Weltkrieg entstandene polnische Ideologie des „Westgedankens" behandelt, sowie für die Zeit nach dem Zweiten Weltkrieg westliche Revisionsvorstellungen der unmittelbaren Nachkriegszeit und die Haltung zur Oder-Neiße-Linie in den direkt davon betroffenen Staaten sowie bei den Siegermächten des Zweiten Weltkrieges.

Die grobe Zweiteilung der vorliegenden Darstellung in die Zeit einer reinen Entstehungsgeschichte und die Zeit der „Anerkennungsgeschichte“ der Oder-Neiße-Linie soll den sachlichen Unterschied zwischen einerseits der eigentlichen Entstehungsgeschichte der Grenzlinie vor allem in der Zeit der „Anti-Hitler-Koalition“ und andererseits dem späteren politischen und völkerrechtlichen „Oder-Neiße-Konflikt“ verdeutlichen. Der zeitliche Schnitt wurde dabei an der Zeit nach der Potsdamer Konferenz angelegt, da schon kurz nach dem Ende dieses interalliierten Gipfeltreffens das die Niederringung des „Dritten Reiches“ und damit auch die Oder-Neiße-Linie ermöglichende Zweckbündnis „Anti-Hitler-Koalition“ im beginnenden „Kalten Krieg“ zerbrach, nachdem seine Hauptaufgabe erfüllt war.

Dieses Buch will im wesentlichen folgende Fragen beantworten: Wie kam es zur Oder-Neiße-Linie? Wer wollte diese Grenze seit wann und aus welchen Gründen? Wer hat die Oder-Neiße-Linie tatsächlich als Staatsgrenze durchgesetzt und verwirklicht? War im Grunde Hitler schuld an der Oder-Neiße-Grenze und damit an der Vertreibung der Ostdeutschen? Gab es je eine Möglichkeit der Revision dieser Grenze? Welche Bedeutung für die Entstehung der Oder-Neiße-Linie hatte eigentlich die Konferenz von Potsdam, die kurz nach dem Ende des Zweiten Weltkrieges in Europa stattfand, wirklich? War die neue deutsch-polnische Grenze tatsächlich als gemeinsamer Beschluß der Siegermächte des Zweiten Weltkrieges eine Folge der Potsdamer Konferenz?

Da das Problem der Entstehung der Oder-Neiße-Linie sehr umfangreich ist, mußte für die Beantwortung dieser Fragen im Rahmen eines bewußt kurz und lesbar gehaltenen Buches eine Beschränkung auf das Wesentliche und Exemplarische erfolgen. Es wurde versucht, konkrete Entscheidungen, die Schritte in die Richtung der neuen deutsch-polnischen Grenze erbrachten, im Rahmen der teils auseinanderlaufenden, teils deckungsgleichen übergeordneten Interessen der Hauptsiegermächte des Zweiten Weltkrieges darzustellen, da zwar die Polenfrage für die Alliierten ein zentrales Problem der Nachkriegsordnung war, die Grenzfrage demgegenüber jedoch eine vergleichsweise untergeordnete Bedeutung besaß, Entscheidungen oder Kompromisse in der Grenzfrage also immer in Zusammenhang mit für die Sieger übergeordneten Interessen gesehen werden müssen.

Zur Entstehung der Oder-Neiße-Linie ist seit Ende der 1940er Jahre bis heute eine sehr große Zahl an relevanten Quellenveröffentlichungen, Erinnerungsliteratur und wissenschaftlichen Darstellungen erschienen. Es sei diesbezüglich auf die Fußnoten sowie auf das Quellen- und Literaturverzeichnis verwiesen, in welchem alle für die Erarbeitung dieses Buches berücksichtigten Titel aufgeführt sind.

Jede in diesem Buch getroffene Aussage wird durch einen oder mehrere Fundstellennachweise belegt, wodurch nicht nur eine Überprüfbarkeit, sondern auch der Anreiz zu weiterem Nachlesen gegeben werden soll.

Mehrere Kartenskizzen verdeutlichen das im Text Dargestellte.

Diese Untersuchung möchte über die reine Darstellung historischer Tatsachen hinaus auch eine Auseinandersetzung mit der schwierigen und tragischen deutsch-polnischen jüngeren Vergangenheit leisten. Eine ehrliche Auseinandersetzung mit der Vergangenheit ist jedoch nur möglich, wenn man diese auch kennt. Eine ehrliche Auseinandersetzung mit der Vergangenheit, die nichts ausspart, auch keine unbequemen Wahrheiten, ist darüber hinaus eine wichtige Voraussetzung dafür, daß eine zukunftsweisende deutsch-polnische Verständigung, die diesen Namen verdient, überhaupt stattfinden kann. Auch hier gelten die Worte Richard von Weizsäckers, der im Zusammenhang mit der Ermordung der Juden durch das NS-Regime am 8. Mai 1985 ausführte, „daß es Versöhnung ohne Erinnerung gar nicht geben kann“.[1] Anschließen möchte ich mich an dieser Stelle auch den Worten des Historikers Michael Wolffsohn, der zum Volkstrauertag 1996 in der Frankfurter Paulskirche u. a. ausführte, daß man seelische Abwehrreaktionen erzeuge, „wenn aufgrund der verbrecherischen Nationalgeschichte des sogenannten ‚Dritten Reiches‘ das millionenfache individuelle Leid von Deutschen, zum Beispiel Flucht, Vertreibung oder der Bombenhagel auf Zivilisten, tabuisiert, minimiert oder nicht ernstgenommen wird. Die Rache an Deutschen war nach dem Zivilisationsbruch von Deutschen ihrerseits ein Rückfall ins vorzivilisatorische Zeitalter der Selbst- und Lynchjustiz. Mit ‚Aufrechnung‘ oder gar Verharmlosung der vorangegangenen deutschen Verbrechen hat dies nichts zu tun, alles aber mit Aufrichtigkeit, Wahrhaftigkeit, Voll-

[1] Zit. nach Gill/Steffani, Eine Rede und ihre Wirkung, S. 180.

ständigkeit, Seele und Mitgefühl. Ohne Mitgefühl kein Miteinander, ohne Miteinander kein innerer, seelischer Frieden und neues Gegeneinander. Wer nicht die Toten des eigenen Volkes betrauert, wird erst recht nicht die Toten anderer Völker betrauern. Wer eigenes Leid kennt und öffentlich nennt, wird das Leid anderer eher nachfühlen können – und wollen. Ausschließlichkeit des nationalen oder individuellen Leids verhärtet Herz und Verstand den anderen gegenüber.“[2]

Möge dieses Buch ein wenig dabei mithelfen, daß ein besonders dunkles Kapitel der europäischen Geschichte – immerhin wurden infolge der Aufrichtung der Oder-Neiße-Grenze Millionen von Menschen getötet, vertrieben oder umgesiedelt – vor dem Vergessenwerden oder vor der Verharmlosung bewahrt bleibt.

---

[2] Michael Wolffsohn: Willige Vollstrecker. Die europäische Dimension der deutschen Verbrechen. Gekürzter Text der Ansprache zum Volkstrauertag 1996 in der Frankfurter Paulskirche. In: Frankfurter Allgemeine Zeitung, 22.11.1996, S. 14.

1. Die Entstehung der Oder-Neiße-Linie

1.1 Die Vorgeschichte der Oder-Neiße-Linie

„In den letzen Jahrhunderten war das deutsch-polnische Verhältnis immer wieder belastet, fast immer schwierig und in der jüngeren Vergangenheit von Grausamkeiten, Leiden und Schrecken geprägt, was jedoch allein den Deutschen angelastet wird, ohne den polnischen Beitrag dabei wahrnehmen zu wollen."[3] Diese Worte des Politikwissenschaftlers und Historikers Georg Strobel bringen ein Wahrnehmungsproblem der Geschichte der deutsch-polnischen Nachbarschaft bereits deutlich auf den Punkt. Die Verbrechen, die im Zuge der deutschen Besatzungsherrschaft während des Zweiten Weltkrieges geschehen sind, haben in der heutigen öffentlichen Wahrnehmung der historischen Dimension des deutsch-polnischen Verhältnisses fast alles überdeckt, was vor dem Zweiten Weltkrieg gewesen ist.

Beide Seiten – Deutsche und Polen – haben jedoch gleichermaßen durch tradierte Bilder vom Nachbarn zu dem schlechten beiderseitigen Verhältnis beigetragen. Auf deutscher Seite war dies vor allem eine Geringschätzung Polens und der Polen, die am beredtesten in den Wendungen von der „polnischen Wirtschaft" und – in der „Zwischenkriegszeit" – vom „Saisonstaat" Polen ihren Ausdruck fand. Auf polnischer Seite war dies ein tiefverwurzeltes „Deutschensyndrom", auch als „Preußenkrankheit" (Strobel) bezeichnet, gespeist aus einem kulturellen und politischen Unterlegenheitsgefühl, das seine tiefste Ausprägung mit Beginn der polnischen Teilungen und vor allem im 19. Jahrhundert gefunden hat und in einen extremen antideutschen Nationalismus mündete, der schon lange vor dem Ersten Weltkrieg zu ebenso extremen polnischen Territorialvorstellungen führte.

Der Sozialdemokrat Peter Glotz hat diesen Gedanken – unter Hinweis auf eine von ihm verfaßte Geschichte der Vertreibung der Sudetendeutschen – treffend so formuliert: Die Geschichte habe „nicht mit den Nazis angefangen", man dürfe „die frühnationalen Erwecker, die nationalistischen Oberlehrer und Journalisten nicht aus der Verantwor-

---

[3] Strobel, Die polnische „Preußenkrankheit", S. 21.

tung lassen." Wer „wirklich gegen Vertreibungen (und zwar zukünftige!) kämpfen" wolle, müsse „die ganze Kette der Ursachen beleuchten." Der eigentliche Grund für Vertreibungen seien „übertriebene Identitätssucht, übersteigerte Loyalitätsgefühle zum eigenen Volk, Fremdenhaß, Nationalismus. Da können die meisten europäischen Völker kräftig vor der eigenen Tür kehren."[4]

Zur ganzen „Kette der Ursachen" der Entstehung der Oder-Neiße-Linie gehören somit nicht allein der deutsche Nationalismus oder der Nationalsozialismus mit Hitler, sondern auch der polnische Nationalismus. Im Zuge der Entwicklung des polnischen Nationalismus mischten sich spezifisch polnische Faktoren und Beweggründe mit allgemeineuropäischen Zeitströmungen und Denkmustern. Von den den polnischen Nationalismus tragenden nationalen Ideologien und Mythen sind dabei die polnischen territorialen Ansprüche, der „Drang" nach Westen und zur Ostsee, nicht zu trennen. Ein „sowohl auf ethnische als auch auf ökonomische und geopolitische Kriterien abstellender integraler Nationalismus, wie er sich gegen Ende des 19. Jahrhunderts in ähnlicher Form in vielen Ländern Europas herausbildete, lieferte das ideologische Fundament, auf dem sich das schon vorher verschiedentlich geäußerte Interesse an den ,Westgebieten' in ein Territorialprogramm verwandelte, dessen Verwirklichung für die polnische Nation zur Existenzfrage schlechthin hochstilisiert wurde."[5] Es erscheint vor diesem Hintergrund verfehlt, polnische Gebietsansprüche gegen Deutschland allein als Reaktion auf preußische, deutsche oder nationalsozialistische Polenpolitik zu deuten.

1.1.1 Entstehung und Charakter des polnischen Nationalismus

Die Entstehung des „modernen" polnischen Nationalismus fällt im wesentlichen in das 19. Jahrhundert, in die Zeit also, in der auch die meisten anderen europäischen Nationalismen entstanden sind, und gleichzeitig in die Zeit, in der Polen als Staat aufgeteilt, d. h. nicht

---

4 Glotz, Wider den Nationalismus.

5 Gehrke, Der polnische Westgedanke, S. 2.

existent war. Die polnische Teilung zeitigte bei weiten polnischen Kreisen selbstverständlich den Wunsch, einen polnischen Staat wiederherzustellen. Damit eng verbunden war auch die Frage, was Polen überhaupt sei und wer die Polen seien sowie die Frage, was früher einmal alles zu Polen gehört hat. Schnell stieß man, ebenso wie in anderen Ländern Europas, auf das Mittelalter, das in romantisierender Weise wiederentdeckt und verklärt wurde. Eine große Rolle spielten bei dem historischen Rückblick bis ins 20. Jahrhundert hinein immer wieder die Zeit der Dynastie der polnischen Piasten (Ende 10. Jahrhundert bis 1370) und besonders die romantisch-mythisch verklärten „eisernen Grenzpfähle", die der polnische piastische König Bolesław Chrobry (der Tapfere) zur Kennzeichnung der Westgrenze seines Reiches um das Jahr 1000 n. Chr. der Legende nach in die Oder habe rammen lassen. Mehrere polnische Historiker, Schriftsteller und Publizisten entwickelten seit der zweiten Hälfte des 19. Jahrhunderts großes Interesse an den früheren „piastischen Westgebieten", zu denen u. a. auch Schlesien, die Lausitz, Ostbrandenburg (Neumark) und Pommern sowie West- und Ostpreußen gerechnet wurden. Sie wirkten durch eine populäre historische Publizistik maßgeblich an der Ausbildung eines weitverbreiteten national-mythisch-heroisch verklärten Geschichtsbildes mit, das dann später auf politischer Ebene zur Untermauerung polnischer Gebietsansprüche im Westen herangezogen wurde. Eine große Rolle bei der Entdeckung der aus dem Mittelalter herrührenden Identität spielte darüber hinaus auch in Polen das einfache Volk, insbesondere das Bauerntum, das als Träger wehrhaften, unverfälschten Polentums idealisiert wurde.

Der Staat, der einen Großteil dieser früher zeitweise piastisch-polnischen Gebiete im Westen und Norden besaß, war Deutschland bzw. Preußen. Schlesien, die Lausitz, die Neumark, Pommern, Ostpreußen sowie Teile Westpreußens waren seit Jahrhunderten germanisiert, d.h. von Deutschen bewohnt. Von „piastisch" inspirierten Schriftstellern und Historikern wurde polnischerseits aufgrund der territorialen und ethnischen Gegebenheiten des 19. Jahrhunderts ein von Beginn an bestehender, gleichsam geschichtsnotwendiger polnisch-deutscher Antagonismus konstruiert, eine seit Jahrhunderten ungebrochene Kontinuität deutscher territorialer und ethnischer Expansion zulasten Polens, zusammengefaßt ausgedrückt im Schlagwort vom deutschen „ewigen Drang nach Osten". Insbesondere Preußen wurde als ein ausschließlich durch Gewaltanwendung und Vertragsbruch auf nichtdeutschem Territorium installiertes künstliches Staatswesen, als „Raubstaat", dargestellt. Im Polnischen wurde für diesen angeblichen Drang das Schlagwort „Zaborczość" geprägt, das in etwa „räuberisches Streben nach Expansion und gewaltsamer Beherrschung anderer" bedeutet. Die deutsche Geschichte in Ostmitteleuropa, insbesondere die deutsche Ostsiedlung des Mittelalters, wurde so im polnischen Bewußtsein regelrecht kriminalisiert. Als Ergebnis dieser historischen Betrachtungsweise entstand ein klar definiertes Feindbild, das am prägnantesten durch das im 17. Jahrhundert entstandene und im 19. und 20. Jahrhundert populäre polnische Sprichwort „Solange die Welt sich dreht, wird der Deutsche dem Polen kein Bruder sein" ausgedrückt wurde.

Der polnische Nationalismus war im 19. Jahrhundert am Ende dieser Entwicklung zu einem sogenannten „integralen" Nationalismus geworden, der die eigene Nation zum Gegenstand höchster, quasireligiöser Verehrung machte, zum absoluten Wert an sich. Dieser Nationalismus wirkte, bezogen auf die „Kulturnation", nach innen vereinheitlichend und nach außen strikt abgrenzend. Immanent war ihm das irredentistische Element, d. h. der Drang, unter Fremdherrschaft stehende „unerlöste" Volksteile und Gebiete zu „befreien", wobei die Kriterien dafür, was polnisch war und ist, eher großzügig zugunsten eines großen Polens ausgelegt wurden. Dieser, auf die polnische Kultur- und Sprachnation – das mythische Volk – und die piastische älteste Zeit Polens blickende Nationalismus wird überwiegend als „piastischer" Nationalismus bezeichnet.

Politische Trägerin des solcherart entstandenen polnischen Nationalismus war seit Ende des 19. Jahrhunderts neben anderen vor allem die „Demokratisch-nationale Partei" (Stronnictwo Demokratyczno-Narodowe), besser bekannt unter der Kurzbezeichnung „Nationaldemokratie" (Narodowa Demokracja), nach deren Anfangsbuchstaben sich auch die Bezeichnung „Endecja" einbürgerte, mit ihren einflußreichen Publikationsorganen.[6] Führer und Vordenker der „Endecja" im 19. und frühen 20. Jahrhundert war Roman Dmowski, „für den sich die Menschheit ausschließlich in Nationen" verwirklichte, „die ihrerseits dann Staaten bildeten".[7] Dmowski sollte am Ende des Ersten Weltkrie-

6 Gehrke, Der polnische Westgedanke, S. 101 ff.

7 Gehrke, Der polnische Westgedanke, S. 120.

ges für Polen noch eine herausragende Rolle spielen. Ein weiterer wichtiger Vordenker der polnischen Nationaldemokratie, der vor allem das einfache Volk als *die* polnische Nation der Zukunft propagierte, war der Publizist Jan Ludwik Popławski. Im Denken Dmowskis und Popławskis wurden neben den Gedanken vom „Volk“ die Begriffskategorien des „Kampfes“ und der „Expansion“ regelrecht zu Dogmen erhoben. Die Frage der Zugehörigkeit der von Preußen beherrschten „Westgebiete“ wurde von ihnen zu einer Frage von schlechthin existentieller Bedeutung stilisiert. An dieser Frage „mußte sich die Fähigkeit der polnischen Nation zur Expansion erweisen, hier mußte sie sich überhaupt erst das Recht erstreiten, in Zukunft wieder gleichberechtigt am Tisch der europäischen Nationen Platz zu nehmen“.[8] Trotz ihrer territorialen Westfixierung wollte sich die Nationaldemokratie im Falle einer Wiedergeburt Polens jedoch nicht auf eine Westexpansion beschränken. Vielmehr versuchte sie, den in der polnischen Diskussion während der Zeit der Teilung vorhandenen Gegensatz zwischen denen, die die Wiederherstellung Polens vor der ersten Teilung (1772) und denen, die einen neues Polen auf ethnographischer Basis mit Westausdehnung wollten, aufzulösen. Die polnische Nationaldemokratie vertrat daher, wie der Historiker Roland Gehrke es formulierte, das „Ziel einer möglichst weitreichenden Expansion nach Ost *und* West“,[9] wobei wahlweise ethnographische, geographische, historische oder kulturelle Argumente verwendet wurden – je nachdem, wo welche Art von Argument einen Expansionsanspruch begründen half. Der polnische Nationalismus, vertreten insbesondere durch die „Endecja“, propagierte und popularisierte eine Ideologie der Expansion, „die allein den ‚nationalen Egoismus‘ als oberste Handlungsmaxime anerkannte und sich an eine übergeordnete Moral nicht gebunden fühlte“. Bei dieser Handlungsmaxime „bedurfte es bei der Festlegung der künftigen Grenzen gar keiner objektiv plausiblen Begründung. Oberstes Ziel war schließlich die Schaffung eines möglichst starken – und das hieß vor allem: eines möglichst großen – Polen, ohne dabei irgendwelche Rücksichten auf andere zu nehmen.“[10]

---

8 Gehrke, Der polnische Westgedanke, S. 127.
9 Gehrke, Der polnische Westgedanke, S. 194.
10 Gehrke, Der polnische Westgedanke, S. 196.

Mit den politischen Bewegungen erwuchs die katholische Kirche in Polen im 19. Jahrhundert zum unangefochtenen nationalen und politischen Vorbild der polnischen Nation und wurde damit zur nationalkulturellen Klammer des aufgeteilten Landes. Sie machte sich die Wiederherstellung Polens uneingeschränkt zu eigen und stützte den polnischen Nationalismus stark durch die Hinzufügung einer nationalreligiös-katholischen Komponente.[11]

Die ablehnenden deutschen Reaktionen auf den polnischen Nationalismus, insbesondere die Niederschlagung polnischer Wiederherstellungsbestrebungen im 19. Jahrhundert, verstärkten den polnischen Nationalismus noch. Schon die Deutsche Nationalversammlung in der Paulskirche machte unmißverständlich klar, „daß ein wiedererstandenes Polen all jene Grenzgebiete an Deutschland abzutreten habe, in denen eine Mehrheit der Bevölkerung dies verlange, auf eine vollständige Wiederherstellung der Grenzen von 1772 also verzichten müsse". Otto von Bismarck, preußischer Ministerpräsident und Kanzler des Deutschen Reiches, machte seine Ablehnung der Wiedererstehung Polens frühzeitig mit dem Argument deutlich, ein wiedererstandener polnischer Staat werde zwangsläufig nach den Grenzen von 1772 streben und darüber hinaus nach Ostpreußen sowie Teilen Schlesiens und Pommerns, womit „Preußens beste Sehnen durchschnitten" würden. Gerade Otto von Bismarck waren die polnischen nationalen Bestrebungen und damit verbundene Gebietsansprüche wohlbekannt. Wiederholt äußerte sich Bismarck über die Gefahr für Danzig und Posen, für Schlesien und Ostpreußen im Falle einer Wiederherstellung Polens und die damit verbundene Gefahr polnischer Fremdherrschaft über Millionen von Deutschen. Bereits in den sechziger Jahren des 19. Jahrhunderts wies Bismarck auf polnische Landkarten hin, „in welchen die Träume der polnischen Insurrektion ihren Ausdruck finden" und die „Pommern bis an die Oder als polnische Provinz" bezeichnen.[12]

---

[11] Siehe zur großen Bedeutung der poln. kath. Kirche für die Ausprägung des poln. Nationalismus Strobel, Chauvinismus und Verstrickung.

[12] Rothfels, Bismarck, der Osten und das Reich, S. 75 f.

Überlegungen, die von deutscher Seite im Hinblick auf die „polnische Frage“ angestellt wurden, waren in der zweiten Hälfte des 19. Jahrhunderts und im frühen 20. Jahrhundert daher immer mit der Territorialfrage verknüpft und von der gerechtfertigten Sorge geprägt, „ein wiedererstandenes Polen müsse zwangsläufig zu einer Bedrohung der eigenen territorialen Integrität werden.“ Die Folge hiervon war eine von allen polnischen Teilungsmächten (Rußland, Österreich-Ungarn, Preußen/Deutschland) gleichermaßen betriebene „negative Polenpolitik“ (Klaus Zernack), deren Grundgedanke von Bismarck für Preußen/Deutschland so formuliert wurde, daß ein großes Polen stets ein unruhiger und rastloser Feind Preußens sein werde, während ein territorial gesättigtes Rußland jedoch ein vergleichsweise ruhiger Nachbar sei. Bismarcks Fazit: „Unsere geographische Lage und die Mischung beider Nationalitäten in den Ostprovinzen einschließlich Schlesiens nötigen uns, die Eröffnung der polnischen Frage nach Möglichkeit hintanzuhalten.“[13]

Eine besondere Betrachtung verdient an dieser Stelle die Polenpolitik Preußens, die oft als Ursache für die deutsch-polnische Feindschaft im allgemeinen und den polnischen Nationalismus im besonderen dargestellt wird. Als „Beelzebub“ der Polenpolitik galt den Polen vor allem der preußische Ministerpräsident und deutsche Reichskanzler Otto von Bismarck sowie der „Deutsche Ostmarkenverein“. Besonderer Anstoß wurde polnischerseits an den Sprachgesetzen der 1870er Jahre (Unterrichts- und Amtssprachenregelungen) und der Tätigkeit der Ansiedlungskommission ab 1886 (Ansiedlung deutscher Landwirte in der Provinz Posen) genommen. Insgesamt wurde die polnischerseits als germanisierend und entnationalisierend verurteilte Polenpolitik Preußens bzw. Deutschlands jedoch mit wenig Nachdruck betrieben und hat das Gegenteil von dem erreicht, was ihr unterstellt wurde. Die Ansiedlungskommission schaffte es nicht, den Anteil deutschen Bodens in Posen zu erhöhen – im Gegenteil: Der polnische Bodenbesitz nahm seit Gründung der Ansiedlungskommission aufgrund der Selbsthilfe der polnischen Banken- und Sparkassenorganisation um mehr als 100 000 Hektar zu. Auch der deutsche Bevölkerungsanteil in der Provinz Posen ging in der Preußenzeit kontinuierlich zurück.

[13] Gehrke, Der polnische Westgedanke, S. 74 ff.

In die „Preußenzeit“ fällt – wohl als Auswirkung von Bismarcks „Kulturkampf“ gegen die katholische Kirche – auch die Entwicklung der polnischen Vorstellung von der preußischen Staatskirche als „protestantischer Herrenkirche“, welche die polnische katholische Kirche zu einer „Dienerkirche“ herabwürdige. Bis heute wirkt dieser Stereotyp von den Deutschen als „häretische Protestanten“ und den Polen als „gottgefällige Katholiken“ nach.[14]

Objektiv betrachtet entstand aufgrund gezielter preußischer und deutscher Entwicklungsmaßnahmen im preußischen Teilgebiet Polens – mit polnischer Beteiligung – jedoch eine moderne und hochproduktive Industrie- und Agrarwirtschaft. Unter preußisch-deutscher Herrschaft entwickelten sich die polnischsprachigen Gebiete Preußens zur „modernsten und reichsten, infrastrukturell bestentwickelten Region des ehemaligen und künftigen Polen“.[15] Die polnische Sprache anzuwenden war keineswegs verboten. In der von der polnischen Propaganda so verteufelten Preußenzeit entstanden in der Provinz Posen auch zahlreiche polnischen Parteien, Organisationen, Vereine, Banken und Genossenschaften, Gewerkschaften etc., die polnische Interessen selbstbewußt vertreten haben. Ferner entstanden in dieser Zeit viele Romane, Geschichtswerke und Periodika, die polnisches National- und Geschichtsbewußtsein förderten und als antipolnisch empfundene Maßnahmen des (preußischen) Staates scharf kritisierten. In Preußen sowie im österreichischen Galizien konnte die polnische Presse weitgehend unbehelligt von staatlicher Zensur arbeiten. Auch die polnische Kirche war an dieser Publikationstätigkeit rege beteiligt. All diese Organisationen und Publikationen konnten in der angeblich so repressiven „Preußenzeit“ in der polnischsprachigen Bevölkerung, vom Staat zwar argwöhnisch beobachtet, aber doch weitgehend ungehindert, ein nationales Bewußtsein aufbauen, das sich eindeutig gegen die Interessen Preußens bzw. des Deutschen Reiches richtete und auch offen Gebietsforderungen vertrat.

Es ist aus polnischer Sicht verständlich, daß hinsichtlich der staatlichen Nichtexistenz Polens im 19. und frühen 20. Jahrhundert, für die auch

14 Strobel, Chauvinismus und Verstrickung, S. 12.
15 Strobel, Chauvinismus und Verstrickung, S. 15.

Preußen verantwortlich war, gegenüber dem preußisch-deutschen Staat wenig bis keine Loyalität vorhanden war. Preußen bzw. Deutschland wollte und konnte die Wiederherstellung Polens nicht zulassen, und dies konnte in gewisser Hinsicht als Repression empfunden werden. Für diese Zeit jedoch von einer generellen „Unterdrückung" der Polen zu sprechen, findet keine wirkliche Entsprechung in den Tatsachen.

1.1.2 Die Entstehung polnischer Gebietsansprüche bis zum Ausgang des Ersten Weltkrieges

Polnische Politiker, Historiker, Schriftsteller und Leitartikler, vom „Westgedanken (myśl zachodnia) gefesselt, hatten von einer ‚Rückkehr urpolnischer Gebiete zum Mutterland' und von einer polnischen Westgrenze an Oder und Lausitzer Neiße seit Jahrzehnten geträumt – lange vor Hitler".[16] Auch panslawistische, eigentlich zunächst in Deutschland entwickelte und dann vor allem von Rußland aus vertretene Vorstellungen gefährdeten die deutsche/preußische Ostgrenze schon seit dem 19. Jahrhundert.[17]

Derartige Aspirationen und Vorstellungen können zwar nicht als kalkulierte Planungen zur Errichtung der Oder-Neiße-Grenze zwischen Deutschland und Polen angesehen werden – extreme Meinungen gab und gibt es überall. Letztendlich bereitete den Boden für die Möglichkeit der Errichtung der Oder-Neiße-Grenze der Ausgang des Zweiten Weltkrieges, der die Niederlage und bedingungslose Kapitulation Deutschlands brachte.

Dennoch dürfen expansionistische polnische Stimmen aus der Zeit vor dem Ersten und Zweiten Weltkrieg nicht ignoriert werden, zumal dann nicht, wenn sie einflußreichen Personen des öffentlichen Lebens – Publizisten, Schriftstellern, Wissenschaftlern, Geistlichen, Politikern – gehörten und eine große Popularität sowie den Anschein von wissenschaftlicher Fundiertheit gewannen. „Dies antizipierte so die Potsdamer Territoriallösung von 1945, was von polnischen wie deutschen Publizisten und Historikern entweder nicht wahrgenommen oder gar

---

16 Bingen, Oder-Neiße-Grenze, S. 407.

17 Wagner, Der slawische Vorstoß, S. 11 ff.

geleugnet wird."[18] Es muß eben bedacht werden, daß die Politik immer nur von wenigen Persönlichkeiten gestaltet wird, und daß diese Persönlichkeiten Ideen leicht rezipieren, weitertragen und im Falle einer „guten Gelegenheit" verwirklichen können.

Mit den polnischen Teilungen der Jahre 1772, 1793 und 1795, vorgenommen von Rußland, Österreich und Preußen und modifiziert bestätigt durch den Wiener Kongreß 1815, verschwand Polen bis 1916/18 als eigenständiger Staat bekanntlich von der europäischen Landkarte. Es liegt, wie schon oben bemerkt, auf der Hand, daß ein polnisches Bestreben entstehen mußte, einen polnischen Staat wiederherzustellen. In diesem Bestreben entstanden zwei Hauptrichtungen polnischer Staatsgebietskonzepte, von denen die eine im wesentlichen die Wiederherstellung Polens in seinen Grenzen von 1772 vertrat, die eher antirussisch ausgerichtete sogenannte „jagellonische" Richtung.

Genauerer Betrachtung unterzogen werden soll hier die zweite Richtung, gestützt vor allem durch den oben skizzierten strikt antideutsch ausgerichteten „piastischen" Nationalismus, der den „Westgedanken" (polska myśl zachodnia), gerichtet auf Schlesien, die Neumark und Pommern, und den „Meeresgedanken" (polska myśl morska), gerichtet auf Danzig, Ostpreußen und ebenfalls auf Pommern, hervorbrachte.[19]

Einige wenige ausführlich wiedergegeben Beispiele aus polnischer Literatur, Wissenschaft und Publizistik des 19. und frühen 20. Jahrhunderts sollen zeigen, wie weitgehende Expansionsvorstellungen in Richtung auf Gebiete Deutschlands, die gar nicht von Menschen polnischer Nationalität, sondern seit Jahrhunderten von Deutschen bewohnt wurden, bereits damals – zum Teil offen, zum Teil recht subtil – ausgedrückt worden sind. Im Prinzip ist in diesen Gedanken schon fast alles wiedergegeben, was lange „vor Hitler" und dem Zweiten Weltkrieg in Polens interessierten Kreisen populär war und dann 1945 zur Begründung der polnischen Westexpansion beitrug, alle Geschichtsklitterungen, Klischees und Vorurteile eingeschlossen. Berücksichtigt wurden im folgenden nur Ausprägungen des „West- und Meeresge-

---

18 Strobel, Die polnische „Preußenkrankheit", S. 23.

19 Siehe zum Gesamtproblem der Entstehung poln. Gebietsansprüche gegen Deutschland am besten Gehrke, Der polnische Westgedanke.

dankens“, die Gebiete betrafen, die die Pariser Friedensordnung von 1919/20 aufgrund der zu fast 100 Prozent deutschen Nationalität der Bewohner und des Prinzips des Selbstbestimmungsrechtes der Völker (Abstimmungen) nach dem Ersten Weltkrieg bei Deutschland belassen hatte (Schlesien, Ostbrandenburg/Neumark, Pommern, Ostpreußen).

Zahlreiche polnische Dichter und Schriftsteller trugen zu einer „Wiederentdeckung“ früherer polnischer bzw. slawischer Westgebiete nicht unwesentlich bei und prägten durch ihre Arbeit auch das Bild vom deutschen Nachbarn und Mitbewohner. Teilweise wurden dabei auch Träume von der Ausdehnung eines wiedererstandenen Polens formuliert. Juliusz Tomaszewicz z.B. wollte ein Polen vom Dnjepr bis zur Elbemündung, Konstanty Gaszyński begnügte sich mit polnischen „eisernen Grenzpfählen in Dnjepr und Saale“, Wincenty Pol träumte von einem Polen, „das von dem für Slawen heiligen Rügen entlang der Oder und Neiße im Westen und bis zur Düna und Dnjepr im Osten reichen solle“.[20] Pol, der eigentlich deutscher Abstammung war (Vinzenz Poll von Pollenburg), erdichtete in seinem Poem „Pieśń o ziemi naszej“ („Lied von unserem Lande“) ein solches Polen. Das romantische Poem wurde außerordentlich beliebt und avancierte nach 1918 zur schulischen Pflichtlektüre.[21] Henryk Sienkiewicz lieferte mit seinem (später verfilmten) populären Roman „Krzyżacy“ („Kreuzritter“) das für die Beurteilung der Deutschen folgenreiche Bild vom angeblich eroberungssüchtigen und brutalen Deutschen Orden des Mittelalters.

Auch von der polnischen Geschichtsschreibung wurde, ähnlich den Schriftstellern, die frühe Piastenzeit, das polnische Mittelalter, verklärt dargestellt und die seitdem im Westen eingetretenen Veränderungen bedauert. Gebietsansprüche wurden damit zwar nicht verbunden, jedoch ein Zweifel am rechtmäßigen Besitz dieser Gebiete durch Deutschland suggeriert. So formulierte Professor Józef Szujski, Polen habe im Mittelalter „eine doppelte, offenkundig von Gott auferlegte Mission“ gehabt. „Es mußte die Christenheit vor den Stürmen des Ostens verteidigen und diesem Osten zugleich das Evangelium bringen; es mußte die slavischen Volksstämme, deren Muttervolk es war,

---

20 Strobel, Die polnische „Preußenkrankheit“, S. 23.

21 Strobel, Chauvinismus und Verstrickung, S. 11.

zum Dienst an der christlichen Zivilisation erziehen und ihr nationales Eigentum gegen die räuberische Idee des Pangermanismus verteidigen. So wie allen göttlichen und Menschenrechten gemäß die Deutschen nicht das Recht haben, die Slaven ihrer Nationalität zu berauben, so hatte und hat Polen als christlich-katholische Macht des Ostens das heilige Recht einer zivilisatorischen und moralischen Vorherrschaft unter den slavischen Völkern. Dieser doppelten Mission wurde das piastische Polen durch fünf Jahrhunderte hindurch gerecht."[22]

Der Historiker Michał Bobrzyński konstatierte, „Pommern zu halten und den großen und tapferen Stamm der Liutizen vor der deutschen Eroberung zu verteidigen, die nationalen und gesellschaftlichen Bindungen mit diesen westlichen Stämmen noch enger zu gestalten – das war für Polen die erstrangige und entscheidende Aufgabe. Man kann sie nicht gleichsetzen mit irgendeiner im Osten vollendeten Union oder Eroberung, die dem polnischen Staat fremde, schwer zu assimilierende Völkerschaften einverleibte. In Pommern und im Land der Liutizen galt es, dieselben Polen anzuschließen wie in Masowien, wie in Groß- oder Kleinpolen ... Es galt, die große Grenzlinie an der Oder, wenn nicht an der Elbe zu halten, es galt, auf breiter Front den Zugang zur Ostsee zu sichern."[23]

Während die mittelalterliche polnische Piastenzeit solcherart idealisiert wurde, wurden die deutsche Ostsiedlung des Mittelalters sowie der Staat Preußen regelrecht kriminalisiert. So propagierte der nationaldemokratische Publizist Popławski: „Das Königreich Preußen entstand und entwickelte sich ... durch Treubruch, Verrat, hinterlistigen Raub und die geschickte Ausnutzung günstiger Umstände."[24] Die Assimilierung slawischer Völkerschaften im Zuge der deutschen Ostsiedlungsbewegung wurde z. B. in der Endecja-Zeitung „Przegląd Narodowy" (Nationale Umschau) als „Gewaltakt" bezeichnet, „der selbst die elementarsten moralischen Maßstäbe mißachtet". Diese Kriminalisierung fand ihren Ausdruck auch in dem beliebten Bild von den „slawischen Friedhöfen", auf denen ein großer Teil Deutschlands und Preußens errichtet worden sei.[25] Wacław Sobieski formulierte im Jahr

---

22 Zitiert nach Gehrke, Der polnische Westgedanke, S. 130.

23 Zitiert nach Gehrke, a. a. O., S. 133.

24 Zitiert nach Gehrke, a. a. O., S. 201.

25 Gehrke, a. a. O., S. 134 f.

1904, die „Hälfte des deutschen Staates liegt auf den Ruinen des alten Slaventums. Die gesamte Welt der besonderen, heimatverbundenen Kultur der lechitischen Slaven, die in der Mitte des heutigen Europa erblühte, ist mit ihren Göttern, ihren ‚Delphis' und ihren mächtigen Burgen für immer verschwunden, ohne Spuren zu hinterlassen."[26]

Derartige Äußerungen polnischer Historiker, Sprachwissenschaftler und Volkskundler über die Piastenzeit und die historischen Elb- und Oderslawen sind eigentlich nicht als Gebietsansprüche zu verstehen, sondern entsprangen zunächst einem damals in ganz Mitteleuropa verbreiteten Bedürfnis, die Geschichte und Kultur des eigenen Volkes zu erforschen. „Gleichwohl schufen diese Disziplinen ein geistiges Umfeld, in dem die ethnisch-sprachlich-kulturelle Zugehörigkeit der ‚verlorenen' Völker zum Polentum zunehmend zu einem selbstverständlichen Faktum erhoben wurde und das die Formulierung entsprechender Gebietsansprüche beförderte. Die politische Publizistik und die Presse simplifizierten die gewonnenen wissenschaftlichen Erkenntnisse und sorgten so für deren Verbreitung und Popularisierung."[27]

Direkt formuliert wurden polnische Gebietsansprüche auf Schlesien, Ostbrandenburg, Pommern, Danzig und Ostpreußen vor allem von Vertretern der Geographie und der Publizistik.

Der hoch angesehene polnische Geistliche, Staatsreformer, Mitautor der Verfassung von 1791 und Rektor der Krakauer Akademie Hugo Kołłątaj formulierte als erster bereits im Jahr 1808 in einem Traktat die Grenzvorstellung eines künftigen Polens, das im Westen wieder – wie zu Bolesław Chrobrys Zeiten – an Oder und Lausitzer Neiße grenzen solle. Ein neues Polen – Kołłątaj setze seine Hoffnungen hierfür auf Napoleon – müsse an die Oder grenzen, da dieser Fluß Slawen und Deutsche voneinander trenne und alle schlesischen Gebiete östlich der Oder von slawischen, polnisch sprechenden Menschen bewohnt seien. In diesem Sinne forderte Kołłątaj auch den Anschluß der brandenburgischen Neumark sowie Pommerellens und Preußens (Ostpreußens) an Polen. Er argumentierte ethnographisch-historisch und behauptete,

---

26 Zitiert nach Gehrke, Der polnische Westgedanke, S. 135

27 Gehrke, a. a. O., S. 169.

Deutsche könne man schließlich nicht dort suchen, „wo es keine gibt und auch niemals welche gab".[28]

Die Geographie war in der Zeit vor dem Ersten Weltkrieg das wichtigste wissenschaftliche Standbein für die Verfechter des „Westgedankens". Die vermeintlich „natürliche" Begrenzung Polens durch den Gebirgszug der Sudeten und Karpaten im Süden, die Ostsee im Norden sowie die Läufe von Oder und Neiße im Westen und Düna im Osten wurde seit dem 19. Jahrhundert zu einem weitverbreiteten Motiv.

Von herausragender Bedeutung bei der Entwicklung dieses Gedankens war dabei der Geograph Wacław Nałkowski. Nałkowski war kurz vor dem Ersten Weltkrieg (1912/14) derjenige, der die Idee einer künftigen polnischen Grenze an Oder und Lausitzer Neiße erstmals expressis verbis formuliert hat. Er spekulierte über künftige ideale Grenzen und damit auch über die ideale Westgrenze Polens: „Die Süd- und die Nordgrenze sind, wie wir gesehen haben, eng durch die Natur vorgegeben, bestimmt durch Berge und Meere. Aber der Osten und der Westen stellen als Richtungen des Übergangs und als Richtungen der ‚Ausdehnung' eine Schwierigkeit für die Ausrichtung der Grenzen dar. Wir wollen versuchen, sie durch eine Annäherung an die geographischen Grenzen im Sinne einer maximalen Ausdehnung zu bestimmen. Im Westen ist es für eine solche Grenze am geeignetsten, die größte Verengung der Ebene zwischen dem nördlichsten Berggipfel Böhmens, also der nordwestlichsten Ecke der Sudeten, und dem nördlichsten Winkel der Pommerschen Bucht, wo die Oder mündet, auszuwählen. Entlang der Linie dieser Verengung liegen die Flüsse Neiße und Oder, hier schließt sich das Tor." Eine solche Westgrenze sei, so Nałkowski, aber nicht einfach nur die kürzeste, sondern für Polen mit ihren „sumpfigen Ufern" auch von großer strategischer Bedeutung als Verteidigungslinie. Den Charakter der unteren Oder als „natürliche Grenze" Polens sah Nałkowski auch darin, daß diese alle ihre Zuflüsse von Osten her, also von Polen, aufnehme. Außerdem seien die entlang dieser Linie gelegenen Städte, z. B. Frankfurt an der Oder, für Polen von erstrangiger Bedeutung.[29] Nałkowski verband mit seiner idealen Grenzvorstellung zwar keine konkrete politische Forderung, doch wur-

---

[28] Zitiert nach Gehrke, a. a. O., S. 45.

[29] Gehrke, Der polnische Westgedanke, S. 159.

den seine Ideen später oft wieder aufgegriffen und als Argument zur Rechtfertigung der Oder-Neiße-Grenze herangezogen.

Der Geograph Eugeniusz Romer gab ebenso wie Nałkowski der Oder „den Charakter einer für Polen unentbehrlichen Verteidigungslinie in Richtung Westen".[30] Romer erlangte nach dem Ersten Weltkrieg Bedeutung als Mitglied der polnischen Delegation auf der Pariser Friedenskonferenz.

Während des Ersten Weltkrieges betonte der Geograph Stanisław Pawłowski betreffend die „natürliche Grenze" Polens im Westen die zentrale geographische Stellung der Lausitzer Neiße sowie des durch die Sudeten im Raum Zittau-Reichenberg hindurchführenden Weges zwischen Prag und Breslau und forderte: „Die Ostseeküste von der Rigaer Bucht bis nach Pommern ist ausreichend, auch wenn sie Polen nicht immer von Norden her abschirmte. Oder und Lausitzer Neiße müssen als westliche Grenzlinie zwischen Polen und dem Deutschen Reich eingenommen werden."[31]

Am bedeutendsten für die Verbreitung des „West- und Meeresgedankens" waren Vertreter der Publizistik, die durch die Druckmedien weitestgehende Einflußmöglichkeit auf Politik und Öffentlichkeit hatten.

Bereits im Umfeld der Revolutionsereignisse von 1848/49 formulierte die im Posenschen Lissa erschienene Zeitung „Przyjacel Ludu", die Slawen „hätten die Absicht und auch das volle Recht, die größere Hälfte des preußischen Schlesiens von Deutschland loszureißen, da in ihm ausschließlich polnische Bevölkerung beheimatet sei".[32] In der Krakauer Zeitung „Jutrzenka" wurde 1848 das polnischsprachige Schlesien für Polen beansprucht, wobei als Sprachgrenze die Oder festgelegt wurde. Der Autor des Artikels nahm an, daß man den Schlesiern nur einige Jahre die Freiheit geben müsse, dann werde man sich wundern, „daß diese Provinz nach jahrhundertelanger Trennung [...] die Wertschätzung und Heiligkeit ihrer Nationalität offenbaren wird".[33]

Der einflußreiche nationaldemokratische Publizist Jan Ludwik Popławski entwickelte und vertrat vor dem Ersten Weltkrieg vor allem

30 Gehrke, Der polnische Westgedanke, S. 160.

31 Zitiert nach Gehrke, Der polnische Westgedanke, S. 162.

32 Gehrke, Der polnische Westgedanke, S. 77.

33 Zitiert nach Gehrke, Der polnische Westgedanke, S. 79.

den polnischen „Meeresgedanken", indem er schon 1887 formulierte: „In einer großen Ebene, wo es keine natürlichen Gliederungen gibt, können die Grenzen der Nationalität nicht allzu sehr von einer geraden Linie abweichen. Der freie Zugang zum Meer und der vollständige Besitz der wichtigsten Wasserarterie unseres Landes, der Weichsel – das sind die nahezu unerläßlichen Voraussetzungen unserer Existenz. Das gesamte Ostseeküstengebiet von der Weichsel bis zur Mündung der Memel, das einst zusammen mit Schlesien so unbedacht durch den polnischen Staat verspielt wurde, muß von der polnischen Nationalität zurückgewonnen werden. [...] Unsere Politiker träumen noch immer von Wilna und Kiew, aber um Posen kümmern sie sich schon weniger, Danzig haben sie beinahe völlig vergessen und über Königsberg und Oppeln machen sie sich überhaupt keine Gedanken." Es sei, so Popławski, „nach vielen Jahrhunderten des Herumirrens auf Abwegen an der Zeit, auf den alten Pfad zurückzukehren, den die piastischen Heerführer einst mit starker Hand zum Meer bahnten."[34] Im Jahr 1898 formulierte Popławski über diese Vorstellungen noch hinausgehend im Leitorgan der Nationaldemokratie, der „Przegląd Wszechpolski" (Allponische Umschau), es sei durchaus keine lächerliche Träumerei anzunehmen, daß „unsere nationale Bewegung bald auch Breslau [...] umfaßt".[35]

Der Journalist und Arzt Bolesław Jakimiak erstellte kurz vor Ende des Ersten Weltkrieges (1917) ein radikales Konzept, das nicht nur eine Grenzverschiebung, sondern auch eine Rückgängigmachung von vor Jahrhunderten erfolgten Siedlungsprozessen propagierte. Jakimiak schrieb in dem Konzept, das 1918 der polnischen Öffentlichkeit in einer Broschüre mit dem Titel „Zachodnia granica Polski" (Die Westgrenze Polens) vorgestellt wurde, u. a.: „Wie träge und passiv muß eine Nation sein, wenn sie nur deshalb auf ihr Eigentum verzichtet, weil früher einmal irgendein Räuber unter Ausnutzung unserer Ohnmacht bei uns eingefallen ist, die Ortsnamen geändert oder entstellt und diesen Ortschaften seine Sprache aufgezwungen hat, wenn sie sich ihres früheren Eigentums nicht einmal erinnert, wenn sie nicht bestrebt ist, das einst Verlorene zurückzugewinnen in einem Moment, in dem der Räuber schwächer wird und in dem ihn der Verlust dessen, was er

[34] Zitiert nach Gehrke, Der polnische Westgedanke, S. 189 f.

[35] Zitiert nach Gehrke, a. a. O., S. 207.

uns gestohlen hat, so endgültig schwächen würde, daß wir ein für allemal vor der Gefahr eines erneuten Raubzuges sicher wären. [...] Ich bin überzeugt, daß die ethnographisch slavische, aber eingedeutschte Bevölkerung unter günstigen Bedingungen, gestützt auf ein starkes slavisches Umfeld, leicht zur slavischen Familie zurückkehren könnte, genauso wie derzeit die seit Jahrzehnten halb oder ganz germanisierte polnische Bevölkerung in Schlesien und die tschechische Bevölkerung in Böhmen zur Sprache ihrer Väter zurückfinden." Auf der Grundlage seiner Thesen reklamierte Jakimiak die Bevölkerung bis hinein nach Niederschlesien und von dort die Oder entlang bis zur Ostsee als „ewig polnisch". Im Westen geriet damit die Oder-Neiße-Linie als Polens künftige Westgrenze ins Blickfeld Jakimiaks, die, so Jakimiak, ihren nördlichen Anfang zwischen den Inseln Usedom und Wollin nehmen, sowie von dort durch das Stettiner Haff bis zur Odermündung, weiter südlich zwischen den beiden Hauptmündungsarmen der Oder und weiter entlang des Hauptlaufes der Oder verlaufen sollte. Den nordöstlichen Teil Ostpreußens wollte Jakimiak Litauen überlassen, der gesamte Rest des deutschen Gebietes östlich der Oder-Neiße-Linie sollte an Polen kommen. Ferner forderte Jakimiak ein an Polen angrenzendes Herzogtum der Sorben in der Lausitz. Im Schlußwort seines Traktates formulierte Jakimiak: „Man darf nicht vergessen, daß Preußen der Herausgabe auch nur des kleinsten Stückchens polnischen Landes niemals zustimmen würde, solange es dazu nicht gezwungen wird. Wenn es dann dazu gezwungen ist, dann muß es nicht nur diejenigen polnischen Gebiete herausrücken, die es im Verbund mit anderen Mächten im Zuge der letzten Teilungen geraubt hat, sondern dann muß es auch unsere übrigen Gebiete zurückgeben wie Pommern, Schlesien und den Teil des alten Pommern, der von den Preußen die Neumark genannt wird. [...] Das Deutsche Reich hingegen wird sich zurückziehen und seine Hauptstadt nach Westen zurückverlegen müssen, auch wenn die alten Zentren des Reiches wie Magdeburg oder Merseburg gleichfalls auf slavischem Boden stehen."[36]

Ein Vorreiter und Vertreter besonders extremer Territorialvorstellungen war auch der Philosoph Wincenty Lutosławski. Der Philosoph, der um die Jahrhundertwende intensiven Kontakt mit den Nationaldemokraten Dmowski und Popławski hatte, propagierte während des

36 Jakimiaks Aussagen zitiert nach Gehrke, Der polnische Westgedanke, S. 284-288.

Ersten Weltkrieges in Vorträgen, Broschüren und Artikeln die Errichtung eines polnischen Großreiches. Im Osten forderte er die Wiederherstellung der Grenze von 1772, da nur Polen den national noch nicht „erwachten“ Völkern dort (Weißrussen, Ruthenen/Ukrainer, Litauer, Letten) eine gesicherte Existenz bieten könne und es die historische und zivilisatorische Aufgabe Polens sei, die verschiedenen ethnischen Elemente zu einer Einheit zu verschmelzen. Diesem Großstaat müßten aus strategischen Gründen auch Ost- und Westpreußen sowie ganz Schlesien angeschlossen werden. Für den Staat Preußen und die Deutschen in diesem Großpolen sah Lutosławski folgende Behandlung vor: „Mit dem Königreich Preußen würde dann in gerechter historischer Wiedervergeltung völlig aufgeräumt sein. In Preußen war und ist doch nur eine junkerliche Oberschicht deutsch, und die mögen dahin gehen, woher sie gekommen sind. Was man den preußischen Geist nennt, das ist der Geist des deutschen Ritterordens. Die nur oberflächlich germanisierte Bevölkerung wird sich unter polnischer Herrschaft sogleich dem Slaventum zuwenden. Die Deutschen müssen wieder hinter die Oder zurückgeworfen werden.“[37]

1.1.3 Die deutsch-polnische Grenzregelung nach dem Ersten Weltkrieg

In Punkt dreizehn der vierzehn Punkte umfassenden, von US-Präsident Thomas Woodrow Wilson vorgelegten Nachkriegskonzeption, die dieser am 8. Januar 1918 präsentiert hatte, entwickelte Wilson die amerikanischen Vorstellungen über ein künftiges Polen. Polen sollte nach den „Vierzehn Punkten“ u. a. als unabhängiger Staat wiedererstehen, der alle Gebiete umfassen sollte, die von unbestreitbar polnischer Bevölkerung bewohnt waren, und dem ein freier und sicherer Zugang zum Meer gesichert sein sollte („An independent Polish state should be erected which should include the territories inhabited by indisputably Polish populations, which should be assured a free and secure access to the sea, and whose political and economic independence and territorial integrity should be guaranteed by international covenant.“).

---

[37] Zitiert nach Gehrke, Der polnische Westgedanke, S. 284.

Diese Formulierungen, so eindeutig sie im ersten Moment wirken, eröffneten doch einen weiten Interpretationsspielraum. Von polnischer Seite wurde dieser Punkt entsprechend weit ausgelegt, die deutsche Seite glaubte unter Berufung auf diesen Wilsonschen Punkt darauf vertrauen zu können, daß im Osten keine Veränderungen gegen den Willen der Bevölkerung vorgenommen werden würden. Insbesondere ließ die Formulierung offen, ob Polen einen territorialen Zugang zur Ostsee oder lediglich einen Freihafen bei Internationalisierung der Weichsel bekommen solle.

Noch vor den Friedensverhandlungen, die nach dem Ersten Weltkrieg stattfanden, ging jedoch der Wiederbegründer des polnischen Staates, Józef Piłsudski, daran, gewünschte Grenzen gegen Deutschland „mit dem Säbel herauszuhauen“,[38] wovon im Westen der größte Teil der preußischen Provinz Posen betroffen war. Ferner versuchten hochrangige Vertreter des wiedererstandenen polnischen Staates, vor den Friedensverhandlungen die Siegermächte im Sinne der polnischen Auslegung zu beeinflussen. Skeptisch hinsichtlich der polnischen Forderungen war vor allem Großbritannien, überaus aufgeschlossen zeigte sich Frankreich. Der nationaldemokratische Politiker Marian Seyda bekannte in seinen Erinnerungen, „daß die polnische Seite in den Punkt Dreizehn bewußt einen reicheren Inhalt hineingelegt habe als vom Verfasser beabsichtigt; Wilson habe dem Programm eines polnischen Großstaates damit einen ungeheuren und unfreiwilligen Dienst geleistet“.[39]

Die von dem nationaldemokratischen Politiker Roman Dmowski geführte polnische Delegation legte der Friedenskonferenz ihre Vorstellungen zur künftigen deutsch-polnischen Grenze am 28. Februar 1919 in Form einer offiziellen Note vor. Diese Vorstellungen waren zwar bei weitem nicht so radikal, wie sie von einigen Geographen und Publizisten (s.o.) vor und während des Krieges verlangt wurden, für das Deutsche Reich und die in den geforderten Gebieten betroffene deutsche Bevölkerung waren sie jedoch ein Schock. Nach den Forderungen Polens sollten alle deutschen Gebiete östlich der Linie (von Süden nach Norden) Leob-

---

38 So Piłsudski am 8.4.1919, zitiert nach: Strobel, Die polnische „Preußenkrankheit“, S. 24.

39 Gehrke, Der polnische Westgedanke, S. 315 f.

schütz, Neustadt, Falkenberg, Brieg, Oels und Militsch (alle Schlesien), von dort weiter östlich der Ostgrenze Schlesiens, Brandenburgs und Pommerns an Polen fallen, wobei als Ausnahme der westpreußische Kreis Deutsch Krone bei Deutschland verbleiben sollte, während die pommerschen Kreise Lauenburg und Bütow sowie der Ostteil des Kreises Stolp ebenfalls an Polen fallen sollten. Der Süden Ostpreußens sollte demnach ebenfalls an Polen fallen, der Bereich der Memelmündung an Litauen, während der Raum um Königsberg ein Protektorat des Völkerbundes werden sollte. Damit wurden auf der Pariser Friedenskonferenz seitens Polen die preußischen Provinzen Posen und Westpreußen fast vollständig, der schlesische Regierungsbezirk Oppeln (Oberschlesien) zu etwa 80 Prozent, der schlesische Regierungsbezirk Breslau zu etwa 10 Prozent beansprucht, außerdem die Ostspitze der Provinz Pommern sowie etwa ein Drittel der Provinz Ostpreußen (siehe Karte 1).

Vor allem den Interventionen des britischen Premierministers Lloyd George und der Einsicht des US-Präsidenten Wilson hatte es die deutsche Seite zu verdanken, daß die polnischen Forderungen, die vom französischen Ministerpräsidenten Clemenceau massiv unterstützt wurden, auf der Friedenskonferenz etwas gemildert wurden und in einigen der von Polen beanspruchten Gebieten – im ostpreußischen Masuren, in einem Teil Westpreußens und in Oberschlesien – Volksabstimmungen vorgesehen wurden. Von der polnischen Delegation wurden die von den Siegern festgesetzten Volksabstimmungen abgelehnt und mit einer Protestnote quittiert.

Die deutsch-polnische Grenze wurde schließlich im Friedensvertrag von Versailles – von der deutschen Seite damals als demütigendes Friedensdiktat empfunden – festgelegt, der am 28. Juni 1919 geschlossen worden war und am 1. Januar 1920 in Kraft trat. Deutschland mußte gemäß diesem Vertrag an Polen den größten Teil der preußischen Provinzen Westpreußen und Posen sowie kleinere Teile Niederschlesiens und Ostpreußens ohne Befragung der Bevölkerung abtreten. Das von Polen geforderte Danzig, eine Stadt, in der damals fast nur Menschen mit deutscher Muttersprache lebten, wurde „Freie Stadt" unter dem Schutz des Völkerbundes. Diese „Freie Stadt Danzig" wurde nach außen jedoch durch Polen vertreten und gehörte außerdem zu dessen Zollgebiet. Im von Polen ebenfalls beanspruchten Teil des schlesischen

Regierungsbezirkes Oppeln (Oberschlesien) und von Polen beanspruchten weiteren Teilen West- und Ostpreußens entschieden Volksabstimmungen, die alle zugunsten Deutschlands ausgingen: In Südostpreußen (Regierungsbezirk Allenstein bzw. Masuren) stimmten am 11. Juli 1920 98 Prozent für den Verbleib bei Deutschland, im westpreußischen Abstimmungsgebiet um Marienwerder stimmten am gleichen Tag 92 Prozent hierfür. Im oberschlesischen Abstimmungsgebiet stimmten am 20. März 1921 59,6 Prozent für den Verbleib bei Deutschland, ein Ergebnis, das von Polen jedoch nicht akzeptiert wurde. Vor und nach der Abstimmung kam es aufgrund polnischer, von Polen aus unterstützter „Aufstände" in Oberschlesien zu blutigen deutsch-polnischen Auseinandersetzungen. Schließlich wurde Oberschlesien aufgrund einer Empfehlung des Völkerbundsrates durch die Pariser Alliierte Botschafterkonferenz am 20. Oktober 1921 entlang einer willkürlichen Linie geteilt, durch die der wirtschaftlich wertvollere Teil des Landes (z. B. 75 Prozent der Industrie, 85 Prozent der Erz- und Kohlelagerstätten) an Polen fiel.

In den Gebieten, die von Deutschland an Polen abgetreten werden mußten (siehe Karte 1), wurde das Polnische übergangslos als Amts- und Unterrichtssprache eingeführt. Durch politische und administrative Maßnahmen wurden Deutsche zum Verlassen des Landes gedrängt, bei den Bodenreformen von 1919 und 1925 wurde Grundeigentum Deutscher weit überproportional herangezogen. Vom polnischen Außenministerium wurden all diese Maßnahmen als „Entgermanisierung" bezeichnet.[40] Von den etwa 1,1 Millionen Deutschen, die durch die Grenzveränderung nach dem ersten Weltkrieg unter polnische Herrschaft kamen, verließen bis 1939 rund 750 000 ihre Heimat.

Aufgrund der grundsätzlichen Bedeutung des polnischen Ostgrenzproblems für die späteren Ereignisse und die Entstehung der Oder-Neiße-Linie soll auch dessen angestrebte und dann verwirklichte Lösung nach dem Ersten Weltkrieg hier kurz Erläuterung finden.

Als polnische Ostgrenze wurde für Polen seitens der Westalliierten nach dem Ersten Weltkrieg die sogenannte „Curzon-Linie" angestrebt. Die „Curzon-Linie" war eine Demarkationslinie zwischen Polen und Sowjet-Rußland, die nach dem Ersten Weltkrieg der damalige britische

---

40 Strobel, Die polnische „Preußenkrankheit", S. 23.

Außenminister Lord Curzon im Namen der interalliierten Konferenz von Spa (Belgien) am 11. Juli 1920 als polnische Ostgrenze vorgeschlagen hatte, nachdem sie schon 1919 von einer Expertenkommission ermittelt und am 8. Dezember 1919 von der Pariser Friedenskonferenz gegenüber Sowjet-Rußland gezogen worden war. Die Curzon-Linie folgte im wesentlichen der Grenze des zusammenhängenden polnischen Sprach- und Volksgebietes im Osten und entsprach übrigens im großen und ganzen auch der späteren deutsch-sowjetischen „Interessengrenze" nach dem deutsch-sowjetischen „Grenz- und Freundschaftsvertrag" vom 29. September 1939[41] sowie der heutigen polnischen Ostgrenze (siehe Karte 1).

Tatsächlich lag die polnische Ostgrenze in der Zwischenkriegszeit jedoch rund 200 bis 250 km östlich der polnischen Sprachgrenze bzw. der „Curzon-Linie", nachdem sich Polen unter seinem Marschall Jósef Pilsudski durch einen von Polen ausgelösten siegreichen Krieg gegen das durch Bürgerkrieg geschwächte Rußland (polnisch-russischer Krieg April-Oktober 1920) und die Besetzung des litauischen Wilna-Gebietes am 9. Oktober 1920 weit nach Osten und Nordosten vorschieben konnte. Damit waren Bestrebungen Piłsudskis erfolgreich, den Gebietsstand Polens, den dieses in der Zeit vor den Teilungen des 18. Jahrhunderts hatte, zum Teil wiederherzustellen, indem er entsprechende Gebiete „mit dem Säbel heraushaute" (siehe Karte 1). Anerkannt wurde die so entstandene polnische Ostgrenze durch Rußland am 18. März 1921 im Frieden von Riga. Litauen erkannte die Annexion des Wilna-Gebietes erst 1938 an. Das vormals österreichische Ostgalizien mit dem Zentrum Lemberg, das ebenfalls östlich der Curzon-Linie lag, wurde bereits am 20. November 1919 polnisches Mandat, am 15. März 1923 wurde es vollgültiges polnisches Staatsgebiet. Auch Ostgalizien war Teil Polens vor den Teilungen des 18. Jahrhunderts. Die Städte Lemberg (poln. Lwów, heute Ukraine) in Ostgalizien und Wilna (poln.Wilno, lit.Vilnius) waren für die Polen historisch bedeutende kulturelle Zentren mit damals starken polnischen Bevölkerungsanteilen, wobei im Falle Wilnas die Situation dadurch kompliziert wurde, daß diese Stadt gleichzeitig die traditionelle Hauptstadt Litauens war. 1939/40 kam Wilna im Zuge der sowjetischen Okkupation Ostpolens wieder zu Litauen zurück.

---

[41] Zur Curzon-Linie genau: Woodward, British Foreign Policy, Bd. II, S. 657 ff.

KARTE 1: Polens Grenzen 1916–1939

polnische Grenzforderung gegen Deutschland vom 28. Februar 1919
Curzon-Linie vom 8. Dezember 1919
polnische Gebietseroberungen infolge des Krieges gegen die Sowjetunion und Litauen 1920
polnische Gebietsansprüche gegen Deutschland, in denen 1920/21 Volksabstimmungen stattfanden
polnische Staatsgrenze 1939
sowjetisch-deutsche Demarkationslinie 1939–1941

Während die Curzon-Linie nach dem Ersten Weltkrieg als polnische Ostgrenze nicht zum tragen kam, wurde sie nach dem Zweiten Weltkrieg von den Siegermächten, insbesondere von der UdSSR und Großbritannien, im wesentlichen durchgesetzt.

Im Deutschen Reich („Weimarer Republik“) war man mit den Abtrennungen zugunsten Polens überwiegend nicht einverstanden. Als besonders ungerecht wurde die Abtrennung des wirtschaftlich wertvollen Ostoberschlesien (in den großen Industriestädten, so Kattowitz (85,4 Prozent deutsche Stimmen) und Königshütte (74 Prozent deutsche Stimmen), sprach sich bei der Abstimmung 1921 die Mehrheit für den Verbleib bei Deutschland aus), der fast nur von Deutschen bewohnten Stadt Danzig mit Umland und des sogenannten „polnischen Korridors“ empfunden, durch den Ostpreußen vom übrigen Staatsgebiet abgeschnitten wurde und zahlreiche mehrheitlich deutsche ländliche Siedlungsgebiete und Städte (z.B. Bromberg 77,4 Prozent, Graudenz 84,8 Prozent, Thorn 66 Prozent Anteil deutscher Bevölkerung im Jahr 1910)[42] ohne Befragung der Bevölkerung Polen zugesprochen wurden.

Entsprechend nationalistisch scharf und verbittert war die politische Haltung des Deutschen Reiches gegenüber Polen. Eine antipolnische Grundstimmung war in der „Weimarer Republik“ weitverbreitet und sorgte dafür, daß der Wunsch nach Revision zu einem Axiom der deutschen Politik wurde. Polen wurde, so ein Wort aus dieser Zeit, von Teilen der Politik und Gesellschaft ohnehin als „Saisonstaat“ angesehen. 1922 äußerte etwa Reichskanzler Joseph Wirth, der „Versailler Bastard Polen“ müsse erledigt werden, auf dieses Ziel sei seine Politik eingestellt. Ähnlich empfand General von Seeckt, der als Chef der Heeresleitung der Reichswehr äußerte, daß „Polens Existenz unerträglich“ sei. Polen müsse „verschwinden und wird verschwinden durch eigene Schwäche oder durch Rußland – mit unserer Hilfe“.[43] Daß derartige Äußerungen einer gedeihlichen Nachbarschaft nicht gerade förderlich waren, liegt auf der Hand. Die deutsche Realpolitik etwa unter Gustav Stresemann, die lediglich einige konkrete Grenzkorrekturen gegenüber Polen erreichen wollten (Danzig, Korridor), die Existenz

---

42 Zahlen nach Rauschning, Die Entdeutschung Westpreußens und Posens, S. 340.

43 Zitiert nach Strobel, Die polnische „Preußenkrankheit“, S. 24.

Polens aber nicht grundsätzlich in Frage stellte, hatte jedoch ebenfalls keinen Erfolg.

Verschlechtert hat sich die politische Atmosphäre zwischen Deutschland und Polen 1926 bis 1932 zudem durch den Systemwechsel in Polen, als sich die abgerüstete, militärisch bedeutungslose Weimarer Republik plötzlich einem autoritären polnischen Militärregime gegenübersah: Im Mai 1926 führte Józef Klemens Piłsudski, der von 1918 bis 1922 schon einmal polnisches Staatsoberhaupt gewesen war, unter der Losung „Sanacja“ (Sanierung) an der Spitze von Armeeoffizieren einen Staatsstreich durch und installierte unter eigener Führung ein autoritäres, vorwiegend mit Armeeoffizieren seines Vertrauens besetztes Regime, das nach Auflösung des polnischen Parlaments (Sejm) im Jahr 1928 seine Macht im Innern weiter ausdehnen konnte. Nach Piłsudskis Tod im Jahr 1935 vollzog das „Obristenregime“ unter den konkurrierenden starken Männern Polens, Staatspräsident Ignacy Mościcki und Marschall Edward Rydz-Śmigły, immer schärfere antidemokratische Maßnahmen, was Polen zeitweise auch Frankreich und Großbritannien entfremdete. Außenpolitisch schwelgte Polen bis 1939 in der durch Selbstüberschätzung genährten Illusion, als Führungsmacht eines sogenannten „dritten Europas“ zwischen Deutschland und der Sowjetunion eigenständige Machtpolitik betreiben zu können.

1.1.4 Polnische Revisionsforderungen und Gedanken zur Westgrenze 1920 bis 1939

Die polnische Seite, die nach dem Ersten Weltkrieg fast alles erreicht hatte, was sie wollte, trug zu einer Entspannung und Entwicklung eines gutnachbarschaftlichen Verhältnisses jedenfalls nicht bei. Ein Grund hierfür war u. a. die Bündnispolitik Frankreichs, in die sich Polen gerne einspannen ließ und die es zu Frankreichs „Gendarm im Osten“ machte. Höhepunkt dieser Politik waren polnische Kriegs- bzw. Präventivkriegspläne gegen Deutschland, die seit den zwanziger Jahren vom polnischen Generalstab entwickelt worden waren und in denen stets auch polnische Gebietsgewinne im Westen mit einkalkuliert worden sind.[44] Ein weiterer Grund war die ausgesprochen repressive und vertragswidrige Minderheitenpolitik Polens, unter der vor allem die unter polnische Herrschaft gekommenen Deutschen zu leiden hatten.

Zahlreiche politische und gesellschaftliche Kreise waren darüber hinaus der Ansicht, daß Polen durch die Pariser Friedensregelung auch territorial gegenüber Deutschland noch nicht ausreichend saturiert sei. Genauso wie vor und während dem Ersten Weltkrieg wurden entsprechende Forderungen ganz offen in der Presse, in Büchern und Broschüren, in Form von Landkarten, auf Vorträgen und, vor allem von Verbänden, lautstark formuliert und waren dementsprechend auch in Deutschland bekannt.[45]

Insbesondere offen vorgebrachte polnische Forderungen nach Ostpreußen und dem bei Deutschland verbliebenen Teil Oberschlesiens wiederholten sich trotz der Abstimmungsergebnisse in den Jahren nach dem Versailler Friedensvertrag und der Teilung Oberschlesiens noch mehrfach, vorgetragen von einflußreichen Honoratioren des polnischen Staates, und weiteten sich im Sinne des „Westgedankens" allmählich immer weiter nach Westen bis hin zur Oder-Neiße-Linie aus. Diese Forderungen standen ganz in der bereits vor dem Ersten Weltkrieg entwickelten „piastischen" nationalistischen Tradition, mögen zum Teil aber auch eine Reaktion auf deutsche Revisionsforderungen gewesen sein.

Beispielhaft sollen auch hier mehrere Aussagen polnischer Verbände, Wissenschaftler und Politiker wiedergegeben werden.

1921 wurde der stramm nationalistische „Verband zur Verteidigung der westlichen Grenzgebiete" bzw. „Westmarkenverband" (Związek Obrony Kresów Zachodnich, ZOKZ), seit Mitte der dreißiger Jahre „Polnischer Westverband" (PZZ) genannt, gegründet. Der „Westmarkenverband" gab ein eigenes Mitteilungsorgan, die „Westwacht" (Strażnica Zachodnia) heraus und machte durch zahlreiche Propagandaveranstaltungen auf sich aufmerksam. Der Verband forderte seit seiner Gründung eine radikale „Entgermanisierung" der 1919/20 gewonnenen Gebiete sowie eine weitere Ausdehnung Polens auf Kosten

---

44 Stefan Scheil, Mitteleuropäische Gedankenspiele nach Versailles, in: Frankfurter Allgemeine Zeitung vom 17.6.2006, S. 47.

45 Publik gemacht z. B. durch Hansen, Polens Drang nach dem Westen (1927); Fuchs, Der neue Polenspiegel (1930).

Deutschlands vor allem in Richtung Ostpreußen und Oberschlesien. So bezeichnete der „Westmarkenverband" in seinem offiziellen Programm von April 1926 die Oder als die „natürliche Grenze Polens" im Westen und gab die „aktuelle Devise" aus: „Von Stettin bis Polangen".[46] Ende Juli 1930 forderte der Verband eine Ausdehnung Polens nach Norden (Ostpreußen, Pommern): „Wir werden so lange danach rufen und es verlangen, bis die polnische Fahne wieder in Danzig, über Ermland und Masuren sowie fern an der Elbe, mindestens aber in Stolp wehen wird."[47] Einer der maßgeblichen Aktivisten des „Westmarkenverbandes", der Posener Historiker Teodor Tyc, bezeichnete die polnisch-deutsche Nachkriegsgrenze als „Monstrum voller Brüche und Scharten", gestand aber ein, daß in der damaligen internationalen Situation keine Chance bestand, das „Unrecht von Versailles" zugunsten Polens zu revidieren. Langfristige Hoffnungen beruhten daher auf einem Krieg, der Polen von Deutschland aufgezwungen werden würde und der dann primär um die Zugehörigkeit der (noch bei Deutschland befindlichen) „Westgebiete" geführt werden müsse.[48] Die Propaganda des offiziösen „Westmarkenverbandes" blieb seitens der polnischen Staatsführung und der polnischen Kirche unwidersprochen.

Die polnische Wissenschaft befaßte sich nach dem Ersten Weltkrieg besonders intensiv mit den „Westgebieten", und zwar sowohl mit den von Polen erworbenen als auch mit denen, die noch bei Deutschland verblieben waren. Als herausragende Vertreter des „Westgedankens" mit weitgehendem wissenschaftlichen und politischen Einfluß seien vor allem der Historiker Zygmunt Wojciechowski, der Sprachforscher Mikołaj Rudnicki und der Archäologe Józef Kostrzewski genannt. Die wissenschaftlich-ideologische Denkfabrik des „Westgedankens" wurde insbesondere die Adam-Mickiewicz-Universität in Posen, die auch „Piastische Universität" (Wszechnica Piastowska) genannt wurde.

So halfen dann auch Teile der Geschichtswissenschaft, der Sprachwissenschaft sowie der Vor- und Frühgeschichtsforschung im Polen der

---

46 Zitiert nach Wagner, Die Entstehung der Oder-Neiße-Linie, S. 18. Polangen liegt an der Ostsee in Litauen, unmittelbar nördlich der alten deutschen Grenze von 1914.

47 Zitiert nach: Strobel, Die polnische „Preußenkrankheit", S. 24.

48 Gehrke, Der polnische Westgedanke, S. 340.

Zwischenkriegszeit mit, durch angebliche „Wissenschaftlichkeit" weitere polnische Gebietsansprüche im Westen zu begründen.

Genauer zu betrachten ist in dieser Hinsicht die Schule des Posener Vor- und Frühgeschichtsprofessors Józef Kostrzewski, der, folgenreich für das polnische nationale Selbstverständnis, die sogenannte „Lausitzer Kultur" als „urslawisch" bzw. „urpolnisch" identifizieren und damit die Polen als im „piastischen Gebiet" uralteingesessen definieren wollte. Zeitgenössisch (1929) wurde hierzu geurteilt: „Die Behauptung Kostrzewskis, die ‚Lausitzer' Kultur (etwa 1400–500 v. Chr.) müsse den Urslaven zugeschrieben werden, würde von deutscher Seite weit weniger Beachtung zu finden brauchen, wenn Kostrzewski sie nicht in den Mittelpunkt der zielbewußten Arbeit einer Gruppe von polnischen Forschern stellte, um damit ein angebliches geschichtliches Recht Polens auf selbst jetzt noch zu Deutschland gehörige Gebiete begründen zu helfen. Jedem, der das polnische wissenschaftliche Schrifttum näher kennt, ist die weitumfassende Tätigkeit dieser Richtung wohl vertraut. Vor allem handelt es sich hier um Hochschullehrer an der Universität Posen. Ein besonders deutliches Bild von der Arbeit dieser Wissenschaftler geben die Veröffentlichungen des ‚Westslavischen Instituts an der Universität Posen' und die von dessen Direktor, dem bekannten Sprachforscher Rudnicki, außerdem verfaßten Einzelschriften. Die enge Verknüpfung politischer Ziele mit seiner Forschungsrichtung hat Professor Kostrzewski besonders klar in einem vor wenigen Monaten erschienenen Zeitungsaufsatz erkennen lassen. Hier stellt er die Forderung auf, die Welt müsse davon überzeugt werden, daß Pommerellen[49] ein urpolnisches Land sei, auf welches Polen ein ererbtes Anrecht besäße. Man müsse von polnischer Seite jetzt endlich zum Angriff übergehen, denn ‚Polen hat nicht nur nichts, was es den Deutschen abgeben könnte, sondern muß ihnen noch beträchtliche Gebiete rein polnischen Landes abnehmen!'"[50] In einem 1927 erschienenen Aufsatz mit dem Titel „Unser Recht auf Schlesien im Lichte der Urgeschichte dieser Gebiete"[51] formulierte Kostrzewski auf seiner

---

49 Pommerellen entspricht dem Großteil der ehemaligen Provinz Westpreußen sowie Teilen Pommerns. Anm. d. Verf.

50 Zit. nach Richthofen, Gehört Ostdeutschland zur Urheimat der Polen?, S. 3 f.

51 Kostrzewski, O prawach naszych do Slaska w swietle pradziejów tej dzielnicy, in: Z otchlani wieków, Bd. II, S. 1-9. Zitiert nach Richthofen, Gehört Ostdeutschland zur Urheimat der Polen?, S. 4 f.

These von der Identität der Lausitzer Kultur mit der polnischen Kultur basierende Gebietsansprüche auf ganz Schlesien: „Die Deutschen kamen hier vorübergehend hinzu als fremde Eindringlinge, nicht verbunden mit dem Boden, und zogen von hier freiwillig nach Süden ab, als sich ihnen die Gelegenheit bot, bessere Länder und bequemere Lebensbedingungen zu erobern.[52] Dagegen blieb die polnische Bevölkerung, seit alters her der Besitzer Schlesiens, trotz der veränderten Lebensbedingungen hier, und sogar dort, wo sie der Germanisation unterlag, zeugen in bedeutendem Maße polnische Ortsnamen laut davon, daß hier Jahrhunderte hindurch die Sprache polnisch war, daß der polnische Siedler Glogau, Liegnitz, Breslau, Schweidnitz und tausend andere Siedlungen gründete, daß der polnische Landmann hier die Wälder rodete und den Raum für das Ackerland erweiterte, daß hier polnisches Volk dem von ihm geliebten Land die Namen gab, mit denen es jeden See und Fluß, jede Quelle und Wiese, jeden Sumpf und Wald und jede Höhe und sogar einzelne Felder benannte. [...] In nichts dagegen versinken die deutschen Argumente, zumal sogar da, wo längst die polnische Sprache verstummte, jeder Stein von dem ewig polnischen Charakter dieses Landes zeugt. [...] Wenn die Germanen tatsächlich vier Jahrhunderte in Schlesien als einzige Bevölkerung saßen, so müßte sich von ihnen eine große Zahl germanischer Ortsnamen erhalten haben, wenn auch in abgeschwächter Form [...]. Wo sind diese sichersten Zeugen alter deutscher Besiedlung in Schlesien? Es gibt sie also nicht und kann sie nicht geben (mit einigen Ausnahmen), dagegen bildet die rein polnische historische Namengebung nicht nur Oberschlesiens, sondern auch Mittel- und Niederschlesiens die beste Bestätigung unserer Rechte auf dieses Land.“[53]

Kostrzewski war mit seiner Kombination von historischen Thesen und politischen Forderungen als Wissenschaftler in Polen und auch Europa kein Einzelfall. In mehreren mittel- und ostmitteleuropäischen Staaten jener Zeit stellten einige wenige Historiker sowie Vor- und Frühgeschichtler entsprechende Theorien in den Dienst der Begründung von Gebietsansprüchen. Von Teilen der wissenschaftlichen Vor-

---

52 Kostrzewski meinte hier mit den „Deutschen“ die Ostgermanen, mit dem freiwilligen Abzug nach Süden ist die Völkerwanderung gemeint. Anm. d. Verf.

53 Kostrzewski, Unser Recht auf Schlesien, zit. nach Richthofen, Gehört Ostdeutschland zur Urheimat der Polen?, S. 37 f.

und Frühgeschichtsforschung Polens und Europas erhielt Kostrzewski zwar berechtigte sachliche Kritik. Die Lehre Kostrzewskis erfuhr in der Folge in Polen bis zum Zweiten Weltkrieg dennoch starke Verbreitung und tauchte oft im wissenschaftlichen Schrifttum, auch außerhalb der Vor- und Frühgeschichtsforschung, sowie in der Tagespresse auf.

Der betont antideutsche Historiker Zygmunt Wojciechowski, später erster Direktor des 1944 entstandenen polnischen West-Institutes (Instytut Zachodni), war ebenfalls frühzeitig „wissenschaftlicher" Begründer einer radikalen weiteren Westexpansion Polens. In einer Rede in Posen am 2. Dezember 1928 z. B. bezeichnete er Stettin, Frankfurt an der Oder, Breslau sowie die Flüsse Bober und Queis als Stätten bzw. Grenzen des „wurzelechten Polen".[54] Im Juli 1939 wiederholte Wojciechowski in der Tageszeitung „Dziennik Poznanski" diese These, indem er ausführte, daß „polnische Vaterländer" ganz Pommern, Danzig, Masuren, Ermland, die Grenzmark Posen-Westpreußen, ganz Schlesien sowie die Oder bis Stettin seien.[55] In seinen Vorlesungen an der Posener Universität vertrat Wojciechowski in der Zwischenkriegszeit den Standpunkt, „die ethnische Westgrenze Polens liege an Oder und Lausitzer Neiße".[56]

Derartigen antideutsch-nationalistischen Einzelaussagen schloß sich im übrigen auch die Polnische Akademie der Wissenschaften mittels Bildpostkarten an, „auf denen als Grenzanspruch Polens die ‚Eisernen Grenzpfähle' des Königs Bolesław Chrobry in kriegerischer Form von in die Odermündung eingerammten Schwertern mit piastischen Adlern am Knauf visualisiert wurden".[57]

Auch im damaligen Polen weitverbreitete Landkarten wiesen in dieser Zeit auf polnische Expansionsvorstellungen hin. Seit 1930 wurde vom polnischen „Westmarkenverband" eine Karte verbreitet, die von Deutschland Pommern bis Stettin, Ostbrandenburg, die Lausitz und Schlesien in Polen einschloß. Versehen war sie mit dem von dem polnischen Schriftsteller Adam Mickiewicz entliehenen programmatischen Satz: „Ein jeder birgt in seiner Seele einen Kern künftiger

---

54 Kurjer Poznanski vom 4.12.1928. Zitiert nach Marzian, Annexion und Massenvertreibung, S. 521, Anm. 4.

55 Zitiert nach Marzian, Annexion und Massenvertreibung, S. 521, Anm. 4.

56 Strobel, Chauvinismus und Verstrickung, S. 20.

57 Strobel, Die polnische „Preußenkrankheit", S. 25.

Rechte und ein Maß künftiger Grenzen."[58] Auf einem Schaublatt des „Schlesischen Akademie-Verbandes Kattowitz" wurde eine Karte abgebildet, die neben den vorgenannten Gebieten auch einen Anspruch auf Sachsen, Brandenburg und Mecklenburg suggerierte. Sie war beschriftet mit dem visionären Programm: „In Polen lebt der Geist Bolesław Chrobrys. Polen! Wir sind hier nicht erst seit gestern. Wir reichten weit nach Westen. Das kleinste Sandkorn polnischer Erde wird zurückkehren in das Mutterland."[59] Im Militärgeographischen Institut in Warschau wurde in den dreißiger Jahren ein monumentales Wandgemälde enthüllt, das den mittelalterlichen polnischen König Boleslaw Chrobry (966–1025) an der Saale Grenzpfähle einschlagen lassend abbildet.[60]

Politisch blieb die Heimat des „piastischen Nationalismus" und damit des „West- bzw. Meeresgedankens" weiterhin vor allem die polnische Nationaldemokratie. Programmatisch blieb bei den Nationaldemokraten die Vision vom polnischen Nationalstaat, der sich bezüglich seiner territorialen Prioritäten an der Piastenzeit orientierte, mal subtil, mal offen bestimmend. So formulierte Roman Dmowski, der bis zu seinem Tod Anfang 1939 weiter als Chefideologe seiner Partei wirkte, ein „Testament" des Piastenkönigs Bolesław Chrobry, in dem es hieß: „Zum neunhundertsten Jahrestag der geschichtlichen Epoche, da der große König, Politiker und Heerführer starb und einen mächtigen Staat als Grundlage für die Entwicklung einer großen Nation und einer richtungsweisenden polnischen Politik hinterließ, der bis auf den heutigen Tag seinen lebendigen Wert bewahrt hat, widme ich dieses Buch all jenen, die das TESTAMENT CHROBRYS im Geiste in sich tragen und die versuchen, es zu vollstrecken."[61] Je mehr sich im Laufe des Jahres 1939 die deutsch-polnischen Spannungen verschärften, um so deutlicher wurden seitens der Nationaldemokratie die mit dem „Testament Chrobrys" verbundenen Grenzforderungen im Westen formuliert. Bereits 1938 schlug Jędrzej Giertych, Chefideologe der polnischen Nationaldemokratie nach Dmowski, eine Westverschiebung der polnischen Grenze an die untere Oder und die Lausitzer „Sümpfe" vor, da

---

58 Die Karte ist in Faksimile abgebildet bei: Rasmus, Pommerellen Westpreußen, S. 394.

59 Die Karte ist in Faksimile abgebildet bei: Rasmus, Pommerellen Westpreußen, S. 395. Übersetzung S. 396.

60 Lilge, Die Entstehung der Oder-Neiße-Linie, S. 24.

61 Zitiert nach Gehrke, Der polnische Westgedanke, S. 342.

eine solche Grenze – mit den Sudeten im Süden – eine strategisch optimale Grenze, eben „Chrobrys Grenze", sei.[62] Im Frühjahr 1939 verlangte der Vorsitzende der Nationaldemokratischen Partei Polens, Kowalski, ebenfalls die Verlegung der Westgrenze Polens „an die Lausitzer Sümpfe und die untere Oder".[63] Gleichfalls im Frühjahr 1939 forderte der Vorsitzende der Volkspartei („Stronnictwo Narodowe") auf einer Großkundgebung in Łódz die Wiederherstellung der Grenzen des Piastenreiches.[64] Und Stanisław Mikołajczyk, der später einmal als Ministerpräsident der polnischen Exilregierung und als stellvertretender Ministerpräsident der polnischen Nachkriegsregierung im Zusammenhang mit der Oder-Neiße-Linie noch eine bedeutende Rolle spielen sollte, behauptete als Vorsitzender der „Großpolnischen Landwirtschaftsvereine" am 21. Juni 1939 u. a.: „Man muß sich darüber Rechenschaft geben, daß Polen solange keinen Frieden kennen wird, solange es sich nicht auf die Oder stützen kann."[65]

Die einzige politische Gruppierung, die sich in der „Zwischenkriegszeit" hinsichtlich ihrer Forderungen deutlich von der einflußreichen Nationaldemokratie und auch der offiziellen polnischen Linie abhob, waren die polnischen Kommunisten (KPP). 1918 hatten die polnischen Kommunisten die Entstehung eines unabhängigen Polens verworfen. In ihrem Programmentwurf von 1930, beschlossen auf dem VI. KPP-Kongreß 1932, proklamierten sie, daß erhebliche, zuvor deutsche Teile Westpolens ethnisch deutsch und daher Deutschland zurückzugeben seien.[66] Dieser KPP-Beschluß blieb bis zur Auflösung der KPP durch die „Kommunistische Internationale" (Komintern) im Dezember 1937 gültig. Im Januar 1933 beschlossen die kommunistischen Parteien Deutschlands, Frankreichs, Italiens, Polens, Belgiens, der Tschechoslowakei, Österreichs und Luxemburgs im Rahmen einer Konferenz in Essen, daß man „den Kampf der Kommunistischen Partei Polens um das Selbstbestimmungsrecht der Bevölkerung Oberschlesiens, des

---

62 Gehrke, Der polnische Westgedanke, S. 343.
63 Zitiert nach Wagner, Der slawische Vorstoß, S. 38.
64 Strobel, Chauvinismus und Verstrickung, S. 17.
65 Wagner, Die Entstehung der Oder-Neiße-Linie, S. 8.
66 Strobel, Die polnische „Preußenkrankheit", S. 26.

polnischen Korridors, der Westukraine und Westweißrußlands bis zur Lostrennung von Polen“ sowie „um das Recht der Bevölkerung Danzigs auf eine freiwillige Angliederung an Deutschland“ begrüße.[67]

In den Augen der übrigen polnischen Parteien und gesellschaftlichen Kräfte galten die polnischen Kommunisten damit als Volks- und Staatsverräter, von den polnischen Nationalisten wurden sie im übrigen als „Judenkommune“ (Żydokomuna) beschimpft. Im Untergrund der Zeit des Zweiten Weltkrieges wurden die Kommunisten von den bestimmenden national-katholischen Bewegungen bekämpft.

Gebietsforderungen polnischer Wissenschaftler, Verbandsfunktionäre, Publizisten, Militärs und Politiker, die die Oder-Neiße-Gebiete meist bereits vollständig einbezogen, wurden im Polen der „Zwischenkriegszeit“ regelmäßig und häufig veröffentlicht, z. B. in Presse und Literatur oder bei offiziellen festlichen Anlässen.[68] Es war durchaus nicht so, daß der hierdurch bekundete, auf Expansion zielende Nationalismus eine im Verborgenen blühende Marotte von Außenseitern gewesen wäre. Besonders laut wurden Gebietsansprüche im Zusammenhang mit polnischen Präventivkriegsdrohungen 1932/33 vorgebracht.[69] Oberst Józef Beck z. B., der 1932 von Staatschef Piłsudski zum polnischen Außenminister ernannt worden ist, hatte unmittelbar vor seiner Ernennung „den sofortigen Angriff auf Deutschland gefordert, eine Attacke zur ‚Befreiung der polnischen Territorien‘ auf dem Gebiet der Weimarer Republik vom ‚deutschen Joch‘.“[70] Ein leidenschaftlicher regierungsnaher Verfechter einer kriegerischen polnischen Westexpansion war auch der polnische Generalstabsoffizier Henryk Bagiński, der seit den zwanziger Jahren – mit Billigung des Verteidigungsministers – öffentlich die Eroberung Ostpreußens, ja überhaupt die Auslöschung Preußens, sowie die Verlegung der deutschen Hauptstadt nach Frankfurt am Main gefordert hatte. Deutschland könne, so Bagiński in einer seiner Publikationen, „nur harmlos werden, wenn seine slawischen

---

67 Zitiert nach Rhode, Brief an Bischof Lilje, S. 16.

68 Hierzu etwa die Darstellungen und Dokumentationen bei Schickel, Deutsche und Polen, S. 182; Kellermann, Schwarzer Adler – Weißer Adler, S. 19, S. 102; Wagner, Die Entstehung der Oder-Neiße-Linie, S. 17 ff.

69 Strobel, Die polnische „Preußenkrankheit“, S. 24.

70 Zitiert nach Stefan Scheil, Schwierige Nachbarn, in: Frankfurter Allgemeine Zeitung vom 27.6.2007, S. 35.

Eroberungen rückgängig gemacht werden".[71] In den Sommermonaten 1939 erreichten derartige Vorstellungen und Gebietsforderungen dann, offensichtlich als Reaktion auf Forderungen Hitlers, erneut einen Höhepunkt.

Das seit 1933 nationalsozialistisch regierte Deutsche Reich hatte unter Hitler mit dem autoritär regierten Polen bereits 1934 einen Nichtangriffspakt geschlossen, was das deutsch-polnische Verhältnis zunächst für eine ganze Weile entspannt hat. Seit 1938 akzeptierten die Siegermächte des Ersten Weltkrieges bedeutende, dem damaligen Willen der betroffenen Bevölkerungsmehrheit entsprechende Grenzrevisionen – den Anschluß Österreichs am 13. März 1938 sowie Grenzrevisionen gegenüber der Tschechoslowakei (Sudetenland) ab 1. Oktober 1938 und Litauen (Memelgebiet) am 23. März 1939. Großbritannien und Frankreich haben letztlich sogar die Errichtung des „Reichsprotektorates Böhmen und Mähren" am 16. März 1939 hingenommen. Es liegt auf der Hand, daß Polen angesichts dieses Entgegenkommens der Westmächte gegenüber Deutschland unter Hitler nervös werden mußte, als Hitler seit Oktober 1938 auch in Richtung Warschau Revisionsvorschläge machte: Im Zuge einer „Generalbereinigung" aller strittigen Fragen zwischen Polen und dem Deutschen Reich schlug Hitler ein „Paket" vor, das die Rückkehr Danzigs zu Deutschland, die Errichtung einer exterritorialen Auto- und Eisenbahnverbindung zwischen Pommern und Ostpreußen/Danzig durch den „polnischen Korridor", eine gegenseitige Grenzanerkennung (!) sowie den Beitritt Polens zum gegen die Sowjetunion gerichteten „Antikominternpakt" vorsah. Man kann heute zwar angesichts dessen, was im Zweiten Weltkrieg in Verantwortung des nationalsozialistischen Regimes geschehen ist, trefflich darüber streiten, ob dieses ausgesprochen moderate Angebot Hitlers ernst gemeint war. Ernst gemeint war jedenfalls die Ablehnung dieser Vorschläge durch Polen, was am 26. März 1939 zu einem Abbruch der deutsch-polnischen Verhandlungen und – nach der britisch-französischen Garantieerklärung für Polen am 31. März 1939 – zur Kündigung des deutsch-polnischen Nichtangriffspaktes durch Deutschland am 28. April 1939 führte.

---

[71] Zitiert nach Stefan Scheil, Mitteleuropäische Gedankenspiele nach Versailles, in: Frankfurter Allgemeine Zeitung vom 17.6.2006, S. 47.

Diese Ereignisse führten zu einer rapiden Verschlechterung des deutsch-polnischen Verhältnisses. Ausdruck dieser Verschlechterung war in Polen u.a. eine Verstärkung der Repressionen gegenüber der deutschen Minderheit mit zahlreichen Gewaltakten bis hin zu Todesfällen. Im August 1939 befanden sich nicht weniger als 70 000 deutsche Flüchtlinge aus Polen in deutschen Auffanglagern.[72] Eher kurios ist, daß Polen auf diplomatischer Bühne erneut begann, schon seit Ende des Ersten Weltkrieges immer wieder geäußerte Wünsche nach der Übertragung von ehemaligen deutschen Kolonien, die unter Mandatsverwaltung des Völkerbundes standen, vorzubringen.[73] Schließlich führte die Verschlechterung des bilateralen deutsch-polnischen Verhältnisses ab dem Frühjahr 1939 wieder, wie schon erwähnt, zu einem Höhepunkt öffentlich vorgetragener Gebietsforderungen gegen Deutschland. Die regierungsamtliche polnische Politik vertrat Gebietsforderungen dieser Art vor dem 1. September 1939 zwar nicht offen. Daß jedoch auch in höchsten polnischen Militär- und Regierungskreisen unter bestimmten Voraussetzungen spätestens im Sommer 1939, noch vor Kriegsausbruch, eine territoriale West- und Nordexpansion einkalkuliert, wenn nicht sogar geplant wurde, zeigen Aufzeichnungen von Diplomaten.

In einem Bericht des Leiters der Ostabteilung des britischen Foreign Office über eine ausgedehnte Polenreise im Juni 1939 hieß es z. B., daß hochgestellte polnische Gesprächspartner aus Politik und Militär von einer unabwendbaren kriegerischen Auseinandersetzung mit dem Deutschen Reich ausgingen, die man zwar nicht selber vom Zaune brechen wolle, die dann aber trotz eigener (polnischer) militärischer Überlegenheit zu einem europäischen Krieg eskalieren müsse. Die polnischen Gesprächspartner hätten ihrer Überzeugung Ausdruck gegeben, daß Polen bei dem erwarteten schnellen Sieg weitere Gebietsgewinne verzeichnen werde, „die mindestens Ostpreußen und Breslau, aber wahrscheinlich noch einiges mehr einbringen und ein Groß-Polen etablieren würden.“ Die Menschen in Polen verlange es nach einem „Gang gegen die Deutschen“ und es gebe „Appetit auf deutsches Bauernland“.[74]

[72] Scheil, Fünf plus Zwei, S. 107.
[73] Scheil, Fünf plus Zwei, S. 61.
[74] Strobel, Die polnische „Preußenkrankheit“, S. 25.

Von für das Thema Oder-Neiße-Linie ebenfalls ausgesprochen wichtigen polnischen Äußerungen, die gleichfalls über eine künftige Möglichkeit weiterer Gebietsgewinne auf Kosten Deutschlands spekulierten, berichtete der Völkerbundskommissar von 1937–1939 in Danzig Carl J. Burckhardt. Burckhardt traf sich am 23. Juli 1939 im Beisein General Bronisław Regulskis mit dem polnischen Außenminister Józef Beck, der monologartige Ausführungen machte, deren Inhalt Burckhardt so wiedergab: *„Danzig [...] ist zum Prüfstein geworden. Von der Art, wie man in Berlin die Danziger Frage behandelt, wird weitgehend unsere eigene Politik abhängen. Ich bin jederzeit bereit, mit Hitler weiterhin zu reden. Aber es muß ihm klar gemacht werden, welchem Potential Deutschland gegenüber steht und daß schon bald der Moment gekommen sein wird, an dem es gilt einzuhalten. Hitler schließt von den Erfolgen, die er und seine Partei im Innern eines durch den letzten Krieg geschwächten Landes gegenüber einer politisch unerfahrenen, äußerst suggerierbaren Bevölkerung errungen hat, auf unbegrenzte Erfolgsmöglichkeiten in der Außenpolitik. Auf einen Ausgleich mit Rußland kann er nicht rechnen. Rußland wird niemals gestatten, daß das Reich die polnische Integrität antastet, Rußland hat kein Interesse an einer gemeinsamen Grenze mit Deutschland [...] Wird Polen angegriffen, so marschiert die französische Armee. Einen Zweifrontenkrieg könnte Hitler nicht führen. Die Wehrmacht ist mit der kaiserlichen Armee von 1914 nicht zu vergleichen. Unsere eigenen Streitkräfte aber sind auf einen elastischen, hinhaltenden Bewegungskrieg eingerichtet. Man wird große Überraschungen erleben. Wenn Hitler aber von gleich zu gleich reden und Beweggründe annehmen will, so gibt es gemeinsame polnisch-deutsche Interessen. Auf dem Weg eines Austausches unter Gleichberechtigten, ohne Druck und Drohung, werden wir mit dem Reich noch über manche aus dem Versailler-Vertrag übrig gebliebene Schwierigkeiten reden können. Die hybride Gründung (la création hybride) der Freien Stadt hat 1918 mit der Absicht stattgefunden, zwischen Polen und Deutschland dauernde Unstimmigkeit zu schaffen. Wie der große Marschall*[75] *habe ich immer alles getan, um diesen versteckten Absichten entgegen zu wirken. Aber Hitler muß unsere Ehre respektieren. Setzt er seinen Druck fort, so*

---

[75] Gemeint ist Józef Piłsudski. (Anm. d. Verf.)

werde ich Druck mit Gegendruck erwidern.“[76] Inhalt und Sinn der Ausführungen Becks interpretierte Burckhardt wie folgt: *„Die Polen warten in scheinbarer Ruhe. Beck, während unserer nächtlichen Fahrt, hat mich etwas in seine Pläne eingeweiht. Weiterhin spielt er sein doppeltes Spiel. Es ist kein deutsches Spiel, wie manche Franzosen und die polnische Opposition glauben. Es ist ein Spiel, bei welchem man für Polen auf den höchsten Gewinn hofft, einen Gewinn, der sich ergeben soll aus einer schließlichen und unvermeidlichen deutschen Katastrophe. Aus diesem Grunde treibt man die Deutschen in ihre Fehlhandlungen hinein, und in Danzig läßt man mit Vergnügen die Extremisten triumphieren, während man gleichzeitig immer wieder das Festhalten an den äußeren Formen der Verträge betont. Eines Tages wird man dann die Rechnung präsentieren und Zinsen und Zinseszinsen einfordern. Schon jetzt, indem man in dieser Weise mit den Nationalsozialisten kollaboriert, ist es gelungen, im ganzen Westen, in Frankreich, England und Amerika eine solidarische Abneigung gegen jede Revision der Verträge zu schaffen. Das war 1932 ganz anders. Damals hat mehrheitlich die westliche Meinung in den großen Demokratien sich für die deutschen Minoritäten eingesetzt. Man regte sich über schlecht gezogene Grenzen auf, über isolierte Provinzen. Dank den exzessiven Methoden des Nazismus ist das alles beendet, und jetzt hofft man im stillen in Warschau nicht nur auf die bedingungslose Integration Danzigs in den polnischen Staatsbereich, sondern auf viel mehr, auf ganz Ostpreußen, auf Schlesien, ja auf Pommern. Im Jahre 1933 noch sprach man in Warschau vom polnischen Pommerelien, aber jetzt sagt man ‚unser Pommern‘. Beck macht eine rein polnische Politik, eine letzten Endes antideutsche Politik, eine nur scheinbar polnisch-deutsche Entspannungspolitik seit der Besetzung des Rheinlandes und der französischen Passivität bei Anlaß dieses Vorgangs. Aber man bemüht sich, die Deutschen ganz methodisch in ihren Fehlern zu bestärken.“*[77]

Gravierendere Irrtümer als diejenigen des polnischen Außenministers über die Stärke der deutschen Wehrmacht, die Stärke der polnischen Armee und die Bereitschaft „Rußlands“, sich mit Deutschland auf Ko-

---

[76] Burckhardt, Meine Danziger Mission, S. 163 f.
[77] Burckhardt, Meine Danziger Mission, S. 156 f.

sten Polens zu einigen, kann man sich rückblickend kaum vorstellen. Für Polen hatte die damit verbundene Selbstüberschätzung katastrophale Folgen.[78] Die „Hoffnungen" Polens auf Ostpreußen, Schlesien und Pommern sollten sich aus dieser Katastrophe heraus jedoch erfüllen.

---

[78] Siehe zur polnischen Selbstüberschätzung, insbesondere zur Außenpolitik Becks, die aufschlußreiche Darstellung von Scheil, Fünf plus Zwei, S. 44 ff.

1.2 Die Zeit vom Ausbruch des Zweiten Weltkrieges bis zur Konferenz von Teheran

1.2.1 Forderungen der polnischen Exilregierung

Nachdem das nationalsozialistische Deutschland und die stalinistische Sowjetunion sich in einem „Nichtangriffsvertrag" am 23. August 1939 („Hitler-Stalin-Pakt" bzw. „Molotow-Ribbentrop-Pakt") in einem geheimen Zusatzprotokoll über eine Aufteilung Osteuropas geeinigt hatten, wurde Polen im September 1939 Opfer einer Aggression, die den Beginn des Zweiten Weltkrieges markiert. Am 1. September 1939 marschierten die deutschen Truppen in Polen ein und besetzten nach schweren Kämpfen West- und Mittelpolen (ca. 50 Prozent des damaligen polnischen Staatsgebietes), am 17. September folgte die Sowjetunion und okkupierte sowie annektierte den Osten des Landes. Polen wurde damit zum vierten Mal geteilt. Die polnische Regierung unter Staatspräsident Ignacy Mościcki floh am 18. September 1939 nach Rumänien.

Großbritannien und Frankreich, die grundsätzlich am Bestehen einer polnischen Exilregierung Interesse hatten, um die Rechtskontinuität des besiegten Staates zu wahren, hatten jedoch kein Interesse mehr an einem Fortbestand des bisherigen polnischen Obristenregimes mit Mościcki und Außenminister Beck, die sie für die Verschärfung des deutsch-polnischen Konfliktes mit in der Verantwortung und damit als kompromittiert ansahen. Die Regierungen in London und Paris übten vielmehr massiven Druck aus, um eine neue, „leichter beeinflußbare polnische Regierung" zu bekommen.[79]

Die schließlich von General Władysław Eugeniusz Sikorski in Paris neu gebildete polnische Exilregierung forderte in einer Instruktion an ihre diplomatischen Vertretungen bereits am 10. Oktober 1939 in der Tradition polnischer Territorialforderungen aus der Zeit vor dem Kriegsausbruch die Wiederherstellung eines Polens mit Grenzen, die aus militärstrategischen bzw. sicherheitspolitischen Gründen Ostpreu-

[79] Siehe hierzu die ausführliche Darstellung bei Scheil, Fünf plus Zwei, S. 78 ff.

ßen und das Gebiet der Freien Stadt Danzig einschließen sollten.[80] In einem Memorandum forderte die Exilregierung im November 1939 erneut Ostpreußen und Danzig sowie darüber hinaus Gebiete bis mindestens Kolberg und Breslau (einschließlich Oberschlesien), um die Grenze zu begradigen.[81] Öffentlich bekannte sich die polnische Exilregierung am 18. Dezember 1939 zu dem Ziel, „neben einem unmittelbaren und breiten Zugang zum Meer eine Grenze, die dauernde Sicherheit gewährt", zu erhalten. Wiederum dachte man damit an Ostpreußen und einen Teil Oberschlesiens.[82] Exil-Außenminister August Zaleski nannte in einem Rundschreiben im Februar 1940 als Kriegsziele der polnischen Exilregierung die Aussiedlung der Deutschen aus Vorkriegspolen sowie die „Liquidierung des deutschen Kolonialbesitzes an der Ostsee", womit er Ostpreußen meinte.[83]

Weiter als die Exilregierung dachten im Jahr 1940 bereits die Militärs. Der polnische Generalstab im Exil legte Anfang April 1940 ein Memorandum vor, das als „Maximallösung" die künftige deutsch-polnische Grenze an Oder und Neiße vorsah. Als „Minimallösung" zog der Generalstab in seinem Memorandum einen Grenzverlauf von der Odermündung entlang dem Madüsee und dem Plönesee, von dort nach Süden bis Rädnitz an der Oder, die Oder bis zur Glatzer Neiße, und von dort die Glatzer Neiße entlang bis zur tschechischen Grenze im Bereich zwischen den Städten Ottmachau und Neiße in Betracht, wobei bei Grünberg in Niederschlesien noch ein Brückenkopf westlich der Oder polnisch werden sollte. Davon seien etwa 7,1 Millionen Deutsche betroffen, die ins restliche Deutschland umgesiedelt werden müßten. Es sei nicht diskutabel, so die polnischen Militärs, auch nur einen Deutschen in Polen oder in den gewonnenen Gebieten zu belassen.[84]

Im November 1940 forderte die polnische Exilregierung in einem Memorandum an die britische Regierung zur Stärkung der polnischen und zur Schwächung der deutschen Position Ostpreußen und Danzig. Im Westen solle die deutsch-polnische Grenze verkürzt werden und

---

80 Ausführlich: Kowalski, ZSRR a granica, S. 19 ff., und Vierheller, Polen und die Deutschlandfrage, S. 21 ff.

81 Strobel, Die polnische „Preußenkrankheit", S. 25.

82 Brandes, Der Weg zur Vertreibung, S. 59.

83 Brandes, Der Weg zur Vertreibung, S. 61.

84 Brandes, Der Weg zur Vertreibung, S. 61.

künftig weiter von der Weichselmündung entfernt sein. Eine damals in Betracht gezogene „polnisch-tschechoslowakische Union“ mache außerdem eine „Verlängerung der Grenze zwischen beiden Staaten in der Provinz Schlesien nötig“. Ferner verlangte das polnische Memorandum zur Schwächung Deutschlands die „Wiederherstellung der Autonomie der deutschen Bundesstaaten“ sowie die „Unabhängigkeit Österreichs“. Dem Militär waren diese Forderungen jedoch erneut zu wenig weitgehend. Auch wurde kritisiert, daß die Frage des „Transfers“ der deutschen Bevölkerung nicht angesprochen wurde. Der polnische Generalstab forderte als Reaktion auf dieses Memorandum ausdrücklich die Oder als Westgrenze. Zur militärischen Neutralisierung des bei Deutschland verbleibenden „schlesischen Schlauches“ verlangten die Militärs außerdem einen Landstreifen westlich der Oder im Bereich von Grünberg bis zum Katzengebirge sowie den westlichen Teil Oberschlesiens. Das restliche Niederschlesien mit Breslau sollte nach den Vorstellungen des polnischen Generalstabes in eine entmilitarisierte und zollfreie Zone unter gemeinsamer polnisch-tschechischer Kontrolle umgewandelt werden. Interessant ist in diesem Zusammenhang, daß in der britischen Diplomatie bereits als Reaktion auf das Memorandum der polnischen Regierung vom November 1940 geäußert wurde, daß man bei einem Sieg über Deutschland nicht verhindern könne, „daß Polen Ostpreußen und Oberschlesien durch ein fait accompli in Besitz nehmen werde“.[85]

Regelmäßig viel weiter mit Forderungen als die Exilregierung – bis zu den Flüssen Oder und Neiße bzw. Bober/Queis – gingen neben den Militärs die polnische Exilpresse sowie die national bzw. politisch rechts orientierten polnischen Untergrundorganisationen im besetzten Polen. „Im Schatten von Krieg und Besatzung dachte die Rechte zuende, wovon sie schon immer geträumt hatte: die Vorstellung von einer Großmacht Polen.“[86] Ende 1940 veröffentlichten in Opposition zur Exilregierung stehende nationalkonservativ-katholische Untergrundorganisationen in deren Organ „Szaniec“ („Schanze“) ein „Programm für Nachkriegspolen, das eine Grenze an

---

85 Memorandum der polnischen Exilregierung vom 20.11.1940 an das britische Foreign Office. Darstellung bei Brandes, Der Weg zur Vertreibung, S. 73 ff.

86 Włodzimierz Borodziej, zitiert nach Gehrke, Der polnische Westgedanke, S. 343, Anm. 1484.

Oder und Lausitzer Neiße bei Vertreibung der Deutschen postulierte"; im Osten Polens sei die Vorkriegsgrenze beizubehalten.[87]

Im Exil bzw. im Untergrund forderte neben den Nationalkonservativen auch die „Polska Partia Socjalistyczna" eine Vergrößerung Polens auf deutsche Kosten. Das Exil-Programm der polnischen Sozialisten sah die Einverleibung Ostpreußens sowie eine Westgrenze vor, die östlich von Stettin beginnend in südöstlicher Richtung bis Breslau verlaufen sollte. Das „Oppelner Schlesien" (Oberschlesien) und angrenzende Gebiete sollten ebenfalls an Polen kommen, während das übrige, westlich der Oder gelegene Schlesien an eine wiederhergestellte Tschechoslowakei fallen sollte. Auch die polnischen Sozialisten forderten, daß alle Deutschen auf polnischer Seite der neuen Grenze ihre Heimat verlassen müßten.[88]

Die polnische Exilregierung blieb jedoch zunächst bei ihren eher moderateren Forderungen. Im Frühjahr des Jahres 1941 forderte Sikorski im Rahmen einer Reise in die USA und nach Kanada u. a. in Gesprächen mit US-Präsident Franklin Delano Roosevelt für sein Land als Ostgrenze die Vorkriegsgrenze und als Gebietsgewinn im Norden und Westen erneut Ostpreußen und Oberschlesien. In einem Interview mit den „Chicago Daily News" begründete Sikorski diesen Gebietszuwachs strategisch: Die polnische Armee sei im September 1939 aufgrund der ungünstigen Grenze einer „Zangenbewegung" zum Opfer gefallen, weshalb die Grenze revidiert werden müsse.[89]

Die Vertreibung der deutschen Bevölkerung aus von Deutschland erworbenen Gebieten faßte die polnische Exilregierung in einem Memorandum vom 10. November 1941 ins Auge.[90]

Eine weitere offizielle Vorstellung über die polnischen Nachkriegsgrenzen äußerte die polnische Exilregierung Anfang 1942. Ende 1941 erhielt sie von ihrer Landesdelegatur in Polen, der im polnischen Untergrund operierenden Vertreterin der Exilregierung, einen als Teil

---

87 Strobel, Die polnische „Preußenkrankheit", S. 25; Strobel, Chauvinismus und Verstrickung, S. 23; Brandes, Der Weg zur Vertreibung, S. 71.

88 Brandes, Der Weg zur Vertreibung, S. 61 f.

89 Brandes, Der Weg zur Vertreibung, S. 77 f.

90 Memorandum der poln. Exilregierung vom 10.11.1941, in: US-Government, Foreign Relations of the United States (Weiter zitiert: FRUS) 1941, Bd. I, S. 375.

eines künftigen Friedensvertrages gedachten Grenzvorschlag, der die Einverleibung Ostpreußens, Danzigs und Oberschlesiens sowie eine Begradigung der deutsch-polnischen Grenze von Kolberg aus südlich forderte.[91] Die polnische Exilregierung reagierte auf diese Vorstellung am 8. Februar 1942 mit einer Depesche an die Landesdelegatur, in der es hieß, daß „die Linie Kolberg – Crossen a. d. Oder – Glatzer Neiße im Grundsatz die geplante Westgrenzlinie der polnischen Regierung sei“[92] (siehe Karte 2).

Territorialpläne, die in Schlesien bis zur Bober-Queis-Linie bzw. bis zur Lausitzer Neiße reichten, wurden von der inzwischen nach London übergesiedelten polnischen Exilregierung am 7. Oktober 1942 in einem Ministerrats-Beschluß noch als phantastisch und gefährlich bezeichnet. „Die Aufstellung solcher uferloser Territorialvorstellungen diskreditiert die Polen in den Augen der Angelsachsen als Volk von ungehemmter Eroberungslust, was in fataler Weise unseren realen Wünschen und Bestrebungen im Westen schaden kann.“[93] Der polnische Ministerrat hatte in seinem Beschluß die Lausitzer Neiße als künftige polnische Westgrenze außerdem ausdrücklich und einstimmig abgelehnt, da es eine Utopie sei, neun Millionen Deutsche aussiedeln und durch Polen ersetzen zu können. Gefordert wurde am 7. Oktober 1942 die Übergabe Ostpreußens, Danzigs und des „Oppelner Schlesiens“ an Polen. Hingewiesen wurde in dem Beschluß auch darauf, daß übermäßig weit reichende Ansprüche im Westen den Besitzstand Polens im Osten gefährden könnten.[94] Doch kurz darauf wurde diese Aussage von der Exilregierung selbst wieder relativiert. Im gleichen Jahr 1942 forderte der nationaldemokratische „Minister für Kongreßarbeiten“ der polnischen Exilregierung Marian Seyda in einer Propagandaschrift als Grenze eines polnischen Besatzungsgebietes im Osten Deutschlands die Oder und Lausitzer Neiße[95], ebenso wie Exilpremier Sikorski in einem Vorschlag an die Westmächte im Dezember 1942, der für Polen Besatzungsgebiete bis zu einer „natürlichen Sicherheitslinie“ an Lausitzer Neiße und Oder einschließlich Stettins, der Inseln im Stettiner

---

91 Kowalski, ZSRR a granica, S. 50.

92 Zitiert nach Vierheller, Polen und die Deutschlandfrage, S. 25.

93 Zitiert nach Vierheller, Polen und die Deutschlandfrage, S. 26. Kowalski, ZSRR a granica, S. 39 ff.; Kruszewski, The Oder-Neisse Boundary and Poland's Modernization, S. 200.

94 Brandes, Der Weg zur Vertreibung, S. 240.

95 Seyda, Poland and Germany, S. 7.

Haff sowie Rügen forderte (siehe Karte 2),[96] außerdem polnische Militärstützpunkte auf Fehmarn, am Nord-Ostsee-Kanal, an der Elbemündung und auf der dänischen (!) Insel Bornholm.

Erneut zusammengefaßt wurden die territorialen Ziele der polnischen Exilregierung in einem Regierungsprogramm, das am 1. Dezember 1942 von Minister Seyda dem „Nationalrat" vorgelegt wurde. Dieses Regierungsprogramm sah die Annexion Ostpreußens, Danzigs und Oberschlesiens bis zur Glatzer Neiße bzw. bis zur Ohle sowie von weiteren Gebieten östlich der Oder, zwar ohne Stettin und Breslau, aber mit einem Brückenkopf westlich der Oder bei Grünberg, vor. Insgesamt müßten, so dieses Regierungsprogramm, 5,7 Millionen Deutsche ausgesiedelt werden, was man offenbar für verantwortbar hielt, denn die Forderung nach der Oder-Neiße-Grenze und die damit verbundene Aussiedlung von neun Millionen Deutschen seien „unverantwortlich". Polen brauche, so das Regierungsprogramm, zur Grenzsicherung sowie für seine wirtschaftliche und kulturelle Entwicklung „einen breiten Zugang zum Meer und eine ausreichend vorgeschobene, begradigte und verkürzte Grenze zu Deutschland".[97]

Nach wie vor radikaler als die Exilregierung waren in ihren Forderungen Exilorganisationen der Parteien sowie die polnische Widerstandsbewegung in Polen selber, die sich auch 1942 meist für eine Westausdehnung Polens bis Oder und Lausitzer Neiße aussprachen und dafür Propaganda machten. Anfang Juli 1943 beschränkte sich die „Politische Landesvertretung" in Polen mit ihren Grenzforderungen jedoch auf die Gebiete östlich der Linie Altdamm (bei Stettin)-Landsberg/Warthe-Züllichau-Oder (ohne Breslau)-Glatzer Neiße, forderte aber darüber hinaus ein polnisches Besatzungsgebiet bis Oder und Lausitzer Neiße. Das Oberkommando der „Heimatarmee" (Armia Krajowa, AK) forderte im August 1943 als Minimum für eine Vorverlegung der Grenze nach Westen Ostpreußen und Oberschlesien, in Hinterpommern die Linie Kolberg-Zantoch sowie in Niederschlesien östlich der Oder gelegene Landesteile. Die Tschechen sollten, so die

---

96 Kowalski, ZSRR a granica, S. 55 ff.; Vierheller, Polen und die Deutschlandfrage, S. 27 f. Derartige Forderungen wurden Ende Dezember 1942 von den USA noch sehr negativ beurteilt. So ein Memorandum vom 9.12.1942, in: FRUS 1942, Bd. III, S. 205 ff.

97 Brandes, Der Weg zur Vertreibung, S. 243.

Vorstellung der AK, an der Aufteilung Niederschlesiens beteiligt werden.[98]

Die Haltung der polnischen Exilregierung betreffend die Grenzen eines künftigen Polens sei an dieser Stelle noch einmal zusammengefaßt: Die Exilregierung verfolgte das Ziel, größtmögliche Sicherheit vor einer erneuten Aggression zu erreichen. Die Westverschiebung und Verkürzung der deutsch-polnischen Grenze, die vor allem strategisch begründet wurde, stellte in diesem Sinne eines der wichtigsten Kriegsziele der polnischen Exilregierung dar. Um dieses strategische Ziel zu erreichen, forderte die polnische Exilregierung mindestens die Eingliederung Ostpreußens, Danzigs, Oberschlesiens und eines Teiles von Pommern in Polen. Im Laufe der Kriegsjahre 1941 bis 1943 dehnten sich die offiziellen polnischen Gebietsforderungen immer weiter bis hin zur Oder-Neiße-Linie aus, wobei unterschieden wurde zwischen Gebieten, die Polen einverleibt und Gebieten, die von Polen besetzt werden sollten. Die Vertreibung der deutschen Bevölkerung aus den einzuverleibenden Gebieten wurde polnischerseits bereits gefordert.

Die Ostgrenze Polens, wie sie von 1921 bis 1939 bestand, sollte, so die Vorstellungen der polnischen Exilregierung und des polnischen „Untergrundes“, unverändert bleiben.

Erwähnt wurde bereits, daß in den Kriegsjahren von polnischen und tschechischen Politikern für die Nachkriegszeit eine „polnisch-tschechoslowakische Union“ geplant wurde. Dies ist für den hier dargestellten Gegenstand von zu erwähnender Bedeutung, da die polnische Exilregierung zeitweise nicht nur eine Verkürzung der deutsch-polnischen, sondern auch eine Verlängerung der polnisch-tschechoslowakischen Grenze forderte, indem westlich der Oder gelegene Teile Schlesiens an die wiederhergestellte Tschechoslowakei fallen sollten. Die polnische Exilregierung wandte sich in diesem Zusammenhang in aller Schärfe gegen Pläne des tschechoslowakischen Exilpräsidenten Edvard Beneš, der in seinen ursprünglichen Nachkriegs-Grenzkonzeptionen auf das Egerland und einige weitere Grenzstreifen zugunsten Deutschlands endgültig verzichten wollte. Die

[98] Brandes, Der Weg zur Vertreibung, S. 243 ff.

KARTE 2: Die Grenzvorstellung der polnischen Exilregierung im Oktober 1939 und im Februar 1942

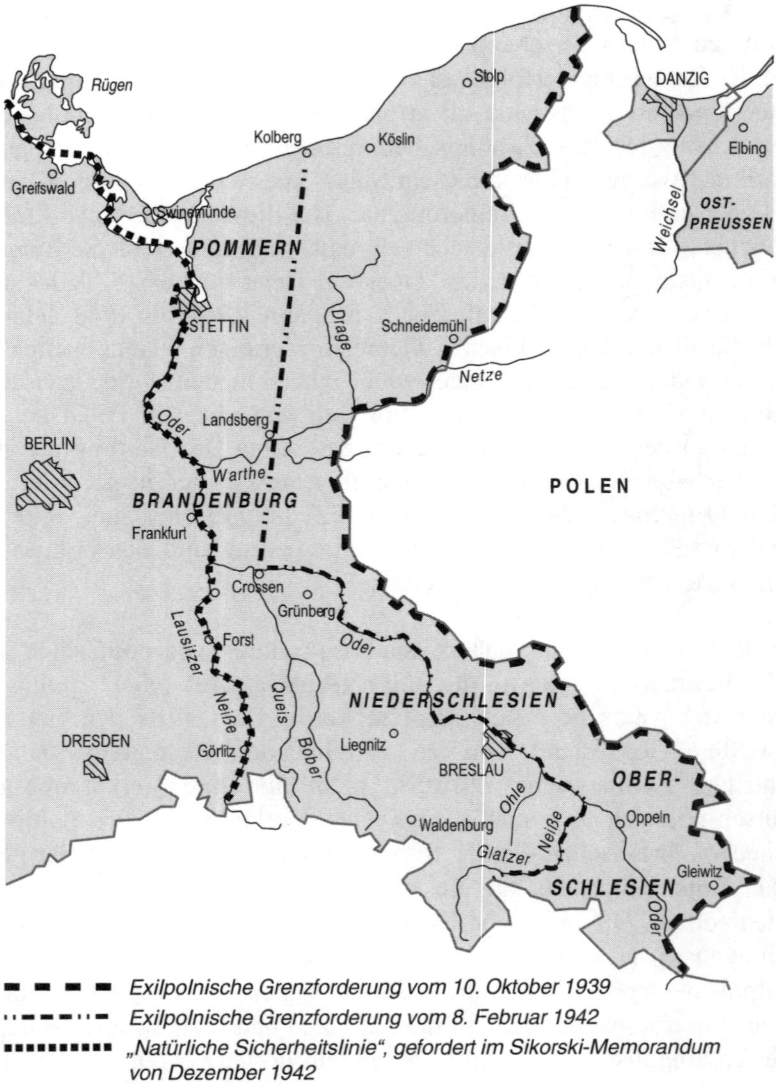

Exilpolnische Grenzforderung vom 10. Oktober 1939
Exilpolnische Grenzforderung vom 8. Februar 1942
„Natürliche Sicherheitslinie", gefordert im Sikorski-Memorandum von Dezember 1942
Staatsgrenzen 1937

Tschechoslowakei brauche die Sudetengebiete für die Verteidigung der Konföderation gegen Deutschland, so Sikorski in einem Brief an Beneš im Februar 1941. Ferner machte die polnische Exilregierung den Tschechen deutlich, daß Polen kaum in eine Konföderation mit der Tschechoslowakei eintreten könne, „wenn in der Tschechoslowakei irgendeine deutsche Minderheit verbleibe". Anfang 1941 vertrat Beneš allerdings die Meinung, daß „die polnischen Annexionspläne ... dem gesunden Menschenverstand" widersprächen.[99]

1.2.2 Die Entstehung der Kompensationstheorie

Eine gewisse Wende in der gegen Deutschland gerichteten Gebietsforderungspolitik brachte naturgemäß die Zeit nach dem deutschen Einmarsch in die UdSSR am 22. Juni 1941, der die Beendigung des Hitler-Stalin-Paktes bedeutete. Die Sowjetunion, bis dahin Verbündete des Deutschen Reiches und gemeinsam mit diesem Teilungsmacht in Polen, wurde nun zur Feindin des Deutschen Reiches und – Zug um Zug – zur Verbündeten Polens. Nach der deutschen Niederlage in Stalingrad am 31. Januar bzw. 2. Februar 1943 wurde die Bedeutung der Sowjetunion in der Polenfrage ausschlaggebend. Mit Sicherheit spielt für die spätere Haltung der Sowjetunion zur Frage der Behandlung Deutschlands auch die Ergebnislosigkeit deutsch-sowjetischer Kontakte um einen Separatfrieden 1942/43 eine Rolle.[100] Das „nach Stalingrad" als Kriegsgegner Deutschlands gewachsene Gewicht der Sowjetunion wirkte sich zugunsten dieser jedenfalls nachhaltig auf deren Ziel aus, die seit 1939 infolge des „Hitler-Stalin-Paktes" von ihr besetzten und danach annektierten ostpolnischen Gebiete als sowjetischen Besitz auch von den Westmächten endgültig anerkannt zu bekommen. Die Bereitschaft hierzu war in Großbritannien im übrigen schon „vor Stalingrad" groß.[101]

---

[99] Darstellung und Zitate nach Brandes, Der Weg zur Vertreibung, S. 120 f.

[100] Zu diesem Zusammenhang: Uschakow, Das Potsdamer Abkommen in polnischer Sicht, S. 183. Siehe zu den deutsch-sowjetischen Kontakten genauer Fischer, Sowjetische Deutschlandpolitik im Zweiten Weltkrieg, S. 38 ff.

[101] Hierauf weist Kowalski, ZSRR a granica, S. 30, zurecht hin.

So wurde die Kompensationstheorie entwickelt, die wahrscheinlich sowjetischen Ursprungs ist.[102] Von Stalin, dem die polnischen Territorialdiskussionen und Forderungen gegen Deutschland mit Sicherheit bekannt waren und der diese Forderungen aufgrund seiner Vorstellungen zur künftigen polnisch-sowjetischen Grenze mit Genugtuung aufgegriffen haben dürfte, scheint die Oder-Linie als künftige polnische Westgrenze unter Einschluß Ostpreußens als „Ausgleich" für zu erwartende Verluste im Osten erstmals Anfang Dezember 1941 anläßlich eines Banketts zu Ehren General Sikorskis „vorgeschlagen" worden zu sein.[103] Ebenfalls im Dezember 1941 machte Stalin dem britischen Außenminister Eden den Vorschlag eines Geheimprotokolls, mit dem Großbritannien die (zwischen Stalin und Hitler) vereinbarte sowjetische Westgrenze von 1941 anerkennen und in dem die Übertragung deutscher Gebiete an Polen geregelt werden sollte, und zwar alle Gebiete bis zur Oder sowie das südliche Ostpreußen, während das nördliche Ostpreußen mit Königsberg nach Stalins Vorstellungen an die Sowjetunion fallen müsse.[104]

Während Stalin also eine Rückgabe Ostpolens an Polen prinzipiell ausgeschlossen und schon spätestens Ende 1941 gegenüber Großbritannien und Sikorski den Gedanken einer Kompensation für Polen auf Kosten Deutschlands ins Spiel gebracht hat, lehnten die polnische Exilregierung und Emigration in England die Kompensationsidee überwiegend ab und bestritten überhaupt einen Zusammenhang zwischen der Ost- und Westgrenze Polens.[105] Soweit die offizielle Haltung der Exilregierung. Allerdings deutete Sikorski schon im November 1939 und im Juli 1941 gegenüber Großbritannien die Möglichkeit einer Kompensation auf Kosten Deutschlands an, wenn die ostpolnischen Gebiete nicht wiederzuerlangen sein würden.[106] Und nach seiner Rückkehr aus der Sowjetunion, wo Stalin ihm im Dezember 1941 das Kompensations-Angebot gemacht hat, erklärte Sikorski intern am 12. Januar 1942 gegenüber seinem polnischen Exilkabinett, daß Polen sich in

---

102 So Uschakow, Stalins Anteil, S. 80; Ders., Das Potsdamer Abkommen in polnischer Sicht, S. 184; Raack, Stalin Fixes the Oder-Neisse-Line, S. 468 f.

103 Uschakow, Stalins Anteil, S. 69; Vierheller, Polen und die Deutschlandfrage, S. 32; Kowalski, ZSRR a granica, S. 34; Brandes, Der Weg zur Vertreibung, S. 177.

104 Brandes, Der Weg zur Vertreibung, S. 179 f.

105 Rhode/Wagner, Quellen zur Entstehung der Oder-Neiße-Linie, Nr. 20, 27, 28, 31.

106 Polonsky, The Great Powers, S. 75 f.; S. 81.

Zukunft nicht mehr zwei feindliche Nachbarn leisten könne und daß es gestützt auf eine Verständigung mit Stalins Rußland nach Westen schauen solle. Die Geschichte Polens biete nun die einmalige Gelegenheit, das Unrecht und die Fehler von Jahrhunderten wiedergutzumachen, „strategisch mächtige Grenzen im Westen zu verstärken, eine sichere Stellung an der Ostsee zu erringen und die deutsche Horde, die Jahrhunderte lang nach Osten gedrängt hat, zu zerschmettern und zu zwingen, sich weit zurückzuziehen.“[107] Offiziell blieb es bei der Exilregierung jedoch bei einer Ablehnung des Kompensationsgedankens.

Die Parteien des polnischen Untergrundes schlossen sich am 15. August 1943 mit einem Abkommen den offiziell geäußerten Ansichten der polnischen Exilregierung an. In Punkt 4 dieses Abkommens hieß es u. a., daß für Polen „eine westliche und nördliche Grenze, die ihm einen weiten Zugang zum Meer garantieren, eine unversehrte Ostgrenze und angemessene Entschädigungen gesichert werden“ müßten.[108]

Offen aufgeschlossen standen der Kompensationsidee auf polnischer Seite allerdings prosowjetische Kräfte gegenüber. Signifikant hierfür sind die Ansichten des inoffiziell im März, offiziell im Juni 1943 in Moskau gegründeten „Verbandes der Polnischen Patrioten in der Sowjetunion (Związek Patriotów Polskich w ZSRR, ZPP)“, der kurz nach dem Abbruch der sowjetisch-exilpolnischen Beziehungen am 25. April 1943 durch Stalin (s. u.) in einem Aufruf zum 1. Mai 1943 die These formulierte, daß Polen in enger Anbindung an die Sowjetunion sich darauf konzentrieren müsse, „uralte polnische Gebiete“ im Westen wiederzugewinnen anstelle von „fremden“ im Osten, womit die ostpolnischen Gebiete jenseits der „Curzon-Linie“ gemeint waren.[109]

Unumstritten war der Kompensationsgedanke jedoch im sowjetischen Machtbereich nicht. So schrieb der Stellvertreter des Volkskommissars für Auswärtige Angelegenheiten Vladimir Dekanosov im Oktober 1943, daß die Sowjetregierung zwar auf der Curzon-Linie bestehen solle, sich jedoch in bezug auf die übrigen künftigen Grenzen Polens nicht festlegen solle, solange sie befürchten müsse, daß ein z.B. um Ostpreußen erweitertes Polen der Sowjetunion gegenüber feindlich eingestellt sein könne. Und der sowjetische Spitzendiplomat Maksim

---

[107] Zitiert nach Brandes, Der Weg zur Vertreibung, S. 177 f.

[108] Zitiert nach Rhode/Wagner, Quellen zur Entstehung der Oder-Neiße-Linie, Nr. 31.

[109] Zitiert nach Lehmann, Der Oder-Neiße-Konflikt, S. 27.

Litvinov riet dem Sowjet-Außenkommissar Molotow im gleichen Monat, die „Initiative für jene extremen Maßnahmen, die gegenüber Deutschland zu ergreifen sind", den „Anglo-Amerikanern" zu überlassen, da Polen selbst nach der Annexion Ostpreußens, Danzigs und Oberschlesiens bei Verlust der Ostgebiete kleiner sei als vor dem Krieg. Es sei dann zu erwarten, daß „Polen nicht aufhören wird zu klagen und zu grummeln und sich um eine Ausdehnung nach Osten zu bemühen, und je stärker es im Westen wird, um so mehr erhöht sich das Gewicht seines Grummelns. Hinzuzufügen ist, daß wir mit der Übertragung auch nur Ostpreußens an Polen die gemeinsame Grenze mit irgendeinem Teil Deutschlands verlieren und daß auf unserer Nordroute zu den westlichen Staaten das uns feindliche Polen liegt", so Litvinov. Und im Januar 1944 warnte der stellvertretende Volkskommissar für Auswärtige Angelegenheiten Ivan Majskij, Polen solle nicht „zu groß und zu stark" werden, da Polen in der Vergangenheit immer Rußlands Feind gewesen sei, und plädierte dafür, Nachkriegspolen „sehr sorgfältig in möglichst engen Grenzen unter Beachtung des Prinzips der Ethnizität" zu bilden.[110] Die Lösung dieser Bedenken bestand darin, die Westausdehnung Polens an eine der Sowjetunion freundlich gesonnene polnische Regierung zu binden.

Auf westlicher Seite machte sich zunächst Großbritannien die Idee einer Kompensation zu erwartender östlicher polnischer Gebietsverluste auf Kosten Deutschlands zu eigen. Der Gedanke, die UdSSR auf Kosten Polens, die Polen auf Kosten Deutschlands territorial zu entschädigen, wurde seit dem Besuch des britischen Außenministers Robert Antony Eden Mitte Dezember 1941 in Moskau, den erwähnten Grenzvorschlag Stalins aufgreifend, immer mehr zu einem „zentralen Bestandteil der britischen Außenpolitik".[111] Im Londoner Foreign Office hielt man es für aussichtslos, daß Polen je wieder seine von der Sowjetunion annektierten Ostgebiete zurückerhalten werde. Schon im März 1942 empfahl es daher, die „Curzon-Linie" als Ostgrenze Polens anzuerkennen,[112] und als Kompensation auf Kosten Deutschlands Ostpreußen, Danzig und Oberschlesien an Polen zu geben, eine Vorstel-

---

[110] Brandes, Der Weg zur Vertreibung, S. 317 f.

[111] Foschepoth, Die Oder-Neiße-Frage, S. 73.

[112] Woodward, British Foreign Policy, Bd. I, S. 193.

lung, die das Foreign Office und auch das Kriegskabinett bis Ende 1943 vertraten[113] und die auch von dem US-Präsidenten Franklin D. Roosevelt im März 1943 akzeptiert wurde.[114] Am 6. Oktober 1943 beschwor der britische Premier Winston S. Churchill Eden, „alles in unserer Macht stehende zu tun, um die Polen zu überreden, sich mit den Russen über ihre Ostgrenze zu einigen, im Austausch gegen Gewinne in Ostpreußen und Schlesien".[115] Für diese Haltung hatte Churchill zusammengefaßt folgende Hauptmotive, die auch der US-amerikanische Präsident Roosevelt billigte: Seit dem Sieg der Roten Armee in Stalingrad gebühre der Koalition der Westmächte mit der Sowjetunion als militärischer Großmacht ein Vorrang. Polen mit seiner Exilregierung sei zwar legitim vertreten, falle jedoch kaum ins Gewicht. Durch territoriale Amputationen Deutschlands bis hin zur Oder könnte ein Nachkriegsdeutschland entscheidend geschwächt und der polnischen Exilregierung die Entscheidung für einen Verzicht auf die polnischen Ostgebiete erleichtert werden, ein Verzicht, den Churchill zugunsten der Koalition mit Stalin, der diese Gebiete forderte, als unvermeidbar betrachtete. Außerdem sei die „Curzon-Linie" als ethnographisch gerechtfertigte polnische Ostgrenze schon 1919/20 von der Entente empfohlen worden.[116] Zwar ließ die geographische Situation gar keine andere Möglichkeit übrig, als die „Entschädigung" Polens durch preußische Territorien vorzunehmen. Doch Churchills „fixe Idee, daß Preußen die Wurzel des ‚deutschen Militarismus' sei und folglich eine strenge Behandlung verdiene", mag einen fördernden Einfluß auf Churchills – und auch Roosevelts – Kompensationsvorstellungen gehabt haben.[117]

Kurz vor der Teheraner Konferenz (28. November bis 1. Dezember 1943) verwarf der polnische Exil-Ministerpräsident Stanisław Mikołaj-

[113] Woodward, British Foreign Policy, Bd. I, S. 250 f., S. 438; Polonsky, The Great Powers, S. 152, S. 160; Kettenacker, Krieg zur Friedenssicherung, S. 164 f., S. 446. Zur Meinungsbildung im Foreign Office über die deutsch-polnische Grenzfrage ausführlich: Kettenacker, a. a. O. , S. 441 ff., S. 459 ff.

[114] Woodward, British Foreign Policy, Bd. I, S. 438; Bd. II, S. 638.

[115] Churchill, Closing the Ring, S. 589.

[116] Diese Analyse folgt dem Befund von Lehmann, Der Oder-Neiße-Konflikt, S. 26. Siehe auch Vierheller, Polen und die Deutschlandfrage, S. 31 f.

[117] Bond, Britische Ansichten, S. 15 f.

czyk, der nach einem mysteriösen tödlichen Flugzeugabsturz seines Vorgängers Sikorski (4. Juli 1943) die Geschäfte der polnischen Exilregierung übernommen hatte, für diese jedoch nochmals die Idee der Kompensation. Polen sei „voll und ganz berechtigt zu erwarten, daß es aus diesem Krieg ohne einen Gebietsverlust herausgehen wird", hieß es in einem Memorandum vom 18. November 1943, das Mikołajczyk an Churchill und Roosevelt richtete.[118] In diesem Memorandum blieb die polnische Exilregierung allerdings bei ihrer Forderung nach Ostpreußen, Danzig und Oberschlesien. Dieser Gebietswechsel und die Verkürzung der polnischen Westgrenze seien durch die Notwendigkeit geboten, die Stabilität eines künftigen Friedens zu gewährleisten. Die Übergabe dieser Gebiete an Polen könne nicht ernsthaft als Kompensation für den Verlust ostpolnischer Gebiete an die UdSSR behandelt werden, zumal diese (ostpolnischen) Gebiete für Polen einen unvergleichlich höheren Wert als für die Sowjetunion besäßen, so die polnische Argumentation in dem Memorandum.

1.2.3 Die Atlantik-Charta

Die Kompensationsidee war kaum vereinbar mit der sogenannten „Atlantik-Charta", die im Zusammenhang mit der Frage der Völkerrechtsmäßigkeit der Oder-Neiße-Linie oft genannt wird und daher hier kurz Erwähnung finden soll.

Die Atlantik-Charta wurde am 14. August 1941 vom britischen Premierminister Winston Churchill und von US-Präsident Franklin D. Roosevelt auf dem Schlachtschiff „Prince of Wales" unterzeichnet, wo sich beide unter dem Eindruck des deutschen Angriffs auf die Sowjetunion getroffen hatten. Im allgemeinen propagierten beide Staatsmänner in der Atlantik-Charta für die Zeit nach dem Krieg das Ziel einer besseren Weltordnung, das Selbstbestimmungsrecht der Völker, die Freiheit der Meere und den freien Zugang aller Nationen zu den Rohstoffen der Welt. Die Atlantik-Charta wurde im Laufe der Zeit durch Beitritte weiterer Staaten zu einem grundlegenden völkerrechtlichen

---

[118] Das Memorandum ist in deutscher Übersetzung abgedruckt bei Rhode/Wagner, Quellen zur Entstehung der Oder-Neiße-Linie, Nr. 34. FRUS, The Conferences at Cairo and Tehran, S. 381 f.

Dokument, das nach dem Zweiten Weltkrieg auch Grundlage des Selbstverständnisses der „Vereinten Nationen“ wurde.

Die Charta enthielt für die künftige Gestaltung Europas für alle Beitrittsstaaten u. a. die Prinzipien, keine territoriale oder sonstige Vergrößerung anzustreben und keine territorialen Veränderungen zuzulassen, die nicht mit dem frei ausgedrückten Willen der betroffenen Bevölkerung übereinstimmten.[119] Die polnische Exilregierung sah bei einer strikten Anwendung dieser Prinzipien sogleich ihre territorialen Ansprüche auf Ostpreußen und Danzig gefährdet. Daher äußerte die Exilregierung im August 1941, daß bei der künftigen Grenzziehung nicht nur ethnische, sondern auch strategische und wirtschaftliche Gesichtspunkte beachtet werden müßten. Die Atlantik-Charta müsse im Sinne der „fundamentalen und vitalen Interessen“ Polens interpretiert werden. „Sie diene wahrscheinlich der Propaganda in den USA und gegenüber Deutschland, dürfe aber nicht die Moral der unterdrückten Völker unterminieren.“[120] Die Londoner Exilregierung Polens trat der Atlantik-Charta am 24. September 1941 bei und erklärte nach außen, daß sie weder nach „territorialer noch anderer Expansion“ strebe.[121] Ebenso trat die Sowjetunion der Atlantik-Charta bei (24. September 1941 bzw. 1. Januar 1942), doch „Marschall Stalin hatte weder die Absicht, die aus der Charta entstehenden Verpflichtungen ernstzunehmen, noch handelte er danach, womit er ihre Beachtung durch die anderen Länder natürlich durchkreuzte“.[122]

Nach späterer Aussage der Westmächte sollte Deutschland (im Rahmen der 1943 auf der Konferenz von Casablanca geforderten „bedingungslosen Kapitulation“) von den Prinzipien der „Atlantik-Charta“ nötigenfalls jedoch dann ausgeschlossen bleiben, wenn die eine oder andere Grenzveränderung „den Frieden in Europa sicherer und dauerhafter machen“ würde (Churchill).[123]

---

119 Absätze 1 und 2 der Atlantik-Charta. Die Atlantik-Charta ist u.a. abgedruckt in: Münch, Dokumente, S. 3 f.

120 Brandes, Der Weg zur Vertreibung, S. 124.

121 Zit. nach Kowalski, ZSSR a granica, S. 47.

122 de Zayas, Die Anglo-Amerikaner und die Vertreibung der Deutschen, S. 61.

123 de Zayas, Die Anglo-Amerikaner und die Vertreibung, S. 61; Kowalski, ZSRR a granica, S. 47 ff.

1.2.4 Die Konferenz von Teheran

Auf der Konferenz von Teheran, die vom 28. November bis 1. Dezember 1943 stattfand, zu einer Zeit also, als noch halb Europa vom Atlantik bis zur Ukraine deutsch besetzt war, einigten sich die „Großen Drei" Roosevelt, Churchill und Stalin darauf, daß Polen, um die „Sicherung der Westgrenzen der Sowjetunion"[124] zu erreichen, nach Westen „verschoben" werden solle. Stalin hatte schon am Mittag des 28. November zu erkennen gegeben, daß er die polnische Westgrenze an der Oder sehen wolle, eine Ansicht, die er am Abend des gleichen Tages auf Nachfrage des britischen Außenministers Eden nachdrücklich bestätigte und zu dessen Verwirklichung er ankündigte, den Polen zu helfen.[125] Churchill erklärte sich, obwohl er vom Kriegskabinett hierzu nicht ermächtigt war und obwohl die Vorschläge des britischen Foreign Office (Angliederung Danzigs, Ostpreußens und Oberschlesiens an Polen) wesentlich moderater waren,[126] mit Stalins die polnischen Grenzen betreffenden Vorstellungen prinzipiell einverstanden, indem er ausführte, daß Großbritannien zwar verpflichtet sei, ein starkes und unabhängiges Polen wiederherzustellen, nicht jedoch irgendwelche bestimmten Grenzen. Churchill betonte den Wert der deutschen Gebiete östlich der Oder im Gegensatz zu den „Pripjetsümpfen".[127] In diesem Gespräch Stalins mit Churchill und Eden formulierte Churchill schließlich auch seine persönliche, berühmt gewordene Ansicht, „Polen könne gegen Westen vorrücken wie Soldaten, die mit zwei Schritten ‚links aufschließen'. Wenn es dabei einigen Deutschen auf die Zehen trete, so müsse man sich damit abfinden". Stalin, Churchill und Eden waren sich einig, daß sie sich ohne die Hinzuziehung der polnischen Exilregierung über die Grenzfrage einigen könnten. Später könnten sie dann an Polen herantreten und ihr Ergebnis den Polen „zur Annahme empfehlen", was Churchill übernehmen wollte. Churchill demonstrierte am Ende der Unterredung „mit drei Streichhölzern", wie er sich „Polens Marsch nach Westen vorstellte. Das

---

[124] Fischer, Teheran, Jalta, Potsdam, S. 83.

[125] FRUS, The Conferences at Cairo and Tehran, S. 510, S. 512, S. 847 f.

[126] Kettenacker, Krieg zur Friedenssicherung, S. 463. Vgl. die Vorstellungen des Foreign Office vom 5.10 und 22.11.1943, die für Polen als Kompensation lediglich Danzig, Ostpreußen und Oberschlesien vorsahen. Memoranden bei Polonsky, The Great Powers, S. 152, S. 160.

[127] Woodward, British Foreign Policy, Bd. II, S. 651.

amüsierte Stalin, und in dieser Stimmung gingen wir einstweilen auseinander."[128]

Am 1. Dezember 1943 versicherte auch US-Präsident Roosevelt dem sowjetischen Diktator Stalin, daß er sich die polnische Westgrenze sogar an der Oder vorstellen könne. Roosevelt bat Stalin jedoch um Verständnis dafür, daß er aus Gründen der Rücksichtnahme auf polnischstämmige Wähler in den USA eine Westverschiebung Polens in Teheran noch nicht mittragen könne.[129]

In der vierten Vollsitzung, der letzten Plenarsitzung der „Großen Drei" im Rahmen der Konferenz von Teheran, berieten Roosevelt, Churchill und Stalin nach erneuten Diskussionen über die künftigen Grenzen Polens und Deutschlands am 1. Dezember 1943 die von Churchill vorgeschlagene provisorische Formel, daß die Heimstätte des polnischen Staates und der polnischen Nation zwischen der sogenannten Curzon-Linie und der Linie der Oder liegen und Ostpreußen sowie den Bezirk Oppeln umschließen sollte; die endgültige Grenzziehung erfordere aber ein eingehendes Studium und möglicherweise einen Bevölkerungsaustausch. Stalin stimmte dieser Formel unter der Bedingung zu, Königsberg und Memel bzw. Tilsit zu erhalten.[130] Churchill merkte zu dieser Formel in seinen später veröffentlichten Aufzeichnungen an, daß die Frage nach der östlichen oder westlichen Neiße bis dahin nicht aufgetaucht sei. Im Widerspruch dazu stehen seine eigenen Aufzeichnungen an anderer Stelle, wo er berichtet, daß Stalin in Teheran bereits auf der westlichen Neiße bestanden habe, er und Roosevelt dagegen Stettin und Breslau bei Deutschland belassen wollten.[131]

---

128 Churchill, Closing the Ring, S. 319 f. FRUS, The Conferences at Cairo and Tehran, S. 512. Drei Tage später bezeichnete Churchill diese Streichholzdemonstration als eine mögliche Lösung der Fragen, die mit Polen im Zusammenhang stehen. Siehe a. a. O., S. 598. Nach einer später (13.8.1944) angefertigten Aufzeichnung soll nach Aussage Edens in einer Unterredung Churchill in Teheran zunächst sogar lediglich für eine Abtrennung Österreichs und Ostpreußens von Deutschland eingetreten sein. Siehe a. a. O., S. 882.

129 FRUS, The Conferences at Cairo and Tehran, S. 594. In den USA standen nach 11 Monaten Präsidentschaftswahlen an, bei denen Roosevelt Rücksicht auf ca. 6 Millionen polnischstämmige Wähler nehmen zu müssen glaubte.

130 Nach Churchill, Closing the Ring, S. 403; Vgl. auch Fischer, Teheran, Jalta, Potsdam, S. 86 f. In den amerikanischen Konferenzprotokollen ist Churchills Formel nicht vermerkt. FRUS, The Conferences at Cairo and Tehran, S. 603 f. und Anm. 12 ebd.

131 Churchill, Closing the Ring, S. 403; Triumph and Tragedy, S. 573. Hierzu bestätigend auch Vierheller, Polen und die Deutschlandfrage, S. 33 (Anm. 118). Hierzu auch die falsche Theorie von der „Verwechslung" der beiden Neißen in Teheran aufgrund eines „Mißverständnisses",

Da die Grenze des Regierungsbezirkes Oppeln zumindest teilweise entlang der Glatzer Neiße verläuft, haben sich die späteren Siegermächte bei der Teheraner Konferenz provisorisch im Prinzip über eine Oder-Glatzer Neiße-Linie als polnische Westgrenze verständigt. In den Schlußdokumenten von Teheran fanden Grenzfragen allerdings keinen substantiellen Niederschlag.[132] Insgesamt waren die Westmächte in Teheran Stalin gegenüber sehr nachgiebig. Möglicherweise hatten sie zu dieser Zeit noch Angst vor einem deutsch-sowjetischen Separatfrieden.[133]

Es war, wie schon erwähnt, der britische Premierminister Churchill, der die in London residierende polnische Exilregierung zur Akzeptanz der Curzon-Linie als polnische Ostgrenze drängen wollte und im Gegenzug die Zusage geben wollte, daß sich Polen bis zur Oder ausdehnen könne und Ostpreußen sowie Oberschlesien bekomme. Churchill nannte diese Kompensation einen „fairen Handel", durch den Polen zu einem großen Industriestaat werde. Falls die Polen diesen Handel nicht akzeptierten, „sei ihnen nicht zu helfen".[134]

---

vorgebracht bei einer britischen Unterhausdebatte am 24.8.1945, Auszüge abgedr. bei: Rhode/Wagner, Quellen zur Entstehung der Oder-Neiße-Linie, Nr. 168.

132 „Declaration of the Three Powers" vom 1.12.1943, abgedruckt in: FRUS, The Conferences at Cairo and Tehran, S. 640 f.

133 Uschakow, Stalins Anteil, S. 74.

134 Brandes, Der Weg zur Vertreibung, S. 270.

1.3 Von Teheran nach Jalta

1.3.1 Die polnische Reaktion auf die Ergebnisse der Konferenz von Teheran

Die „Anti-Hitler-Koalition" hatte sich in Teheran über den Kopf der polnischen Exilregierung hinweg im Grundsätzlichen über die polnischen Nachkriegsgrenzen geeinigt. Churchills Zusage von Teheran, nachträglich die Zustimmung der Polen einzuholen, konnte dieser jedoch nicht einhalten. Sowohl die Exilregierung unter Mikołajczyk als auch der im Untergrund in Warschau operierende „Rat der Nationalen Einheit" (Rada Jedności Narodowej, RJN) akzeptierten zwar einen Gebietszuwachs im Westen, forderten jedoch die Erhaltung der polnischen Vorkriegs-Ostgrenze und lehnten die „Curzon-Linie" als neue Ostgrenze rundweg ab, insbesondere nachdem Churchill und Roosevelt sich gegenüber der Exilregierung weigerten, die Unabhängigkeit und die neuen Grenzen Polens sowie die Nichteinmischung der Sowjetunion in die inneren Angelegenheiten Polens zu garantieren.[135] In einer aus 14 Thesen bestehenden Erklärung legte die polnische Exilregierung am 7. Dezember 1943, unmittelbar nach dem Ende der Teheraner Konferenz, ihre Grenzvorstellungen erneut deutlich dar. Mikołajczyk forderte wiederum Ostpreußen, Danzig und Oberschlesien für Polen (siehe Karte 3). Die Abtretung dieser Gebiete solle in einem „Waffenstillstandsabkommen" oder in einem „politischen Akt" auf der Grundlage der bedingungslosen Kapitulation Deutschlands sichergestellt werden. Sollten die Westmächte hierzu nicht bereit sein, dann sollten diese Gebiete durch „faktische Inkorporation" in Besitz genommen werden. Im Rahmen einer „engeren Okkupation" sollten von den alliierten Streitkräften mit polnischer Beteiligung darüber hinaus die Gebiete „östlich der Lausitzer Neiße entlang der Oder bis zum Stettiner Haff unter Einschluß Stettins" besetzt werden.[136] Intern äußerte der polnische Exilaußenminister Tadeusz Romer allerdings im Januar 1944, daß Polen zwar Ostpreußen, Danzig und Oberschlesien haben wolle, nicht jedoch auch Stettin und Breslau, da man fürchte, eine

---

[135] Zu den Verhandlungen poln. Exil- und Untergrundkreise mit den Westmächten siehe Rhode/Wagner, Quellen zur Entstehung der Oder-Neiße-Linie, Nr. 56-70.

[136] Zitiert nach Uschakow, Stalins Anteil, S. 76.

deutsche Irredenta zu schaffen und Deutschland und die Sowjetunion nicht mehr gegeneinander ausspielen zu können. Außerdem war die polnische Exilregierung immer noch skeptisch, inwieweit Großbritannien und die USA derart weitgehende territoriale Regelungen gegen ein besiegtes Deutschland tatsächlich unterstützen würden, insbesondere im Hinblick auf die öffentliche Meinung in diesen Ländern. Die britische Diplomatie versuchte in der Folge, bei den Polen derartige Bedenken zu zerstreuen. So äußerte Frank Kenyon Roberts, Leiter des Central Departments im britischen Foreign Office, Anfang Februar 1944 gegenüber einem polnischen Regierungsvertreter, daß es „gleichgültig" sei, „wie weit die polnischen Forderungen reichten. Die öffentliche Meinung in den angelsächsischen Ländern sei teilweise schon vorbereitet; in der britischen Regierung sei die Sache zugunsten Polens entschieden."[137]

Der „Rat der Nationalen Einheit" (RJN) in Warschau faßte am 15. März 1944 die Vorstellungen der polnischen Untergrund-Widerstandsbewegung über die zukünftige deutsch-polnische Grenze in einer Erklärung erneut konkret zusammen. In dieser Erklärung forderte die Widerstandsbewegung „ganz Ostpreußen", das mit „Gewalt und Hinterlist eingedeutscht" worden sei, den „uralten Hafen des Weichselgebietes Danzig", der „unmittelbar an der alten Grenze Polens" liege, den pommerschen „Keil zwischen der Ostsee, der Odermündung und der Netze, die Gebiete zwischen Netze und Warthe und schließlich Oberschlesien mit einer entsprechenden Sicherheitszone". Ostbrandenburg und Niederschlesien sollten nach der Forderung des RJN langandauernd polnisch besetzt werden. An der Oder und an den Oderhäfen „sollen die lebenswichtigen Interessen Polens dauernd gesichert sein" (siehe Karte 3). Im Osten müsse „die Grenze Polens so erhalten bleiben, wie sie durch den Vertrag von Riga festgelegt wurde".[138] Eine Verknüpfung der Probleme der West- und Ostgrenze Polens hatte der RJN schon im Februar 1944 in einem Beschluß abgelehnt. Die „Westgebiete" könnten, so die polnische Untergrundführung, nicht als Ausgleich gelten, „weil ihre Abtretung an Polen einfach nur die Rückkehr dessen ist, was einst mit Gewalt genommen worden ist".[139]

---

137 Zitiert nach Brandes, Der Weg zur Vertreibung, S. 377.
138 Rhode/Wagner, Quellen zur Entstehung der Oder-Neiße-Linie, Nr. 67.
139 Zitiert nach Brandes, Der Weg zur Vertreibung, S. 385.

Am 20. Juli 1944 wurde von dem nationaldemokratischen polnischen Exilregierungsmitglied Marian Seyda eine Westgrenze an der Oder und an der Ohle als „Maximalposition" der Regierung bezeichnet.[140] Die Ohle ist ein kleiner Fluß westlich der Glatzer Neiße, der oberhalb von Breslau in die Oder mündet (siehe Karte 3). Die links der Oder liegenden Teile Niederschlesiens einschließlich Breslau wären bei dieser polnischen „Maximalposition" bei Deutschland verblieben.

In der Zeit nach der Konferenz von Teheran sprachen sich die „Großen Drei", den Widerspruch der polnischen Exilregierung und des polnischen Widerstandes hinsichtlich der polnischen Ostgrenze ignorierend, jedoch noch mehrfach für die „Curzon-Linie" aus. Die angebotene Westexpansion Polens wurde von den Alliierten als Kompensation für diese Verluste gesehen. So bekräftigte Churchill am 24. Mai 1944 vor dem britischen Unterhaus sein Kompensationsangebot.[141] Kurz zuvor hatte das britische War Office eine Planstudie erarbeitet, das über die Vorstellungen des Foreign Office hinausgehend auch Pommern zugunsten Polens teilen wollte, indem die Regierungsbezirke Köslin (ohne die Kreise Greifenberg und Rügenwalde) und Schneidemühl (ohne die Kreise Arnswalde und Friedeberg) an Polen kommen sollten (siehe Karte 6).[142] Roosevelt sagte im Juni 1944 Mikołajczyk Schlesien und Ostpreußen zu,[143] und Stalin erklärte im gleichen Monat der polnischen Exilregierung, daß Polen ein Angebot, „das ihm einen breiten Zugang zur See, Ostpreußen und Schlesien bis zur Oder und Gebiete im Westen bis Stettin einschließlich gebe", nicht ablehnen könne.[144]

---

140 Brandes, Der Weg zur Vertreibung, S. 386.

141 Rhode/Wagner, a. a. O., Nr. 70.

142 Zu dieser Planstudie vom 5.5.1944: Kettenacker, Krieg zur Friedenssicherung, S. 450; Brandes, Der Weg zur Vertreibung, S. 282 ff.

143 Mikołajczyk, The pattern of Soviet domination, S. 66.

144 Bericht des Amerika-Polen-Professors Lange am 13.6.1944 nach dessen Rückkehr von einem offiziellen Besuch bei Stalin an den Exil-Premier Mikołajczyk. Abgedruckt bei Rhode/Wagner, Quellen zur Entstehung der Oder-Neiße-Linie, Nr. 73.

KARTE 3: Die Grenzvorstellung der polnischen Exilregierung vom 7. Dezember 1943 und des „Rates der Nationalen Einheit“ (RJN) vom 15. März 1944

1.3.2 Die „innerkommunistische" Festlegung auf die Nachkriegsgrenzen Polens

Im Juni 1944 setzte Stalin, um seine politischen Ziele zu erreichen, jedoch längst nicht mehr auf die Zustimmung der nationalkonservativen westlichen Exilregierung und der ebenso nationalkonservativen polnischen Untergrundbewegungen, sondern definitiv auf eine kommunistisch-polnische Marionettenregierung, nachdem die Exilregierung in London nach wie vor nicht gewillt war, als polnische Ostgrenze die „Curzon-Linie" zu akzeptieren. Bereits am 25. April 1943 hatte Stalin ohnehin die Beziehungen zur polnischen Exilregierung abgebrochen, da diese eine Untersuchung der Todesursache von durch die deutsche Wehrmacht bei Katyń aufgefundenen polnischen Offizieren verlangte, eine Mordtat, die die polnische Exilregierung richtig der stalinistischen Sowjetunion anlastete, die ja bis zum deutschen Angriff 1941 Verbündete Hitlers war und mit diesem Polen aufgeteilt hatte. Stalin, der nun mit den Westmächten ein Zweckbündnis eingegangen war und dem die ganze Angelegenheit Katyń sehr ungelegen gekommen sein muß, legte das Verlangen der polnischen Exilregierung nach Untersuchung der Morde als „unfreundlichen Akt" aus.[145] Seit dem 25. April 1943 betrachtete Stalin dann den kommunistischen „Verband der polnischen Patrioten in der Sowjetunion" (Związek Patriotów Polskich w ZSSR, ZPP) als einzige legitime Vertretung des polnischen Volkes.[146] Stalin diffamierte seitdem die legitime polnische Exilregierung in London, indem er etwa auf der Teheraner Konferenz am 1. Dezember 1943 behauptete, daß deren Mitglieder sich in „verleumderischer Propaganda" mit den „Nazis" verbündet hätten bzw. daß sie „Agenten Hitlers" seien.[147]

Im Laufe der Jahre 1941 bis 1944 wurde indes bei den unter Stalins Protektorat stehenden polnischen Kommunisten in der Sowjetunion die Idee von der „Westverschiebung" Polens ein Modell, an dem man

---

[145] Kowalski, ZSSR a granica, S. 70 f.

[146] Uschakow, Stalins Anteil, S. 80.

[147] FRUS, The Conferences of Cairo and Tehran, S. 598, S. 847.

eifrig mitzubauen begann.[148] Mit Sicherheit wußten die polnischen Kommunisten von Stalins Angebot an Sikorski im Dezember 1941, Polen u. U. Gebiete bis zur Oder zu geben.[149] Im Gegensatz zur polnischen Exilregierung benutzten im Laufe der Jahre 1942 und 1943 die polnischen Kommunisten für Gebietsforderungen auch historische Argumente, indem sie in der Tradition des „piastischen Nationalismus" die „Rückgabe sämtlicher Territorien im Westen und Norden, die im Laufe der Jahrhunderte mit Gewalt germanisiert worden seien", forderten.[150] Die polnische Linke griff somit den ursprünglich vor allem von der nationaldemokratischen Rechten entwickelten und propagierten „Westgedanken" auf und machte ihn sich zu eigen.

Die kommunistisch-polnischen Gebietsforderungen im Westen blieben im Jahr 1943 noch weitgehend unspezifisch, wenn Ansprüche auf die Oder-Linie und ganz Schlesien auch schon recht deutlich formuliert wurden.[151] Stalin und die sowjetische Führung hatten sich dann während des Dezembers 1943 intensiv mit den künftigen Grenzen in Mitteleuropa beschäftigt, nachdem auf der Konferenz von Teheran dazu keine konkreten Abmachungen getroffen worden sind. Vorstellungen zur künftigen deutsch-polnischen Grenze äußerte Stalin gegenüber dem tschechoslowakischen „Exil-Präsidenten" Edvard Beneš am 18. Dezember 1943 in Moskau. Demnach sollte Polen sich nach Westen bis zur Oder einschließlich Stettins ausdehnen. Oberschlesien sollte bis zu einer Linie östlich der Glatzer Neiße zu Polen kommen, Niederschlesien links der Oder mit Breslau sollte nach den damals von Stalin geäußerten Vorstellungen bei Deutschland verbleiben. Die niederschlesische Grafschaft Glatz sowie Gebiete um die oberschlesischen Städte Leobschütz und Ratibor sollten indessen an die wiederhergestellte Tschechoslowakei angeschlossen werden. Das nördliche Ostpreußen mit Königsberg reklamierte Stalin für die Sowjetunion, Polen könne sich den Rest Ostpreußens nehmen. Diese Grenzvorstellungen Stalins wurden auch in einer Karte festgehalten, in der Stalin

148 Ausführlich: Vierheller, Polen und die Deutschlandfrage, S. 67 ff.; Kowalski, ZSRR a granica, S. 72 ff.

149 Vierheller, Polen und die Deutschlandfrage, S. 67.

150 Aus dem Gründungsmanifest der kommunistischen Untergrundbewegung KRN von Dezember 1943. Zitiert nach Vierheller, Polen und die Deutschlandfrage, S. 68. Siehe auch Kowalski, ZSRR a granica, S. 75.

151 Vierheller, Polen und die Deutschlandfrage, S. 70 ff.

die Grenzlinien mit einem Rotstift eingetragen hat. Ursprünglich sei, so die tschechischen Aufzeichnungen, im Bereich Oberschlesiens die Grenze östlich der Linie der Glatzer Neiße eingezeichnet worden. Auf eine Bemerkung Beneš', daß die Polen bis zur Neiße gehen wollten, damit sie eine längere gemeinsame Grenze mit der Tschechoslowakei hätten, habe Stalin zugestimmt und eine Grenzlinie an der (Glatzer) Neiße eingezeichnet.[152] Diese Grenzlinien vom Dezember 1943 gibt auch eine Karte wieder, die der polnische Historiker Bogdan Musial in einem russischen Archiv gefunden hat und die im März 2007 in der Frankfurter Allgemeinen Zeitung abgebildet worden ist. Mit ziemlicher Sicherheit dürfte es sich dabei um dieselbe Karte handeln, die Beneš gesehen hat.[153]

Anfang Januar 1944 fand die Frage nach der künftigen polnischen Westgrenze eine weitere Konkretisierung. Nach den Erinnerungen des polnischen Generals Zygmunt Berling habe Stalin um den 5. Januar 1944 die ZPP-Vorsitzende Wanda Wasilewska und ihn, Berling, der zu dieser Zeit Oberbefehlshaber der von der UdSSR aufgebauten und ausgerüsteten „volkspolnischen" Armee war, zu einer Sitzung des Politbüros der KPdSU eingeladen, bei der die künftigen Grenzen Polens besprochen wurden. Dieses Treffen fand also etwa einen Monat nach der Konferenz von Teheran statt, wo sich die Großmächte der „Anti-Hitler-Koalition" auf eine polnische „Heimstätte" zwischen Oder und „Curzon-Linie" verständigt hatten. Diese vage Formel wurde nun zwischen Stalin und den ihm nahestehenden „Moskauer Polen" konkretisiert. Dabei wurde erneut offensichtlich, daß Stalin die Forderungen von Teilen der polnischen Exilregierung sowie der polnischen Untergrundbewegungen nach einer radikalen Westausdehnung Polens bis zur Oder-Neiße-Linie, die sich inzwischen ja auch die polnische Linke zu eigen gemacht hatte, längst aufgegriffen hatte und gedachte, diese Forderungen für seine Zwecke zu verwenden.

Zur Frage der künftigen deutsch-polnischen Grenze hat sich nach Berlings Erinnerungen Anfang Januar 1944 im KPdSU-Politbüro folgendes

---

[152] Brandes, Der Weg zur Vertreibung, S. 369. Eine tschechische Version der Kartenskizze ist ebd. S. 368 abgebildet.

[153] Musial, Die Rechnung Stalins ging auf, In: Frankfurter Allgemeine Zeitung v. 10.3.2007. S. 6, wo auch die Karte in Farbe wiedergegeben ist. Musial datiert die Karte auf Sommer 1944, was sehr fraglich ist.

abgespielt: Stalin habe mit einem Rotstift auf einer großen Landkarte eine Linie eingezeichnet. „Sie begann bei Dievenow an der Mündung des östlichen Mündungsarms der Oder in die Ostsee, verlief dann entlang dieses Oderarms am östlichen Ufer der Insel Wollin entlang bis zum Stettiner Haff und von dort in dessen Mitte bis Stettin, dann weiter die Oder aufwärts bis zur Mündung der Lausitzer Neiße und diese hinauf in Richtung der alten deutsch-tschechoslowakischen Grenze." Generös soll Stalin gesagt haben: „Das wird euch gehören. Na, wird es so gut sein?" Berling will dann eingewandt haben, daß nur der Besitz Stettins durch Polen mit einem freien, unbehinderten Zugang zur Ostsee auch wirtschaftlich sinnvoll sei. In diesem Zusammenhang wies er auf die eigentliche schiffbare Odermündung bei Swinemünde hin. Stalin soll auf diesen Einwand ein Lineal geholt haben. „Mit einem Ende legte er es eben westlich Swinemünde an, mit dem anderen südlich von Stettin, verband die beiden Punkte mit einer roten Linie", und fragte: „Wird es so richtig sein?" Berling „stimmte zu, daß es gut sein werde". Dem Verhalten der übrigen Sitzungsteilnehmer sei zu entnehmen gewesen, daß „die Mitteilungen Stalins für sie keine Neuigkeit waren".[154]

Bemerkenswert ist, daß Stalin bei dieser Sitzung Polen auch Königsberg zugeteilt haben soll, das er in Teheran eigentlich schon für sich beansprucht hatte, und zwar nachdem er Stettin „polnisch" machte. Hinsichtlich der Frage, welche Neiße Anfang 1944 von Stalin als Grenzlinie gemeint war, wird der Wahrheitsgehalt der Aussage Berlings, der von der Lausitzer Neiße gesprochen hatte, teilweise angezweifelt.[155]

Bei dieser Gelegenheit sei auf das Stalin stets kennzeichnende und von diesem virtuos beherrschte Doppelspiel hingewiesen, das er auch in der deutsch-polnischen Grenzfrage spielte. Noch Anfang 1945 ließ Stalin nämlich seine deutsche Gefolgschaft im „Nationalkomitee Freies Deutschland" und im „Bund Deutscher Offiziere" auf Flugblättern verkünden, daß er (Stalin) für Deutschland die Wahrung der Grenze von 1937 für den Fall zugesagt habe, daß die Wehrmacht sich auf diese Linie zurückzöge.[156]

---

154 Berling, Wspomnienia, S. 329 ff. Zit. nach der Übersetzung von Strobel, Wie Stalin in Ostmitteleuropa Grenzen zog, S. 1081 f.

155 So von Brandes, Der Weg zur Vertreibung, S. 370.

156 Strobel, a. a. O., S. 1080.

Ein gutes halbes Jahr nach der KPdSU-Politbüro-Besprechung von Anfang Januar 1944 wurde aufgrund sowjetisch-polnischer Absprachen im Juli 1944 unter Mithilfe des schon erwähnten „Verbandes der polnischen Patrioten“ (ZPP), der 1941/42 im polnischen Untergrund in Warschau gegründeten „Polnischen Arbeiterpartei“ (Polska Partia Robotnicza, PPR) und verschiedener links stehender Politiker das „Polnische Komitee der Nationalen Befreiung“ (Polski Komitet Wyzwolenia Narodowego, PKWN) aus der Taufe gehoben. Dieses hatte seinen Sitz seit dem 25. Juli 1944 in Lublin und wurde daher auch „Lubliner Komitee“ genannt.

Am 27. Juli 1944 schloß das „Lubliner Komitee“ mit dem Sowjetregime einen geheimen Grenzvertrag. Dieser legte in Artikel 1 und 3 als polnische Ostgrenze die „Curzon-Linie“ mit einigen Abweichungen zugunsten Polens fest, garantierte Polen in Artikel 2 Danzig und das südliche Ostpreußen und verpflichtete die Sowjetunion in Artikel 4 darauf, die polnische Forderung nach der Oder-Neiße-Linie einschließlich Swinemündes und des in der Hauptsache westlich der Oder gelegenen Stettins als polnische Westgrenze zu unterstützen. Der Wortlaut des Artikels 4 des Grenzvertrages sei hier wiedergegeben: „Die Regierung der UdSSR hat auch anerkannt, daß die Grenze zwischen Polen und Deutschland entlang einer westlich von Swinemünde bis zum Fluß Oder verlaufenden Linie, wobei die Stadt Stettin auf polnischer Seite verbleibt, weiter aufwärts des Flusses Oder zur Neiße, und von hier entlang des Flusses Neiße bis zur tschechoslowakischen Grenze, festgelegt werden soll. Die sowjetische Regierung verpflichtet sich, bei der Festlegung der Staatsgrenzen zwischen Polen und Deutschland die Forderung auf die Festlegung der Grenze entlang der genannten Linie zu unterstützen.“ Dabei blieb es bei dem Begriff „Neiße“ offen, ob damit die Lausitzer oder die Glatzer Neiße gemeint war, wenn auch am 25. Juli 1944 gemäß der „Entscheidung“ vom Januar 1944 auf die angebliche Initiative des PKWN-Vorsitzenden Edward Osóbka-Morawski hier wiederum eine Entscheidung zugunsten der Lausitzer Neiße gefallen sein soll (siehe Karte 4).[157] Hier spielten wahrscheinlich taktische Überlegungen eine Rolle, da der Wunsch nach der westlichen

[157] Text und Verhandlungen über diesen Geheimvertrag bei Uschakow, Stalins Anteil, S. 78 ff., S. 89 f. (Vertragstext). Vgl. auch Kowalski, ZSRR a granica, S. 146, der die Urheberschaft des PKWN für die Forderung nach der Lausitzer Neiße betont.

KARTE 4: Der geheime sowjetisch-polnische Grenzvertrag vom 27. Juli 1944

▬ ▬ ▬ ▬ Die Oder-Neiße-Linie nach dem sowjetisch-polnischen Geheimvertrag

·· ▬ ▬ ▬ ·· Möglicherweise alternativer Grenzverlauf im Bereich der mittleren Oder und der Glatzer Neiße

—— Staatsgrenzen 1937

Neiße zwar schon feststand, vielleicht aber gegenüber den Westmächten noch nicht als durchsetzbar angesehen wurde. Angeblich soll sich Stalin noch im Mai 1944 unsicher gewesen sein, ob die Polen auch Breslau erhalten sollten oder nicht.[158] Jedenfalls war bereits spätestens im Juli 1944 die Frage der Westgrenze Polens zumindest für die sowjetische Seite und die prosowjetischen Polen in der Substanz grundsätzlich beschlossen. Beschlossen war auch schon die sowjetische Unterstützung zur Vertreibung der von der „Grenzverschiebung" betroffenen Deutschen. Am 3. August 1944 konnte Stalin dem nach Moskau gereisten polnischen Exilpremier Mikołajczyk daher mit Rückhalt „seiner" Polen einerseits die sowjetische Forderung nach allen Gebieten östlich der Curzon-Linie wiederholen, andererseits die Ausdehnung Polens nach Westen bis Oder und Lausitzer Neiße einschließlich Stettin und Breslau ankündigen.[159] Die Geheimhaltung des Grenzvertrages vom 27. Juli 1944, der erst 1967 bekannt wurde,[160] sowie die Unklarheit im Vertragstext, welche Neiße gemeint war, sicherte der sowjetischen Seite dennoch Verhandlungsspielraum bei den Alliierten für alle Eventualitäten.[161]

Seit dem Spätsommer 1944 bildete die Forderung nach der Oder-Neiße-Linie den entscheidenden Punkt in den Territorialforderungen der polnischen Linken, die in Aufschriften und Zeitungsartikeln öffentlich verbreitet wurde.[162] In seinen Gesprächen mit dem französischen Exil-Präsidenten Charles de Gaulle im Dezember 1944 machte Stalin deutlich, daß er beabsichtige, die Oder-Linie bis zur Einmündung der unteren Neiße und dann nach Süden entlang der Neiße bis zur tschechischen Grenze nahe der Stadt Görlitz als deutsch-polnische Grenze durchzusetzen. De Gaulle soll hierzu angemerkt haben, daß die Oder-Neiße-Linie eine trennende Funktion zwischen Deutschland und Polen haben werde. Polen könne dann nicht mehr wie vor 1939 zwischen Deutschland und Rußland lavieren.[163] Der sowjetisch-polnische Entschluß, nun nicht mehr bloß Forderung, die Oder-Neiße-Linie durchzu-

---

158 Brandes, Der Weg zur Vertreibung, S. 386.
159 Brandes, Der Weg zur Vertreibung, S. 389.
160 Uschakow, Das Potsdamer Abkommen in polnischer Sicht, S. 185.
161 So auch Vierheller, Polen und die Deutschlandfrage, S. 76.
162 Vierheller, Polen und die Deutschlandfrage, S. 76.
163 Uschakow, Stalins Anteil, S. 86.

setzen, wurde durch einen Artikel in der „Prawda“ am 18. Dezember 1944 erstmals offiziell und öffentlich verkündet.[164]
Wer die Forderung nach der Oder-Neiße-Linie im innerkommunistischen Machtgefüge zuerst erhoben hat, läßt sich nicht sicher klären. War es Stalin oder waren es die polnischen Kommunisten? Sicher ist, daß diese Forderung in beider Interesse lag, im Interesse der polnischen Kommunisten, um sich im Hinblick auf ihre an sich landesverräterische Akzeptanz der „Curzon-Linie“ als polnische Ostgrenze unter Verzicht der historischen polnischen Kulturzentren Wilna und Lemberg (Lwów) trotzdem als in „uralter“ polnischer (piastischer) Tradition stehende Patrioten produzieren zu können, die einen ohnehin gerechten Verzicht mit einer gewaltigen Kompensation ausgleichen konnten, und im Interesse Stalins, um durch seine Macht über ein solcherart durch die sowjetische Garantie abhängig gemachtes Polen seine Herrschaft weit nach Mitteleuropa zu tragen. Stalin machte sich damit den längst vorhandenen tradierten polnischen, strikt antideutschen „piastischen“ Nationalismus bzw. „Westgedanken“ zunutze, um einerseits die polnische Bevölkerung zu gewinnen und andererseits eine nationale Legitimation für die polnischen Kommunisten zu erreichen, die ja in der Vorkriegszeit und im polnischen Untergrund des Zweiten Weltkrieges als Volks- und Staatsverräter galten. Nun sollten, so Stalins Wille, ausgerechnet diese Kommunisten Polen regieren. „Über eine besonders mitleidlose Nutzung des tradierten Gegensatzes zu Deutschland und des Deutschen wollten sie sich nun als (über-) nationalistische Polen erweisen. Schon 1944 legten sie als erste jene Werke der populären Nationalliteratur wieder auf, die besonders nationalistisch und antideutsch waren. Auch suchten sie Zugang zu konservativen, extrem nationalistischen Kreisen Polens, so daß es auf antideutscher Grundlage zu einer politischen Rechts-links-Allianz kam.“[165]

---

164 Bericht des US-amerikanischen Botschafters Harriman in Moskau vom 19.12.1944 an den amerikanischen Außenminister, abgedruckt in: FRUS, The Conferences at Malta and Yalta, S. 219-221.

165 Strobel, Die polnische „Preußenkrankheit“, S. 26.

1.3.3 Abnehmende Bedeutung der Exilregierung in London

Der Einfluß und die Bedeutung der legitimen polnischen Exilregierung in London begannen nun angesichts der Existenz und der „kompromißbereiten Haltung des kommunistisch-polnischen Lubliner Komitees" allmählich zu schwinden. Der polnische Exilpremier Mikołajczyk weigerte sich weiterhin, die „Curzon-Linie" als polnische Ostgrenze zu akzeptieren, obwohl Stalin diesem bei seinem schon erwähnten Besuch im Kreml am 3. August 1944 als Kompensation im Westen die Oder-Neiße-Linie einschließlich Breslau als „Ausgleich" für Lemberg (Lwów) und Stettin als „Ausgleich" für Königsberg (Exil-Polen beanspruchte eigentlich ganz Ostpreußen!) angeboten hatte, was Mikołajczyk jedoch nicht anzunehmen empfahl, da dies „nicht weise" sei. Mikołajczyk hatte Bedenken gegen den Einschluß von Breslau und Stettin in Polen, da diese Städte und weitere „angebotene" Gebiete „fast völlig deutsch" seien.[166] Auch eine Zusammenarbeit mit dem „Lubliner Komitee", zu der Stalin ihn anläßlich dieses Besuches in Moskau aufgefordert hatte, da Stalin es nur mit „einer einzigen polnischen Regierung" zu tun haben wollte, verweigerte Mikołajczyk.[167]

Auch von Churchill wurde die polnische Exilregierung immer stärker unter Druck gesetzt. Schon Anfang 1944 stellte der britische Premier der polnischen Regierung sogar ein Ultimatum und behauptete, die vorgeschlagene Grenzregelung sei die „volle Erfüllung aller unserer Versprechungen und Verpflichtungen gegenüber Polen". Wenn die Exilregierung diese nicht annehme, lehne er, Churchill, jegliche Verantwortung für die Folgen ab, vor allem im Hinblick auf eine von den Sowjets in Warschau installierte Gegenregierung. Großbritannien werde sich nicht auf einen Streit mit den Russen einlassen, wenn die polnische Exilregierung den gegenwärtigen Vorschlag, also die Curzon-Linie und den Kompensationsgedanken, zurückweise. Es sei eine heilige Pflicht (sacred duty) für Polen, im Interesse des russischen Staates

[166] Brandes, Der Weg zur Vertreibung, S. 392.

[167] Mikołajczyk, The pattern of Soviet domination, S. 81 f. Siehe auch FRUS, The Conferences at Malta and Yalta, S. 220, und Polonsky, The Great Powers, S. 210. Vgl. hierzu die gegenteilige Aussage Stalins auf der 3. Vollsitzung der Konferenz von Jalta (6.2.1945), wo Stalin behauptete, daß Mikołajczyk „sehr erfreut gewesen" sei, „als er hörte, wir werden die Neiße-Linie als polnische Westgrenze anerkennen". Fischer, Teheran, Jalta, Potsdam, S. 136. Diese Aussage hätte allerdings Mikołajczyks späterem Engagement in der Oder-Neiße-Frage entsprochen.

an der Oderlinie Wacht zu halten und dafür von Rußland Freundschaft und Unterstützung zu bekommen, ohne welche die polnische Zukunft sehr prekär werden würde, drohte Churchill.[168]

Da die Situation für Mikołajczyk angesichts des Drängens Stalins und Churchills im Oktober 1944, die „Curzon-Linie“ im Osten gegen Kompensationen im Westen durch das Gebiet Ostpreußens westlich von Königsberg sowie durch Gebiet bis zur Oder-Linie einschließlich Stettins zu akzeptieren,[169] immer aussichtsloser wurde, deutete er unter der Bedingung, daß Polen bis zur Oder-Neiße-Linie entschädigt werde und die Westmächte seine Grenzen und Unabhängigkeit garantieren würden, im November 1944 Kompromißbereitschaft an.[170] Großbritannien und die USA bestätigten auch die Unterstützung der territorialen Anliegen des polnischen Staates bis zur Oder-Linie. Konkret wollte die britische Regierung laut einem Schreiben des Staatssekretärs im Foreign Office Alexander Cadogan an den polnischen Exilaußenminister Romer vom 2. November 1944 („Cadogan-Brief“) eine Verschiebung der polnischen Grenze bis zur Oder einschließlich Stettins befürworten und bei Friedensregelungen unterstützen.[171] Dieser Brief ging auf einen Beschluß des britischen Kriegskabinetts zurück, das sich kurz zuvor „entschieden für die Verschiebung der polnischen Grenze bis zur Oder-Linie“ ausgesprochen hatte, „es sei denn, daß Polen aus eigenem Willen zu einem späteren Zeitpunkt eine stärker begrenzte territoriale Kompensation wünschen sollte“. Für eine solche Begrenzung der polnischen Territorialforderungen sprach sich schon am 6. November 1944 gegenüber Mikołajczyk der britische Außenmi-

---

168 Brandes, Der Weg zur Vertreibung, S. 373.

169 Siehe zu der Bedrängnis Mikołajczyks durch Stalin und Churchill insbesondere die Besprechung dieser im Rahmen einer Konferenz in Moskau am 13.10.1944, abgedruckt in: FRUS, The Conferences at Malta and Yalta 1945, S. 202-203, in der ihm dieses „Angebot“ gemacht wurde, sowie eine britisch-sowjetische „draft-declaration“ vom 15.10.1944, abgedruckt in: Polonsky, The Great Powers, S. 224 f. Vgl. auch Kowalski, ZSRR a granica, S. 123 ff., und Kettenacker, Krieg zur Friedenssicherung, S. 465, der eine „schändliche Behandlung“ der Polen durch Großbritannien konstatiert.

170 Zu den Verhandlungen Mikołajczyks mit Stalin, Churchill und Roosevelt und zu dessen wachsender Kompromißbereitschaft siehe insgesamt Polonsky, The Great Powers, S. 220 ff., und Rhode/Wagner, Quellen zur Entstehung der Oder-Neiße-Linie, Nr. 82, 83, 84, 85, 86, 87, 88, 90.

171 Das Schreiben ist abgedruckt bei Polonsky, The Great Powers, S. 226. Von polnischen Politikern wurde der „Cadogan-Brief“ 1947 zu einem rechtserheblichen Dokument hochgespielt. Uschakow, Stalins Anteil, S. 86 f.

nister Eden aus, der es als „sheer madness" (reine Verrücktheit) bezeichnete, wenn Polen die deutschen Gebiete bis zur Oder einschließlich Stettins beanspruchen würde.[172]

Jegliche Garantien ohne Mitwirkung der Sowjetunion lehnten die Westmächte demgegenüber weiterhin ab.[173] Für die wachsende Bereitschaft Mikołajczyks, die sowjetische Forderung nach der Curzon-Linie als künftige polnische Ostgrenze im Prinzip zu akzeptieren, fand dieser in der polnischen Exilregierung außerdem kaum Unterstützung. Daher reichte Mikołajczyk gezwungenermaßen seinen Rücktritt ein und vollzog diesen am 24. November 1944.

Die neue polnische Exilregierung unter dem Ministerpräsidenten Tomasz Arciszewski verfolgte wieder eine konsequent antisowjetische Linie. Sie lehnte jeden Kompromiß mit der Sowjetunion hinsichtlich der polnischen Ostgrenze ab und wollte auch mit erheblichen Gebietserweiterungen im Westen nichts zu tun haben. In einem Pressegespräch erklärte am 15. Dezember 1944 der neue polnische Exilpremier, daß die polnische Exilregierung „keine großen Expansionsideen" habe. Man wolle lediglich „die Eingliederung Ostpreußens, Oberschlesiens und von Teilen Pommerns in Polen". Aber man wolle, so Arciszewski, die „Grenze im Westen nicht so weit ausdehnen, daß sie acht bis zehn Millionen Deutsche umschließt. Wir wollen weder Breslau noch Stettin."[174]

Die Zielsetzungen der neuen polnischen Exilregierung beeinflußten die Vorstellungen der „Anti-Hitler-Koalition" jedoch kaum. Wie schon dargestellt, einigten sich deren Regierungschefs bereits Ende 1943 in Teheran vage darauf, daß die Heimstatt des polnischen Volkes und Staates künftig zwischen Curzon-Linie und Oder liegen solle. Von dieser Auffassung wichen die „Großen Drei" in der Folge bis zur Konferenz von Jalta keineswegs ab.

Neben den kriegführenden Mächten hieß auch die französische Exilregierung unter General de Gaulle bzw. Außenminister Bidault die

---

172 Brandes, Der Weg zur Vertreibung, S. 393 ff.

173 Woodward, British Foreign Policy, Bd. 1, S. 312. Siehe auch eine entsprechende britisch-sowjetische „draft-declaration" vom 15.10.1944, abgedruckt bei Polonsky, The Great Powers, S. 224 f.

174 Das Interview ist abgedruckt bei Rhode/Wagner, Quellen zur Entstehung der Oder-Neiße-Linie, Nr. 94.

„Verschiebung" Polens nach Westen im Laufe des Jahres 1944 gut. Französischerseits war dies hauptsächlich mit dem Gedanken verbunden, eine deutsche Ostgrenze an der Oder präjudiziere und rechtfertige eine deutsche Westgrenze am Rhein zugunsten Frankreichs.[175]

Bemerkenswerterweise fiel der auf der Konferenz von Quebec im August 1944 von Churchill und Roosevelt unterzeichnete, jedoch nie in Kraft getretene „Morgenthau-Plan" hinsichtlich der Ostgrenze Deutschlands übrigens vergleichsweise milde aus. Polen sollte gemäß Punkt 2 a) dieses Planes „den Teil Ostpreußens, der nicht an die Sowjetunion fällt, und den südlichen Teil Schlesiens erhalten".[176] Von der Oder-Linie war hier nicht die Rede.

Da die sowjetisch-polnische „Regierung", das „Lubliner Komitee", die territorialen Bedingungen der „Anti-Hitler-Koalition" hinsichtlich der Ostgrenze Polens akzeptierte und sich die „Westverschiebung" selbst zu eigen machte, gewann sie immer mehr an Bedeutung. Nach und nach mußte die legitime polnische Exilregierung auf der diplomatischen Bühne dem „Lubliner Komitee" Platz machen, das am 1. Januar 1945 von Stalin zur „Provisorischen Regierung der Polnischen Republik" ausgerufen wurde und von diesem unter Protest der Westmächte am 5. Januar 1945 völkerrechtlich anerkannt wurde.[177]

Bereits in seiner ersten Rede als Chef dieser Regierung kündigte Osóbka-Morawski am 2. Januar 1945 an, „daß Oder und Görlitzer Neiße die Westgrenze Polens bilden würden".[178]

---

[175] Rhode/Wagner, Dokumente zur Entstehung der Oder-Neiße-Linie, Nr. 104, 106. Siehe jedoch zur Verschiedenartigkeit der Deutschlandansichten in der „Résistance": Durand, Deutschland aus der Sicht der Franzosen, S. 46 ff.

[176] Auszug abgedruckt bei Rhode/Wagner, Quellen zur Entstehung der Oder-Neiße-Linie, Nr. 103. Zu den Gründen für Churchills Unterschrift und zu Roosevelts Motiven vgl. Bond, Britische Ansichten, S. 21 f., u. Kimball, Aus der Sicht Washingtons, S. 66 ff.

[177] Maass, Dokumentation, S. V.

[178] Zitiert nach Brandes, Der Weg zur Vertreibung, S. 399.

1.3.4 Das „Londoner Protokoll" vom 12. September 1944

Völkerrechtlich bedeutsam für die Behandlung Deutschlands nach dem Krieg war ungeachtet aller territorialen Zusagen und Absprachen der Alliierten Staatschefs jedoch zunächst ein Protokoll, das am 12. September 1944 in London von den Regierungen der USA, Großbritanniens und der Sowjetunion unterzeichnet wurde und das die Einteilung Deutschlands innerhalb seiner Grenzen, wie sie am 31. Dezember 1937 bestanden, in Besatzungszonen vorsah sowie die Verwaltung Groß-Berlins zum Inhalt hatte. Deutschland wurde durch das „Londoner Protokoll" in drei Besatzungszonen eingeteilt. In die sowjetische Zone fielen auch die ostdeutschen Gebiete jenseits der Oder-Neiße-Linie einschließlich der Provinz Ostpreußen, die im Protokoll ausdrücklich als zur sowjetischen Besatzungszone gehörend erwähnt wurde. Die Möglichkeit von Gebietsübertragungen wurde im „Londoner Protokoll" nicht genannt, ebenso fehlt ihm jeder Hinweis auf eine Veränderung der deutsch-polnischen Grenze.[179]

1.3.5 Amerikanische und britische Vorstellungen zur deutsch-polnischen Grenze vor der Konferenz von Jalta

Vor der Konferenz von Jalta fanden Überlegungen amerikanischer und britischer Regierungsstellen betreffend den Umfang möglicher Kompensationen für Polen auf Kosten Deutschlands statt, die zu recht eindeutigen Ergebnissen führten.

Ein für die Konferenz von Jalta angefertigtes, auf den 10./12. Januar 1945 datiertes „Briefing-Book-Paper" des US-State Departments[180] für Präsident Roosevelt und Außenminister Stettinius informierte die amerikanische Delegation u. a. über die Auffassung des Ministeriums über die künftige deutsch-polnische Grenze.

Nach den Vorschlägen des amerikanischen Außenministeriums sollten die Nachkriegsgrenzen in Europa so festgelegt werden, daß sie „größtmögliche Aussicht auf eine allgemeine Annahme und Stabilität"

---

179 Das „Londoner Protokoll" ist abgedruckt in: FRUS, The Conferences at Malta and Yalta, S. 118-121; Münch, Dokumente des geteilten Deutschland, S. 25-29.

180 Abgedruckt in FRUS, The Conferences at Malta and Yalta, S. 178-190 und 230-234.

bieten und einen „Beitrag zur normalen Entwicklung der allgemeinen internationalen Ordnung“ leisten. Auf der Grundlage dieser Prämissen empfahl das Außenministerium, daß Polen „Ostpreußen (mit Ausnahme des Gebiets um Königsberg), die frühere Freie Stadt Danzig, Deutsch-Oberschlesien und vom Ostteil von Pommern ein Gebiet von annähernd 6812 Quadratmeilen (ca.17 700 qkm, Anm. d. Verf.) erhalten“ solle. Das US-Außenministerium sah in dieser Lösung eines „extrem schwierigen Grenzproblemes“ in Anbetracht der Umstände die „gerechteste Lösung“ und die beste Garantie für „internationale Ruhe im östlichen Europa“. Es sei jedoch bekannt, „daß Polen möglicherweise einen starken Druck ausüben“ werde, „um noch größere Teile deutschen Gebiets zu erhalten“. Für diesen Fall glaubte das US-Außenministerium jedoch nicht, daß sich die Vereinigten Staaten einem solchen Bestreben widersetzen könnten.[181] Es empfahl dennoch, sich den „übertriebenen Zielen der provisorischen Lubliner Regierung“ zu widersetzen, die die Städte Stettin und Breslau in Polen einschließen wollten, was einen „Transfer von acht bis zehn Millionen Deutschen notwendig machen würde“. Das US-Außenministerium sah auch das Problem der „annähernd 3 400 000“ Deutschen, die in den von diesem selbst zur Abtrennung vorgeschlagenen Gebieten lebten – insgesamt 21 000 Quadratmeilen bzw. 58 600 Quadratkilometer, die an Polen fallen sollten. Es empfahl der amerikanischen Delegation jedoch, sich Umsiedlungen nicht zu widersetzen, die jedoch auf ein „Mindestmaß beschränkt“ und „schrittweise in ordnungsgemäßer Weise und unter internationaler Aufsicht“ stattfinden sollten. In diesem „Briefing-Book-Paper“ machte das US-Außenministerium weitsichtig darauf aufmerksam, daß es u. a. deshalb im Interesse der Sowjetunion und des Lubliner Komitees liegen könnte, Polen bis an Oder und westliche Neiße auszudehnen, weil „der künftige polnische Staat aller Voraussicht nach gezwungen sein“ werde, „sich völlig von Moskau abhängig zu machen, um einen Schutz gegenüber den deutschen irredentistischen Forderungen zu erlangen“. Polen könne dann ein „ausgewachsener sowjetischer Satellit“ werden. Im Hinblick auf die „Weltmeinung“ und den „künftigen Frieden“ in Europa empfahl das Briefing Book dann nochmals, daß die „Regierung der Vereinigten Staaten ihren Einfluß geltend ma-

---

181 „If this is the case it is not believed that it would be feasible for the United States to oppose such a proposal“. FRUS, The Conferences at Malta and Yalta, S. 189.

chen" sollte, um eine „weniger radikale Lösung" zu erreichen, als sie von der sowjetischen Seite und dem Lubliner Komitee gefordert werde. Die britische Regierung sei zu überzeugen, daß sie sich hinsichtlich der Grenzregelung im Westen an den Richtlinien des US-Außenministeriums orientieren solle.

Dem „Briefing-Book-Paper" war eine Landkarte beigefügt, aus der durch unterschiedliche Schraffuren die von den verschiedenen Regierungen beabsichtigten „Kompensationen" für Polen hervorgingen. Die Sowjetunion strebte nach dieser Karte im wesentlichen die heute bestehende Oder-Neiße-Linie an (Linie a), Großbritannien wollte wenigstens Niederschlesien westlich der Oder bei Deutschland belassen (Linie b), während die USA „ihren Einfluß benutzen sollten", die bereits beschriebene „weniger radikale Lösung" zu erhalten (Linie c) (siehe Karte 5). Die Legende der Karte führte für jede territoriale Veränderung sowohl die Zahl der Quadratmeilen als auch die Zahl der Bevölkerung und den prozentualen Anteil der Deutschen auf.[182]

Im Januar 1945 beschäftigte sich auch das britische Kriegskabinett erneut mit der deutsch-polnischen Grenzfrage. Von der Labour-Party wurde die Oder-Linie kritisiert, da sie befürchtete, daß der „Transfer" der deutschen Bevölkerung nicht möglich sei. Churchill gab sich hingegen zuversichtlich, daß den Polen bis zur Oder-Linie so viel Land gegeben werden könne, wie sie integrieren könnten, wenn sie im Osten die Curzon-Linie akzeptierten. Eden warf ein, daß das „Lubliner Komitee" mehr Gebiete als bis zur Oder-Linie wolle, daß Großbritannien jedoch nicht über die bisherige Zusage hinausgehen sollte. Churchill bemerkte jedoch, daß er immer gefühlt habe, daß die Frage nach den polnischen Grenzen von untergeordneter Wichtigkeit sei. Diese Frage sei sicherlich eine Sache, auf die Großbritannien nur einen geringen direkten Einfluß habe. Für ihn sei es das Wichtigste, Polen als einen freien, unabhängigen und souveränen Staat wiederherzustellen. Das Kriegskabinett sprach sich letztlich dennoch dafür aus, den polnischen Gebietsforderungen hinsichtlich der Oder und der westlichen Neiße nicht zuzustimmen. Man sei im Oktober 1944 zwar bereit gewesen, die Oder-Linie zuzugestehen. Dies sei jedoch an eine Übereinkunft zwi-

---

[182] Die Karte ist in Faksimile abgedruckt in: FRUS, The Conferences at Malta and Yalta, nach S. 232. Vgl. hier die Überzeichnung der Linien a, b und c in Karte 5.

schen dem damaligen Exilpremier Mikołajczyk mit den Russen gebunden gewesen, so die Begründung für den britischen Meinungswandel.[183]

In einem gemeinsamen Protokoll, das von britischer Seite auf der Mittelmeerinsel Malta am 1. Februar 1945 vor der Konferenz von Jalta aufgesetzt wurde,[184] kamen die amerikanische und die britische Delegation schließlich darin überein, daß Polen lediglich „Ostpreußen, einen Teil von Oberschlesien und gewisse andere Gebiete bis zur Oder" sowie die „Ostspitze Pommerns" erhalten solle.

---

[183] Woodward, British Foreign Policy, Bd. III, S. 251 f.; Kettenacker, Krieg zur Friedenssicherung, S. 469 f.; siehe zu britischen Gegenstimmen zur Oder-Neiße-Linie auch Foschepoth, Die Oder-Neiße-Frage, S. 75 f.

[184] Abgedruckt in: FRUS, The Conferences at Malta and Yalta 1945, S. 498 ff., hier S. 505, S. 509. Siehe auch ein US-Arbeitspapier gleichen Datums mit der gleichen Aussage in: a. a. O., S. 510. Zur britischen Diskussion: Woodward, British Foreign Policy, Bd. III, S. 252.

KARTE 5: Die Grenzvorstellung der Alliierten vor der Konferenz von Jalta

Linie a (Forderung Polens und der Sowjetunion)
Linie b (maximale Konzessionsbereitschaft Großbritanniens)
Linie c (Empfehlung des US-Außenministeriums vom 11./12. Januar 1945)
Staatsgrenzen 1937

1.4 Die Konferenz von Jalta

Vom 4. bis 11. Februar 1945 fand auf der Schwarzmeer-Halbinsel Krim die Konferenz von Jalta statt.

Die gemeinsame, am 1. Februar 1945 auf Malta protokollierte amerikanisch-britische Auffassung über die künftige deutsch-polnische Grenze wurde in einem Memorandum vom 2. Februar 1945 wiederholt, das der amerikanische Außenminister Edward Stettinius am Morgen des ersten Konferenztages in Jalta am 4. Februar 1945 der Konferenz vorlegte.[185] Hinsichtlich der deutsch-polnischen Grenze hieß es darin, daß die „Übergabe deutschen Gebiets [...] auf Ostpreußen (außer Königsberg an Rußland), einen schmalen Küstenvorsprung von Pommern und Oberschlesien zu beschränken" sei.

Demgegenüber erklärte Stalin in der dritten Plenarsitzung in Jalta am 6. Februar 1945, nachdem er in einem pseudohistorischen Exkurs klarzumachen versuchte, daß er ein starkes Polen wolle, da es sonst immer der Korridor sei, durch den Rußland angegriffen werde, daß er daher für „die polnische Grenze an der westlichen Neiße" sei und bat die Konferenz, diesen „Vorschlag" zu unterstützen.[186]

Der sowjetische Außenminister Molotow trug einen Tag später in der 4. Plenarsitzung am 7. Februar die – nach seinen Angaben mit der „Provisorischen Regierung der Polnischen Republik" abgestimmte[187] – Entscheidung der sowjetischen Delegation vor, in der es konkret hieß, „daß die westliche Grenze Polens von Stettin (polnisch) nach Süden entlang der Oder und weiter entlang der (westlichen) Neiße verlaufen soll".[188] In der anschließenden Diskussion über diesen Vorschlag führte der britische Premierminister Churchill seine grundsätzlichen Bedenken gegen den sowjetischen Vorschlag auf. Er würde zwar jederzeit als Kompensation die Westbewegung der polnischen Grenzen befürworten, aber nicht weiter, als es die Polen verkraften könnten. Es sei schade, so Churchill, wenn „die polnische Gans mit deutschem Futter so vollgestopft würde, daß sie eine Magenverstimmung bekäme". Hin-

---

[185] Abgedruckt in: FRUS, The Conferences at Malta and Yalta, S. 568.

[186] FRUS, The Conferences at Malta and Yalta, S. 669.

[187] Aufzeichnung der Diskussion in der 5. Plenarsitzung am 8.2.1945 in: FRUS, The Conferences at Malta and Yalta, S. 777, S. 787.

[188] FRUS, The Conferences at Malta and Yalta 1945, S. 716.

sichtlich der geplanten Vertreibungen führte Churchill an, daß diese ihn zwar nicht „schockieren" würden, daß die britische Öffentlichkeit wegen der großen Zahl jedoch diese Meinung haben könnte. Stalin behauptete daraufhin, daß ohnehin die meisten Deutschen vor der Roten Armee geflohen seien, und Churchill wie Stalin trösteten sich mit der Annahme, daß wegen der deutschen Gefallenen für die Umzusiedelnden schon genug Platz im restlichen Deutschland sein werde. Über die künftige deutsch-polnische Grenze wurden Stalin und Churchill sich dennoch nicht einig.[189]

Der amerikanische Präsident Roosevelt erwiderte auf der 5. Plenarsitzung am 8. Februar auf die sowjetische Entscheidung vom Vortag ebenfalls, daß es „kaum gerechtfertigt" erscheine, „die Westgrenze Polens bis zur westlichen Neiße auszudehnen". Entgegen der Empfehlung des US-Außenministeriums trat Roosevelt entsprechend der alliierten Übereinkunft seit Teheran jedoch für die Oder-Linie als Westgrenze Polens ein.[190] Vielleicht wurde die amerikanische Delegation hier durch ein Telegramm des stellvertretenden US-Außenministers Grew an US-Außenminister Stettinius vom 5. Februar, das sie am 6. Februar erhielt, beeinflußt, in dem die territorialen Vorstellungen des ehemaligen polnischen Exilpremiers Mikołajczyk, von dem Roosevelt nach eigenen Worten „sehr beeindruckt" war,[191] mitgeteilt wurden. Mikołajczyk forderte zu diesem Zeitpunkt für Polen „Ostpreußen, Danzig, die Region von Oppeln, die Region Grünberg auf dem linken Oderufer und, nordwärts, das ganze rechte Oderufer einschließlich Stettin".[192]

Churchill gab ebenfalls am 8. Februar die Entscheidung der britischen Delegation bekannt, daß „das Territorium Polens im Westen die Freie Stadt Danzig, die westlich und südlich von Königsberg gelege-

---

189 Zu dieser Diskussion Aufzeichnungen in: FRUS, The Conferences at Malta and Yalta, S. 717 f.

190 „[...] East Prussia south of Koenigsberg line, Upper Silesia and up to the line of the Oder, [...]". FRUS, The Conferences at Malta and Yalta, S. 792. Im Gegensatz dazu die sowjetischen Aufzeichnungen, in denen es heißt: „[...] Ostpreußen südlich von Königsberg und Oberschlesien bis zur Oder." Min. f. Ausw. Angelegenheiten der UdSSR, Teheran, Jalta, Potsdam, Bd. 2, S. 125.

191 Woodward, British Foreign Policy, Bd. III, S. 253.

192 Das Telegramm ist abgedruckt in: FRUS, The Conferences at Malta and Yalta, S. 953 f. Die polnische Exilregierung in London verfaßte für die Konferenz von Jalta ebenfalls ein Memorandum, das jedoch keine konkreten Gebietsforderungen an Deutschland enthielt. Vierheller, Polen und die Deutschlandfrage, S. 96.

nen Gebiete Ostpreußens, den Regierungsbezirk Oppeln in Schlesien und die von Polen beanspruchten Gebiete östlich der Oder-Linie umfassen soll".[193]

Zwar waren sich die „Großen Drei" dann in der 7. Plenarsitzung am 10. Februar 1945 im wesentlichen wieder – wie schon in Teheran Ende 1943 – einig, daß die Polen, wenn sie dies wünschten, die Oder-Linie erhalten sollten. Im Gegensatz zur Frage des genauen Verlaufs der Ostgrenze kam zum Verlauf der künftigen deutsch-polnischen Grenze wegen der Einwände der USA und Großbritanniens[194] gegen die westliche Neiße als Grenzlinie jedoch keine definitive Einigung zustande. Auch wollten Roosevelt und Churchill nicht eine von Sowjetaußenminister Molotow vorgebrachte Formulierung für die Schlußerklärung der Konferenz akzeptieren, in der es heißen sollte, daß Polen „in seine alten Grenzen" in Ostpreußen und an der Oder zurückkehre.[195]

1.4.1 Die Schlußerklärung von Jalta

Schließlich einigten sich die „Großen Drei" hinsichtlich der polnischen Grenzen in Jalta dilatorisch darauf, „daß die östliche Grenze Polens der Curzon-Linie folgen sollte, mit Abweichungen von fünf bis acht Kilometern in gewissen Gebieten zugunsten Polens". Sie waren der Meinung, „daß Polen beträchtlichen Gebietszuwachs im Norden und Westen erhalten muß" und daß „die Ansicht der neuen Polnischen Provisorischen Regierung der Nationalen Einheit über den Umfang dieses Zuwachses zu gegebener Zeit einzuholen ist und daß die endgültige Festlegung der Westgrenze Polens danach bis zur Friedenskonferenz zurückzustellen ist".[196]

---

[193] Der brit. Vorschlag in: FRUS, The Conferences at Malta and Yalta, S. 869 f.

[194] Churchill war offenbar kurz zuvor ein Telegramm seines Kriegskabinetts zugekommen, in dem es hieß, daß es eine Grenze, die bis an die westliche Neiße vorrücke, stark mißbillige, da es glaubte, das Vertriebenenproblem dann nicht mehr bewältigen zu können. FRUS, The Conferences at Malta and Yalta, S. 898, S. 907, S. 912; die sowj. Protokolle in: Min. f. Ausw. Angelegenheiten d. UdSSR, Teheran, Jalta, Potsdam, S. 175 f.; Woodward, British Foreign Policy, Bd. III, S. 270.

[195] Zu den Verhandlungen über die deutsch-polnische Grenze am 10. Februar: FRUS, The Conferences at Malta and Yalta, S. 898-899, 905-906, 911-913, 917-918.

[196] Die Erklärung von Jalta ist abgedruckt in: FRUS, The Conferences at Malta and Yalta, S. 968 ff., hier S. 947.

1.4.2 Die Bedeutung des Ergebnisses der Konferenz von Jalta

Durch diese Unklarheit hinsichtlich des künftigen Verlaufs der deutsch-polnischen Grenze wurden die an einer „Verschiebung“ Polens bis an die Lausitzer Neiße interessierten Kräfte ermutigt, innerhalb ihres Machtbereiches vollendete Tatsachen zu schaffen. Zwar hatten die Westmächte in Jalta die vollständige Anerkennung der sowjetischen bzw. polnischen Grenzforderungen abgelehnt. Doch die Entschlossenheit, diesen Forderungen entgegenzutreten, hielt sich in Grenzen. Prinzipielle Einwände gegen die Oder-Neiße-Linie, wie sie in dem „US-Briefing-Book-Paper“ geäußert wurden, wurden von Roosevelt und Churchill in der Grenzdiskussion nicht geäußert, vielmehr ließ Churchill sich auf praktische Diskussionen über den Umfang von Umsiedlungen ein, was die westliche Position letztlich schwächen mußte, da Stalin diese Argumente durch die, wenn auch falsche, Behauptung von der Flucht aller Deutschen entkräften konnte. Überhaupt machten Roosevelt und Churchill in Jalta mehrfach durch ihre eigenen Aussagen den Eindruck, als ob die deutsch-polnische Grenzfrage für sie nicht sehr wichtig gewesen sei. Wichtig war für diese die Errichtung eines starken, freien und unabhängigen Polen mit freundschaftlichen Beziehungen zur UdSSR, ein Ziel, das sie durch die Beteiligung exilpolnischer Politiker an einer künftigen „Polnischen Provisorischen Regierung der Nationalen Einheit“, so ein Beschluß der Konferenz von Jalta, sicherstellen wollten.[197] Bei der in engster Verbindung mit Stalin stehenden kommunistischen „Provisorischen Regierung der Polnischen Republik“ konnte diese Haltung der Westmächte als eine Herausforderung verstanden werden, dort, wo dies nur möglich war, mit Rückendeckung der „Sowjetmacht“ vollendete Tatsachen zu schaffen. Der Wortlaut der Erklärung von Jalta konnte nämlich durchaus so interpretiert werden, als hinge der Territorialgewinn Polens im Westen allein von den Vorstellungen der Polen ab, wenn dies von den USA und Großbritannien auch keineswegs so gemeint war. Hier lag ein Versagen der Westmächte, das weitreichende Folgen zeitigen sollte.

---

[197] Zu der geringen Bedeutung der Grenzfrage für Roosevelt und Churchill: FRUS, The Conferences at Malta and Yalta, S. 668 (Churchill i. d. 3. Vollsitzung), S. 709 (Roosevelt i. d. 4. Vollsitzung) sowie die sowj. Protokolle bei Fischer, Teheran, Jalta, Potsdam, S. 134, S. 139. Siehe auch Woodward, British Foreign Policy, Bd. III, S. 253, und Raack, Stalin Fixes the Oder-Neisse-Line, S. 478.

In der kommunistischen Nachkriegsliteratur wurden die Beschlüsse der Konferenz von Jalta zur „Polenfrage“ denn auch als ein „großer Sieg der sowjetischen Diplomatie“ bezeichnet, der „voll und ganz den Interessen des polnischen Volkes“ sowie der „sowjetisch-polnischen Freundschaft“ entsprochen habe.[198] Jalta wurde von der Sowjetunion und Polen in der Folge im Sinne der „Blankett-Theorie“ ausgelegt, d. h. daß die Alliierten in Jalta eine Offerte abgegeben hätten, nach der sie nicht über den Umfang der polnischen Gebietsgewinne zu entscheiden hätten, sondern sich darauf zu beschränken hätten, die Annahme dieser Offerte durch die polnische Regierung zur Kenntnis zu nehmen.[199]

Jalta wurde somit aus polnisch-sowjetischer Sicht zur nun auch von den Westmächten akzeptierten, die Faktizität der Oder-Neiße-Linie ermöglichenden Geburtsstunde.

Bemerkenswert ist der Kommentar, den der deutsche „Reichsminister für Volksaufklärung und Propaganda“ zum Ergebnis der Konferenz von Jalta abgab. Goebbels deutete am 25. Februar 1945 die Vereinbarung von Jalta in ihrer Gesamtheit (hier nicht dargestellt) „als Ausverkauf der westlichen Positionen in Ostmitteleuropa an die Sowjetunion; dort begänne ‚die Massenabschlachtung der Völker, wahrscheinlich noch unter dem Beifall der Londoner und New Yorker Judenpresse‘“. Goebbels sprach in diesen Tagen davon, „daß sich vor dem schließlich sowjetisch besetzten Territorium ‚sofort ein eiserner Vorhang heruntersenken‘ würde“.[200]

---

198 Zitiert nach Min. f. Ausw. Angelegenheiten d. UdSSR, Teheran, Jalta, Potsdam, Bd. 2, S. 30.

199 Zu dieser Theorie: Ehrlich, Suwereność Polski na ziemiach zachodnich i północnych, S. 13, sowie Kokot, The Logic of the Oder-Neisse-Frontier, S. 21. Zur sowjetischen Argumentation in Potsdam im Sinne der „Blankett-Theorie“: Feis, Zwischen Krieg und Frieden, S. 211 (Anm. 45).

200 Zitiert nach Rainer Blasius, Die Sowjetische Interpretation setzte sich durch, in: Frankfurter Allgemeine Zeitung v. 10.1.2001.

1.5 Von Jalta nach Potsdam

1.5.1 Polen und die Sowjetunion schaffen östlich von Oder und Lausitzer Neiße vollendete Tatsachen

Während die nach wie vor legitime polnische Exilregierung in London das Ergebnis von Jalta, in dessen Grenzaussagen sie eine „fünfte Teilung Polens" sah, diesmal „ausgeführt von seinen Alliierten", am 13. Februar 1945 ablehnte,[201] eroberte und besetzte die „Rote Armee" bis Ende März 1945 die deutschen Gebiete östlich der Oder-Neiße-Linie fast vollständig. Schrittweise übertrug die Sowjetunion eigenmächtig und ohne Konsultation mit ihren westlichen Verbündeten die Zivilverwaltung des besetzten deutschen Landes – außer im nördlichen Ostpreußen – bereits der kommunistischen „Provisorischen Regierung der Polnischen Republik". Schon am 5. Februar 1945, noch während der Konferenz von Jalta, teilte der „Präsident" des „Polnischen Nationalrats", Bolesław Bierut, mit, daß die polnische Regierung „in der Ausführung ihres Programms, die polnische Westgrenze an die Oder und Neiße vorzuschieben, schon mit der Eingliederung deutschen Vorkriegsterritoriums in Polen begonnen habe". Die polnische Regierung sei der Meinung, „daß es dort eine polnische Verwaltung geben sollte, ohne Rücksicht auf die Ansichten, die auf der internationalen Konferenz zum Ausdruck gebracht werden"(!).[202] Mit der „internationalen Konferenz" war die Konferenz von Jalta gemeint. Die Westmächte reagierten nicht auf diese Aussagen Bieruts, was polnischerseits wiederum als Billigung des eigenen Vorgehens ausgelegt worden sein mag. Bierut handelte zwar mit sowjetischem Rückhalt, agierte jedoch insofern eigenmächtig, als die endgültige sowjetische Entscheidung zur Übertragung der Zivilverwaltung in Ostdeutschland an Polen erst nach der Konferenz von Jalta fiel, da die „Provisorische Regierung der Polnischen Republik" von dieser Entscheidung erst am 14. Februar 1945

---

[201] Diese Erklärung ist abgedruckt in: Sikorski Historical Institute, Documents on Polish-Soviet Relations, Bd. II, S. 521. In der Tat hat die polnische „Garantiemacht" Großbritannien die legitime polnische Exilregierung in der Schlußphase des Krieges recht schäbig behandelt.

[202] New York Times vom 6.2.1945. Abgedruckt bei Rhode/Wagner, Quellen zur Entstehung der Oder-Neiße-Linie, Nr. 127.

unterrichtet wurde.[203] An diesem Tag verkündete die polnische Regierung in Warschau dann die Einrichtung von vier neuen Verwaltungsbezirken in Süd-Ostpreußen (Masuren), Pommern, Ober- und Niederschlesien.[204] Am 20. Februar 1945 folgte der förmliche Beschluß des Staatskomitees für Verteidigung der UdSSR mit der Nr. 7558, nach dem die deutschen Gebiete bis zur Linie „westlich von Swinemünde bis zur Oder", wobei „Stettin auf polnischer Seite verbleibt", dann „entlang des Oderlaufes bis zur Neiße-Mündung" und „weiter bis zur tschechoslowakischen Grenze" als „in den Grenzen Polens befindlich zu betrachten sind". Für dieses Gebiet wurde von der UdSSR mit diesem Beschluß eine „polnische Verwaltung eingesetzt".[205] Am 30. März 1945 wurde das Gebiet der früheren „Freien Stadt Danzig" als Woiwodschaft in das polnische Staatsgebiet einverleibt.[206] Der Vorsitzende der polnischen Kommunisten, Władysław Gomułka, befürchtete hinsichtlich der Einverleibung Danzigs aufgrund dessen besonderen völkerrechtlichen Status' (bis 1939 „Freie Stadt" unter Schutz des Völkerbundes) internationale Verwicklungen und Proteste. Um die Annexion Danzigs als auf Druck der polnischen Öffentlichkeit hin geschehen auszugeben, wurden von den Kommunisten quer durch Polen Demonstrationen organisiert, auf denen – vom Regime gesteuert – die Einverleibung Danzigs mit der Devise „Polen – Herr der Piastengebiete" gefordert wurde.[207]

Die Ablösung der nach der Besetzung durch die Rote Armee zunächst installierten sowjetischen Militärkommandanturen in Ostdeutschland, insbesondere auf lokaler Ebene, durch polnische Zivilverwaltungen erfolgte regional unterschiedlich. „Am schnellsten geschah dies in den hinsichtlich ihrer Zukunft unter den Alliierten noch strittigen Gebieten Niederschlesiens und Ostbrandenburgs dicht an der Oder-Neiße-Linie."[208] Man beachte, daß selbst um den und am Tag der deutschen Kapitulation am 8. Mai 1945 noch Breslau und Randgebiete

---

203 Vierheller, Polen und die Deutschlandfrage, S. 104 f.

204 Maass, Dokumentation, S. V.

205 Strobel, Chauvinismus und Verstrickung, S. 57, Anm. 36. Uschakow, Das Potsdamer Abkommen in polnischer Sicht, S. 188.

206 Lehmann, Der Oder-Neiße-Konflikt, S. 33.

207 Strobel, Chauvinismus und Verstrickung, S. 57, Anm. 36, nach einer Biographie über Gomułka von Maria Ewa Ożóg, Warschau 1989.

208 Zeidler, Kriegsende im Osten, S. 210.

Niederschlesiens von deutschen Wehrmachtsverbänden gehalten wurden, während rundherum schon die „polnische Verwaltung" etabliert wurde – lange vor der Potsdamer Konferenz.

In dieser Zeit wurde durch den polnischen Staat auch bereits die Grundlage für die generelle Vermögensbeschlagnahme in den deutschen Ostgebieten geschaffen. Maßgeblich war hierfür vorläufig das „Gesetz vom 6. Mai 1945 über das verlassene und aufgegebene Vermögen".[209] Durch dieses Gesetz wurde sämtliches bewegliches und unbewegliches Vermögen des deutschen Staates, reichsdeutscher juristischer Personen und aller deutscher Staatsangehöriger in den reichsdeutschen Gebieten östlich der Oder-Neiße-Linie als „aufgegeben" qualifiziert, unabhängig davon, ob die Eigentümer geflohen, vertrieben oder noch anwesend waren. Praktisch bedeutete diese Qualifizierung die Konfiskation des deutschen Vermögens als Vorbereitung zur Neuverteilung an polnische „Siedler". Im Gesetz wurde allerdings vermieden, direkt von Konfiskation zu sprechen, es bildete vielmehr eine rechtliche Konstruktion, als handele es sich bei dieser Konfiskation um die Lösung des Problems der Verwaltung von herrenlosem Gut. Mit Absicht wurde im Gesetz auch dessen Geltungsbereich offen gelassen, da die betreffenden deutschen Gebiete Polen längst noch nicht offiziell übergeben waren. In den (polnischen) Gebieten außerhalb der deutschen Grenzen von 1937 und im Gebiet der „Freien Stadt Danzig" fand die Konfiskation deutschen Vermögens auf der Grundlage des ebenfalls am 6. Mai 1945 erlassenen Gesetzes „über den Ausschluß feindlicher Elemente aus der polnischen Volksgemeinschaft"[210] statt.

Das US-amerikanische Außenministerium bat die Sowjetunion aufgrund dieser Vorgänge zweimal, am 8. April und am 11. Mai 1945, um Auskünfte über den Status der ostdeutschen Gebiete. In ihrem zweiten Protest, den US-Botschafter Kennan aufgrund einer Instruktion vom 8. Mai am 11. Mai 1945 in Moskau vortrug, machte die US-Regierung deutlich, daß „die Freie Stadt Danzig und besetztes deutsches Gebiet, das nun polnischer Verwaltung unterworfen ist, genauso wie das ganze

---

209 Abgedruckt in: Bundesministerium für Vertriebene, Dokumentation der Vertreibung Bd. I/3, S. 65 ff.

210 Abgedruckt in: Bundesministerium für Vertriebene, a. a. O., S. 57 ff.

andere feindliche Gebiet, das von der Roten Armee besetzt ist, tatsächlich unter sowjetischer militärischer Besetzung bleiben" und als solches in diesem unentschiedenen Zustand belassen werden müsse, bis es zwischen den alliierten Mächten hierüber vollständige Konsultationen bzw. Beratungen gegeben hätte. Zwar sei die US-Regierung „natürlich vorbereitet, die Westgrenze Polens anzuerkennen, wenn sie entsprechend den Beschlüssen der Krimkonferenz delimitiert würde", aber „bis es soweit sei, müsse sie darauf beharren, daß kein feindliches Territorium unter sowjetischer Besetzung der Polnischen Provisorischen Regierung übertragen werden dürfe". Am 14. Mai 1945 übergab der britische Geschäftsträger in Moskau, Roberts, an den stellvertretenden sowjetischen Außenminister Vyschinskij eine Protestnote, die im wesentlichen den gleichen Inhalt hatte.[211]

In ihren Antworten vom 17. April und 16. Mai 1945 äußerte die Sowjetregierung, daß die Beschlüsse von Jalta nur umgesetzt werden könnten, wenn in den betreffenden Gebieten eine Verwaltung existiere. Außerdem behauptete sie wahrheitswidrig, daß die Deutschen aus diesen Gebieten geflohen seien. Als solcherart örtlich bedingte Notwendigkeit stünde die Aufrichtung einer polnischen Zivilverwaltung in keinerlei Zusammenhang zur künftigen Westgrenze Polens, deren Festlegung einer Friedenskonferenz vorbehalten bleibe. Es verstünde „sich von selbst, daß die endgültige Festlegung der polnischen Westgrenze, wie in Jalta vorgesehen, erst bei einer gemeinsamen Friedensregelung vorgenommen wird"[212], so der stellvertretende sowjetische Außenminister Vyschinskij in seiner Antwort vom 16. Mai 1945. Die Regierung der USA gab sich mit diesen Informationen zufrieden und protestierte nur halbherzig, obwohl sie wegen der schlechten Versorgungslage und wegen des Reparationsproblems den Machtbereich des Alliierten Kontrollrates gemäß den Vereinbarungen des „Londoner Protokolls" auf

---

211 Woodward, British Foreign Policy, Bd. V, S. 411.

212 Zitiert nach Maass, Dokumentation, S. VI. Zu den US-Protesten und zu den sowjetischen Antworten insgesamt: FRUS, The Conference of Berlin (The Potsdam Conference) 1945 (weiter zitiert: The Potsdam Conference), Bd. I, S. 743 ff. (Anm. 4). Zu den gleichlautenden Antworten auf die britischen Proteste: Woodward, British Foreign Policy, Bd. V, S. 412. Siehe hierzu auch die Aussagen des UdSSR-Marschalls Schukow, der vor der Potsdamer Konferenz die Meinung vertrat, daß die Oder-Neiße-Gebiete in Übereinstimmung mit den Beschlüssen von Jalta an Polen übergeben worden sind. The Potsdam Conference, Bd. I, S. 755 ff.

Deutschland in den Grenzen von 1937 ausgedehnt wissen wollte.[213] Polen und die Sowjetunion konnten diese Reaktion als Ermunterung begreifen, in den in Besitz genommenen Ostgebieten des Deutschen Reiches weiterhin so zu verfahren, wie es ihren Interessen entsprach. Schon im April 1945 hatte Polen mit Besiedlungsmaßnahmen (!) in den Oder-Neiße-Gebieten begonnen. Das Zentralkomitee der polnischen Kommunisten gab im April 1945 die an alle Unterorganisationen der Partei versandte Losung aus: „Die Inbesitznahme dieser Gebiete, ihre Entdeutschung, ihre schnellstmögliche Bewirtschaftung – das sind die brennenden Aufgaben, die vor unserem Staat, unserem Volke, unserer Partei stehen."[214]

Das westalliierte Engagement in der Polenfrage konzentrierte sich zwischen den Konferenzen von Jalta und Potsdam demgegenüber vor allem darauf, in Verhandlungen mit Stalin für Polen eine Basis zu schaffen, auf der es eine demokratische Zukunft haben würde.[215] Die Grenzfrage blieb bei den Westmächten weiterhin von untergeordneter Bedeutung.

1.5.2 Die Kapitulation des Deutschen Reiches und die „Berliner Erklärung"

Am 7./8. Mai 1945 kapitulierte das Oberkommando der Deutschen Wehrmacht mit Wirkung zum 9. Mai 1945 bedingungslos zu Lande, zu Wasser und zur Luft. Dieser militärischen Kapitulation folgte, nachdem die in Flensburg amtierende deutsche Reichsregierung unter Großadmiral Karl Dönitz am 23. Mai 1945 verhaftet worden war, mit der „Berliner Erklärung in Anbetracht der Niederlage Deutschlands und der Übernahme der obersten Regierungsgewalt hinsichtlich Deutschlands vom 5. Juni 1945"[216] eine von den Siegermächten einseitig proklamierte staatlich-politische Kapitulation,[217] ein Vorgang, der in der Geschichte bis heute ohne weiteres Beispiel blieb. Die

---

213 The Potsdam Conference, Bd. I, S. 634, S. 638, S. 755 f.
214 Zit. nach Vierheller, Polen und die Deutschlandfrage, S. 106.
215 Zu diesen Bemühungen: Feis, Zwischen Krieg und Frieden, S. 34 ff., S. 96 ff., S. 191 ff.
216 Abgedruckt im Amtsblatt des Alliierten Kontrollrats, Ergänzungsblatt Nr. 1 (Berlin 1946).
217 A. a. O., S. 7 f.

„Berliner Erklärung" enthielt keinen Hinweis auf eine neue deutsch-polnische Grenze an Oder und Neiße. In ihr hieß es vielmehr entsprechend dem „Londoner Protokoll" vom 12. September 1944, daß „Deutschland [...] innerhalb seiner Grenzen, wie sie am 31. Dezember 1937 bestanden, für Besatzungszwecke in vier Zonen aufgeteilt" wird. Auf eine Annexion Deutschlands wurde expressis verbis verzichtet (Artikel 2 Absatz 5 der Berliner Erklärung). Die Regierungen der Siegermächte und Frankreichs behielten es sich jedoch vor, „später die Grenzen Deutschlands oder irgendeines Teiles Deutschlands und die rechtliche Stellung Deutschlands oder irgendeines Gebietes, das gegenwärtig einen Teil deutschen Gebietes bildet", festzulegen (Artikel 2 Absatz 6 der Berliner Erklärung). Völkerrechtlich war die Frage nach der künftigen deutsch-polnischen Grenze zu diesem Zeitpunkt, folgt man der „Berliner Erklärung", noch völlig offen, auch für die Sowjetunion. Die „Berliner Erklärung" bedeutete jedoch auch, daß die Siegermächte sich als „Inhaber deutscher Staatsgewalt befugt fühlten, deutsches Territorium zu derelinquieren [...] bzw. neue Staatsgebilde zu gründen. Sie beanspruchten folglich, über Deutschland und deutsche Gebiete namens der Deutschen zu verfügen."[218]

1.5.3 Vorbereitungen zur Konferenz von Potsdam

1.5.3.1 Die amerikanische Ausgangsposition

Die Delegation der Vereinigten Staaten war auf die Konferenz von Potsdam u. a. in der Frage der künftigen deutsch-polnischen Grenze durch umfangreiche „Briefing-Book-Papers" des US-Außenministeriums, wie in Jalta, erneut gut vorbereitet. In diesen wurde – wie schon für die Konferenz von Jalta – empfohlen, daß lediglich das südliche Ostpreußen, die frühere Freie Stadt Danzig, Deutsch-Oberschlesien und ein Teil Ostpommerns an Polen gegeben werden solle. „Die amerikanische Regierung würde es bevorzugen, daß die übrigen Gebiete östlich der Oder deutsch bleiben sollten." Da die Briten jedoch in Jalta einer Abtrennung allen Gebiets östlich der Oder zugestimmt hätten,

---

218 Lehmann, Der Oder-Neiße-Konflikt, S. 31-32.

hatte die US-Regierung vor, nicht abseits zu stehen, wenn die Russen hierauf bestehen sollten.[219]

Ein weiteres „Briefing-Book-Paper" des US-Außenministeriums sah in der Übertragung deutschen Gebiets bis zur Oder-Neiße-Linie durch die Sowjetunion an Polen einen Verstoß „sowohl gegen den Beschluß der Krim-Konferenz als auch gegen die allgemeinen dreiseitigen Übereinkommen betreffend die Verfügung des besetzten deutschen Gebiets". Es sah in der Gebietsübertragung den Versuch der Sowjets und der sowjetisch dominierten Polen, die USA mit einem weiteren „fait accompli" zu konfrontieren. Betreffend die „exzessiven Gebietsansprüche" Polens machte das US-Außenministerium wie schon vor Jalta auf die Möglichkeit aufmerksam, daß Polen durch die enormen Gebietsgewinne abhängig von Moskau und schließlich ein „ausgewachsener sowjetischer Satellit" werden könne, was im sowjetischen, aber auch im kommunistisch-polnischen Interesse läge. Das „Briefing-Book-Paper" stellte anhand einer Karte, die der von Jalta entsprach, die drei Konzeptionen für die künftige deutsch-polnische Grenze nochmals dar: die von der Sowjetunion propagierte Oder-Neiße-Linie (Linie a), die von den Briten akzeptierte Oder-Linie (Linie b) sowie die „weniger radikale US-Lösung" (Linie c) (siehe Karten 5 und 6). Das Papier brachte die von den USA favorisierte Linie c in Zusammenhang mit Äußerungen Churchills, der für Polen eine Küstenlänge von 200 Meilen erreichen wolle, was in etwa mit den US-Vorstellungen übereinstimme, und sah hier eine Möglichkeit der Verständigung mit Großbritannien. Die Oder-Linie könne jedenfalls nur widerwillig akzeptiert, der Oder-Neiße-Linie solle widerstanden werden.[220]

In einem letzten „Briefing-Book-Paper" wurden die amerikanischen Grenzvorstellungen für jedes in der o. g. Karte zwischen den Linien a, b und c liegende Teilgebiet genau begründet, so warum die US-Regierung die Abtrennung Ostpreußens, Danzigs, Oberschlesiens und Ostpommerns östlich der Linie Drage-Neuwedell-Dramburg-westlich Belgard unterstützte und warum das übrige Gebiet bei Deutschland verbleiben sollte. Für die Abtretung westlich der von der US-Regierung bevorzugten Linie gelegenen deutschen Gebiets gebe es

---

[219] Briefing-Book-Paper vom 29.6.1945, abgedruckt in: The Potsdam Conference, Bd. I, S. 742.

[220] Briefing-Book-Paper vom 29.6.1945, abgedruckt in: The Potsdam Conference, Bd. I, S. 743-747.

keine „historische oder ethnische Rechtfertigung", wirtschaftlich und bevölkerungspolitisch könnten größte Schwierigkeiten für Deutschland entstehen und irredentistische Gedanken geweckt werden. Auch wurde angeführt, daß die Stadtkreise von Stettin, Frankfurt/Oder und Breslau nicht geteilt werden sollten und daß die natürliche Einheit des Oderbeckens nicht durch eine Grenze in der Oder zerstört werden solle.[221]

1.5.3.2 Die britische Ausgangsposition

Das Foreign Office erarbeitete zur polnischen Grenzfrage ein auf den 12. Juli 1945 datiertes „Brief", in dem es seine Vorschläge für die West- und Nordgrenze Polens darlegte.[222]

Das „Brief" stellte zunächst fest, daß Polen und Russen übereingekommen zu sein scheinen, die Oder-Neiße-Linie als Westgrenze Polens zu beanspruchen, und daß der Lauf der Zeit den Polen mit russischer Unterstützung helfen werde, ihre Macht über alles Gebiet östlich dieser Linie zu konsolidieren.[223] Das Papier riet angesichts dieser polnisch-sowjetischen Eigenmächtigkeit davon ab, die endgültige Grenzregelung auf unbestimmte Zeit zu vertagen sowie zuzulassen, daß die Sowjetregierung die Autorität des Alliierten Kontrollrates über Deutschland mißachte. Zudem sehe die britische Regierung ernste Einwände, die Oder-Neiße-Linie als Grenze zwischen Deutschland und Polen zu akzeptieren. Eine überstürzte Konzession an die sowjetischen Maximalforderungen könnte als ein Zeichen von Schwäche empfunden werden und anderswo weitere exzessive Forderungen provozieren. Das Papier machte auf die öffentliche Meinung in Großbritannien aufmerksam, die die Amputation von über einem Fünftel Deutschlands, bewohnt von über zehn Millionen Personen unzweifelhaft deutscher Abstammung, kaum akzeptieren werde. Eine solche Regelung könne die Haltbarkeit des europäischen Friedens verringern.

---

221 Briefing-Book-Paper vom 4.7.1945, abgedruckt in: The Potsdam Conference, Bd. I, S. 750-754.

222 Das „Brief" ist abgedruckt in: Her Majesty's Stationery Office, Documents on British Policy Overseas (weiter zitiert: DBPO), Series I, Bd. I, S. 219-223. Siehe auch Woodward, British Foreign Policy, Bd. V, S. 412 f. Am 13.7.1945 wurden die britischen Vorstellungen der US-Regierung als „aide mémoire" übermittelt. The Potsdam Conference, Bd. I, S. 778 ff.

223 Bericht des brit. Botschafters in Moskau, Roberts, an Eden vom 16.7.1945. In: DBPO, Series I, Bd. I, S. 308 ff.

Ferner machte das „Brief“ auf den Zusammenhang der Reparationsfrage mit der Gebietsabtrennung aufmerksam, ein Problem, das in Gesprächen mit dem sowjetischen Marschall Schukow bereits offensichtlich geworden sei.[224] Die Aussagen des stellvertretenden sowjetischen Außenministers Vyschinskij auf die westalliierten Einwände gegen die sowjetisch-polnischen Gebietsübertragungen (s. o.) wurden von der britischen Regierung als wertlos eingestuft, da die betreffenden Gebiete bereits übergeben worden seien, was allerdings ohne die Zustimmung der übrigen im Alliierten Kontrollrat vertretenen Mächte geschehen sei.

Das Foreign Office empfahl, gemeinsam mit der US-Regierung der sowjetischen Seite klarzumachen, daß sie die sowjetische Interpretation der Lage nicht teilen könnten. Als deutsch-polnische Grenze schlug es vor, kein Gebiet hinausgehend über die Freie Stadt Danzig, Ostpreußen südlich und westlich von Königsberg, Oberschlesien und den größten östlichen Teil von Pommern zu überschreiten.[225] Vorbehaltlich der französischen Zustimmung und vorbehaltlich einer Ratifizierung auf einer Friedenskonferenz könne man einer Übertragung von Gebieten östlich dieser Linie in „dauernde polnische Verwaltung“ zustimmen.

Sollte mit der Sowjetregierung keine Übereinstimmung unter diesen Bedingungen erreicht werden, empfahl die britische Regierung, daß die USA und Großbritannien nur der Übertragung von dem deutschen Gebiet in polnische Verwaltung zustimmen sollten, über das Einigkeit innerhalb der Kontrollmächte bestehe, daß es Polen dauerhaft erwerben solle. Sollte die Sowjetunion trotzdem darauf beharren, über Teile Deutschlands ohne den Konsens mit den anderen Alliierten zu verfügen, sollten die USA und Großbritannien den sowjetischen Anteil der Reparationen aus den Westzonen verringern.

In einem Telefongespräch und durch die Übergabe eines Auszuges aus dem britischen „Brief“ am 14. Juli 1945 machte der Staatssekretär

---

[224] The Potsdam Conference, Bd. I, S. 755 f. Schukow teilte am 7.7.1945 dem überraschten Berater der amerikanischen Militärregierung, Murphy, ganz offen mit, daß seine Zuständigkeit an der Oder-Neiße-Linie ende und daß jenseits von dieser Linie das Land polnischer Souveränität unterstehe, so daß für ihn ein Zugriff auf die schlesische Kohle unmöglich sei.

[225] Evtl. hatte das Foreign Office hier die Planstudie des War Office vom 5.5.1944 im Sinn, die die Teilungslinie in Pommern an den östlichen Kreisgrenzen von Greifenberg, Regenwalde, Saatzig, Arnswalde und Friedeberg vorsah. Kettenacker, Krieg zur Friedenssicherung, S. 450. Siehe auch Karte 6.

im britischen Außenministerium, Alexander Cadogan, dem stellvertretenden US-Außenminister James Dunn den britischen Standpunkt nochmals deutlich. Die britische Regierung habe niemals irgendwelchen Gebietsabtretungen an Polen über Ostpreußen, Danzig, den Großteil des östlichen Pommern „not as far as the Oder river" und Oberschlesien hinausgehend zugestimmt. Cadogan kündigte Widerstand gegen die Oder-Neiße-Linie an, die die Zahl der zu „transferierenden" Deutschen auf zehn bis zwölf Millionen erhöhe.[226] Cadogan verschwieg hier seinen Brief vom 2. November 1944 an die polnische Exilregierung („Cadogan-Brief", s. o.), in dem er selbst Polen die Oder-Linie einschließlich Stettins zugesagt hatte.

1.5.3.3 Die polnische Ausgangsposition

In einer umfangreichen Stellungnahme, die am 10. Juli 1945 den Regierungen der USA, Großbritanniens und der UdSSR übergeben wurde, legte die am 28. Juni 1945 als Folge der Konferenz von Jalta gebildete und seit dem 6. Juli 1945 auch von den Westmächten anerkannte „Polnische Provisorische Regierung der Nationalen Einheit"[227] ihre Ansichten zur künftigen polnischen Westgrenze selbst dar und begründete, warum sie die Oder-(Lausitzer) Neiße-Linie einschließlich Stettin und Swinemünde beanspruchte. Die polnischen Argumente schlossen moralische, rechnerisch-kompensatorische, bevölkerungspolitische, historische, kulturelle, geographische und wirtschaftliche Motive ein. Hervorzuheben sind aus dieser Stellungnahme folgende Argumentationslinien:

1. sei Polen deshalb, weil es das erste Opfer deutscher Aggression und in der Zeit der Besetzung den Alliierten gegenüber loyal gewesen sei, sowie weil es nicht mit Deutschland kooperiert habe, moralisch berechtigt, entschädigt zu werden;

---

226 The Potsdam Conference, Bd. I, S. 781 f.

227 Diese (linkslastige) Regierung entstand als Erfüllung einer Forderung der Konferenz von Jalta, die verlangte, daß eine neue polnische Regierung auf breiter demokratischer Grundlage errichtet werde. An ihrer Spitze stand Bierut als Staatspräsident, Osóbka-Morawski war Premierminister. Dessen Stellvertreter wurden Grabski, Gomułka und der ehemalige Exilpremier Mikołajczyk. Diese Regierung wurde am 29.6.1945 von der UdSSR und Frankreich, am 6.7.1945 von Großbritannien und den USA anerkannt, wodurch die Exilregierung in London völlig bedeutungslos wurde. DBPO, Series I, Bd. I, S. X.

2. verliere Polen, auch wenn seine Forderungen im Westen erfüllt würden, gegenüber seinen Vorkriegsgrenzen 80 000 Quadratkilometer, weshalb Polens Ziele eigentlich moderat seien;
3. sei Polen überbevölkert und brauche daher dringend genug Land, um die Auswanderung zu verhindern;
4. habe Polen historische Rechte auf die von ihm beanspruchten Gebiete, die bis ins Jahr 2000 v. Chr. (!) zurückreichten.[228] Erst im 13. Jahrhundert sei Polen unter deutschem Druck nach Osten gewichen;
5. trügen einige Gebiete der beanspruchten Territorien kulturell einen polnischen Charakter;
6. seien geographisch die westlichen Gebiete eng mit Polen verbunden, die Vorkriegsgrenzen seien unnatürlich, Polen wolle jedoch seine natürlichen Grenzen aus der Zeit der Piasten zurückerlangen, einschließlich des linken Oderufers, Stettins und der Inseln im Stettiner Haff;
7. seien wirtschaftlich die Ostgebiete für Deutschland eine Last, was sich durch eine negative Wanderungsbilanz äußere, während für Polen nur der Erhalt dieser Gebiete einschließlich der Häfen Danzig und Stettin sowie des linken Oderufers[229] eine ihm gemäße Entwicklung garantieren würden.

Insgesamt nicht ungeschickt appellierte die polnische Stellungnahme an die westliche Betrachtungsweise, daß nicht nur historische Besitztitel über den territorialen Erwerb entscheiden sollten, sondern gegenwärtige Bedürfnisse der Nationen und Polens Entwicklungsmöglichkeiten. Die polnische Regierung versuchte, ihren Anspruch auf die deutschen Ostgebiete so rational wie möglich darzulegen, auch unter weitgehendem Verzicht auf antideutsche emotionale Äußerungen.[230]

---

[228] Diese absurde Vorstellung ging auf die bereits erwähnte Lehre des polnischen Vor- und Frühgeschichtlers J. Kostrzewski zurück, der nach dem Ersten Weltkrieg seine These wissenschaftlich zu untermauern versuchte (und verbreitete), die Slawen bzw. Polen seien identisch mit der frühgeschichtlichen „Lausitzer Kultur". Siehe hierzu Richthofen, Gehört Ostdeutschland zur Urheimat der Polen?, S. 3 ff. Heute wird die These der Identität von „Lausitzern" und Slawen nur noch vereinzelt vertreten.

[229] Nach einem US-Papier vom 4.7.1945 beanspruchte Polen einen Streifen von ca. 30 km Breite westl. der Oder. The Potsdam Conference, Bd. I, S. 754.

[230] Das polnische „Statement" ist abgedruckt in: The Potsdam Conference, Bd. I, S. 757-777.

Einen bedeutenden Aspekt bei der polnischen wirtschaftlichen Argumentation zur Erlangung der deutschen Ostgebiete spielte die Agrarfrage bzw. ländliche Überbevölkerung, d. h. das Problem zu kleiner Betriebsparzellen und einer zu hohen Landbevölkerungszahl ohne wirtschaftliche Perspektive. Die deutschen Ostgebiete wurden z. B. von einem polnischen Politiker Anfang 1944 als „herrliche Gebiete für die Kolonisation, Gebiete, die ein bedeutender Faktor bei der Lösung der Agrarfrage in Polen sein werden", bezeichnet.[231] Hier ähnelte die polnische Argumentation, die ja logischerweise eine „Aussiedlung" der Deutschen voraussetzen mußte, verblüffend der Begründung, mit der deutsche Agrarwissenschaftler unter Führung Himmlers 1939 bis 1944 die Inbesitznahme und Besiedlung Westpolens (z. B. „Warthegau") durch deutsche Bauern rechtfertigten und durchplanten, um im Deutschen Reich die „Agrarfrage" durch Um- und Neusiedlung (West-Ost-Umsiedlung), natürlich unter „Aussiedlung" der Polen, zu beantworten.

[231] Hilary Minc in der Zeitschrift „Wolna Polska" am 24.1.1944. Zit. nach: Zeidler, Kriegsende im Osten, S. 54. Minc wurde später (1945) poln. „Minister für Industrie".

1.6 Die Potsdamer Konferenz

Vom 17. Juli bis 2. August 1945 trafen sich die „Großen Drei" in Potsdam, also in der damaligen Sowjetischen Besatzungszone Deutschlands, zu einer interalliierten Gipfelkonferenz. Normalerweise wird dieses Zusammentreffen als die „Potsdamer Konferenz" bezeichnet, so auch hier im folgenden. Offiziell hieß sie damals jedoch „Berliner Konferenz" („The Conference of Berlin"). Die Siegermächte traten jedenfalls in Potsdam im Schloß Cecilienhof zusammen, um zu einer Klärung der nach dem Krieg in Europa, vor allem in Mitteleuropa, aufgeworfenen Fragen zu gelangen. Zwar war zu diesem Zeitpunkt Deutschland längst besiegt. Die Zukunft Deutschlands war jedoch, Monate nach dem Sieg der Alliierten, immer noch ungewiß.

Überschattet wurde die Konferenz außerdem vom Krieg gegen Japan. In den USA bestanden Zweifel, ob Japan durch den Einsatz der Atombombe zur Kapitulation gezwungen werden könnte. Die Mitwirkung der Sowjetunion am Kampf gegen Japan mußte von den Westmächten daher „nach wie vor als erstrebenswert betrachtet werden",[232] was die Verhandlungsposition Stalins stärken und die Kompromißbereitschaft der Westmächte in für sie marginalen Fragen steigern mußte.

Überschattet wurde die Konferenz ferner durch ernste Besorgnisse Churchills, der aufgrund der realen Machtverhältnisse im von Stalin beherrschten Ostmittel-, Ost- und Südosteuropa beunruhigt war. Churchill machte sich nun Sorgen wegen der Auslegung der Absprachen von Jalta durch die Sowjetunion (Interessensphären). Am 12. Mai 1945 hatte Churchill dem amerikanischen Präsidenten u. a. gekabelt: „Entlang ihrer (der sowjetischen, Anm. d. Verf.) Front ist ein Eiserner Vorhang niedergegangen. Wir wissen nicht, was hinter ihm vor sich geht. Es gibt kaum einen Zweifel, daß alle Gebiete östlich der Linie Lübeck-Triest-Korfu bald völlig in ihrer Hand sein werden."[233] Hinzu kamen andere Verhandlungsvorteile Stalins wie der Tod Roosevelts, für den der bisherige Vizepräsident der USA Harry S. Truman nachrückte, der jedoch im Umgang mit Stalin keine Erfahrungen hatte, und der Regierungswechsel in Großbritannien, der ausgerechnet während der Pots-

[232] Hillgruber, Sowjetische Außenpolitik im Zweiten Weltkrieg, S. 137.
[233] Zitiert nach Birke, Nation ohne Haus, S. 34.

damer Konferenz erfolgte und durch den der erfahrene Churchill durch den neuen Premierminister Clement Attlee ersetzt wurde.

Die Unterschiedlichkeit der Standpunkte der Westmächte auf der einen und der Sowjetunion bzw. der zu den Beratungen hinzugezogenen polnischen Delegation auf der anderen Seite in der deutsch-polnischen Grenzfrage wurde in den Diskussionen dieser Konferenz, die hier ausführlich wiedergegeben werden sollen, offensichtlich.

1.6.1 Der Verlauf der Potsdamer Konferenz – die Diskussionen über die deutsch-polnische Grenze

Nach einer kontrovers geführten Diskussion einigten sich der amerikanische Präsident Harry S. Truman,[234] der britische Premierminister Winston Churchill und der sowjetische Diktator Josef Stalin in der 2. Plenarsitzung der Potsdamer Konferenz am 18. Juli zunächst darauf, daß als Ausgangspunkt für den Deutschlandbegriff die Grenzen Deutschlands von 1937 zugrundegelegt werden sollten. Stalin wies in dieser Diskussion zwar auf die Gebietsübertragungen im Osten hin, akzeptierte aber schließlich diese Formel als Ausgangspunkt.[235] Die USA und Großbritannien waren sich zu Beginn der Konferenz darüber hinaus einig, daß auch hinsichtlich des Gebietes, aus dem Reparationen entnommen werden sollten, Deutschland in den Grenzen von 1937 betrachtet werden solle.[236]

---

234 Nachfolger Roosevelts, der am 12.4.1945 verstarb.

235 Zu dieser Diskussion: The Potsdam Conference, Bd. II, S. 89 f., S. 96 f., und DBPO, Series I, Bd. I, S. 380 f. Zu der Festlegung auf die Grenzen von 1937 auch: Leahy, I was there, S. 399, und Truman, Memoiren, S. 347.

236 Report des Economic Sub-Committee an die Außenminister vom 20.7.1945, abgedruckt in: The Potsdam Conference, Bd. II, S. 795, sowie ein Memorandum der US-Sektion der Allied Commission on Reparations, abgedruckt a. a. O., S. 831. Zur britischen Ansicht: Memorandum, das nach der 2. Plenarsitzung angefertigt wurde, abgedruckt a. a. O., S. 1136 ff. Zur Bedeutung der Oder-Neiße-Gebiete für die Reparationsleistung und die Versorgung Mittel- und Westdeutschlands mit Rohstoffen und Nahrung außerdem: a. a. O., S. 841 f., S. 854 f., S. 943 ff., S. 1024 ff., S. 1027.

In der 5. Plenarsitzung am 21. Juli begann die eigentliche Diskussion um die deutsch-polnische Grenze.[237] Truman bemängelte, daß in Ostdeutschland anscheinend eine 5. Besatzungszone ohne Konsultation eingerichtet worden sei. Reparationsfragen könnten nicht geklärt werden, wenn nicht klar sei, wie groß Deutschland sei. Er sei der polnischen Regierung wohlgesonnen und es sei möglich, daß hinsichtlich der sowjetischen Wünsche volle Übereinstimmung erreicht werden könne, aber er wolle gefragt werden. Stalin versuchte daraufhin unter Hinweis auf die Ergebnisse von Jalta abzuschwächen, auch sei eine polnische Stellungnahme zu den polnischen Grenzvorstellungen bereits allen Delegationen am 20. Juli zugegangen, was Truman jedoch offensichtlich nicht zur Kenntnis genommen hat. In dieser Stellungnahme[238] vom 20. Juli wurde von der Sowjetunion bzw. Polen die Oder-Neiße-Linie einschließlich Swinemünde und Stettin gefordert. Stalin sagte, daß die Konferenz eine Meinung zu dieser Forderung äußern sollte, beteuerte aber, daß die endgültige Regelung auf der Friedenskonferenz erfolge. Er verteidigte anschließend die inzwischen eingerichtete polnische Verwaltung, indem er wahrheitswidrig behauptete, daß die deutsche Bevölkerung der Wehrmacht nach Westen gefolgt sei,[239] und daß nur „die Polen“ zurückgeblieben seien.[240] Die Sowjetunion brauche aber eine Verwaltung in diesem Gebiet, und es sei nicht einzusehen,

---

237 Zur Diskussion in der 5. Plenarsitzung die Aufzeichnungen in: The Potsdam Conference, Bd. II, S. 208-215, S. 217-221, und in DBPO, Series I, Bd. I, S. 506 ff.

238 Die Stellungnahme ist abgedruckt in: The Potsdam Conference, Bd. II, S. 1138 f., und in DBPO, Series I, Bd. I, S. 452 f.

239 Tatsächlich befand sich am Tag der Kapitulation noch eine wesentliche Anzahl Deutscher in den Oder-Neiße-Gebieten, bis zum Sommer 1945 dürfte die Zahl durch die Rückkehr Geflohener auf ca. 5 650 000 Deutsche angewachsen sein (Bundesministerium für Vertriebene, Dokumentation der Vertreibung der Deutschen aus Ost-Mitteleuropa, Bd. I/1, S. 78 E). Nach polnischen Angaben lebten nach der Volkszählung vom 14.2.1946 allein in der „Wojewodschaft Breslau“ (Niederschlesien) noch 1 239 309 Deutsche (Rhode/Wagner, Quellen zur Entstehung der Oder-Neiße-Linie, S. 234, Anm. 1).

240 Während die Anwesenheit Deutscher in den Oder-Neiße-Gebieten geleugnet wurde, wurde die Zahl der Polen stets zu hoch angegeben. So behauptete Mikołajczyk, daß in diesem Gebiet mehr als 1,5 Millionen einheimische Polen lebten (Mikołajczyk, The pattern of Soviet domination, S. 155.) Tatsächlich ergab schon die Volkszählung von 1925 nur eine Zahl von rd. 645 000 Personen, die „Polnisch“ oder „Deutsch und Polnisch“ und 65 000 Personen, die „Masurisch“ oder „Deutsch und Masurisch“ als Muttersprache angegeben hatten (Rhode/Wagner, Quellen zur Entstehung der Oder-Neiße-Linie, S. 241, Anm. 2). Vgl. hierzu auch die weiter oben erwähnten eindeutigen Ergebnisse der Volksabstimmungen in Masuren und West-Oberschlesien in den Jahren 1920/21.

was für ein Schaden durch eine polnische Verwaltung entstünde, wo nur Polen zurückgeblieben seien. Truman bestand ungeachtet dessen auf der vereinbarten Besatzungszoneneinteilung, um die Reparationsfrage zu klären. Stalin spielte die Bedeutung der Reparationen daraufhin herunter und behauptete, daß die Sowjetunion nötigenfalls auf diese auch verzichten könne. Er versicherte wiederum, daß die Frage der polnischen Westgrenze offen sei und daß die Sowjetunion hier nicht gebunden sei, eine Aussage, die er auf Nachfrage Trumans nochmals bestätigte.[241] Truman sagte, daß es für die Staatsoberhäupter nicht möglich sei, in dieser Frage zu einer Entscheidung zu kommen. Dies sei Sache der Friedenskonferenz. Stalin betonte die Schwierigkeit der Wiedereinrichtung einer deutschen Verwaltung in diesen Gebieten. Er behauptete erneut, daß alle Deutschen geflohen seien, es somit auf dem Papier zwar deutsches, in der Praxis jedoch polnisches Gebiet sei. Churchill machte darauf auf die Ernährungslage Deutschlands aufmerksam: Ein Viertel Deutschlands werde abgetrennt, auch seien noch mindestens zweieinhalb Millionen Deutsche dort. Stalin behauptete wieder, daß kein einziger Deutscher in den Gebieten zurückgeblieben sei, die Polen gegeben werden sollten. Es sei auch unwahrscheinlich, daß die Polen einer Rückkehr der Deutschen zustimmen würden. Churchill bekannte sich zu einer Kompensation, sagte aber, daß Polen nun mehr nehme, als es verloren habe. Wenn es wahr sei, daß die Deutschen geflohen seien, so sollten sie ermutigt werden, zurückzukommen. Polen habe nicht das Recht, eine Katastrophe auszulösen. Er machte wiederum auf die Ernährungslage im Westen aufmerksam. Churchill wollte nicht zugestehen, daß die Oder-Neiße-Gebiete polnisch geworden seien. Großbritannien stehe auf dem Standpunkt, daß die Produktion von Nahrungsmitteln im Deutschland der Grenzen von 1937 für das ganze deutsche Volk verfügbar sein sollte, egal, in welcher Zone die Nahrung produziert werde. Die Deutschen seien, so Churchill, vor Schreck geflohen, jetzt könnten sie zurückkehren. Stalin behauptete hierauf, daß diese Leute nur widerwillig zurückkehren würden, auch wolle die UdSSR dies nicht. Er befürchte, daß die Polen sie aufhängen würden, wenn sie zurückkehrten. Truman merkte ironisch an, daß es wohl eine vollendete Tatsache sei, daß ein großer Teil

[241] Diese Bestätigung fehlt in den sowjetischen Aufzeichnungen. Fischer, Teheran, Jalta, Potsdam, S. 261.

Deutschlands den Polen gegeben worden sei. Die schlesischen Kohlenbergwerke seien jedoch ein Teil Deutschlands für die Reparationen und für die Versorgung. Unter diesen Bedingungen könne über Grenzen geredet werden, doch die Polen hätten kein Recht, diese Gebiete jetzt zu nehmen und von der deutschen Wirtschaft zu trennen. Stalin erwiderte, daß niemand außer den Polen diese Gebiete nun ausbeuten könne. Diese würden nun die Bergwerke bewirtschaften. Die UdSSR könne sich hier nicht einmischen, da dies die normalen Beziehungen zwischen zwei Staaten stören würde (!). Hinsichtlich der polnischen Gebietsforderungen gab Stalin zwar zu, daß diese für Deutschland Schwierigkeiten verursachen würden. Es sei jedoch im Sinne der sowjetischen Politik, es Deutschland schwer zu machen, wieder aufzusteigen. Er mache lieber den Deutschen Schwierigkeiten als den Polen. Truman bemerkte hierauf, daß es wohl eher schlecht sei, den Verbündeten Schwierigkeiten zu machen, und fügte hinzu, daß er der Abtrennung Ostdeutschlands unter diesen Umständen nicht zustimmen könne. Diese müßte im Zusammenhang mit den Reparationen und den Versorgungsproblemen ganz Deutschlands gesehen werden. Churchill und Truman stellten am Ende der Diskussion in der 5. Plenarsitzung fest, daß in dieser Frage kein Fortkommen mehr war, Stalin störte sich an dieser Feststellung jedoch nicht.

Zu Beginn der 6. Plenarsitzung am Nachmittag des 22. Juli[242] machten Churchill und Truman klar, daß sie zur polnischen Frage nichts hinzuzufügen hätten, und bestätigten auf die Frage Stalins, daß sie die polnische Stellungnahme vom 20. Juli nun zur Kenntnis genommen hätten. Churchill bestand darauf, daß die Frage der polnischen Westgrenze vor der Abreise der Regierungschefs geklärt werden müsse, nachdem Stalin festgestellt hatte, daß man in dieser Frage keine Übereinkunft treffen könne, weil alle Delegierten an ihren Ansichten festhielten. Churchill wiederholte daraufhin seine Argumentation vom Vortag,[243] Stalin behauptete wieder, daß alle Deutschen geflohen oder getötet worden seien, und Truman erklärte, daß er keine Dringlichkeit in der Grenz-

---

242 Aufzeichnungen über die Diskussionen der 6. Plenarsitzung abgedruckt in: The Potsdam Conference, Bd. II, S. 247-252, S. 261-264, und DBPO, Series I, Bd. I, S. 534 ff.

243 An dieser Stelle machte Churchill beiläufig auch Bedenken wegen der Massenvertreibung Deutscher geltend. Churchill, Triumph and Tragedy, S. 570. The Potsdam Conference, Bd. II, S. 248.

frage sehe. Man solle hierüber eine vorbereitende Diskussion führen und die Frage nicht endgültig regeln bis zur Friedenskonferenz. Churchill machte im Gegensatz zu Truman erneut auf die Dringlichkeit des Grenzproblems aufmerksam. Wenn ein Übereinkommen über diese Frage aufgeschoben würde, würde die gegenwärtige lokale Situation in den Oder-Neiße-Gebieten konsolidiert. Um so länger das Problem warte, um so schwieriger sei es zu lösen. Churchill schlug dann eine Kompromißlösung für die Zeit bis zur Friedenskonferenz vor. Es sollte eine Linie gezogen werden, östlich derer die Polen das Land als einen Teil Polens besetzen könnten. Westlich davon würden sie als Stellvertreter der Sowjetregierung arbeiten, wodurch diese Zone in Übereinstimmung mit dem Abkommen über die Besatzungszonen in Deutschland behandelt werden würde. Seit dem Treffen von Teheran sei er sich mit Stalin im wesentlichen über die Oder-Linie einig gewesen. Der Unterschied sei jedoch, daß die Briten nicht so weit gehen wollten wie die Sowjets, aber sie stimmten zu, daß die Polen einen großen Gebietszuwachs erhalten sollten. Die Oder-Linie sei ein Begriff, der schon vor zwei Jahren benutzt worden sei, er sei eine sehr ungenaue Beschreibung, aber die Briten hätten eine Linie, und sie seien vorbereitet, sie auf der Konferenz zur Beratung vorzuschlagen.[244] Die Oder-Linie sei eine ungefähre Linie, und es sei notwendig, auf einer Karte zu sehen, welche Linie die Briten im Auge hätten. Nachdem Truman wiederum auf die Einhaltung der Besatzungszonen insistierte und erklärte, daß er zur Erklärung von Jalta stehe, verdeutlichte Stalin nochmals seinen Standpunkt. Auch er stehe zu Jalta und dort sei beschlossen worden, daß nach einer polnischen Regierungsbildung die Meinung dieser Regierung über die polnische Westgrenze eingeholt werden solle. Diese Meinung sei nun mitgeteilt worden, und man habe nun zwei Möglichkeiten: entweder den polnischen Vorstellungen zuzustimmen oder die polnischen Vertreter noch einmal zu hören und dann zu entscheiden. Er halte es für zweckmäßig, diese Frage auf der

---

[244] Vgl. die in dem britischen „Brief" vom 12.7.1945 vorgeschlagene vage Linie (s. o.). Diese Linie wurde auch auf einer Karte eingetragen, die in den Archiven des Foreign Office jedoch nicht mehr auffindbar ist. Die Karte gehörte zu einem Memorandum, das zur deutsch-polnischen Grenze am 21.7.1945 von der britischen Delegation verfaßt worden ist. Es ist abgedruckt in: DBPO, Series I, Bd. I, S. 494. Die britische Linie beließ jedenfalls Breslau und Stettin bei Deutschland. Möglicherweise ist auch hier wieder die Linie des War Office vom 5.5.1944 gemeint (siehe Karte 6).

Konferenz zu lösen und – da die Konferenz nicht mit den polnischen Vorstellungen einverstanden sei – die polnischen Vertreter einzuladen und anzuhören. Wenn man der Meinung sei, dies lohne sich nicht, dann solle man die Frage an den Rat der Außenminister überweisen. Stalin erinnerte Churchill und Truman an die britische bzw. amerikanische Position in Jalta, wo sie für eine Linie gewesen seien, die „von der Mündung der Oder dieser folgend bis zu dem Punkt, wo die östliche Neiße und die Oder zusammenfließen", folgt. Er sei für die westliche Neiße gewesen. Der Plan Churchills und Roosevelts habe Stettin und Breslau sowie die Region westlich von Breslau bei Deutschland belassen.[245] Es sei die Frage der Grenze zu regeln und nicht die einer vorläufigen Linie. Es sei eine prinzipielle Frage, ob die Polen eingeladen und gehört würden, da Großbritannien und die USA mit deren Grenzvorstellungen nicht übereinstimmten. Churchill und Truman stimmten der Hinzuziehung polnischer Vertreter in dieser Frage schließlich zu, diese könnten mit den Außenministern verhandeln. Diese sollten dann die Ergebnisse den „Großen Drei" vorlegen.

Am nächsten Tag, dem 23. Juli, lud der Moskauer US-Botschafter Kennan „zwei oder drei" Vertreter der „Polnischen Provisorischen Regierung der Nationalen Einheit" möglichst für den 24. Juli zu einem Treffen mit den Außenministern der Drei Mächte betreffend die Frage der deutsch-polnischen Grenze ein.[246] Am gleichen Tag führte US-Außenminister Byrnes mit seinem sowjetischen Kollegen Molotow eine Diskussion über das Reparationsproblem. Byrnes kritisierte die Übertragung eines großen Teils der Sowjetzone an Polen und bestand darauf, daß für die Reparationen ganz Deutschland in seinen Grenzen von 1937 berücksichtigt werden müsse, da die USA nicht bereit seien, Geld für ansonsten notwendige Importe in ihre Besatzungszone auszugeben.[247]

---

[245] Abweichend in den sowjetischen Protokollen: „[...] Westgrenze Polens entlang der Oder, beginnend bei ihrer Mündung, dann ständig der Oder folgend bis östlich der Mündung der Neiße in die Oder. Ich bestand auf einer Linie westlich der Neiße. Nach dem Plan von Präsident Roosevelt und Herrn Churchill verblieben Stettin sowie Breslau und das Gebiet westlich der Neiße bei Deutschland." Zitiert nach Fischer, Teheran, Jalta, Potsdam, S. 278.

[246] Die Einladung in: The Potsdam Conference, Bd. II, S. 1139 f.

[247] The Potsdam Conference, Bd. II, S. 274 f. Zur Argumentation Byrnes': sein Vorbereitungspapier, abgedruckt a. a. O., S. 861 f.

Auf die Einladung zu dem Außenministertreffen am 24. Juli, dem 7. Außenministertreffen der Konferenz,[248] kamen am Vormittag dann acht Vertreter der „Polnischen Provisorischen Regierung der Nationalen Einheit", darunter Staatspräsident Bierut, Premierminister Osóbka-Morawski, Vize-Präsident Grabski, die stellvertretenden Premierminister Mikołajczyk und Gomułka sowie Außenminister Rzymowski. Sie wurden im letzten Teil des Treffens eingeladen, ihren Standpunkt darzulegen, was sie durch „ein aufgedonnertes, überschwengliches Schauspiel von nationaler Einheit und Patriotismus" auch taten.[249] Die polnischen Vertreter forderten bei diesem Treffen erneut die Oder-Neiße-Linie einschließlich Swinemünde und Stettin.[250] Die Begründung dieser Forderung entsprach in ihrem Inhalt weitgehend der umfangreichen polnischen Stellungnahme vom 10. Juli 1945 (s. o.). Außerdem führten die polnischen Vertreter an, daß die Oder-Neiße-Linie die kürzestmögliche Grenze zwischen Deutschland und Polen sei, was aus Gründen der Verteidigung zu berücksichtigen wäre. Die Forderung nach Stettin wurde damit begründet, daß diese Stadt schon immer der Ausfuhrhafen für Schlesien gewesen sei, und daß sie dies auch für ein polnisches Schlesien sein müsse. Der ehemalige Exilpremier Mikołajczyk unterstützte diese Argumentation eindringlich und drängte auf eine schnelle Entscheidung.[251] Diese Unterredung endete schließlich ohne Hinweis darauf, welchen Eindruck die polnische Argumentation auf die Außenminister gemacht hat. Die polnische Delegation erhielt jedoch die Erlaubnis, ihre Argumente weiterhin schriftlich darzulegen. In Gesprächen zwischen Truman und Churchill auf der einen und der polnischen Delegation auf der anderen Seite tauschten beide Seiten in der Folge noch mehrmals ihre Argumente aus, ohne daß sich dabei neue Gesichtspunkte ergeben haben.[252]

---

248 Siehe zu der Diskussion in der 7. Außenministerkonferenz die Aufzeichnungen in: The Potsdam Conference, Bd. II, S. 331 f.; DBPO, Series I, Bd. I, S. 626 f., und ausführlich Kowalski, ZSRR a granica, S. 242 ff.

249 Zit. nach Feis, Zwischen Krieg und Frieden, S. 215.

250 Eine Zusammenfassung der Stellungnahme in: The Potsdam Conference, Bd. II, S. 332-336. Siehe auch eine Note Mikołajczyks vom 24.7.1945, abgedruckt bei Woodward, British Foreign Policy, Bd. V, S. 423.

251 Memorandum Mikołajczyks vom 24.7.1945, abgedruckt in: The Potsdam Conference, Bd. II, S. 1140 f., und dessen Aufzeichnungen über dieses Treffen, abgedruckt a. a. O., S. 1517-1524.

252 Vierheller, Polen und die Deutschlandfrage, S. 119 f.

Schließlich wurde auf der 8. Plenarsitzung am 24. Juli auf Antrag Churchills, der angab, mit polnischen Vertretern hierüber noch Gespräche zu führen, das Thema „polnische Westgrenze" vertagt, nachdem Byrnes die Argumente der polnischen Delegation kurz vorgetragen hatte.[253]

Auch die Plenarsitzung am 25. Juli vertagte zunächst die Entscheidung über die deutsch-polnische Grenze, da noch Klärungsbedarf bestehe. Truman benutzte wenig später jedoch die Gelegenheit, erneut darauf hinzuweisen, daß er auf der Einteilung der Besatzungszonen bestehe, und er wies auf den Friedensvertrag hin, der erst die Grenzen festlegen könne.[254] Von Churchill, der an diesem und am Vortag in diesem Sinne auf die polnische Delegation einzuwirken versuchte,[255] wurde Truman in dieser Frage energisch unterstützt. Churchill wies gar auf die Gefahr eines Abbruchs der Konferenz hin, wenn über die Frage der Stellung der Oder-Neiße-Gebiete keine Einigung erzielt würde.[256]

Am Nachmittag des 25. Juli fand durch die Abreise Churchills nach dessen Wahlniederlage eine Veränderung in der britischen Delegation statt. Neuer britischer Premierminister wurde der bisherige Vize-Premier Clement Richard Attlee, neuer Außenminister wurde Ernest Bevin. Auf polnischer Seite könnte dieser Wechsel mit Erleichterung vermerkt worden sein, da Churchill ein hartnäckigerer Verweigerer der polnischen Territorialforderungen war als Truman. Ob Churchill die Grenze an der Lausitzer Neiße hätte verhindern können, sei jedoch dahingestellt.[257] Churchill schrieb in seinen Erinnerungen, daß er der Grenze an der westlichen Neiße nie zugestimmt hätte. Er habe vielmehr die Absicht gehabt, „es bei Konferenzende auf eine Kraftprobe ankommen zu lassen und wenn nötig, lieber einen öffentlichen Bruch in Kauf zu nehmen, als Polen die Einverleibung von Gebieten über die Oder und die östliche Neiße hinaus zu gestatten".[258] Churchill mußte

---

253 The Potsdam Conference, Bd. II, S. 367 ff.

254 Zu Trumans Bemühungen am 24.7., auf die poln. Delegation einzuwirken: The Potsdam Conference, Bd. II, S. 356; Feis, Zwischen Krieg und Frieden, S. 217.

255 Zu den brit.-poln. Gesprächen am 24. u. 25.7., in denen Churchill und Eden die polnischen Territorialforderungen zurückwiesen, die Aufzeichnungen in: DBPO, Series I, Bd. I, S. 639 ff., S. 672 ff., S. 678 ff., sowie Woodward, British Foreign Policy, Bd. V, S. 424 ff.

256 US-Government, The Potsdam Conference, Bd. II, S. 382 ff., S. 388 f.

257 Woodward, British Foreign Policy, Bd. I, S. 561.

258 Zitiert nach Feis, Zwischen Krieg und Frieden, S. 219.

jedoch abreisen, und, ob dies nun etwas damit zu tun hatte oder nicht, ab dem 25. Juli begannen die westlichen Delegationen in der deutsch-polnischen Grenzfrage allmählich nachgiebiger zu werden.

Eine Wende in der britischen Haltung zur Grenzfrage könnte ein Gespräch zwischen dem britischen Diplomaten Clark-Kerr und Mikołajczyk am späten Vormittag des 25. Juli angedeutet haben, zu dem das britische Delegationsmitglied wenig später die Meinung vertrat, daß, wenn ein Arrangement über Reparationen, Nahrungsmittel etc. zustande käme, es dann für die Briten vernünftig wäre, gegenüber den polnischen Zielen so „flüssig“ wie möglich zu sein. Clark-Kerr begründete diese Haltung in einer Empfehlung an Außenminister Eden damit, daß, wenn man davon ausgehe, daß es das Ziel sei, Deutschland am Boden zu halten, es nichts ausmache, wenn von Deutschland etwas mehr abgetrennt werde als es Großbritannien vorgesehen habe, wenn Polen dadurch stärker werde.[259]

Eine Wende in der amerikanischen Haltung könnte nach polnischen Aufzeichnungen ein Gespräch am 26. Juli zwischen Harriman, Mikołajczyk, Gomułka und Modzelewski angedeutet haben. Harriman soll zwar Schwierigkeiten für die Versorgung der Menschen in Deutschland bemerkt, aber auch erklärt haben, daß man sich Schwierigkeiten nicht beugen, sondern Lösungen suchen solle. Er sei bereit, die polnischen Forderungen bei Truman zu unterstützen. Man hege zwar Zweifel, daß die Polen fähig seien, die in Frage stehenden Gebiete wirksam zu bewirtschaften, wenn die Polen jedoch in der Lage wären, diese Zweifel zu zerstreuen, dann entfielen viele Vorbehalte gegen eine Annahme der polnischen Forderungen.[260] Nur das Problem der rechtlichen Übertragung der Gebiete müsse bis zur Friedenskonferenz aufgeschoben werden, die Übertragung der Verwaltung und die Sicherung der Wirtschaft sei jedoch eine andere Sache.[261]

---

[259] DBPO, Series I, Bd. I, S. 683 ff., S. 702 ff.

[260] Kowalski, ZSRR a granica, S. 253 ff.

[261] Nach Tagebucheintragungen Mikołajczyks, abgedruckt in: The Potsdam Conference, Bd. II, S. 1529. Diese Haltung Harrimans geht aus US-Aufzeichnungen nicht hervor. Über diese Unterredung existiert auch keine weitere Darstellung. Vierheller, Polen und die Deutschlandfrage, S. 120 (Anm. 471).

Am Abend des 27. Juli führte US-Außenminister Byrnes mit der britischen Delegation ein wichtiges Gespräch, in dem er den Briten den kompromißhaften Vorschlag machte, im Falle einer bestimmten Regelung der Reparationsfrage der sofortigen Übergabe der Gebiete bis zur Oder und zur östlichen Neiße zuzustimmen, eine Formel, die der neue britische Außenminister Bevin akzeptierte.[262]

Die polnische Delegation wiederum ließ am 28. Juli den westlichen Delegationen eine umfangreiche Stellungnahme zukommen, die in nicht ungeschickter Weise erneut begründete, warum Polen die Oder-Neiße-Gebiete bereits in Besitz genommen habe und warum es sie behalten müsse. Die Stellungnahme führte vor allem wirtschaftliche Gründe an und wies auf die Frage der Unterbringung polnischer Vertriebener und Repatrianten hin, wofür eine territoriale Kompensation notwendig sei. Wenn die polnische Ostgrenze auf den Stand vom Ende des 14. Jahrhunderts zurückgenommen werde, dann solle auch die deutsche Ostgrenze auf diesen Stand zurückgenommen werden. Und diese Grenze sei, so behauptete die polnische Delegation, die Oder mit Stettin sowie die Lausitzer Neiße.[263]

Im Rahmen eines Treffens des amerikanischen Präsidenten und seines Außenministers mit dem sowjetischen Außenminister am Mittag des 29. Juli[264] bemerkte Byrnes dann, daß noch zwei Fragen auf der Konferenz offen geblieben seien. Wenn diese gelöst seien, dann könne überlegt werden, ob die Konferenz beendet werden solle. Es handele sich 1. um die polnische Westgrenze und 2. um die Reparationen.

Byrnes kündigte für den Fall, daß sie in der Lage wären, in der Reparationsfrage zu einer Übereinkunft zu kommen, die den Linien seiner Vorschläge an Molotow entspreche, an, daß die USA dann bereit wären, den sowjetischen Wünschen in bezug auf die polnische Westgrenze entgegenzukommen. Byrnes übergab Molotow dann einen Grenzvorschlag, der beinhaltete, daß die polnische Westgrenze auf „[...] einer Linie, die von der Ostsee durch Swinemünde, westlich von

---

262 DBPO, Series I, Bd. I, S. 944 f. Siehe zu den britischen Diskussionen über diesen Vorschlag Woodward, British Foreign Policy, Bd. V, S. 429.

263 Das Memorandum ist abgedruckt in: The Potsdam Conference, Bd. II, S. 1141-1149.

264 Zu diesem Treffen Aufzeichnungen in: The Potsdam Conference, Bd. II, S. 472 f.

Stettin vorbei an die Oder, und danach entlang der Oder bis zu deren Zusammenfluß mit der östlichen Neiße, und entlang der östlichen Neiße bis zur tschechoslowakischen Grenze [...]" verlaufen sollte.[265] Molotow wandte auf diesen Vorschlag ein, daß er nicht das Gebiet zwischen der östlichen und westlichen Neiße einschließe. Die Polen seien jedoch sehr hartnäckig, dieses Gebiet zu bekommen. Molotow wies an dieser Stelle auf die Unterstützung dieses Wunsches durch den prowestlichen Mikołajczyk hin. Byrnes versuchte daraufhin, Molotow auf die Friedenskonferenz zu verweisen, bei der die Grenzen festgelegt würden und bei der Polen dieses Gebiet bekommen könne, wenn die Friedenskonferenz dies entscheide. Byrnes wies dann noch einmal auf die Frage der Besatzungszonen hin, daß zwar vier Besatzungszonen beschlossen worden seien, es in Wirklichkeit aber fünf seien, was einfach vollzogen worden sei, ohne sich mit den Regierungen der westlichen Alliierten zu beraten oder deren Zustimmung einzuholen. Molotow versuchte mit dem schon früher vorgebrachten Argument zu beschwichtigen, daß es eben eine Verwaltung in den Oder-Neiße-Gebieten habe geben müssen, da alle Deutschen geflohen seien. Truman warf daraufhin ein, daß er angenommen habe, daß der Grenzvorschlag für die sowjetische Delegation annehmbar sei, zumal er nach seiner Meinung eine sehr große Konzession darstelle. Er gab seiner Hoffnung Ausdruck, daß Molotow ihn Stalin unterbreiten werde. Dies versprach Molotow, sagte aber zugleich, daß Stalin sehr hartnäckig sei, die fragliche Region unter polnische Verwaltung zu stellen.

Am Nachmittag des 29. Juli trafen sich Attlee und Bevin mit der polnischen Delegation, die erneut die Gelegenheit benutzte, ihre Argumente darzulegen, während Bevin dabei blieb, daß Großbritannien lediglich die östliche Neiße als Grenze akzeptieren könne.[266]

Am Abend des 29. Juli wurde der polnische Staatspräsident Bierut von Stalin zu sich eingeladen, der den neuen amerikanischen Vorschlag für die polnische Grenze inzwischen zur Kenntnis genommen hatte. Stalin teilte Bierut dann mit, daß die Amerikaner einen Grenzvorschlag vorgelegt hätten, der auf der Glatzer Neiße und der Oder-Linie

[265] Dieser Vorschlag vom 29.7.1945 ist abgedruckt in: The Potsdam Conference, Bd. II, S. 1150. Siehe auch Truman, Memoiren, Bd. 1, S. 407.

[266] DBPO, Series I, Bd. I, S. 976 ff.

KARTE 6: Die deutsch-polnische Grenze auf der Konferenz von Potsdam

einschließlich Stettins beruhe. Stalin fragte, ob in Anbetracht dessen, daß die Amerikaner Konzessionen gemacht hätten, die polnische Seite nicht ebenfalls gewissen Konzessionen zustimmen könne, zum Beispiel der Linie der Queis anstelle der Lausitzer Neiße (siehe Karte 6). Nach Beratungen mit Experten wurde von der polnischen Delegation beschlossen, daß sie eine Konzession machen könne, nicht jedoch für die Linie der Glatzer Neiße, sondern höchstens für die Linie der Wasserscheide zwischen Queis und Lausitzer Neiße.[267]

Am späten Nachmittag des 30. Juli teilte kurz vor dem Beginn des 10. Außenministertreffens Byrnes, der über die mögliche polnische „Kompromißbereitschaft“ offensichtlich nicht informiert war, ohne Absprache mit der britischen Delegation[268] dem sowjetischen Außenminister mit, daß die US-Delegation bezüglich der polnischen Westgrenze bereit sei, als Konzession den sowjetischen Wunsch zu akzeptieren. Byrnes übergab Molotow ein revidiertes Papier, das als Formulierung eine den sowjetisch-polnischen Wünschen entsprechende Linie, „[...] die von der Ostsee durch Swinemünde, westlich von Stettin vorbei an die Oder, und danach entlang der Oder bis zu deren Zusammenfluß mit der westlichen Neiße, und entlang der westlichen Neiße zur tschechoslowakischen Grenze [...]“ verläuft, vorschlug.[269] Byrnes betonte, daß dieser Vorschlag die polnische Verwaltung auf das Gebiet zwischen westlicher und östlicher Neiße ausdehnen würde, worüber Molotow Genugtuung äußerte.[270] Möglicherweise ist diese konzessionsbereite Haltung der US-Delegation durch zuvor am gleichen Tag erfolgte erfolgreiche Verhandlungen mit Teilen der polnischen Delegation entstanden, in denen Mitgliedern der US-Delegation

---

267 Nach einer Tagebucheintragung Mikołajczyks, abgedruckt in: The Potsdam Conference, Bd. II, S. 1539; Vierheller, Polen und die Deutschlandfrage, S. 122.

268 Woodward, British Foreign Policy, Bd.V, S. 433 f. Die britische Delegation hatte die Absicht durchzusetzen, daß Konzessionen in der Grenzfrage nur nach der Zustimmung zu Lieferungen von Kohle und Nahrungsmitteln aus den Oder-Neiße-Gebieten in die westl. Besatzungszonen und erst nach freien Wahlen gewährt werden sollten. Siehe Woodward, British Foreign Policy, Bd. V, S. 434. Vgl. eine Empfehlung vom 27.7., abgedruckt in DBPO, Series I, Bd. I, S. 940 ff., und einen politischen Forderungskatalog vom 31.7. an die polnische Regierung, abgedr. in: DBPO, Series I, Bd. I, S. 1046 ff, S. 1054 f.

269 Dieser US-Vorschlag vom 30.7.1945 ist abgedruckt in: The Potsdam Conference, Bd. II, S. 1150 f. Er wurde auch der britischen Delegation übergeben. Vgl. a. a. O., S. 485.

270 Dieses Gespräch ist dokumentiert in: The Potsdam Conference, Bd. II, S. 480.

polnische, d. h. schlesische Kohlelieferungen für den amerikanischen Sektor Berlins zugesagt wurden.[271]

Auf dem 10. Außenministertreffen am 30. Juli,[272] das unmittelbar nach dem Gespräch zwischen Byrnes und Molotow stattfand, legte Byrnes dann einen drei inhaltliche Komponenten umfassenden Vorschlag als Paket vor. Der Vorschlag beinhaltete 1. ein Angebot zur Reparationsfrage, das zum Ziel hatte, die Reparationsforderungen der Sowjetunion herunterzuschrauben,[273] 2. die Absicht, Italien den Zugang zu den Vereinten Nationen und Friedensverträge mit den ehemaligen Feindstaaten Finnland, Rumänien, Bulgarien und Ungarn zu ermöglichen[274] sowie 3. die Konzession, die polnische Verwaltung bis zur Oder-Neiße-Linie einschließlich Stettin bis zur endgültigen Regelung der Grenzfrage zu dulden.[275] Byrnes betonte, daß dieser Vorschlag ein Opfer hinsichtlich der Ansichten bedeute, die die US-Delegation bisher in der Grenzfrage ausgedrückt habe. Dies sei jedoch in einem Geist des Kompromisses geschehen, und er gab seiner Hoffnung Ausdruck, daß über die drei Vorschläge Einigkeit erreicht werden könne. Sollte dies nicht der Fall sein, so wolle er den „Großen Drei" Bericht erstatten, und diese könnten dann entscheiden, ob sie weiter diskutieren oder die Sache einer künftigen Konferenz überlassen wollten. Auf einer Regelung dieser Fragen fuße jedoch die Regelung verschiedener anderer Dinge, so betreffend die wirtschaftliche Behandlung Deutschlands. Im Verlauf der weiteren Diskussion wiederholte Byrnes, daß die USA in der Grenzfrage eine große Konzession gemacht hätten, nun sollten die Sowjets in der Reparationsfrage konzessionsbereit sein. In jedem Fall wollte Byrnes seine drei Vorschläge

---

[271] Von diesen Verhandlungen wurden keine amerikanischen Aufzeichnungen angefertigt (The Potsdam Conference, Bd. II, S. 480.). Der Inhalt der Verhandlungen geht aus Tagebuchaufzeichnungen Mikołajczyks hervor: a. a. O., S. 1392.

[272] Von den Diskussionen auf dem 10. Außenministertreffen die Aufzeichnungen in: The Potsdam Conference, S. 484-498.

[273] Zu dem US-Vorschlag vom 30.7. über die Reparationsleistungen für die Sowjetunion aus den Westzonen: The Potsdam Conference, S. 921 u. S. 926 f. Die USA waren nach diesem Vorschlag bereit, der UdSSR 25 % des Industriepotentials des Ruhrgebietes gegen Gegenleistungen an Lebensmitteln, Brenn- und Rohstoffen und 15 % des Industriepotentials der Ruhr ohne Gegenleistung zu überlassen. Die sowjetischen Forderungen betrugen zu diesem Zeitpunkt 25 % des Industriepotentials aller Westzonen mit und 25 % ohne Gegenleistung (a. a. O., S. 489.).

[274] The Potsdam Conference, Bd. II, S. 629 f.

[275] The Potsdam Conference, Bd. II, S. 1150.

gemeinsam verhandelt wissen, was heißen sollte, daß in allen ein Konsens erreicht werden müsse, nicht nur in der Grenzfrage.

Die letzte große Diskussion über die deutsch-polnische Grenze im Rahmen der Konferenz von Potsdam fand dann in der 11. Plenarsitzung am Nachmittag des 31. Juli 1945 statt.[276] Stalin unterstrich zu Beginn, daß für ihn die von Byrnes verknüpften drei Fragen nicht zusammengehörten. In der folgenden Diskussion über die Reparationen versuchte Byrnes, den Zusammenhang zwischen den polnischen Gebietsforderungen und den Möglichkeiten deutscher Reparationsleistungen zu verdeutlichen. Schließlich erreichten die Drei Mächte als Voraussetzung für Byrnes' Paketlösung eine Übereinstimmung in der Frage der Reparationsleistungen für die Sowjetunion aus den Westzonen,[277] und man wandte sich wieder dem Grenzproblem zu. Byrnes erinnerte zunächst an den US-Vorschlag vom 30. Juli und gab der Hoffnung Ausdruck, daß die UdSSR und Großbritannien diesem Vorschlag zustimmen würden. Auf die Bitte des neuen britischen Außenministers Bevin verlas er nochmals den Vorschlag, wies aber ausdrücklich darauf hin, daß Polen in den Oder-Neiße-Gebieten nur die „vorläufige Verwaltung"[278] bekommen sollte. Bevin wollte eine Präzisierung hören, was der US-Vorschlag bedeute. Er stellte einige rhetorische Fragen betreffend die Oder-Neiße-Gebiete sowie das künftige politische System in Polen. Er habe sich in Gesprächen versichert, daß in Polen alsbald freie Wahlen abgehalten sowie eine freie Presse ermöglicht würden.[279] Er verstünde den US-Vorschlag so, daß die Oder-Neiße-Gebiete zwar unter polnische Verwaltung gestellt würden, aber dennoch unter der militärischen Kontrolle der Alliierten blieben. Hierauf lege er Wert. Truman bestätigte hierauf, daß bis zu einem Friedensvertrag in den betreffenden Gebieten nur eine polnische Ver-

---

276 Zu dieser Diskussion Aufzeichnungen in: The Potsdam Conference, Bd. II, S. 512 ff., S. 518 ff., S. 533 f., S. 539, DBPO, Series I, Bd. I, S. 1078, sowie das sowj. Protokoll in: Fischer, Teheran, Jalta, Potsdam, S. 347 ff.

277 Man einigte sich darauf, der UdSSR aus allen Westzonen 15 % des Industriepotentials mit und 10 % ohne Gegenleistungen der Sowjetunion in Nahrungsmitteln und Brennstoffen zuzugestehen, was vor allem Großbritannien, in dessen Zone das Ruhrgebiet lag, entgegenkam. Vgl. hierzu The Potsdam Conference, Bd. II, S. 1485 f.

278 „[...] provisional administration [...]". The Potsdam Conference, Bd. II, S. 533.

279 Zu den Gesprächen Bevins: DBPO, Series I, Bd. I, S. 1058 ff., S. 1065 ff., und Woodward, British Foreign Policy, Bd. V, S. 430, S. 434 ff.

waltung stattfinde. Auf den Einwand Stalins, daß man im Fall Polens eine Gebietsübertragung vornehmen könne, da dieses ein Staat ohne Westgrenze wäre, was einmalig in der Welt sei, stellte Bevin klar, daß sich die Zuständigkeit des Kontrollrates über ganz Deutschland in den Grenzen von 1937 erstrecken sollte.

Byrnes faßte schließlich die Beweggründe der Westmächte für die vorläufige Zustimmung zur Oder-Neiße-Linie und deren Ansicht über diese Problematik nochmals zusammen: Alle Konferenzteilnehmer seien sich einig, daß Gebietsabtrennungen (von Deutschland) eine Sache der Friedenskonferenz seien. Man hätte jedoch vor der Tatsache gestanden, daß Polen mit Einverständnis der Sowjetunion einen großen Teil dieses Gebietes verwalte. In Anbetracht dessen hätten die Drei Mächte der *vorläufigen Verwaltung*[280] dieser Gebiete zugestimmt, damit es hierüber keinen Streit mehr zwischen den Mächten gebe. Er fügte hinzu, daß es nicht notwendig sei, daß Polen einen Vertreter im Kontrollrat habe. Bevin erklärte auf diese Präzisierung, daß er keine Einwände habe, „wenn wir alle verstehen, worum es geht".[281] An dieser Stelle wurden sich die Drei Mächte auf dieser Basis in der polnischen Frage einig. Stalin versicherte sich am Schluß der Diskussion noch, ob Stettin im polnischen Gebiet liege, was Bevin bejahte.[282] Zum Schluß kamen die „Großen Drei" überein, die polnische Regierung von den Ergebnissen in der Grenzfrage offiziell zu unterrichten.

Eine Präzisierung des Verlaufes der Demarkationslinie erfolgte dann noch in der 13. Plenarsitzung am späten Abend des 1. August.[283] Molotow schlug für die Formulierung des Abschlußprotokolls vor, daß die Grenzlinie nicht, wie es im amerikanischen Vorschlag geheißen hatte, durch, sondern westlich von Swinemünde verlaufen solle. Auf die Frage Trumans, wie weit westlich, zeigte Molotow auf eine Karte, und Stalin schlug die Worte „unmittelbar westlich" vor, was Truman und Attlee akzeptierten.

---

280 (Hervorhebung durch den Verfasser) „[...] administration in the interim [...]". The Potsdam Conference, Bd. II, S. 519. Im sowjetischen Protokoll abweichend nur „Verwaltung". Siehe Fischer, Teheran, Jalta, Potsdam, S. 348.

281 Zitiert nach Fischer, Teheran, Jalta, Potsdam, S. 348.

282 The Potsdam Conference, Bd. II, S. 534, S. 539.

283 The Potsdam Conference, Bd. II, S. 587 f., S. 592, S. 597.

1.6.2 Zusammenfassung der Argumentation der Delegationen

Die Argumentationslinien der amerikanischen, britischen und sowjetischen/polnischen Delegationen in Potsdam zum Thema „polnische Westgrenze“ lassen sich wie folgt kurz zusammenfassen:

Die amerikanische Delegation argumentierte vor allem deshalb gegen die Oder-Neiße-Linie, da sie sich vor ein sowjetisch-polnisches Fait accompli gestellt sah, das sie nicht ohne weiteres hinnehmen wollte. Die Delegation, insbesondere Präsident Truman, berief sich in ihrer Argumentation immer wieder auf die Tatsache, daß eindeutige Abmachungen über den Umfang der Besatzungszonen bestünden und daß die endgültige Regelung der Grenzfrage bis zur Friedenskonferenz zu warten habe. Eine Verkleinerung Deutschlands hätte automatisch auch Folgen für das Reparationsproblem und für die Versorgung der westlichen Besatzungszonen mit Brennstoffen und Nahrungsmitteln, wofür auch die Oder-Neiße-Gebiete heranzuziehen seien. Für den Fall einer Klärung dieser Probleme kündigte die US-Delegation schon früh Kompromißbereitschaft in der Grenzfrage an. Grundsätzliche historische und ethnische Argumente, wie sie in den „Briefing-Book-Papers“ des US-Außenministeriums vorgebracht wurden, spielten in der Argumentation der US-Delegation keine Rolle. Versuche, auf die sowjetische Delegation Druck in der Reparationsfrage auszuüben, um territoriale Konzessionen zu erhalten, mißlangen oder wurden im Falle der polnischen bzw. stalinschen Minimalkonzession vom 29. Juli nicht bekannt. Schließlich stimmte die US-Delegation der polnisch-sowjetischen Forderung nach der Oder-Neiße-Linie mit Stettin und Swinemünde, wenn auch widerwillig, in einem Handel zu, da sie offensichtlich zur Erkenntnis gekommen war, daß das sowjetisch-polnische Fait accompli nicht mehr zu ändern war und daß ein Streit mit der Sowjetunion hierüber andere Interessen der USA, so in der Reparationsfrage und in der weiteren Kriegsführung, gefährden könnte. Es kann sein, daß die US-Delegation wirklich davon überzeugt war, daß die von ihr und der britischen Delegation durchgesetzte, nur juristisch relevante Formel von der „vorläufigen Verwaltung“ einen Gestaltungs- und Handlungsspielraum für künftige Optionen in der Grenzfrage offenließ.

Die britische Delegation argumentierte vor allem aus zwei Gründen gegen die Oder-Neiße-Linie: Erstens seien diese Gebiete von acht bis zehn Millionen Deutschen bewohnt, die nicht Polen übergeben werden könnten. Wenn diese andererseits vertrieben würden, würden sie eine enorme Last für die Besatzungsmächte im Rest Deutschlands darstellen. Zweitens legten die Briten großen Wert darauf, deutlich zu machen, welche Schwierigkeiten auf die Besatzungsmächte zukommen würden, wenn die wichtigen Nahrungs- und Brennstoffversorgungsgebiete östlich der Oder-Neiße-Linie nicht mehr zur Verfügung stünden, den Rest Deutschlands, vor allem Berlin und das Ruhrgebiet (britische Zone), zu versorgen. Im Gegensatz zur US-Delegation wollte Churchill die deutsch-polnische Grenzfrage in Potsdam dennoch substantiell entschieden wissen. Für die Briten spielte in ihrer Argumentation und für ihre spätere Zustimmung die Frage nach freien Wahlen in Polen eine besondere Rolle. Am Ende der Konferenz stimmten die Briten trotz des provisorischen Charakters der Bestimmungen des Abschlußprotokolls nur mit großem Widerwillen der Oder-Neiße-Linie zu. Die britische Delegation machte ihre Zustimmung allerdings von einer Zusicherung künftiger demokratischer Verhältnisse in Polen abhängig, da sie nach wie vor an einem unabhängigen und demokratischen Polen interessiert war. Bei der westlichen Zustimmung zur Oder-Neiße-Linie spielte möglicherweise auch der Gedanke eine Rolle, durch die Zustimmung Einfluß auf den weiteren Gang der Dinge in Polen zu bekommen, da eine Ablehnung der polnischen Forderungen dieses noch enger an die Sowjetunion gebunden hätte. Es muß dahingestellt bleiben, ob die britische Delegation der westlichen Neiße auch zugestimmt hätte, wenn in der Mitte der Konferenz nicht der Regierungswechsel Churchill/Attlee stattgefunden hätte.

Es existieren Hinweise darauf, daß Mikołajczyk, der das besondere Vertrauen Churchills und Trumans genoß und der sich sehr für die Oder-Neiße-Linie eingesetzt hatte, einen gewissen Einfluß auf die Westmächte ausüben konnte.[284] Die Westmächte wollten wohl Mikołajczyk, der der einzige herausragende prowestliche Vertreter der

---

[284] Mikołajczyk, The pattern of Soviet domination, S. 154 ff. Siehe auch Feis, Zwischen Krieg und Frieden, S. 197.

neuen „Polnischen Regierung der Nationalen Einheit" war, in seiner Position stärken bzw. ihn nicht desavouieren.[285]

Die sowjetische Delegation unterstützte das polnische Ziel, die östlich der Oder-Neiße-Linie bereits in Besitz genommenen deutschen Gebiete einschließlich Stettin und Swinemünde auch formal für Polen zu sichern, von Anfang an und die ganze Konferenz hindurch. Die sowjetisch-polnische Konzessionsbereitschaft hinsichtlich der westalliierten Grenzvorstellungen ging nur bis zur Linie von Bober und Queis und war somit minimal (Bober und Queis fließen rund 30 km östlich der Lausitzer Neiße). Die sowjetischen Argumente basierten vor allem auf der Unwahrheit, daß alle Deutschen aus den Oder-Neiße-Gebieten geflohen seien, daß nur Polen zurückgeblieben seien und daß den Sowjets nichts anderes übrig geblieben sei, als die Zivilverwaltung dieser Gebiete an Polen zu übertragen. Mit der Tatsache konfrontiert, daß hierdurch ein großer Teil Deutschlands dem Diktionsbereich des Alliierten Kontrollrats entzogen worden sei, was Auswirkungen auf die Reparationsfrage und die Versorgung des übrigen Deutschland habe, wodurch die Sowjetunion im Grunde einen Vertragsbruch beging, ging die sowjetische Delegation nicht ernsthaft ein. Sie behauptete nur immer wieder, daß in den betreffenden Gebieten keine Deutschen mehr seien, daß die Polen nun dort die Arbeit verrichteten und daß nicht erwartet werden könne, daß Polen nun für deutsche Reparationen arbeiten sollten. Während die polnische Delegation bei verschiedenen Gelegenheiten völlig andere Gründe für ihre Forderungen vorbrachte, deren Einfluß auf die Westmächte nicht ganz sicher beurteilt werden kann, begrenzte sich Stalin in seiner geschickten Argumentation fast ausschließlich auf die angebliche Tatsache, mit einer praktischen Situation konfrontiert zu sein, die für die Westmächte ohnehin keine andere Lösung lasse, als das Fait accompli zu akzeptieren.

1.6.3 Die Ergebnisse der Potsdamer Konferenz

Bis zum Ende der Verhandlungen der Potsdamer Konferenz stimmten die Siegermächte des Zweiten Weltkriegs darin überein, daß die Ent-

[285] Vierheller, Polen und die Deutschlandfrage, S. 197.

scheidung über die künftige deutsch-polnische Grenze juristisch zurückgestellt und erst auf einer Friedenskonferenz endgültig geregelt werden sollte.[286] Substantiell war man sich jedoch schon einig, daß bis zur endgültigen Regelung die Sowjetunion Nordostpreußen mit Königsberg erhalten solle. Polen solle das von ihm bereits in Besitz genommene Gebiet jenseits der Oder und Lausitzer Neiße, einschließlich Stettin und Swinemünde, vorläufig zur Verwaltung bis zur Friedenskonferenz behalten, wobei der endgültige Verbleib des Gebiets westlich der Oder zwischen Lausitzer und Glatzer Neiße wegen des Ausmaßes der Massenvertreibung für die Westmächte wohl noch umstritten war.

Somit ist im deutsch-polnischen Territorialproblem keine endgültige Einigung erzielt worden. Vielmehr wurde eine dilatorische Entscheidung getroffen, die lediglich einen bereits bestehenden Zustand rechtlich definierte. Für die Zwecke der Sowjetunion und Polens besiegelte Potsdam allerdings den diplomatischen Erfolg von Jalta.

Am 2. August 1945 wurde von der Konferenz in zwei Fassungen ein Abschlußprotokoll (Abschlußbericht) veröffentlicht, das oft nicht korrekt „Potsdamer Abkommen“ oder sogar „Potsdamer Vertrag“ genannt wird.[287] In englischer Sprache ist das Abschlußprotokoll als „Report on the Tripartite Conference of Berlin“ betitelt. Zu den mit der deutsch-polnischen Grenze in Zusammenhang stehenden Fragen wurde dort folgendes festgehalten:

IX Polen

Die Konferenz hat die Fragen, die sich auf die Polnische Provisorische Regierung der Nationalen Einheit und auf die Westgrenze Polens beziehen, der Betrachtung unterzogen.

[...]

b) Bezüglich der Westgrenze Polens wurde folgende Übereinkunft erzielt:

---

286 The Potsdam Conference, Bd. II, S. 209 f., S. 217, S. 249, S. 262, S. 384, S. 389, S. 519 f., S. 1138.

287 Abgedruckt u. a. in: Amtsblatt des Kontrollrats in Deutschland, Ergänzungsblatt Nr. I, S. 13 ff.; The Potsdam Conference, Bd. II, S. 1478 ff. Die Frage der deutsch-polnischen Grenze hier S. 1491 ff.; Münch, Dokumente des geteilten Deutschland, S. 32-43.

[...]
Die Häupter der drei Regierungen bekräftigen ihre Auffassung, daß die endgültige Festlegung der Westgrenze Polens bis zu der Friedenskonferenz zurückgestellt werden soll.

Die Häupter der drei Regierungen stimmen darin überein, daß bis zur endgültigen Festlegung der Westgrenze Polens die früher deutschen Gebiete östlich der Linie, die von der Ostsee unmittelbar westlich von Swinemünde und von dort die Oder entlang bis zur Einmündung der westlichen Neiße und die westliche Neiße entlang bis zur tschechoslowakischen Grenze verläuft, einschließlich des Teiles Ostpreußens, der nicht unter die Verwaltung der Union der Sozialistischen Sowjetrepubliken in Übereinstimmung mit den auf dieser Konferenz erzielten Vereinbarungen gestellt wird,[288] *und einschließlich des Gebietes der früheren Freien Stadt Danzig unter die Verwaltung des polnischen Staates kommen und in dieser Hinsicht nicht als Teil der sowjetischen Besatzungszone in Deutschland betrachtet werden sollen.*"

1.6.4 Das Potsdamer Protokoll und Stettin

Unklar blieb das Potsdamer Protokoll, was den Grenzverlauf im Norden betrifft. Die Siegermächte waren sich zwar am Ende der Potsdamer Konferenz einig, daß Stettin gemäß den polnischen Forderungen zunächst polnisch verwaltet werden sollte.[289] In einer Karte, die anläßlich eines während der Potsdamer Konferenz am 26. Juli 1945 abgeschlossenen Abkommens über Ergänzungen zum Protokoll vom 12. September 1944 über die Besatzungszonen in Deutschland (Londoner Protokoll) angefertigt wurde, ist sogar schon in etwa die heute bestehende deutsch-polnische Grenze bei Stettin in drei Varianten eingetragen.[290] Auch der in der 11. Plenarsitzung am 31. Juli genehmigte Formulierungsvorschlag der US-Delegation vom 30. Juli erwähnte Stettin („[...] östlich einer Linie, die von der Ostsee durch Swinemünde, westlich von Stettin vorbei an die Oder, [...]").[291] Dennoch tauchte

---

288 Art. VI Potsdamer Protokoll „Stadt Königsberg und das anliegende Gebiet".

289 The Potsdam Conference, Bd. II, S. 534, S. 539; DBPO, Series I, Bd. I, S. 1048.

290 Hierzu eine Faksimile-Abbildung bei Ipsen, Diskrepanz zwischen der Grenzklausel des Warschauer Vertrages und dem faktischen Grenzverlauf, S. 82.

291 Zitiert nach The Potsdam Conference, Bd. II, S. 1150 f.

KARTE 7: Die Oder-Neiße-Linie bei Stettin

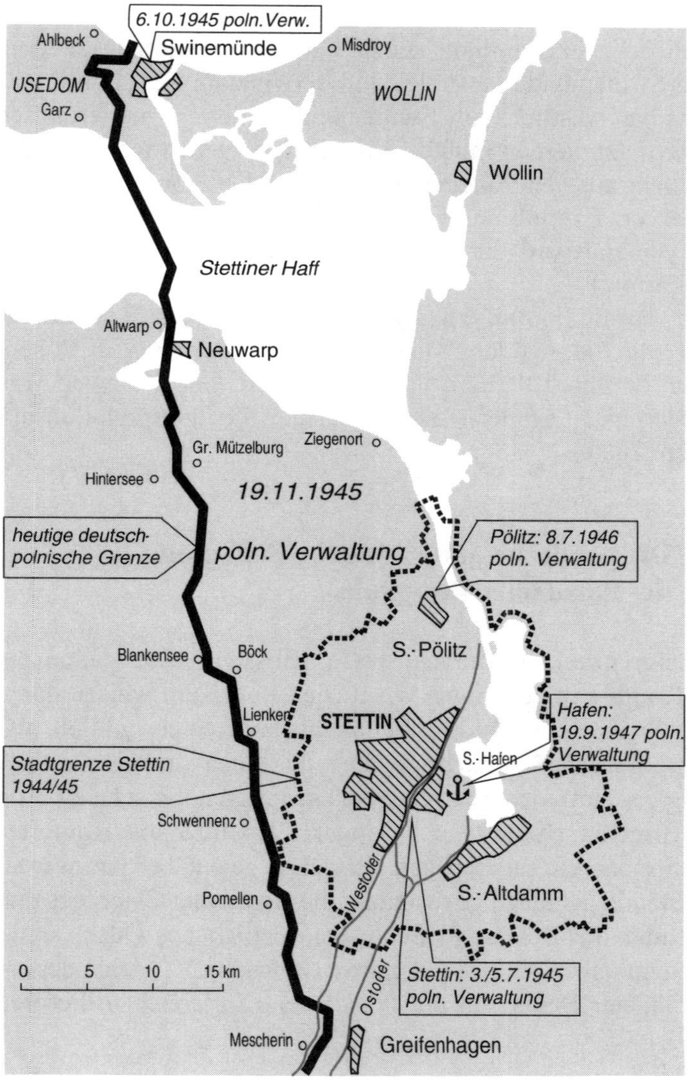

der Name Stettin im Potsdamer Protokoll kurioserweise nicht auf. Stettin wurde im Abschlußprotokoll jedoch wahrscheinlich nur aus Nachlässigkeit nicht erwähnt.[292] Möglicherweise wurde die Nennung der Stadt vergessen, als nach der am 1. August von Molotow beantragten und von der Versammlung genehmigten Formulierungsänderung betreffend Swinemünde (anstelle „durch Swinemünde" die Formulierung „unmittelbar westlich von Swinemünde") der Formulierungsentwurf neu aufgesetzt werden mußte. Wie „Stettin" genau territorial definiert wurde, geht aus den Aufzeichnungen von den Konferenzen allerdings nicht hervor. Es muß angenommen werden, daß der ganze Stadtkreis Stettin gemeint war, der ein beträchtliches Hinterland mit einschloß (siehe Karte 7).

Auch war die Formulierung im Potsdamer Protokoll unklar, was den Verlauf „die Oder entlang" betrifft, da die Oder etwa ab Hohensaaten in einem breiten Tal fließt, in dem sich die Oder in zwei Arme teilt (Westoder und Ostoder), eine Tatsache, die Interpretationsmöglichkeiten eröffnete.

1.6.5 Die politische und rechtliche Bedeutung des Potsdamer Protokolls

Die Konferenzaufzeichnungen sowie Selbstzeugnisse von an der Potsdamer Konferenz beteiligten westlichen Politikern weisen darauf hin, daß den Westmächten in Potsdam nichts anderes übrig blieb, als in der deutsch-polnischen Grenzfrage die von Polen und der Sowjetunion einseitig geschaffenen Tatsachen zu akzeptieren. So schrieb Truman in einem Brief an Byrnes am 5. Januar 1946 über die Konferenz: „In Potsdam sahen wir uns fertigen Tatsachen gegenüber und waren durch die Umstände geradezu gezwungen, die Besetzung Ostpolens durch die Russen und die Besetzung Schlesiens östlich der Oder (sic!) durch Polen gutzuheißen. Es war ein glatter Gewaltakt."[293] Auch der britische Außenminister Bevin sah die Potsdamer Konferenz in diesem Licht:

[292] Ipsen, Diskrepanz zwischen der Grenzklausel des Warschauer Vertrages und dem faktischen Grenzverlauf, S. 80 ff. Zur Nichterwähnung Stettins auch: Fischer, Teheran, Jalta, Potsdam, S. 379; The Potsdam Conference, Bd. II, S. 587 f., S. 597.

[293] Zitiert nach Truman, Memoiren, Bd. I, S. 600.

Die Umstände hätten keine andere Wahl gelassen, als der Oder-Neiße-Linie zuzustimmen, obwohl dies der Atlantik-Charta von 1941 widersprochen habe.[294] Die Ausweitung und Brutalisierung des Krieges, aber auch und gerade der Expansionswille Stalins und seiner Vasallen führte dazu, daß die Ideale der Atlantik-Charta in Stalins Machtbereich in keiner Weise angewandt wurden. Es soll an dieser Stelle hervorgehoben werden, daß neben Deutschland auch einige andere Staaten, so Rumänien und Finnland, nicht in den Genuß der Prinzipien der Atlantik-Charta kamen, ganz zu schweigen von den baltischen Staaten Estland, Lettland und Litauen. Was seine Gebietsgewinne betraf, war Stalin gegenüber seinem früheren Verbündeten Hitler (Hitler-Stalin-Pakt 1939–41) auch 1945 und danach noch bemerkenswert vertragstreu.

In Zusammenhang mit Artikel XIII des Potsdamer Protokolls, das die „ordnungsgemäße Überführung deutscher Bevölkerungsteile", die in Polen, der Tschechoslowakei und Ungarn „zurückgeblieben" waren, gestattete, könnte angenommen werden, daß die Westmächte sich in Potsdam mit der „provisorischen" Grenzregelung auch in Anbetracht einer zukünftigen Friedenskonferenz weitgehend identifiziert hatten. Obwohl aus dem Potsdamer Protokoll nicht eindeutig hervorgeht, ob mit „Polen" auch die unter polnischer Verwaltung stehenden „früheren" Ostgebiete des Deutschen Reiches gemeint waren, fuhren schließlich mit westalliierter Billigung auf der Grundlage des Potsdamer Protokolls Polen und die Sowjetunion fort, in Ostdeutschland durch die Vertreibung der deutschen Bevölkerung und durch die volle Eingliederung der Ostgebiete des Deutschen Reiches in ihr jeweiliges Staatsgebiet vollendete Tatsachen zu schaffen, obwohl Artikel XIII des Potsdamer Protokolls Polen ersuchte, die Vertreibung bis zum Abschluß einer Untersuchung von Vertretern der Siegermächte einzustellen, eine Aufforderung, die jedoch weitgehend wirkungslos blieb.[295]

---

[294] Erklärung Bevins vor dem britischen Unterhaus am 25.7.1946. Abgedruckt in: Deutsches Büro für Friedensfragen, Ausländische Dokumente zur Oder-Neiße-Linie, S. 159.

[295] Berichte des Foreign Office an Attlee vom 13.9.1945 und 17.10.1945, in: DBPO, Series I, Bd. V, S. 122 ff. und a. a. O., Bd. VI, S. 145 ff.

Die Billigung der Übernahme der Oder-Neiße-Gebiete durch Polen und der damit verbundenen Vertreibung der deutschen Bevölkerung durch die Westalliierten auf der Potsdamer Konferenz fand in der Presse der westlichen Länder zum Teil eine vernichtende Beurteilung. Am prägnantesten wurde hierzu geurteilt: „Am Ende eines gewaltigen Krieges, der geführt wurde, um den Hitlerismus zu besiegen, schließen die Alliierten einen Hitlerschen Frieden. Das ist der eigentliche Maßstab ihres Versagens."[296]

Selbst wenn in Potsdam langfristige Betrachtungsweisen, etwa solche, wie sie in den US-Vorbereitungspapieren hinsichtlich der Stabilität eines künftigen Friedens und hinsichtlich der Gerechtigkeit vorgedacht worden waren, Grundlage der Verhandlungen der Westalliierten gewesen wären: Blieb jedoch überhaupt eine andere Lösung, als auf die östlichen Forderungen einzugehen und juristisch wie praktisch das Beste daraus zu machen, wenn man eine ernste politische oder gar militärische Konfrontation mit dem (noch) Alliierten Stalin vermeiden wollte – und das ausgerechnet zugunsten des gerade besiegten Feindes?

Die Schwäche des „Westens" in Potsdam ging letztlich auf sein durch kurzfristige Denkweisen verursachtes Versagen in Jalta zurück. In Jalta hätten die Grenzen schon gesetzt werden müssen, in Potsdam blieb nur noch die Akzeptanz des durch Jalta ermöglichten Fait accompli. Ermöglicht wurde das Versagen insbesondere der USA durch die ideologischen Schranken, die sich die amerikanische Linke mit Präsident Roosevelt an der Spitze in ihrem Kreuzzug gegen „Nazi-Deutschland", das unbedingt einer Bestrafung zugeführt werden sollte, selbst setzte. Zwischen der verantwortlichen deutschen Regierung, dem NS-Regime, und der normalen deutschen Bevölkerung wurde bei der „Strafexpedition" kaum ein Unterschied gemacht. Die Tatsache, daß es einen deutschen prowestlichen Widerstand gegen das NS-Regime gab, mit dem die Westmächte zum eigenen Vorteil hätten zusammenarbeiten können (nicht zuletzt, um evtl. den Krieg zu verkürzen und Leben zu schonen bzw. zu retten), spielte während des Krieges

[296] „At the end of a mighty war fought to defeat Hitlerism, the Allies are making a Hitlerian peace. This is the real measure of their failure." The Economist vom 11.8.1945. Zitiert nach Rothfels, Frontiers, S. 67.

in der amerikanischen und britischen Politik offenbar keine Rolle. Man hielt an der 1943 in Casablanca erhobenen Forderung der „bedingungslosen Kapitulation“ unbeirrt fest. Die realpolitische Schule in den USA und in Großbritannien, die das deutsche Potential insgesamt gegen das bereits als größere Gefahr erkannte Vordringen des Kommunismus für wertvoll erachtete, gewann in der Deutschlandpolitik der Westmächte erst nach 1945 die Oberhand. Churchills bekannte, angesichts des Vordringens des Kommunismus unter Stalin nach dem Zweiten Weltkrieg geäußerte Erkenntnis, man habe das „falsche Schwein geschlachtet“, kam für Ostmittel- und Südosteuropa zu spät. Ein gewisser Pragmatismus bzw. Fatalismus Roosevelts und wohl auch Trumans, daß Stalin ohnehin der Hegemon Europas sein werde, mag mit dazu beigetragen haben, daß in der US-Deutschland- und Polenpolitik kurzfristige und auch naiv erscheinende Denkweisen in der Zeit der Kriegskonferenzen die Oberhand gewannen.[297]

Dementsprechend wurden die provisorischen Potsdamer Übereinkünfte im Ostblock als „Sieg des polnisch-sowjetischen Bündnisses“ bezeichnet. Es sei gelungen, „der deutschen Eroberungspolitik ein für alle mal ein Ende zu setzen“, indem „ein starkes Polen“ wiederhergestellt worden sei, „das den ‚Korridor‘ deutscher Expansion im Osten abgeriegelt hat“. Dies sei zusammen mit dem sowjetisch-polnischen Bündnis „der größte Sieg in der Geschichte des polnischen Volkes“ gewesen.[298]

1985 wurde in der exilpolnischen Zeitschrift „Kultura“ das eigentliche Interesse der Sowjetunion an der Oder-Neiße-Linie beim Namen genannt: „Polen hat die Westgebiete nicht in einem siegreichen Kampf erobert. Es hat sie bekommen – auf Kosten des geschlagenen Feindes – von dem siegreichen Feind, der sich in den Mantel des Bundesgenossen und Beschützers hüllt. Ziel dieser Operation war es, Polen für den früheren Raub seines eigenen Territoriums zu entschädigen und – was noch wichtiger ist – in den deutsch-polnischen Beziehungen ein unlösbares Problem zu schaffen, dessen einzig befugter Schiedsrichter die Sowjets bleiben sollten und es auch sind.“[299]

---

[297] Zu Roosevelts Fatalismus und der ideologischen Politik der US-Linken: Schwarz, Vom Reich zur Bundesrepublik, S. 47 f., S. 92 ff.; Kimball, Aus der Sicht Washingtons, S. 57 ff.; Graml, Die Alliierten und die Teilung Deutschlands, S. 22.

[298] Zitiert nach Kowalski, ZSRR a granica, S. 275 f.

[299] Zitiert nach Thurich, Schwierige Nachbarschaften, S. 153.

Bekanntlich fand nach der Potsdamer Konferenz nie eine Friedenskonferenz statt, die sich mit der „Deutschen Frage" und der Frage der deutschen Grenzen beschäftigt hat. Das „Potsdamer Protokoll" blieb somit für lange Zeit das einzige Dokument, das die rechtliche Stellung der deutschen Ostgebiete beschrieb.

Die Vereinbarungen des „Potsdamer Protokolls" waren hinsichtlich der Regelung der deutsch-polnischen Grenze juristisch jedoch nicht eindeutig. Sie enthielten zwar hinsichtlich der ostdeutschen Gebiete eine formell- und materiellrechtliche Rückstellungsklausel, den Friedensvertragsvorbehalt und den Verwaltungsvorbehalt. Der Übergang der Gebietshoheit (Souveränität) über die Oder-Neiße-Gebiete von Deutschland an Polen wurde somit ausdrücklich nicht festgestellt. Andererseits gibt es, wie schon angedeutet, kaum Zweifel daran, daß zum Zeitpunkt des Endes der Potsdamer Konferenz für die Konferenzteilnehmer die polnische Frage weitgehend erledigt war.[300] Die Teilnehmer der Potsdamer Konferenz gingen davon aus, daß die Friedenskonferenz alsbald stattfinden würde und daß dann die Konferenzergebnisse von Potsdam, eventuell mit einigen territorialen Korrekturen zugunsten Deutschlands, völkerrechtlich verbindlich verabschiedet werden würden. Die Oder-Neiße-Linie war als deutsch-polnische Grenze von den Siegermächten im „Potsdamer Protokoll" zugunsten und zulasten zweier Dritter zum Zeitpunkt der Verabschiedung faktisch akzeptiert worden, die endgültige völkerrechtlich wirksame Anerkennung einer möglicherweise noch modifizierten deutsch-polnischen Grenze sollte später in einem Friedensvertrag geleistet werden. Die völkerrechtliche Anerkennung fand jedoch seitens der Westmächte, da es schon im Laufe des Jahres 1945 aufgrund eines rapide wachsenden Interessengegensatzes zwischen diesen und der Sowjetunion zur Entstehung des „Kalten Krieges" kam und eine Friedenskonferenz über Deutschland dadurch verhindert wurde, bis 1990 nicht statt.

Naturgemäß spielte das „Potsdamer Protokoll" in den folgenden Jahrzehnten als letztes von den Siegermächten gemeinsam verabschiedetes Dokument zur deutsch-polnischen Grenzlinie in der rechtlichen Auseinandersetzung eine große Rolle. Die völkerrechtliche Beurteilung dieses Protokolls, das dann meist fälschlich als „Potsdamer Abkom-

[300] Siehe The Potsdam Conference, Bd. II, S. 520, S. 534; Fischer, Teheran, Jalta, Potsdam, S. 350.

men“ oder sogar als „Potsdamer Vertrag“ bezeichnet wurde, beinhaltete automatisch auch die völkerrechtliche Beurteilung der Oder-Neiße-Linie. Von der kommunistischen Völkerrechtslehre der früheren DDR, Polens und der Sowjetunion wurde das „Potsdamer Protokoll“ bald als völkerrechtlicher Vertrag angesehen, der vollgültige rechtliche Grundlage für einen nach dieser Lehre legalen Besitzerwerb der Oder-Neiße-Gebiete durch Polen gewesen sei.[301] Von Polen wird diese Ansicht auch heute noch ganz offiziell vertreten.[302] Die westliche völkerrechtliche Lehre, zu diesem Thema vertreten vor allem im früheren Westdeutschland, sprach dem „Potsdamer Protokoll“ als Regierungsvereinbarung unter Auslegung des zur Zeit der Potsdamer Konferenz gültigen Völkerrechts allerdings eine sehr geringe völkerrechtliche Bedeutung zu. Eine rechtliche Grundlage des polnischen Besitzerwerbs der deutschen Gebiete östlich von Oder und Lausitzer Neiße wurde und wird im „Potsdamer Protokoll“ in der deutschen und westlichen Völkerrechtslehre bis heute nicht gesehen.[303]

---

301 Siehe hierzu vor allem die Veröffentlichungen aus Polen von Ehrlich (1962), Janicki (1987, 1992), Klafkowski (1960), Kokot (1959), Lachs (1967), Skubiszewski (1985), Wiewiora (1964), aus der DDR von Kröger (1957), Meister (1955), Poeggel (1966) und aus der UdSSR von Šukov (1962). Eine ausführliche Übersicht über die völkerrechtliche Problematik des Potsdamer Abkommens und der Oder-Neiße-Linie aus westlicher und östlicher Sicht gab 1970 Krülle. Zur Auseinandersetzung mit der östl. Sicht im Westen siehe v. a. Bracht (1977), Hacker (1969), Lutter (1966), Strobel/Mahnke (1965) und Uschakow (1987).

302 Der polnische Sejmmarschall Marek Jurek etwa bezeichnete das Potsdamer Protokoll im Sommer 2006 in einem Interview mit der Frankfurter Allgemeinen Zeitung bewußt als „Potsdamer Vertrag“. Frankfurter Allgemeine Zeitung v. 28.8.2006, S.5.

303 Siehe hierzu u.a. die Veröffentlichungen von Abendroth (1952), Blumenwitz (1991), Faust (1969), Hacker (1968), Kimminich (1996) Klein, (F.)/Meissner (1977), Kraus (1959), Krülle (1970), Meissner (1985), Menzel (1959), Rabl (1958), Rauschning (1991), Verdross/Simma/Geiger (1980) und Zieger (1986).

1.7 Begründungen für die Oder-Neiße-Linie als Grenze

Es waren vor allem zwei Gründe, die auf den Kriegskonferenzen von den Befürwortern einer „Westverschiebung“ Polens ins Treffen geführt worden sind: Zunächst die Theorie, daß Polen für seine Verluste im Osten eine territoriale Kompensation auf Kosten Deutschlands erhalten müsse, dann zusätzlich die historische Begründung einer angeblichen „Rückkehr Polens in urpolnisches Gebiet“ im Westen.

Beide Theorien seien hier in knapper Form hinterfragt.

1.7.1 Die Kompensationstheorie

Die Kompensationstheorie ging davon aus, daß Polen für Gebietsverluste, die es im Osten zu tragen hatte, im Westen auf Kosten Deutschlands territorial entschädigt werden sollte. Diese besonders von Stalin und Churchill entwickelte Formel basierte auf taktisch-politischen Überlegungen, bei denen die realen wirtschaftlichen und ethnischen Verhältnisse sowie Bevölkerungszahl und -dichte in beiden Ländern allerdings keine Rolle spielten.

Im Osten verlor Polen östlich der Curzon-Linie ein Gebiet von ca. 178 000 Quadratkilometern (etwa 45,7 Prozent des polnischen Staatsgebietes von 1939) und gewann im Westen auf Kosten Deutschlands (mit Danzig) ca. 102 600 Quadratkilometer hinzu. Flächenmäßig hat Polen also mehr verloren als gewonnen.

Im Gegensatz zu den deutschen Ostgebieten waren die polnischen Ostgebiete jedoch wirtschaftlich und infrastrukturell wesentlich weniger entwickelt und damit unter ökonomischen Gesichtspunkten wesentlich weniger wertvoll. Polen hat mit der Oder-Neiße-Grenze somit wesentlich mehr als nur eine Kompensation für seine Verluste im Osten erhalten. Von Molotow und einer sowjetisch-polnischen Kommission wurde errechnet, daß die deutschen Ostgebiete zu Dollarpreisen von 1938 rund 9,8 Milliarden US-Dollar, die polnischen Ostgebiete dagegen nur 3,6 Milliarden US-Dollar wert gewesen seien.[304] Eine

[304] Uschakow, Das Potsdamer Abkommen in polnischer Sicht, S. 192 f.

westdeutsche Studie von 1949 veranschlagte den wirtschaftlichen Wert der deutschen Ostgebiete sogar neun- bis zehnmal höher als den der polnischen Ostgebiete.[305] Churchill war sich schon auf der Konferenz in Teheran im klaren darüber, daß die deutschen Ostprovinzen wirtschaftlich wesentlich mehr wert waren als die polnischen.[306] Polnische Autoren wurden nach 1945 denn auch nicht müde, die große wirtschaftliche Bedeutung der „Westgebiete“ für Polen herauszustreichen.[307]

Noch augenscheinlicher ist die Fragwürdigkeit des Kompensationsgedankens im Hinblick auf die von den „Grenzverschiebungen“ betroffenen Menschen.

In den polnischen Ostgebieten lebten 1939 etwa 3,8 Millionen „ethnische“ Polen, teilweise zwar in kompakten Siedlungsgebieten (Wilna, Grodno, Lemberg), aber dennoch als Minderheit unter „ethnischen“ Ukrainern und Weißrussen. In den deutschen Ostgebieten lebten einschließlich Danzigs und ausschließlich des an die Sowjetunion gefallenen Teils Ostpreußens dagegen etwa neun Millionen Deutsche in fast ausschließlich „rein“ deutschen Siedlungsgebieten. Ausnahmen waren die „gemischten“ Siedlungsgebiete in Oberschlesien und Masuren, deren Bevölkerung sich in den Volksabstimmungen 1920/21 jedoch eindeutig für Deutschland ausgesprochen hatte. Diese neun Millionen Deutschen wurden fast vollständig vertrieben bzw. umgesiedelt.

Hinsichtlich der etwa 2,5 Millionen polnischen Vertriebenen und Umgesiedelten aus Ostpolen, für die ja ausdrücklich durch die Gebietskompensation innerhalb des neuen Polens Platz geschaffen werden sollte, muß man daher von einer „Überkompensation“ sprechen. „Für die eine neue Existenz suchenden Ostpolen wurde im Westen durch die Vertreibung der Deutschen aus den Gebieten östlich von Oder und Neiße mehr als großzügig Raum geschaffen.“[308] Hinzu kamen, was oft vergessen wird, in Polen gelegene Liegenschaften zwi-

---

305 Seraphim/Maurach/Wolfrum, Ostwärts der Oder und Neiße, S. 83 f.

306 Woodward, British Foreign Policy, Bd. II, S. 651.

307 Besonders: Kielczewska Zaleska, The geographical bases of Poland, S. 10 ff.; Kruszewski, The Oder-Neisse-Boundary and Poland's Modernization, S. 89 ff., S. 183 ff.; Kokot, The Logic of the Oder-Neisse-Frontier, S. 203 ff.

308 J. J. Menzel, Die polnischen Ostgebiete im Vergleich zu den deutschen Ostgebieten, in: Deutscher Ostdienst 13/1.4.1999, S. 9.

schen der deutschen Grenze von 1937 und der „Curzon-Linie", die ja ebenfalls von alteingesessenen Polendeutschen „gesäubert" wurden. Etwa 800 000 Menschen waren davon betroffen. Darüber hinaus fanden im Bereich der polnischen Ostgrenze nach dem Zweiten Weltkrieg auf polnischer Seite „Umsiedlungen" von rund einer halben Million Ukrainern und Weißrussen in die Sowjetunion statt.

Letztendlich waren von den polnischen „Neusiedlern" im früheren Ostdeutschland etwa 50 Prozent innerpolnischer Herkunft, zu 20 Prozent kamen sie aus der Emigration, und nur 30 Prozent von ihnen waren „Umsiedler" aus den früheren ostpolnischen Gebieten.[309]

Problematisch war damals hinsichtlich des Kompensationsgedankens auch die Tatsache, daß Deutschland eine weitaus höhere Bevölkerungszahl und Bevölkerungsdichte aufwies als Polen. Das Deutsche Reich hatte 1935 auf rund 470 700 km^2 66 840 000 (fast nur deutsche) Einwohner, was einer Bevölkerungsdichte von 142 Menschen auf den Quadratkilometer entsprach. Polen hatte 1935 auf rund 390 000 km^2 33 418 000 Einwohner, eine Bevölkerungsdichte von 86 Personen pro km^2. Polnischer Nationalität waren von diesen Einwohnern rund 69 Prozent, also etwa 23 058 000 Menschen.[310]

Nach dem Krieg hatte Deutschland Mitte der fünfziger Jahre ohne die Oder-Neiße-Gebiete rund 356 800 km^2 und etwa 70 Millionen Einwohner, nachdem neben den Flüchtlingen und Vertriebenen aus den Oder-Neiße-Gebieten auch über 5 Millionen vertriebene Deutsche aus Innerpolen, Danzig, dem Sudetenland und aus Südosteuropa aufgenommen worden waren (allein aus dem Sudetenland über 3 Millionen Menschen). Polen hatte Mitte der fünfziger Jahre auf rund 312 000 km^2 (einschließlich der Oder-Neiße-Gebiete) etwa 25 Millionen Einwohner. Mitte der fünfziger Jahre betrug die Bevölkerungsdichte in Deutschland also rund 196 Menschen auf den Quadratkilometer, in Polen rund 80 Menschen.

Heute hat die Bundesrepublik Deutschland mehr als doppelt so viele Einwohner (rund 82 Millionen, ca. 227 Menschen/km^2) wie die Republik Polen (rund 39 Millionen, ca. 122 Menschen/km^2).

---

309 Menzel ebd.

310 Zahlen aus: Velhagen & Klasings Großer Volksatlas 1936, S. 12, 25.

KARTE 8: Deutschland und Polen 1937 und 1945/1990

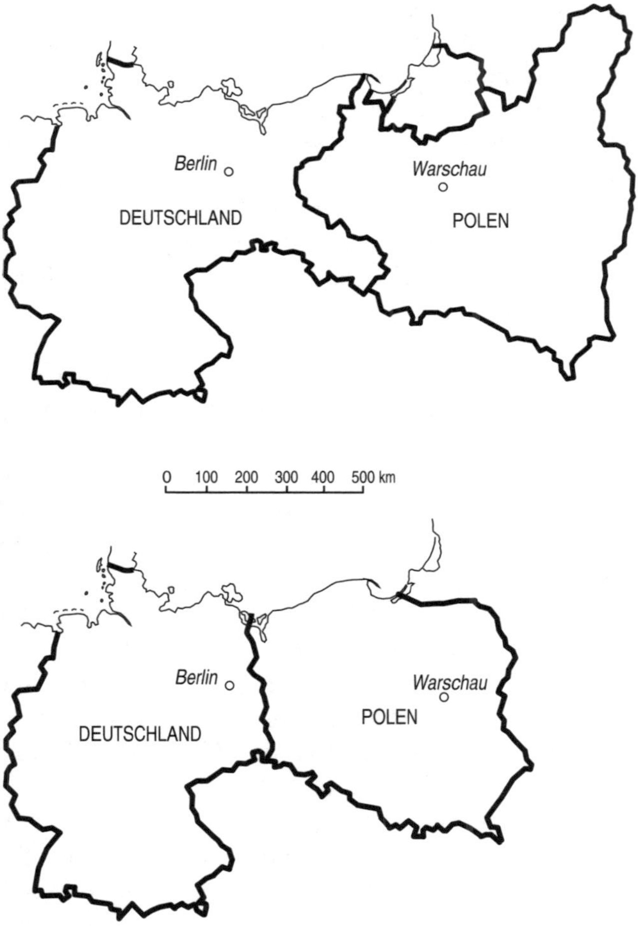

Das schon vor dem Krieg im europäischen Vergleich dicht besiedelte Deutschland wurde durch die neue Grenzziehung noch zusätzlich zusammengedrückt (vgl. Karte 8).

Fragwürdig ist der „Kompensationsgedanke" schließlich aus historischen Gründen. Im Kapitel über „Die deutsch-polnische Grenzregelung nach dem Ersten Weltkrieg" wurde bereits ausgeführt, daß Polen seine Ostgebiete, um die es dann bei der „Kompensation" ging, nach einem erfolgreichen Kriegszug gegen die Sowjetunion und gegen Litauen im Jahr 1920 erlangt hat. Dagegen standen die Vorstellungen der „Pariser Friedenskonferenz" nach dem Ersten Weltkrieg, die als polnisch-russische Grenze am 8. Dezember 1919 aufgrund der gegebenen ethnischen Verhältnisse die sogenannte „Curzon-Linie" festgelegt sehen wollte (zu deren Verlauf siehe Karte 1). Trotz des Friedensvertrages von Riga (1921), in welchem die Sowjetunion die militärisch geschaffenen Fakten anerkannt hatte, blieb die polnisch-sowjetische Grenze umstritten, und Stalin ergriff die erstbeste Gelegenheit, um den polnischen Eroberungszug von 1920 mit Hilfe Hitlers im Jahr 1939 rückgängig zu machen. Die 1939 zwischen dem Deutschen Reich und der Sowjetunion vereinbarte Grenze am Bug sowie die neue polnisch-sowjetische Grenze von 1944/45 entsprachen dann in ihrem Verlauf ziemlich genau der „Curzon-Linie" von 1919. „Insofern hat Hitler 1939 Stalin das konzediert, was die Westmächte Rußland bereits 1919/20 zugestanden hatten. 1945 wurde dann auf Kosten des besiegten Deutschland der seit Ende des Ersten Weltkriegs schwelende polnisch-sowjetische Grenzkonflikt bereinigt und wurden zugleich alte polnische Wünsche nach ostdeutschem Gebiet in reichem Maße befriedigt", so eine treffende Analyse des Historikers Josef Joachim Menzel.[311] Letztlich sind also die deutschen Ostgebiete, deren Grenzen nach dem Ersten Weltkrieg von der „Pariser Friedenskonferenz" festgelegt worden sind, im Jahr 1945 eine „Kompensation" für Gebiete geworden, die Polen entgegen den Festlegungen eben derselben „Pariser Friedenskonferenz" des Ersten Weltkrieges im Osten jenseits der „Curzon-Linie" 1920 erobert und dann im Zweiten Weltkrieg wieder verloren hat.

---

[311] Josef Joachim Menzel in einem Leserbrief in der Frankfurter Allgemeinen Zeitung v. 5.4.2007, S. 11.

1.7.2 „Rückkehr" Polens in „urpolnisches Gebiet"?

Sowjetischerseits aus taktischen Gründen, polnischerseits gewissermaßen aus einem moralischen Rechtfertigungsnotstand heraus, wurde die auf dem traditionellen „piastischen Nationalismus" basierende These vertreten, daß Polen mit dem Erwerb der deutschen Ostgebiete in „altangestammte" Gebiete „zurückkehre".[312] Die Bevölkerung in Masuren, Schlesien und Ostpommern sei eigentlich slawisch, das Land sei Polen mit Tücke oder Gewalt entrissen und die Bevölkerung sei „zwangsgermanisiert" worden.[313] Die dort ansonsten ansässigen Deutschen seien lediglich eingewanderte „Kolonisten" und könnten ebensogut wieder ausgesiedelt werden. Es gebe, so der polnische Präsident Bierut, „keine und kann auch keine andere vernünftigere und gerechtere Grundlage für die Gebietsveränderungen geben, als die hier angewandte. Wir sind auf den Boden zurückgekehrt, auf dem sich vor Jahrhunderten unser historisches, kulturelles und staatliches Erbe bildete, einen Boden, befruchtet mit Blut, Schweiß und Tränen unserer Väter und Mütter, auf einen Boden, von dem jeder Zollbreit gedüngt ist mit der uns heiligen Asche unserer Vorfahren. Wer kann unser Recht auf diesen Boden bestreiten?"[314] Nach „jahrhundertelanger Herrschaft deutscher Markgrafen und Kreuzritter, preußischer Junker und Industriebarone" habe Polen diese Gebiete zurückgenommen.[315]

Die These von der „Rückkehr" wurde sogar in der polnischen Verfassung vom 22. Juli 1952 verankert: „Auf ewige Zeiten sind die wiedergewonnenen Lande zu Polen zurückgekehrt."[316] Noch am 9. Mai 1970 verkündete der 1. Sekretär des Zentralkomitees der polnischen Kom-

---

312 Zit. nach Molotow, Fragen der Außenpolitik, S. 454 ff. (Rede am 9.4.1947). Diese Argumentation auch bei Arski, The new Polish-German Border, S. 37-47.

313 So etwa eine Rede des poln. Ministerpräsidenten Osóbka-Morawski am 3.5.1945, teilw. abgedruckt bei Rhode/Wagner, Quellen zur Entstehung der Oder-Neiße-Linie, Nr. 134, und Aufzeichnungen Churchills von der Potsdamer Konferenz in Churchill, Triumph and Tragedy, S. 574 f. Siehe hierzu auch die polemische und mit Unwahrheiten operierende Schrift von Seyda, Poland and Germany, S. 10 ff.

314 Rede Bieruts am 20.9.1946, die als Reaktion auf Byrnes und Churchills Reden in Stuttgart bzw. Fulton (s. u.) zu sehen ist. Zitiert nach Maass, Dokumentation, S. 5.

315 Erklärung des stellv. poln. Ministerpräsidenten Jędrychowski am 2.9.1952 vor einem „Kongreß der Wiedergewonnenen Gebiete" in Breslau, zitiert nach Maass, Dokumentation, S. 64.

316 Aus der Präambel der Verfassung der Volksrepublik Polen. Maass, Dokumentation, S. 62.

munisten, Władysław Gomułka: „Die vor fünfundzwanzig Jahren erfolgte Rückkehr unseres Volkes in die Gebiete der Piasten, in die westlichen und nördlichen Landesteile, war der größte Sieg in unserer Geschichte."[317]

Die These von der „Rückkehr in urpolnisches Gebiet" wurde in der Zeit nach dem Zweiten Weltkrieg wissenschaftlich weiter zu untermauern versucht, um die politischen Ansprüche auf die „wiedergewonnenen Gebiete" historisch zu begründen.

Mit Wissenschaftlichkeit hat diese These und die damit verbundene Argumentation jedoch nichts zu tun. Es ist zwar richtig, daß die Gebiete von Schlesien, Ostbrandenburg, Pommern und Westpreußen (Pommerellen) einmal zu Polen gehört haben. So hatte etwa das Reich Bolesław Chrobrys um das Jahr 1000 nach Christus in etwa die gleiche Ausdehnung wie das heutige Polen. Doch schon 1163/1202 wurde Schlesien ein selbständiges Herzogtum und lehensabhängig vom Deutschen Reich, 1330 wurde es böhmisches Lehen, und 1335 erklärte König Kasimir III. von Polen unter Eid, daß Polen keinerlei Ansprüche auf Schlesien habe und niemals haben werde. Pommern wurde 1181 deutsches, 1231 brandenburgisches Lehen. Die ostdeutschen Gebiete innerhalb der Grenzen von 1937 waren im Falle Schlesiens, Ostbrandenburgs, Mittelpommerns und Westpreußens östlich der Weichsel seit dem 13. Jahrhundert, im Falle Ostpommerns, Ostpreußens und von Teilen Westpreußens westlich der Weichsel seit dem 14. Jahrhundert durch die Ergebnisse der vor allem wirtschaftlich motivierten deutschen Ostsiedlung des Mittelalters im wesentlichen unumstrittenes deutsches Siedlungsgebiet[318] und im Falle Ostbrandenburgs, Pommerns und Schlesiens spätestens seit der Mitte des 14. Jahrhunderts auch immer staatsrechtlich mit dem Deutschen Reich bzw. mit seinen Territorien verbunden. Die deutsch-polnische Grenze war vom 14. bis zum 18. Jahrhundert eine der stabilsten und unumstrittensten Grenzen ganz Europas, obwohl sie nicht durch natürliche Barrieren geschützt wurde.

Die seit dem Mittelalter bestehende deutsche Besiedlung in den Oder-Neiße-Gebieten hatte nichts mit einem oft unterstellten, national

---

[317] Zitiert nach Diwald, Geschichte der Deutschen, S. 33.

[318] Zur deutschen Ostsiedlung zuletzt (1991): Dralle, Die Deutschen in Ostmittel- und Osteuropa.

motivierten „Drang nach Osten“ zu tun. Ein solcher Drang, sei er gar aufgrund nationaler Motive organisiert und gegen irgend jemanden gerichtet gewesen, läßt sich nicht nachweisen.[319] Nützlich war für Polen und die UdSSR in ihrer Argumentation diese Behauptung lediglich, um die These von den „wiedergewonnenen urslawischen Gebieten“ plausibler zu machen. Akzeptiert man diese These jedoch, so muß man nur ca. 600 Jahre weiter in die Vergangenheit gehen. Es werden dann auf einmal alle Gebiete bis ostwärts über die Weichsel hinaus „urgermanisch“. Wo sollte hier, nimmt man derartige „historische Ansprüche“ ernst, eine zeitliche Grenze für Gebietsansprüche sein?

[319] Zu dem Schlagwort „Drang nach Osten“ siehe die differenzierende Untersuchung von Wippermann, Der ‚deutsche Drang nach Osten‘.

1.8 Die Vertreibung und Deportation der deutschen Bevölkerung

Ein wichtiges Instrument zur dauerhaften Sicherung des Besitzes der Oder-Neiße-Gebiete durch Polen war die „ethnische Säuberung“ des Gebietes, die Vertreibung der alteingesessenen Bevölkerung, und dessen Neubesiedlung durch Polen.[320] Bereits vor den Beschlüssen der Potsdamer Konferenz wurden, wie schon erwähnt, sämtliche privaten und öffentlichen deutschen Vermögenswerte in Polen und in den von Polen besetzten deutschen Oder-Neiße-Gebieten durch das „Gesetz vom 6. Mai 1945 über den Ausschluß feindlicher Elemente aus der polnischen Volksgemeinschaft“ und das „Gesetz vom 6. Mai 1945 über das verlassene und aufgegebene Vermögen“[321] konfisziert. Die Reichsdeutschen, die 1945 noch in den deutschen Gebieten östlich von Oder und Neiße anwesend waren, wurden vom polnischen Staat, „sofern sie nicht polnischer Volkszugehörigkeit waren, wie lästige und unerwünschte Ausländer behandelt“[322] – in ihrer eigenen Heimat.

Artikel XIII des Potsdamer Protokolls[323] erlaubte die „ordnungsmäßige Überführung deutscher Bevölkerungsteile“ aus Polen, der Tschechoslowakei und Ungarn auf Wunsch der Regimes dieser Staaten. Die drei Regierungen der Siegermächte stimmten darin überein, „daß jede derartige Überführung, die stattfinden wird, in ordnungsgemäßer und humaner Weise erfolgen soll“. Die in diesem Artikel des Potsdamer Protokolls an die vertreibungswilligen Staaten gerichtete Aufforderung, die Vertreibungsmaßnahmen bis zum Abschluß einer Untersuchung des Problems einzustellen, blieb weitgehend wirkungslos.

Während der Kriegskonferenzen und auf der Konferenz von Potsdam haben mit diesen „Bevölkerungstransfers“ verbundene menschenrechtliche Aspekte kaum eine Rolle gespielt. Insbesondere Großbritannien machte sich vor der Potsdamer Konferenz auf westlicher Seite

320 Zur Rechtfertigung der Vertreibung aus polnischer Sicht: Skubiszewski, Wysiedlenie Niemców.

321 Bundesministerium für Vertriebene, Dokumentation der Vertreibung Bd. I/3, S. 57 ff. bzw. 65 ff.

322 Bundesministerium für Vertriebene, Dokumentation der Vertreibung Bd. I/3, S. X.

323 Amtsblatt des Alliierten Kontrollrats, Ergänzungsblatt Nr. 1, Berlin 1946.

zum Fürsprecher des „Bevölkerungstransfers".[324] Gegenstimmen kamen zu dieser Zeit vor allem aus dem britischen Unterhaus, der britischen Öffentlichkeit[325] und vom amerikanischen Außenministerium. Das US-Außenministerium war zwar grundsätzlich für Umsiedlungen, jedoch aufgrund anderer Grenzvorstellungen in wesentlich geringerem Umfang, als sie später realisiert wurden.[326] Bedenken wurden auch von der polnischen Exilregierung in London unter Stanisław Mikołajczyk geäußert. Mikołajczyk hatte jedoch keine moralischen Bedenken, er fürchtete sich lediglich vor einer Rückkehr der Deutschen „within 50 years or so".[327]

Die sogenannte „wilde" Vertreibung der Deutschen – als Gegensatz zur späteren „geordneten" Deportation begriffen – begann in dem Moment, in dem die Rote Armee deutsches Staatsgebiet betrat, in dem die sowjetische Armee somit Gebiete eroberte, in denen Deutsche lebten, also seit Oktober 1944 / Januar 1945. Millionen Deutsche flüchteten zuvor schon auf eigene Faust oder wurden von der deutschen Wehrmacht im Zuge des Rückzugs evakuiert.[328]

Da der sowjetisch-polnische Beschluß, die deutschen Gebiete bis zur Linie von Oder und Neiße nach dem Krieg Polen zuzuweisen, schon spätestens seit dem Geheimvertrag vom 27. Juli 1944 feststand, die Frage nach der Art der Aussiedlung der hohen Zahl der dort seßhaften Deutschen jedoch noch als problematisch empfunden worden sein mag, könnte es sein, wie bereits in den fünfziger Jahren vermutet wurde, „daß die Flucht der ostdeutschen Bevölkerung, ja möglicherweise ihre Forcierung durch ein entsprechend radikales Vorgehen der russischen Truppen bereits ganz bewußt in Hinsicht auf die spätere Ausweisung als eine begrüßenswerte Vorarbeit angesehen wurde". Oder anders ausgedrückt: Das Ziel der Abtrennung großer Teile von Deutschland zugunsten Polens „hat die seit Anfang Januar 1945 nach Ostdeutschland eindringende Rote Armee und die nachfolgenden pol-

324 Hillgruber, Zweierlei Untergang, S. 53 f.

325 Rhode/Wagner, Quellen zur Entstehung der Oder-Neiße-Linie, Nr. 98; Nr. 92.; Nr. 130. Siehe auch Kettenacker, Krieg zur Friedenssicherung, S. 451 ff.

326 Auszüge aus einem amerikanischen „Briefing-Book" für die Jalta-Konferenz, abgedruckt in FRUS, The Conferences at Malta and Yalta, S. 189 f.

327 Mikołajczyk, The pattern of Soviet domination, S. 320.

328 Becker, Vertreibung und Aussiedlung, S. 65 ff.

nischen Behörden von vorneherein dazu bestimmt, der Ausweisung möglichst gründlich vorzuarbeiten, ehe diese selbst vollzogen werden konnte."[329] Zweifelsfrei bewiesen ist dieser Zusammenhang zwar nicht. Die gegen die deutsche Zivilbevölkerung gerichtete brutale Kriegsführung der Roten Armee in Ostdeutschland ist jedoch keine nationalsozialistische Greuelpropaganda, sondern eine historische Tatsache, die inzwischen mehrfach dargestellt wurde.[330] Die These wird außerdem durch die Tatsache gestützt, daß Stalin, um die Zustimmung der Westalliierten zur bereits etablierten polnischen Verwaltung Ostdeutschlands zu erhalten, auf der Potsdamer Konferenz mehrfach zwar wahrheitswidrig, aber in dieses „vorsorgliche" Aussiedlungskonzept passend behauptete, die deutsche Bevölkerung Ostdeutschlands sei vollständig geflohen bzw. der Wehrmacht bei deren Rückzug gefolgt (s. o.).

Trotz Flucht blieben laut deutschen Angaben Millionen von Deutschen in den Oder-Neiße-Gebieten zurück, deren Zahl im Sommer 1945 noch rund 5 650 000 betragen haben soll, etwas mehr als die Hälfte der ursprünglich in diesen Gebieten lebenden Menschen.[331] Bereits im Juni/Juli 1945 setzte jedoch die erste Welle der Vertreibung der Deutschen ein, die, ebenso wie die Organisation der neuen Verwaltungsstrukturen, „weitgehend in den Bereich polnischer Initiative und Verantwortung" fiel.[332] Schwerpunkte der ersten systematischen Vertreibungen im Frühsommer 1945 – also noch vor der Potsdamer Konferenz – waren im übrigen Gebiete in Niederschlesien und Ostbrandenburg dicht an der Oder-Neiße-Linie, Regionen also, die hinsichtlich ihrer Zukunft bei den Alliierten noch umstritten waren.[333]

Nach polnischen Ausführungen waren nach den Angaben der Volkszählung vom 14. Februar 1946 zu dieser Zeit allein in der „Wojewodschaft Breslau" (Niederschlesien) noch 1 239 309 Deutsche[334] an-

---

329 Bundesministerium für Vertriebene, Dokumentation der Vertreibung, Bd. I/1, S. 138 E.

330 Genannt seien: Zeidler, Kriegsende im Osten; Hoffmann, Stalins Vernichtungskrieg; de Zayas, Die Anglo-Amerikaner und die Vertreibung der Deutschen.

331 Die Zahlenangaben in Bundesministerium für Vertriebene, Dokumentation der Vertreibung der Deutschen aus Ost-Mitteleuropa, Bd. I/1, S. 78 E.

332 Zeidler, Kriegsende im Osten, S. 203.

333 Zeidler, Kriegsende im Osten, S. 210.

334 Rhode/Wagner, Quellen zur Entstehung der Oder-Neiße-Linie, S. 234, Anm. 1.

sässig, in den gesamten in polnische Verwaltung übergegangenen deutschen Gebieten lebten nach dieser Volkszählung noch 2,1 Millionen Deutsche, außerdem 1,5 Millionen sogenannte „Autochthone", d.h. altansässige deutsche Staatsangehörige, die aufgrund behaupteter slawischer Abstammung von der polnischen Verwaltung als Polen deklariert wurden (Oberschlesier, Masuren). Demgegenüber waren laut polnischer Volkszählung vom 14. Februar 1946 in den Oder-Neiße-Gebieten bereits 2,7 Millionen polnische Neusiedler angesiedelt worden.[335]

Am 20. November 1945 wurde vom Alliierten Kontrollrat ein „zentraler Aussiedlungsplan" gebilligt, der vorsah, 3,5 Millionen Deutsche aus Ostdeutschland in die sowjetische und die britische Besatzungszone zu „transferieren". Einzelheiten wurden am 14. Februar 1946 von polnischen und britischen bzw. sowjetischen Vertretern in der „Combined Repatriation Executive" (Operation Schwalbe) bzw. in einem Vertrag am 5. Mai 1946 festgelegt.[336] Im Laufe des Jahres 1946 wirkten sich die alliierten Vorschriften bei den Massenumsiedlungen aus, die „wilden" Vertreibungen polnischerseits nahmen ab. Bis 1947 fanden noch organisierte Aussiedlungen aus den Polen zur Verwaltung übergebenen deutschen Ostgebieten statt, viele weitere Deutsche gingen nach dieser Zeit als Aussiedler in den Westen.[337] Heute leben jedoch immer noch mehrere hunderttausend Personen in den ehemaligen deutschen Ostgebieten, die deutsche Staatsangehörige im Sinne des Grundgesetzes (Artikel 116, Absatz 1 GG) sind und sich als Deutsche bekennen, hauptsächlich eben jene „Autochthonen" (s. o.) und deren Nachkommen in Oberschlesien und in Masuren, aber auch in anderen Regionen.

---

335 Klafkowski, Die deutsch-polnische Grenze nach dem II. Weltkrieg, S. 76, 81.

336 Lehmann, Der Oder-Neiße-Konflikt, S. 53.

337 Zur Vertreibung der Deutschen aus den deutschen Ostgebieten siehe insbesondere die Materialien vom Bundesministerium für Vertriebene, Dokumentation der Vertreibung der Deutschen aus Ostmitteleuropa, Bde. I/1 , I/2 u. I/3. Bei den Darstellungen siehe vor allem de Zayas, Die Anglo-Amerikaner und die Vertreibung der Deutschen; ders., Die deutschen Vertriebenen – Keine Täter, sondern Opfer; Becker, Vertreibung und Aussiedlung; Nawratil, Schwarzbuch der Vertreibung; Brandes, Der Weg zur Vertreibung; Naimark, Flammender Hass; Nitschke, Vertreibung und Aussiedlung der deutschen Bevölkerung aus Polen.

Parallel mit der Vertreibung der Deutschen erfolgte die systematische Neubesiedlung durch polnische Siedler, innerpolnisch abgesichert durch zahlreiche Rechtsakte zur Förderung der Neubesiedlung und Regelung der Eigentumsverhältnisse der „Kolonisten“, besonders für Eigentum an Immobilien.[338]

Aus dem Teil Ostpreußens, den die Sowjetunion annektiert hatte, wurden die Deutschen erst ab Oktober 1947 vertrieben bzw. ausgesiedelt. Nach sowjetischen Angaben befanden sich nach Flucht, Mord und Hungertod am 1. September 1945 noch genau 129 614 Deutsche in diesem Gebiet[339], rund 10 Prozent der vor dem Krieg in diesem Raum lebenden (deutschen) Bevölkerung. Einen literarisch und dokumentarisch anschaulichen Bericht über die Zustände im nördlichen Ostpreußen unter der sowjetischen Okkupation gab der Arzt Hans Graf von Lehndorff in seinem „Ostpreußischen Tagebuch“.

Insgesamt forderten Flucht und Vertreibung der Deutschen aus Ostdeutschland mindestens 1 338 000 Todesopfer.[340] Das Bundesministerium für Vertriebene errechnete insgesamt ca. 2 167 000 „Verluste“.[341]

Gegen die Vertreibung der ostdeutschen Bevölkerung, die genauso wie die von Hitler durchgeführten Vertreibungs- und Umsiedlungsmaßnahmen gegen fundamentale Grundsätze des Völkerrechts (Haager Landkriegsordnung 1907)[342] erfolgte, erhoben sich zeitgleich nur wenige, insbesondere kirchliche, Stimmen, und solche aus Kreisen deutscher und jüdischer Emigranten. Die Vereinten Nationen schlossen die

---

338 Eine Darstellung dieser Rechtsakte bei Geilke, Die gesetzgeberischen Maßnahmen Polens, S. 113-124.

339 Zeidler, Kriegsende im Osten, S. 205 f.

340 Statistisches Bundesamt, Die deutschen Vertreibungsverluste, S. 37 f.

341 Bundesministerium für Vertriebene, Dokumentation der Vertreibung, Bd. I/1, S. 158 E.

342 Haager Landkriegsordnung (Abkommen, betreffend die Gesetze und Gebräuche des Landkriegs) vom 18. Oktober 1907; Artikel 43: Nachdem die gesetzmäßige Gewalt tatsächlich in die Hände des Besetzenden übergegangen ist, hat dieser alle von ihm abhängenden Vorkehrungen zu treffen, um nach Möglichkeit die öffentliche Ordnung und das öffentliche Leben wiederherzustellen und aufrechtzuerhalten, und zwar, soweit kein zwingendes Hindernis besteht, unter Beachtung der Landesgesetze. Artikel 46: Die Ehre und die Rechte der Familie, das Leben der Bürger und das Privateigentum sowie die religiösen Überzeugungen und gottesdienstlichen Handlungen sollen geachtet werden. Das Privateigentum darf nicht eingezogen werden.

deutschen Vertriebenen aus der internationalen Flüchtlingsfürsorge aus.[343]

Es soll hier nicht übergangen werden, daß infolge der Aufrichtung der polnischen Ostgrenze entlang der „Curzon-Linie", die ja de facto bereits durch den Hitler-Stalin-Pakt 1939 erfolgt war, auch zahlreiche Polen ihr Leben bzw. ihre Heimat durch Mord, Vertreibung und „Umsiedlung" verloren haben. Betroffen waren von der „Umsiedlung", nachdem sowjetische Annexion 1939–1941 und deutsche Besetzung 1941–1944 vorausgegangen waren, nach dem Zweiten Weltkrieg noch rund 2,47 Millionen Polen.[344] Deren Schicksal war genauso ungerechtfertigt wie dasjenige der deutschen Vertriebenen und „Umgesiedelten". Letztlich waren auch diese Menschen Objekt der bedenkenlosen Machtpolitik Stalins und des Opportunismus der kommunistischen polnischen Regierung.

Hätte man nach dem Zweiten Weltkrieg in Ostmitteleuropa entsprechend den Forderungen der Atlantik-Charta bei den Staatsgrenzen, auch für Deutschland, den status quo ante wiederhergestellt – schon im Falle der hitlerschen *und* stalinschen Aggressionsopfer Polen, Estland, Lettland und Litauen hätte dies eigentlich eine Selbstverständlichkeit sein müssen – wäre Millionen von Menschen nach der Herrschaft des Nationalsozialismus, nach stalinistischer oder nationalsozialistischer Besetzung, nach den unsäglichen Schrecken des Krieges und der Konzentrationslager großes Leid oder der Tod erspart geblieben. Daß nach der Niederwerfung des Nationalsozialismus Hitlers und Himmlers die Diktatur Stalins die Staaten, Völker und Menschen in Ostmittel-, Ost- und Südosteuropa fest im Griff hatte – das ist eine der großen Tragödien des 20. Jahrhunderts.

---

343 Lehmann, Der Oder-Neiße-Konflikt, S. 61.

344 Zahl nach: Putzger Historischer Weltatlas, 101. Auflage 1990, S. 121.

2. Die Oder-Neiße-Linie nach der Konferenz von Potsdam

Von der eigentlichen Entstehung der Oder-Neiße-Linie als faktische Grenze, die im wesentlichen im Jahr 1945 abgeschlossen war, ist das Bemühen um deren Revision sowie ihre völkerrechtliche Anerkennung durch die Staatenwelt, insbesondere durch ihre „Erschaffer" und durch die davon betroffenen Staaten, zu unterscheiden. Die versuchte Revision und die Anerkennungsgeschichte der Oder-Neiße-Linie gehören zur Entstehungsgeschichte dieser Grenze fest dazu, da – insbesondere in den Jahren unmittelbar nach der Potsdamer Konferenz – die Revidierbarkeit dieser Grenzlinie nicht ausgeschlossen wurde, ja diese aus den unterschiedlichsten Gründen von Teilen der Siegermächte des Zweiten Weltkrieges mehrfach ernsthaft erwogen wurde.

2.1 Die Haltung der Westmächte

2.1.1 Die Haltung Frankreichs

Das erst nach Ende des Zweiten Weltkrieges zur Siegermacht erklärte Frankreich erhob in einer Note vom 7. August 1945 an die Botschafter der Konferenzmächte „keine grundsätzlichen Einwände, was die Übernahme der östlich der bezeichneten Linie gelegenen Gebiete in polnische Verwaltung [...] anlangt", war aber auch der Ansicht, „daß das Problem der Grenzen Deutschlands ein Ganzes bildet und daß es erst nach einer gemeinsamen Prüfung durch alle interessierten Mächte eine Lösung finden kann".[345] Die Amputation von Teilen Deutschlands entsprach durchaus den Leitmotiven der gaullistischen Deutschlandpolitik, die eine Aufteilung und Schwächung Deutschlands erstrebte. Ent-

---

[345] Documents français relatifs à l'Allemagne, Nr. V (S. 10-11). Übersetzung nach Rhode/Wagner, Quellen zur Entstehung der Oder-Neiße-Linie, S. 270. Diese Ansicht äußerte Frankreich auch am 14.9.1945 in einem Memorandum an den von der Potsdamer Konferenz eingesetzten und in London tagenden Rat der Außenminister. Siehe Documents français relatifs à l'Allemagne, Nr. VII (S. 13 ff.).

täuscht war man in Paris vor allem deshalb, weil in Potsdam nicht auch zugunsten Frankreichs Gebiete im Westen abgetrennt und der Gewalt des alliierten Kontrollrats entzogen wurden.[346]

2.1.2 Die Haltung Großbritanniens

Der ehemalige britische Premierminister Churchill erklärte am 16. August 1945 als Oppositionsführer in einem Rechenschaftsbericht, daß die Oder-Neiße-Linie, die „ein Viertel des Ackerlandes ganz Deutschlands umschließt, kein gutes Vorzeichen für die künftige Karte ganz Europas ist". Weiter erklärte Churchill in dieser Rede, daß hier „ein Fehler begangen" wurde, „an dem die provisorische (polnische, Anm. d. Verf.) Regierung beteiligt ist, indem sie weit über das hinausging, was die Notwendigkeit und die Billigkeit erforderten". Er fügte hinzu, daß es „nur wenige Tugenden" gebe, „welche die Polen nicht besitzen – und es gibt nur wenige Irrtümer, die sie jemals vermieden haben"[347] – und verschwieg, daß er, Churchill, selbst lange Zeit ein Befürworter einer polnischen „Westverschiebung" mit allen damit verbundenen Konsequenzen war.

Kritik an der Polen in Potsdam „vorläufig" zugestandenen Westgrenze äußerten in einer Unterhausdebatte am 20. August 1945 auch Außenminister Bevin und der ehemalige Außenminister Eden, der erklärte, daß man „niemals wahrhaft glücklich darüber" gewesen sei, „daß die polnische Grenze sogar bis an die Oder-Linie reichen sollte".[348] In einer schriftlichen Antwort auf eine Anfrage im britischen Unterhaus am 10. Oktober 1945 versicherte der britische Außenminister, daß die Regierung in „keiner Weise verpflichtet sei, die Oder-Neiße-Linie auf der Friedenskonferenz zu unterstützen; die Politik Polens werde die britische Haltung bei der endgültigen Grenzregelung beeinflussen".[349]

346 Documents français relatifs à l'Allemagne, S. 13-14. Siehe auch The Potsdam Conference, Bd. II, S. 1550.

347 Auszüge der Rede Churchills bei Rhode/Wagner, Quellen zur Entstehung der Oder-Neiße-Linie, Nr. 166.

348 Die Debatte ist in Auszügen abgedruckt bei Rhode/Wagner, Quellen zur Entstehung der Oder-Neiße-Linie, Nr. 167.

349 New York Times vom 11.10.1945. Zitiert nach Lehmann, Der Oder-Neiße-Konflikt, S. 56.

2.1.3 Die Haltung der USA

Der US-amerikanische Präsident Truman erklärte hinsichtlich der deutsch-polnischen Grenze am 9. August 1945 vor dem amerikanischen Kongreß, daß die endgültige Festlegung der Grenze erst auf einer Friedenskonferenz erfolgen könne.[350] Aus der Erklärung Trumans ging jedoch auch hervor, daß auf einer Friedenskonferenz die Feststellungen von Potsdam, was die Gebietsübertragungen an Polen betrifft, von amerikanischer Seite bestätigt werden würden.

Auch die Tatsachen, daß das Kriegsinformationsamt in Washington Berichte über die Vertreibung der Deutschen zensierte oder unterdrückte,[351] daß das US-Außenministerium – wenn auch vergeblich – die Errichtung von Konsulaten in den Oder-Neiße-Gebieten wünschte[352] und daß es in einem Memorandum vom 11. Dezember 1945 für die deutsche Friedenswirtschaft als geographische Grenzen Deutschland ohne die Oder-Neiße-Gebiete vorsah,[353] weisen darauf hin, daß die US-Regierung zunächst an der faktischen Endgültigkeit der Oder-Neiße-Linie festhalten wollte. Möglicherweise hielten die USA zunächst auch deshalb offiziell an der Oder-Neiße-Linie fest, da sie ja sonst hätten zugeben müssen, daß sie in der Frage der deutsch-polnischen Grenze in Jalta und Potsdam und in der Zeit dazwischen von Polen und der Sowjetunion im Grunde „über den Tisch gezogen“ bzw. vor vollendete Tatsachen gestellt worden sind – berührt waren hier Selbstachtung und Prestige der USA als Großmacht.

Die Westmächte billigten offiziell bis Anfang/Mitte 1946 die Existenz der Oder-Neiße-Linie trotz einiger Bedenken, was insbesondere dadurch deutlich wurde, daß sie die Schaffung vollendeter Tatsachen in den betroffenen Gebieten durch die Mitwirkung an der Vertreibung der deutschen Bevölkerung zuließen. Um in Polen ein politisches System nach ihren Vorstellungen zu bekommen, verknüpften die Westmächte, vor allem Großbritannien, jedoch die Frage des provisorischen juri-

---

[350] Trumans Erklärung ist abgedruckt in: Deutsches Büro für Friedensfragen, Ausländische Dokumente, S. 135 ff.

[351] Lehmann, Der Oder-Neiße-Konflikt, S. 55 mit Nachweis.

[352] Vierheller, Polen und die Deutschlandfrage, S. 130.

[353] Europa-Archiv 1/1946/47, S. 257.

stischen Charakters der Grenzregelung weiterhin mit der Frage nach freien Wahlen in Polen.[354]

2.1.4 Die Entstehung des „Kalten Krieges“ als Wendepunkt für die Haltung der Westmächte

Daß die Oder-Neiße-Linie auf einer Friedenskonferenz jedoch nie endgültig festgelegt wurde, hatte seine Ursache in dem grundsätzlichen Wandel des Ost-West-Verhältnisses, nachdem der Zweck der „Anti-Hitler-Koalition“ erreicht war und aufgrund der grundsätzlichen Unvereinbarkeit der politischen Systeme und Interessen in West und Ost der „Kalte Krieg“ ausbrach. Während in den USA auf der Grundlage ihrer Interessen und Ideale eine betont und konsequent antikommunistische politische Richtung die Oberhand gewann und sich im Machtbereich der USA und ihrer Verbündeten seit Herbst 1945 in einer Konfliktstrategie gegenüber der Sowjetunion äußerte, sicherte die Sowjetunion auf der Basis ihrer Ideologie ihre militärischen Gewinne durch Besetzung und sozialrevolutionäre Umgestaltung der Staaten in ihrem Machtbereich. Die Sitzungen des von der Potsdamer Konferenz durch Beschluß eingeführten „Rates der Außenminister“ (Außenministerkonferenzen) in London vom 11. September bis 2. Oktober sowie in Moskau im Dezember 1945 standen angesichts der sowjetisch-amerikanischen Spannungen wegen des Balkans und des fernen Ostens bereits unter den Vorzeichen des „Kalten Krieges“.

Die Frage der deutsch-polnischen Grenze spielte bei der Auseinandersetzung im „Kalten Krieg“ nur eine untergeordnete Rolle. Die Ereignisse, die sich um die Oder-Neiße-Linie seit Anfang 1946 abgespielt haben, müssen daher vor allem im Licht der Interessen der Großmächte USA und UdSSR gesehen werden, die eigenen Positionen zu sichern und Erfolge des neuen Gegners, wenn möglich, zu revidieren. Churchills Rede in Fulton/Missouri am 5. März 1946[355] stand schon ganz im Zeichen des „Kalten Krieges“, indem ein sowjetisch-kommunistischer Expansionsdrang konstatiert und eine englisch-amerikanische Block-

[354] Rede Bevins im Unterhaus am 20.8.1945, teilw. abgedruckt bei Rhode/Wagner, Quellen zur Entstehung der Oder-Neiße-Linie, Nr. 167.

[355] Abgedruckt in: James, Churchill Speaks, S. 876 ff.

bildung gegen den Expansionsdrang des bisherigen Partners Sowjetunion offen gefordert wurde. Churchill benutzte bei dieser Gelegenheit das Bild vom „Eisernen Vorhang", um eine Linie von Stettin bis nach Triest zu kennzeichnen, hinter der „alle Hauptstädte der alten Staaten Zentral- und Osteuropas: Warschau, Berlin, Prag, Wien, Budapest, Belgrad, Bukarest und Sofia" in der „Sowjetsphäre" lägen, „nicht nur dem sowjetischen Einfluß ausgesetzt, sondern auch in ständig zunehmendem Maße der Moskauer Kontrolle unterworfen."[356]

Eine Wende in der amerikanischen Politik gegenüber Deutschland deutete sich zuerst in der Rede des amerikanischen Außenministers James F. Byrnes am 6. September 1946 in Stuttgart an. Byrnes ging in dieser Rede auch auf die Oder-Neiße-Linie ein, die er als Übergangslösung zu Verwaltungszwecken charakterisierte. Zwar würden die USA die Abtretung Königsbergs an die UdSSR befürworten, das Potsdamer Protokoll verpflichte die USA jedoch nicht, auch einer Abtretung Schlesiens und anderer ostdeutscher Territorien zuzustimmen. Der Umfang des abzutretenden Gebiets müsse festgelegt werden, wenn über ein abschließendes Übereinkommen Einigkeit bestehe.[357] Byrnes stellte in dieser Rede, die von Bevin und auch von Churchill begrüßt wurde,[358] somit zugunsten Deutschlands „erstmals amtlich eine Revision der Oder-Neiße-Linie in Aussicht".[359]

Um negative Auswirkungen auf den Ausgang der auf den 19. Januar 1947 festgelegten Sejm-Wahlen in Polen zu vermeiden, verzichteten die USA bis dahin jedoch darauf, die Oder-Neiße-Linie erneut in Frage zu stellen, da dies Polen vom Westblock abschrecken und der Sowjetunion, die die Oder-Neiße-Linie garantierte, durch einen Wahlsieg der Kommunisten endgültig in die Arme treiben konnte. Nachdem diese Wahlen mit hilfreicher Unterstützung der „Sowjetmacht" für die polnischen Kommunisten jedoch siegreich ausgegangen waren, änderte sich die westliche Politik, die seitdem keine Hoffnung mehr hatte, Polen

---

356 Zitiert nach Rainer Blasius, Die sowjetische Interpretation setzte sich durch, in: Frankfurter Allgemeine Zeitung v. 10.1.2001.

357 Die Rede Byrnes' in Stuttgart ist abgedruckt in: Department of State, Germany 1947-1949, S. 3-13. Gimbel, Byrnes' Stuttgarter Rede, S. 39 ff., sieht in dieser Rede keinen Wendepunkt in der US-Politik.

358 Byrnes, Speaking frankly, S. 192.

359 Lehmann, Der Oder-Neiße-Konflikt, S. 70.

noch „retten" zu können, grundlegend. Die deutsch-polnische Grenzfrage wurde von nun an durch die USA und – nach einigem Zögern – durch Großbritannien bewußt gegen das kommunistische Regime in Warschau als Druckmittel eingesetzt.

2.1.5 Amerikanische und britische Revisionsvorstellungen der Jahre 1946/47

Auf Vorschlag des US-Präsidenten Truman einigten sich in Potsdam die USA, Großbritannien und die Sowjetunion darauf, einen Rat der Außenminister (Council of Foreign Ministers, CFM) einzurichten, der die Friedensregelungen mit den ehemaligen Feindstaaten vorbereiten sollte. Dem CFM gehörten neben den eigentlichen Siegermächten auch Frankreich und China an. Insgesamt fanden sechs offizielle Außenministerratstagungen bzw. Außenministerkonferenzen statt: 1. im September/Oktober 1945 in London; 2. im April/Mai, Juni/Juli 1946 in Paris; 3. im November/Dezember 1946 in New York; 4. im März/April 1947 in Moskau; 5. im November/Dezember 1947 in London; 6. im Mai/Juni 1949 in Paris. Auf der 2. Außenministerkonferenz in Paris wurden die Friedensverträge mit Bulgarien, Finnland, Italien, Rumänien und Ungarn vorbereitet, welche dann am 10. Februar 1947 geschlossen wurden. 1947 sollten auf weiteren Außenministerkonferenzen die Friedensbedingungen für Deutschland festgelegt werden, zu denen auch die künftigen Grenzen gehörten. Für die deutsch-polnische Grenzfrage waren dann die 4. und die 5. Außenministerkonferenz im Jahr 1947 bedeutsam.

Während auf einer Konferenz in London, die vom 14. Januar bis zum 25. Februar 1947 zur Vorbereitung der 4. Außenministerkonferenz in Moskau stattfand, Polen in einem Memorandum vom 23. Januar 1947 die Anerkennung der Oder-Neiße-Linie, die es als noch nicht festgelegt ansah,[360] verlangte, und fast alle Nachbarstaaten Deutschlands Gebiets-

[360] Polen behielt sich in diesem Memorandum das „Recht vor, einen detaillierten Vorschlag vorzulegen, der die polnisch-deutsche Grenze von der Ostsee unmittelbar westlich von Swinemünde, und dann längs der Oder bis zur Mündung der westlichen Neiße und längs der westlichen Neiße bis zur tschechoslowakischen Grenze festlegt". Zitiert nach Maass, Dokumentation, S. 8.

forderungen an Deutschland erhoben,[361] entwarfen amerikanische Stellen für die geplante Friedenskonferenz umfangreiche Revisionsvorstellungen zur Oder-Neiße-Linie.

Schon im November 1946 arbeitete die amerikanische Militärregierung in Deutschland Pläne und Karten für eine Revision der Oder-Neiße-Linie aus. Insgesamt handelte es sich um drei Änderungsvorschläge, die z.T. in einer Denkschrift des amerikanischen Militärgouverneurs Lucius D. Clay im November 1947 an das amerikanische Außenministerium vorgebracht wurden[362] und die wohl auch dem US-Außenminister George C. Marshall bei der 4. Außenministerkonferenz (10. März bis 24. April 1947) in Moskau vorgelegen haben.[363] Alle drei Vorschläge (Alternativen a, b und c) sahen in weitgehender Übereinstimmung mit den in Jalta und Potsdam zugrunde gelegten amerikanischen Grenzvorstellungen vor, daß lediglich Ostpreußen, Danzig, Teile Oberschlesiens, Niederschlesiens und Ostpommerns endgültig bei Polen verbleiben sollten.

„Alternative *a*“ schlug vor, daß Deutschland endgültig 36 500 qkm an Polen abzutreten hätte, und zwar das südliche Ostpreußen, Danzig, Oberschlesien (ohne die Kreise Grottkau, Neiße und die Hälfte der Kreise Falkenberg und Neustadt), die niederschlesischen Kreise Namslau, Groß-Wartenberg und den östlichen Teil des Kreises Militsch sowie die pommerschen Kreise Lauenburg, Bütow und Flatow, schließlich einen Teil des Landkreises Stolp. „Alternative *b*“ sah über Alternative a hinausgehend vor, die pommerschen Kreise Schlochau, Stolp, Rummelsburg, Neustettin, Deutsch Krone, Schlawe, den Netzekreis und Teile der Kreise Köslin, Dramburg, Belgard und Arnswalde sowie ganz Oberschlesien an Polen zu geben, wobei niederschlesische Kreise nicht in die Betrachtungen einbezogen wurden. Insgesamt hätte dieses Gebiet 50 000 qkm umfaßt. „Alternative *c*“ war insgesamt am weitestgehenden und sah eine Zession von 54 000 qkm vor. Es handelte sich über Vorschlag „b“ hinausgehend um alle rechts der Oder gelegenen niederschlesischen Kreise vom Kreis Fraustadt an in südöst-

---

361 Materialien dieser Konferenz veröffentlicht vom Deutschen Büro für Friedensfragen, Erklärungen und Memoranden der alliierten Regierungen zur Deutschlandfrage.

362 Smith, The Papers of General Clay, Bd. 1, S. 488.

363 Lehmann, Der Oder-Neiße-Konflikt, S. 94 mit Anm. 14 u.15. Die Darstellung der amerikanischen Revisionsvorstellungen stützt sich im weiteren auf die Ausführungen und Nachweise Lehmanns, in: Der Oder-Neiße-Konflikt, S. 94-99 (mit drei Karten).

licher Richtung (wohl ohne den rechts der Oder gelegenen Teil des Stadtkreises Breslau), um Oberschlesien, allerdings ohne die Kreise Grottkau und Neiße sowie – weniger Gebiet umfassend als Vorschlag „b" – in Pommern um die Gebiete östlich der östlichen Grenzen der Landkreise Kolberg, Belgard, Dramburg, Arnswalde und Friedeberg (siehe Karte 9).

Begründet wurden diese Revisionsvorschläge, die auch eine Internationalisierung des oberschlesischen Industriereviers empfahlen, vor allem mit wirtschaftlichen Belangen, da ein Nachkriegsdeutschland ohne diese Gebiete wirtschaftlich nicht existenzfähig sei. Von dem außenpolitischen Berater für Deutschland, Robert Murphy, wurde diese Einschätzung weitgehend geteilt,[364] und auch Walter Bedell Smith, US-Botschafter in Moskau, machte sich, da Polen an die Kommunisten verloren war, später zu einem energischen Fürsprecher einer Grenzrevision zugunsten Deutschlands.[365]

Vor der Moskauer Außenministerkonferenz erarbeitete auch das US-Außenministerium einen – offensichtlich ebenfalls auf den Grenzvorstellungen von Jalta und Potsdam basierenden – Revisionsvorschlag, der aus wirtschaftlichen, historischen, ethnischen und politischen Gründen die deutsch-polnische Grenze entlang der oberschlesisch-niederschlesischen Grenze, von dort entlang der Grenze von 1919 bis zum Zusammenfluß von Netze und Drage westlich von Kreuz, von dort entlang einer Linie bis Neuwedell, von Neuwedell nach Dramburg, von Dramburg westlich an Belgard vorbei bis östlich von Kolberg an die Ostsee verlaufend vorsah (siehe Karte 9). Im Interesse einer friedlichen und dauerhaften Regelung sollte so Polen und Deutschland Gerechtigkeit widerfahren.[366] Dieser Vorschlag sollte in Moskau nur als mögliche amerikanische Position, nicht jedoch als Vorschlag gleich zu Beginn vorgebracht werden.[367]

---

364 Murphys Stellungnahme vom 20.2.1947, in: FRUS 1947, Bd. II, S. 173.

365 Mitteilung Smiths an Marshall vom 6.11.1947 im Vorfeld der Londoner Außenministerkonferenz, in: FRUS 1947, Bd. II, S. 898.

366 Dieser Vorschlag ist Teil einer Reihe von „Briefings" für die Moskauer Außenministerkonferenz. Abgedruckt in: FRUS 1947, Bd. II, S. 204 ff.

367 FRUS 1947, Bd. II, S. 206.

KARTE 9: Amerikanische Revisionsvorstellungen der Jahre 1946/47

Die britische Regierung sah im Vorlauf zur Moskauer Außenministerkonferenz zwar „keine praktizierbare Alternative, als schließlich die existierende provisorische polnisch-deutsche Grenze zu akzeptieren",[368] wollte amerikanische Revisionsvorstellungen jedoch unterstützen.[369] Die Republik Südafrika trat ebenfalls für eine Revision der de facto bestehenden deutsch-polnischen Grenze zugunsten Deutschlands ein.[370] Italien forderte für Deutschland eine Grenzziehung in Übereinstimmung mit den Prinzipien der Atlantik-Charta und der Satzung der Vereinten Nationen. Kanada wollte die Grenze auf ethnischer Grundlage festsetzen. Unterstützt wurde die polnische Grenzforderung von Jugoslawien.[371]

Auf der 4. Außenministerkonferenz (10. März bis 24. April 1947) in Moskau brachte der amerikanische Außenminister Marshall dann am 9. April die Ansätze der US-Regierung für eine Revision der deutsch-polnischen Grenze vor.[372] Er warnte davor, Deutschland zu sehr zu verkleinern und forderte am 9. April 1947, daß das oberschlesische Industriepotential für ganz Europa verfügbar bleiben müsse. Für die Regelung der Grenzfragen schlug er die Bildung einer Grenzkommission vor, außerdem verwies Marshall auf die Abreden der Konferenz von Potsdam 1945. Marshall wurde von dem britischen Außenminister Bevin unterstützt, der Deutschland auf Empfehlung seiner Behörde gegebenenfalls Gebiete zwischen Glatzer und Lausitzer Neiße sowie um Stettin in Pommern zurückgeben wollte.[373] Bevin verwies auf Stalins Äußerungen 1945 in Potsdam, wo dieser deutlich zum Ausdruck gebracht habe, daß die deutsch-polnische Grenze nicht endgültig geregelt sei. Schon damals habe die Übertragung von Teilen Schlesiens zwischen östlicher und westlicher Neiße in polnische Verwaltung in Großbritannien Zweifel hervorgerufen, so Bevin. Der französische Außenminister Bidault und sein sowjetischer Kollege Molotow[374] lehn-

---

368 Brit. Memorandum vom 31.1.1947, abgedruckt in: FRUS 1947, Bd. II, S. 149.

369 FRUS 1947, Bd. II, S. 183.

370 FRUS 1947, Bd. II, S. 100.

371 Czaja, Unterwegs zum kleinsten Deutschland?, S. 76.

372 Siehe zu den Verhandlungen über die deutsch-polnische Grenze am 9.4.1947: FRUS 1947, Bd. II, S. 320-323.

373 Foschepoth, Die Oder-Neiße-Frage, S. 79.

374 Molotow, Über die Ergebnisse der Londoner Konferenz, S. 452 ff.

ten auf der Moskauer Außenministerkonferenz jedoch jede Revision der Oder-Neiße-Linie ab. Bidault betonte zwar, daß die deutschen Grenzen provisorisch seien, versuchte allerdings wiederum, ein Junktim zwischen deutscher West- und Ostgrenze zu schaffen, was ihm jedoch mißlang.[375] Molotow bezog sich auf die Übereinkünfte von Jalta und Potsdam. Am 11. April 1947 lehnte er es entschieden ab, die Grenzfrage einer Grenzkommission zuzuweisen. Am 10. April erklärte plötzlich auch die polnische Regierung entgegen ihrem Standpunkt vom 23. Januar 1947 (s. o.) auf die Revisionsvorschläge Marshalls, daß sie die „Frage der Westgrenzen Polens als bereits entschieden und geregelt, in Übereinstimmung mit den Beschlüssen der Konferenzen von Jalta und Potsdam“, betrachte.[376] Die Moskauer 4. Außenministerkonferenz blieb schließlich hinsichtlich des Friedensvertrages und der Grenzfrage ohne Ergebnisse, sieht man von dem Beschluß zur Auflösung Preußens ab, die jedoch ohnehin vom Alliierten Kontrollrat bereits am 25. Februar 1947 verkündet worden war.

Ähnlich ergebnislos wie die Moskauer Außenministerkonferenz blieb die 5. Außenministerkonferenz in London, die vom 25. November bis zum 15. Dezember 1947 stattfand, bis sie von US-Außenminister Marshall abrupt abgebrochen und von den einstigen Verbündeten auf unbestimmte Zeit vertagt wurde. Die Außenminister der Siegermächte, einschließlich Frankreichs, tauschten am 27. November nochmals ihre Positionen zu den deutschen Grenzen aus.[377] Frankreichs Außenminister Bidault lehnte nach wie vor eine Revision der Oder-Neiße-Linie ab und bestand auf dem wirtschaftlichen Besitz des deutschen Saargebietes. Der britische Außenminister Bevin bekräftigte seine Vorstellungen von der Moskauer Außenministerkonferenz und beantragte die Einsetzung von Grenzkommissionen, auch für die deutsch-polnische Grenze, die anstehende Territorialfragen prüfen sollten. Der US-Außenminister Marshall erklärte in London, daß die Frage nach der deutsch-polnischen Grenze nur endgültig und gerecht geregelt werden könne, wenn man unter gleichmäßiger Beachtung des deutschen Irredentismus, polnischer Kompensationsansprüche, der Prinzipien des Selbstbestim-

---

375 FRUS 1947, Bd. II, S. 320 f., S. 323 ff.

376 Zitiert nach Maass, Dokumentation, S. 10.

377 Zu dieser Diskussion siehe die Aufzeichnungen in: FRUS 1947, Bd. II, S. 734 ff.

mungsrechtes, der Atlantik-Charta und wirtschaftlicher Belange Polens, Deutschlands und Europas eine Regelung treffe.[378] In London machte Marshall keinen konkreten Revisionsvorschlag. Allerdings lag ihm in Form eines Memorandums seitens des US-Militärgouverneurs Clay vom 5. November 1947 eine Empfehlung vor, im Falle einer Grenzrevision eine der oben beschriebenen „Alternative a“ entsprechende Lösung als maximale Konzession zur Verhandlungsgrundlage zu nehmen.[379] Der sowjetische Außenminister Molotow vertrat zur deutsch-polnischen Grenze jedoch die bekannte Meinung, sie sei schon in Potsdam festgelegt worden, und nachdem er den westlichen Vorschlag abgelehnt hatte, Kommissionen zur Prüfung aller deutschen Grenzfragen einzuberufen, wurde die Diskussion über die deutsche Ostgrenze abgebrochen.

2.1.6 Die Gründung des „Weststaates“

Nach dem Scheitern der Londoner Außenministerkonferenz wurden seitens der westlichen Alliierten USA und Großbritannien Pläne in Angriff genommen, einen separaten „Weststaat“ in Deutschland zu organisieren, der in eine westeuropäische Gemeinschaft integriert sein, die eigene Position auf dem Kontinent stärken und das Vordringen des Kommunismus nach Westen somit stoppen würde.[380] Sanktioniert wurden diese Pläne auf der Londoner Sechs-Mächte-Konferenz, die im März und im Juni 1948 in der britischen Hauptstadt tagte. Polen, das sich in dieser Frage übergangen fühlte, protestierte übrigens gegen jene Pläne.[381] Die Teilung Deutschlands wurde mit der Weststaatsidee in Kauf genommen, und auch das Potsdamer Protokoll mit seinen deutschlandpolitischen Regelungen verlor somit an Bedeutung. Der mögliche Einfluß des anglo-amerikanischen Revisionismus auf die deutsch-polnische Grenze wurde hierdurch erheblich gemindert, da die westdeutschen Seperatstaatspläne gleichzeitig ein langfristiges Hinneh-

---

378 Stellungnahme Marshalls abgedruckt in: Department of State, Germany 1947-1949, S. 149.

379 Smith, The Papers of General Clay, Bd. I, S. 488.

380 Die grundlegenden Vorstellungen Marshalls hierzu vom 20.2.1948 sind abgedruckt in: FRUS 1948, Bd. II, S. 72 f.

381 Maass, Dokumentation, S. 25 f.

men der sowjetischen Macht- und Einflußsphäre in Mittel- und Ostdeutschland und damit der Oder-Neiße-Linie bedeuteten.

Dies bedeutete jedoch nicht, daß die Oder-Neiße-Linie für die Deutschlandpolitik der westlichen Alliierten keine Bedeutung mehr hatte. Das Offenhalten der Oder-Neiße-Frage bedeutete vielmehr einen Sympathiegewinn der USA in Deutschland, da die deutsche Bevölkerung und deutsche Politiker zu dieser Zeit keineswegs bereit waren, die Oder-Neiße-Linie als deutsche Ostgrenze zu akzeptieren.

Die Oder-Neiße-Linie wurde jedoch lediglich verbal in Frage gestellt, ohne konkrete Pläne zu entwickeln, wie und in welcher Weise sie modifiziert werden könnte. Eine politisch-institutionelle Absicherung des Anspruchs Deutschlands auf die Oder-Neiße-Gebiete verweigerten die Westmächte. Nach den Aussagen des späteren Vertriebenenministers Hans Lukaschek von Oktober 1948 „bestand niemals ein Zweifel darüber", daß „eine Exilregierung" für die Oder-Neiße-Gebiete „von den Mächten nicht konzediert werden würde".[382]

Die Oder-Neiße-Linie war angesichts des „Kalten Krieges" nicht mehr revidierbar, sofern Gewalt ausschied oder Polen und die Sowjetunion von sich aus einen Rückzieher machen würden. Clays „Special Report" an das US-Außenministerium vom 15. Mai 1949, der erneut die Revisionsvorschläge vom November 1946/47 zur Sprache brachte und zugunsten Deutschlands sogar auf die ungünstigste „Alternative c" verzichtete und die „Alternative a" als „prefered solution", „Alternative b" als „maximum concession"[383] bezeichnete, war angesichts der realen Ohnmacht der USA, im Osten Deutschlands in ihrem Sinne einzuwirken, zu einer Farce geworden.

Die letzte (6.) Außenministerkonferenz, die vom 23. Mai bis 20. Juni 1949 in Paris stattfand, konnte sich trotz ihrer langen Dauer „nicht einmal mehr auf eine Tagesordnung einigen".[384] Eine weitere derartige Außenministerkonferenz fand nicht mehr statt, eine Friedensregelung

---

[382] Zitiert nach Lehmann, Der Oder-Neiße-Konflikt, S. 146, mit Nachweis Bundesarchiv in Anm. 29, S. 248 ebd.

[383] Zitiert nach Lehmann, Der Oder-Neiße-Konflikt, S. 141 f., mit Nachweis Polit. Arch. d. Ausw. Amtes in Anm. 20, S. 247 ebd.

[384] Czaja, Unterwegs zum kleinsten Deutschland?, S. 81.

nach dem Muster der Verträge mit den anderen „Feindstaaten“ rückte für Deutschland in weite Ferne.

Aber bereits am 23. Mai 1949, also am Tag des Beginns der 6. Außenministerkonferenz in Paris, wurden durch die Verkündung des Grundgesetzes die westlichen und südlichen Besatzungszonen Deutschlands unter dem Namen „Bundesrepublik Deutschland“ reorganisiert, am 7. Oktober 1949 wurde in der Sowjetischen Besatzungszone Deutschlands (SBZ) dann die „Deutsche Demokratische Republik“ (DDR) etabliert. Der in Potsdam angekündigte Friedensvertrag war durch die Teilung der Welt in West und Ost mitten durch Deutschland in weite Ferne gerückt und diente mehr und mehr als politische Lockformel, um die Westdeutschen mit der Aussicht auf eine hinsichtlich einer Revision der Oder-Neiße-Linie erfolgreiche Friedenskonferenz an den Westen zu binden und von „Einheitsverlockungen“ der Sowjetunion fernzuhalten. Daher hielten die Westmächte auch in den Jahren nach der Reorganisation bzw. Gründung der beiden Staaten in Deutschland an der juristischen Formel fest, daß die Grenzen Deutschlands solange offen seien, bis sie in einem Friedensvertrag rechtsverbindlich und endgültig festgelegt werden. Diese Haltung offenbarte sich deutlich in den Reaktionen auf die am 6. Juni 1950 in Warschau zwischen der DDR und Polen erfolgte „Deklaration über die Grenzmarkierung“ (s. w. u.) und auf das am 6. Juli 1950 zwischen der DDR und Polen abgeschlossene „Görlitzer Abkommen“ (s. w. u.), in denen Sprecher der amerikanischen und britischen Regierungen die Grenzverträge der DDR einmütig verwarfen.[385] Am 9. Juni 1950 erklärte der amerikanische Hohe Kommissar für Deutschland John Jay McCloy hierzu u.a., daß die Regierung der USA weder die Oder-Neiße-Grenze anerkenne, „noch die Eingliederung deutscher Gebiete in den polnischen Staat“, und der französische Hohe Kommissar André François-Poncet erklärte am 7. Juni 1950 abweichend von früheren französischen Verlautbarungen, „daß Frankreich das Staatsgebiet Deutschlands ausdrücklich in den Grenzen von 1937 anerkenne“.[386]

Als am 4. Oktober 1950 die Hohen Kommissare der westlichen Alliierten dem sowjetischen Oberbefehlshaber in Deutschland, General

385 Maass, Dokumentation, S. 42 f.

386 Zitiert nach Czaja, Unterwegs zum kleinsten Deutschland?, S. 118.

Wassili Iwanowitsch Tschuikow, und den ausländischen Botschaftern in Berlin eine Note übermittelten, in der die Regierung Adenauer gegen das „Görlitzer Abkommen" protestierte, betonten die westlichen Hohen Kommissare nochmals von sich aus unter Berufung auf das Potsdamer Protokoll die Regelungsbedürftigkeit der Grenzen Deutschlands durch einen Friedensvertrag. Der Grenzvertrag zwischen der nicht legitimierten „Sowjetzonenrepublik" und Polen verstoße deshalb gegen die von den vier Großmächten übernommenen Verpflichtungen.[387]

Als 1952 die Verhandlungen zum Vertrag über die Europäische Verteidigungsgemeinschaft (EVG) und zum damit in Zusammenhang stehenden „Vertrag über die Beziehungen zwischen der Bundesrepublik Deutschland und den Drei Mächten" (Deutschland-Vertrag)[388] geführt wurden, weigerten sich die Westmächte trotz harter Verhandlungen und Drohungen Konrad Adenauers jedoch, sich in diesen Verträgen auf eine künftige Revision der Oder-Neiße-Linie expressis verbis festlegen zu lassen.[389] Das einzige, was Adenauer erreichen konnte, war der dilatorische Formelkompromiß in Artikel 7 Absatz 1 des am 26. Mai 1952 geschlossenen Deutschlandvertrages, der deklamierte, daß die Unterzeichnerstaaten sich darin einig waren, „daß ein wesentliches Ziel ihrer gemeinsamen Politik eine zwischen Deutschland und seinen ehemaligen Gegnern frei vereinbarte friedensvertragliche Regelung für ganz Deutschland ist, welche die Grundlage für einen dauerhaften Frieden bilden soll". Die Unterzeichner waren sich „weiterhin darüber einig, daß die endgültige Festlegung der Grenzen Deutschlands bis zu dieser Regelung aufgeschoben werden muß", eine Formulierung, die ganz in der Kontinuität der Übereinkünfte von Potsdam 1945 stand. In Artikel 2 des „Deutschland-Vertrages" behielten sich die Drei Mächte im „Hinblick auf die internationale Lage, die bisher die Wiedervereinigung Deutschlands und den Abschluß eines Friedensvertrages verhindert hat", ausdrücklich „die bisher von ihnen ausgeübten oder innegehabten Rechte und Verantwortlichkeiten in bezug

---

387 Presse- und Informationsamt der Bundesregierung, Mitteilung an die Presse Nr. 853/1950.

388 Fassung vom 23.10.1954, in: Bundesgesetzblatt 1955 II, S. 305 ff.

389 Zu Adenauers Verhandlungen und Forderungen: Baring, Außenpolitik in Adenauers Kanzlerdemokratie, S. 136 ff.

auf Berlin und auf Deutschland als Ganzes einschließlich der Wiedervereinigung Deutschlands und einer friedensvertraglichen Regelung" vor. Dieser Vertrag behielt bis zur Wiedervereinigung Deutschlands 1990 seine Gültigkeit und blieb bis dahin Teil der rechtlichen Grundlage dessen, was völkerrechtlich unter „Deutschland" zu verstehen war.

Der Hinweis auf einen künftigen Friedensvertrag war auch der einzige Anhaltspunkt betreffend die Offenheit der Frage der deutschen Ostgrenze in den westalliierten Wiedervereinigungsplänen von 1954/55 (Eden-Pläne) und 1959 (Herter-Plan), die allerdings davon ausgingen, daß sich Deutschland für Wahlen zu einer verfassungsgebenden Nationalversammlung lediglich innerhalb seiner de facto damals bestehenden Grenzen wiedervereinigen solle.[390] Die von der deutschen Bundesregierung vertretene Ansicht über die formale Rechtslage Deutschlands, das in seinen Grenzen von 1937 als Staat bis zu einem Friedensvertrag fortbestehe, wurde von den Westmächten dennoch bis 1989 akzeptiert und manchmal bis dahin sogar noch vertreten,[391] ohne daß damit jedoch, so wie das bei den Außenministerkonferenzen 1947 der Fall war, bei den Westmächten noch der Wille zur Revision vorhanden gewesen wäre.

Spätestens seit Beginn der sechziger Jahre wurde die faktisch bestehende Oder-Neiße-Grenze von den Verbündeten der Bundesrepublik Deutschland nicht mehr in Frage gestellt, im Gegenteil, schon Ende der fünfziger Jahre drängten Großbritannien und die USA Adenauer „mehr oder weniger unverhüllt, [...] bezüglich einer Anerkennung der Oder-Neiße-Linie [...] auf die Vorstellungen der Sowjetunion zuzugehen".[392] Zusammengefaßt kann festgestellt werden, daß sich die Westmächte weigerten, ihren verbalen Revisionismus auch konkret in Verträgen festzulegen. Sie offenbarten damit einen Widerspruch „zwischen Worten, die Erwartungen weckten, und Taten, die ihnen nicht folgten".[393]

Obwohl nach dem Zweiten Weltkrieg zwischen Deutschland und seinen einstigen Kriegsgegnern kein Friedensvertrag zustande kam, wur-

---

390 Die Wiedervereinigungspläne sind abgedruckt bei Blumenwitz, Denk ich an Deutschland (Dokumentenband), S. 32 ff., S. 44 ff.

391 Eine entsprechende Erklärung des britischen Botschafters in Bonn, Bullard, vom 23.5.1986, dokumentiert bei Kiefer, Die deutsche Frage als strategischer Schlüssel, S. 54 f.

392 Schwarz, Entspannung und Wiedervereinigung, S. 8.

393 Lehmann, Der Oder-Neiße-Konflikt, S. 175.

de – dies sei hier noch erwähnt – der Kriegszustand dennoch beendet. Den Kriegszustand mit Frankreich beendete ein Dekret der Französischen Republik vom 9. Juli 1951, den mit Großbritannien eine Note der britischen Regierung, ebenfalls vom 9. Juli 1951, und den mit den USA eine gemeinsame Resolution des Senates und des Kongresses der USA vom 19. Oktober 1951 sowie eine Proklamation des Präsidenten der USA vom 24. Oktober 1951. Der Kriegszustand zwischen Deutschland und der UdSSR wurde am 25. Januar 1955 durch einen Erlaß des Präsidiums des Obersten Sowjets der UdSSR beendet.[394]

Das Besatzungsregime in der Bundesrepublik Deutschland beendeten die Westmächte durch Proklamation am 5. Mai 1955, die Alliierte Hohe Kommission wurde aufgelöst.[395]

394 Münch, Dokumente des geteilten Deutschland, S. 57-62.

395 Münch, a. a. O., S. 249 f.

2.2 Die Haltung der UdSSR

Auch die Sowjetunion hielt, wie die Westmächte, zunächst an dem in Potsdam vereinbarten Friedensvertragsvorbehalt der Grenzregelungen fest, wie aus einem am 16. August 1945 mit Polen geschlossenen Grenzvertrag hervorgeht.[396] Dort wurde in Artikel 3 die sowjetisch-polnische Demarkationslinie innerhalb Ostpreußens vorbehaltlich der „Erwartung des endgültigen Beschlusses über den Verlauf der Westgrenze Polens auf der Friedenskonferenz"[397] festgelegt. Das vertragliche Offenhalten der Oder-Neiße-Frage entsprach wohl u.a. auch dem Kalkül, die Grenzfrage je nach Bedarf für den Wunsch, Deutschland zu sowjetisieren, einzusetzen. Die Sowjetunion wäre, so kann spekuliert werden, vielleicht bereit gewesen, die Oder-Neiße-Linie zu revidieren, wenn dadurch den Kommunisten in Deutschland ein Wahlsieg ermöglicht worden wäre. Solange weder über Deutschlands, noch über Polens Schicksal entschieden war, mußte Moskau daran gelegen sein, die Grenzfrage offenzuhalten, um sie im geeigneten Moment als Trumpfkarte nach der einen oder anderen Seite ausspielen zu können.

Bis Mitte September 1946, als die ersten Gemeindewahlen in der Sowjetischen Besatzungszone (SBZ) für die „Sozialistische Einheitspartei Deutschlands" (SED) enttäuschend ausgegangen waren, durfte die SED unter Duldung der Sowjetischen Militäradministration verbreiten, daß eine Revision der Oder-Neiße-Linie vom Erfolg der „Demokratie", des „Sozialismus" und des „Antifaschismus" abhänge.[398] Nach Aussage des damals stellvertretenden SED-Vorsitzenden Walter Ulbricht hätte das deutsche Volk „durch eine schnelle und entschlossene demokratische Entwicklung" das Ausmaß des Gebietsverlustes im Osten noch zu seinen Gunsten beeinflussen können. Erst am 17. September 1946 habe sich die UdSSR offiziell auf die Oder-Neiße-Linie festgelegt.[399]

Auch in Zusammenhang mit dem Reparationsproblem wäre aus sowjetischer Sicht eine Grenzrevision zugunsten Deutschlands vielleicht

---

396 Uschakow, Das Potsdamer Abkommen in polnischer Sicht, S. 189.

397 In deutscher Übersetzung ist der Vertrag abgedruckt bei Blumenwitz, Denk ich an Deutschland, Dokumentenband, S. 28 f.

398 Schreiben Murphys an Byrnes vom 24.6.1946, abgedruckt in: FRUS 1946, Bd. V, S. 727 ff.

399 Ulbricht, Die Grundlagen der deutsch-polnischen Freundschaft, in: Neues Deutschland vom 21.11.1948 (Sonntagsbeilage).

denkbar gewesen, nachdem am 3. Mai 1946 der amerikanische Militärgouverneur Lucius D. Clay einen Demontagestop und die Einstellung der Reparationslieferungen an die UdSSR verfügte[400] und die Westmächte aufgrund des Stromes von Ostvertriebenen in ihren Zonen vor ernsten Ernährungsproblemen standen. Da das Sowjetregime möglichst hohe Reparationen aus den Westzonen erhalten wollte, lag ein Tauschgeschäft nahe: „Wenn die Deutschen zu Lasten der Polen über deren Köpfe hinweg *landwirtschaftliche* Teile der Oder-Neiße-Gebiete wieder zurückerhielten, so sparten die USA künftig Millionenbeträge für Lebensmittellieferungen, die Sowjetunion aber hätte Reparationen einhandeln können, die ihr bisher verweigert worden waren."[401]

Nach dem für die Sowjetunion enttäuschenden Wahlergebnis der Gemeindewahlen in ihrer Besatzungszone Deutschlands vom 1. bis 15. September 1946 legte sich die Sowjetunion unter Berufung auf die Potsdamer Übereinkommen, deren Realisierung irreversible Tatsachen geschaffen hätten, die auf der Friedenskonferenz nur noch bestätigt werden müßten, nach außen hin jedoch eindeutig auf die Oder-Neiße-Linie als endgültige deutsch-polnische Grenze fest.[402] Ausschlaggebend hierfür war wohl vor allem die Angst, im Falle einer Revision der Oder-Neiße-Linie das schon fast sicher sowjetisierte Polen wieder zu verlieren, während die Sowjetisierung Deutschlands unsicher blieb.

Durch den kommunistischen Wahlsieg in Polen im Januar 1947 bestärkt konnte durch Außenminister Molotow die Sowjetunion bei der 4. Außenministerkonferenz in Moskau (10. März bis 24. April 1947), auf der Marshall die Revision der Oder-Neiße-Linie vorschlug, am 9. April den sowjetischen Standpunkt zur deutsch-polnischen Grenze darstellen. Für Molotow enthielten die Beschlüsse von Jalta und Potsdam Verpflichtungen, die eingehalten werden müßten, und Bestimmungen, die das Grenzproblem endgültig regelten. Molotow nahm auch Bezug auf den gemeinsam gefaßten und durchgeführten Be-

---

[400] Gimbel, Amerikanische Besatzungspolitik in Deutschland 1945-1949, S. 87.

[401] Diese Spekulation siehe bei Lehmann, Der Oder-Neiße-Konflikt, S. 79, und auch Vierheller, Polen und die Deutschlandfrage, S. 133.

[402] Interview Molotows mit der Poln. Presseagentur am 17.9.1946 auf die Rede Byrnes' und nach den Gemeindewahlen in der SBZ, in: Polish Embassy London, Poland, Germany and European Peace, S. 111 ff.; so auch Stalin am 21/29.10.1946 in einem Interview mit dem Präsidenten der United Press, Baillie, in: FRUS 1946, Bd. VI, S. 793 f.

schluß, die deutsche Bevölkerung auszusiedeln. Inzwischen seien in den betreffenden Gebieten schon 5 Millionen Polen angesiedelt worden, eine abermalige Um- und Rücksiedlung sei sowohl den Polen als auch den Deutschen gegenüber eine „unzulässige Grausamkeit“. Die Friedenskonferenz habe, so Molotow, nur noch formell zu bestätigen, was auf der Potsdamer Konferenz beschlossen worden sei. Molotow lehnte es in Moskau kategorisch ab, eine Revision der Oder-Neiße-Linie auch nur zu diskutieren. Bemerkenswert war in Moskau die Argumentation Molotows, die die Kompensationstheorie plötzlich verwarf und die pseudohistorische Behauptung von der „Rückkehr“ Polens in historische Gebiete, wo zur Zeit der Piasten die „Wiege“ des Landes gestanden habe, an deren Stelle setzte.[403]

Auch auf der 5. Außenministerkonferenz in London (25. November bis 15. Dezember 1947) lehnte Molotow jede Diskussion über die Oder-Neiße-Linie ab.

Diese offiziell nach außen zur Schau getragene Position in der Oder-Neiße-Frage widersprach allerdings der praktischen Politik der Sowjetunion Stalins und seiner Nachfolger innerhalb des sowjetischen Machtbereichs. In der Realität wurde Polen durch die permanent-latente sowjetische Drohung mit einer Schwenkung in der Grenzfrage jahrzehntelang an der politischen Leine des mächtigen und skrupellosen Nachbarn im Osten geführt. Eine Kostprobe dieser Politik bekam die polnische Regierung schon im Juni/Juli 1947 zu spüren, als Stalin Polen vor die Wahl stellte, entweder auf die Hilfe des US-amerikanischen „Marshall-Planes“ zu verzichten oder auf Niederschlesien zwischen der östlichen und westlichen Neiße.[404] Es existieren vereinzelt Hinweise, daß auch 1957, 1959 und 1981 (Solidarność-Krise) zur „Disziplinierung“ Polens die Grenzfrage erörtert worden sein könnte.[405] Zumindest wurde 1981 eine Invasion der Warschauer-Pakt-Staaten UdSSR und DDR in Polen diskutiert, die jedoch durch die Ausrufung des Kriegsrechts durch General Wojciech Jaruzelski am 13. Dezember 1981 überflüssig wurde.[406]

---

403 Molotow, Fragen der Außenpolitik, S. 452 ff., bes. S. 456 f.

404 Lehmann, Der Oder-Neiße-Konflikt, S. 125 mit Quellennachweis (Bundesarchiv) in Anm. 69.

405 Andeutungsweise Bingen, Westverschiebung Polens, S. 170.

406 Jozsa, Reaktionen der Sowjetunion, S. 65 ff. Siehe zu dem starken Drängen der DDR auf eine Intervention in Polen 1981 Oldenburg, Das Verhältnis SED-PVAP, S. 119 ff.

Schon am 24. Juni 1948 wurde von einer nach Warschau einberufenen Konferenz der acht Ostblockstaaten in einer politischen Deklamation die Oder-Neiße-Linie in propagandistischer Manier jedoch als unverrückbare „Friedensgrenze“ (immovable frontier – a frontier of peace)[407] bezeichnet. Damit hatte sich der Ostblock unter der Führung der Sowjetunion auf eine offizielle Haltung zur Oder-Neiße-Linie festgelegt, die der des Westens genau widersprach, wodurch es scheinen mußte, daß die USA Partei für Deutschland, die UdSSR Partei für Polen ergriffen. Seit der Gründung des Warschauer Paktes am 14. Mai 1955 garantierte die Sowjetunion die Oder-Neiße-Linie als „Friedensgrenze“ zwischen Deutschland bzw. der DDR und Polen, indem sie sie offiziell nicht mehr in Frage stellte. Zu dieser offiziellen Politik gehören auch die sowjetischen Friedensvertragsentwürfe vom 10. März 1952 und vom 10. Januar 1959, die beide eine Wiedervereinigung Deutschlands lediglich unter Anerkennung der Oder-Neiße-Linie vorsahen.[408]

---

407 Die Erklärung ist abgedruckt in: Polish Embassy London, Poland, Germany and European Peace, S. 17 ff. Hier S. 22.

408 Die Entwürfe sind abgedruckt bei Blumenwitz, Denk ich an Deutschland (Dokumentenband), S. 31 f., S. 36 ff.

2.3 Die Haltung der Katholischen Kirche

Bekanntlich ist der Apostolische Stuhl in Rom (Heiliger Stuhl, „Vatikan“) nicht nur das Zentrum der römisch-katholischen Kirche, sondern auch Völkerrechtssubjekt. Zur Regelung seiner Beziehungen zu anderen Staaten bzw. zur Regelung römisch-katholischer kirchlicher Angelegenheiten in anderen Staaten schließt der Apostolische Stuhl Konkordate. Diese Konkordate gelten i.d.R. als völkerrechtliche Verträge.

Für Deutschland galten und gelten bis heute sowohl vor dem Krieg geschlossene Länder-Konkordate als auch das Reichskonkordat vom 20. Juli 1933 (ratifiziert und in Kraft getreten am 10. September 1933). Das Reichskonkordat hat den Krieg überdauert und galt nach der Reorganisierung eines Teiles Deutschlands als Bundesrepublik Deutschland für das Verhältnis dieser zum Apostolischen Stuhl fort. Die Tatsache, daß der Geltungsbereich des Reichskonkordats sich auf die damaligen Grenzen des Deutschen Reiches erstreckte, zeitigte bis 1972 Auswirkungen auf die Organisation der römisch-katholischen Kirche in den Oder-Neiße-Gebieten.

Der Apostolische Stuhl hat die Teilung Deutschlands und die Oder-Neiße-Linie (und die Vertreibung der römisch-katholischen deutschen Bischöfe und Priester!) zunächst nicht anerkannt und daher auch auf eine Neugliederung der Bistümer in den betreffenden Gebieten trotz entsprechender polnischer Wünsche verzichtet.

Die Vertreibung an sich hat der Vatikan, insbesondere Papst Pius XII., scharf kritisiert. Am 1. September 1945, knapp einen Monat nach dem Potsdamer Protokoll, verurteilte der Papst die Vertreibung der Deutschen aus Ostdeutschland erstmals und wiederholte diese Verurteilung danach mehrfach, so auch in seiner Weihnachtsbotschaft von 1945, die allerdings auf Weisung des polnischen Primas' Augustyn Kardinal Hlond den polnischen Gläubigen vorenthalten wurde.[409] Pius XII. forderte 1948 sogar, „die Vertreibung, soweit es geht, rückgängig zu machen“.[410]

---

409 Georg W. Strobel, Kardinal Hlonds unredliche nationalistische Handlungsweise, in: Frankfurter Allgemeine Zeitung v. 29.3.2000.

410 Czaja, Unterwegs zum kleinsten Deutschland?, S. 520.

Der Papst stand damit in scharfem Gegensatz zum seinerzeitigen Primas Poloniae, Kardinal Hlond, und der durch diesen vertretenen katholischen Kirche in Polen. Die polnische katholische Kirche stand, den traditionellen piastischen integralen Nationalismus seit dem 19. Jahrhundert fördernd und stützend, der Westausdehnung Polens bis an Oder und Lausitzer Neiße frühzeitig positiv gegenüber, befürwortete die Vertreibung der Deutschen und wirkte aktiv an dieser mit. „Für die ‚polnische Kirche' war allein bedeutsam, daß Polen nach dem Ende des Krieges erstmals in seiner Geschichte die Aussicht besaß, der von ihr ersehnte konfessionelle Nationalstaat zu werden." Die Vertreibung der deutschen Bevölkerung war ja die Voraussetzung für die Polonisierung der „historischen Gebiete Polens". Diese „Polonisierung" und „Katholisierung" wurde von der polnischen Kirche als „heilige nationale Aufgabe", als „ehrenhafte patriotische Bürgerpflicht" angesehen. Polnische Geistliche suggerierten den polnischen Siedlern, „daß sie die Übernahme der Oder-Neiße-Gebiete wohlhabender machen werde und die Aneignung deutschen Eigentums weder Raub noch Diebstahl, sondern gottgewollt und daher keine Sünde sei, selbst wenn es mit Gewalt geschehe".[411]

Kardinal Hlond ging von einer deutschen Kollektivschuld und von einem „nationalsozialistischen Heidentum" aller Deutschen aus und ersetzte im polnischen Machtbereich schnellstmöglich den deutschen Klerus durch polnische Strukturen. Die deutschen katholischen Priester wurden ebenso vertrieben wie die protestantischen. Der deutsche Klerus wurde vom polnischen Klerus schlicht als „Hemmnis bei der Entdeutschung" der Oder-Neiße-Gebiete angesehen. Offenbar wahrheitswidrig behauptete Primas Kardinal Hlond 1945 gegenüber den deutschen Bischöfen Ostdeutschlands, in unmittelbarem päpstlichem Auftrag eine kirchenrechtliche Neuordnung der Oder-Neiße-Gebiete durchzuführen. In der von Hlond zu verantwortenden eigenmächtigen, nicht vom Papst ausgehenden Ablösung der ostdeutschen Kirchenstrukturen durch Vertreibung manifestierten sich die traditionelle Mis-

[411] Strobel, Chauvinismus und Verstrickung, S. 27 ff. Siehe überhaupt zum Anteil und zur Haltung der polnischen katholischen Kirche zur Westexpansion Polens in der Geschichte Strobel, ebendort, S. 4 ff.

sionierungsrolle und der damit verbundene Chauvinismus des polnischen Klerus in kennzeichnender Weise.[412]

Durch das chauvinistische Vorgehen der „polnischen Kirche" wurde, so der Historiker Georg W. Strobel, „auch das damals noch keineswegs stabilisierte kommunistische Regime Polens politisch konsolidiert. Kleriker übernahmen mit Billigung ihres Episkopats in den Oder-Neiße-Gebieten Aufgaben der anfangs noch fehlenden kommunistischen Kommunalverwaltung, wobei sie von der sowjetischen Militärverwaltung akzeptiert wurden. Dadurch unterstützten sie allerdings die Ausbreitung des Kommunismus, was eklatant gegen die Leitgedanken der Enzyklika ‚Quadragesima anno' von 1931 und des päpstlichen Sendschreibens ‚Redemptoris divini' von 1937 verstieß und groben Ungehorsam gegenüber dem Papst bedeutete." Dennoch zufrieden mit sich und seinem Entdeutschungswerk verkündete Hlond in einer Predigt im Jahr 1948: „Die Kirche war mit euch, als die Stunde der Abrechnung für dieses Jahrhundert geschlagen hatte."[413] Schon im Oktober 1946 rechtfertigte sich Hlond gegenüber dem Papst in einem Schreiben u. a. so: „Mit dem Weggang der Deutschen stirbt die Häresie; mit der Ankunft der Polen lebt der römische Glaube wieder auf." Der „germanische Protestantismus" habe dadurch einen „mächtigen Stoß" erhalten, so Hlond.[414]

Von einem im Dezember 1951 in Breslau von 1500 polnischen Geistlichen abgehaltenen Kongreß wurde die Richtigkeit des Vorgehens bei der Polonisierung und Katholisierung der ostdeutschen Gebiete ausdrücklich betont. In einer Erklärung zum 20. Jahrestag der Aneignung der Oder-Neiße-Gebiete unterstrich der polnische Kardinal Stefan Wyszyński im Jahr 1965, daß „die Steine (Breslaus) polnischen Geist atmeten" und „lange darauf warten mußten, bis sie in den Schoß Polens zurückkehren konnten".[415]

Sogar der berühmte Brief der polnischen an die deutschen Bischöfe vom November 1965, der den Kernsatz „Wir gewähren Vergebung und

---

[412] Georg W. Strobel, Kardinal Hlonds unredliche nationalistische Handlungsweise, in: Frankfurter Allgemeine Zeitung v. 29.3.2000; Strobel, Chauvinismus und Verstrickung, S. 39.

[413] Ebd.

[414] Daniel Deckers, „Mit dem Weggang der Deutschen stirbt die Häresie". Die widerrechtliche Polonisierung der Kirchenverwaltung in den Gebieten jenseits von Oder und Neiße, in: Frankfurter Allgemeine Zeitung v. 16.3.2000, S. 6.

[415] Zitiert nach Strobel, Die polnische „Preußenkrankheit", S. 29.

bitten um Vergebung“ enthielt und angeblich eine Wende in den deutsch-polnischen Beziehungen eingeleitet hat, wurde im Februar 1966 durch einen „Fastenhirtenbrief“ der polnischen Kirche wieder relativiert. In diesem „Fastenhirtenbrief“, der in Deutschland kaum bekannt ist, hieß es u. a.: „Wir richten unsere verzeihenden Worte an diejenigen, die ihre Schuld einsehen und den guten Willen zu einem friedlichen Zusammenleben mit uns besitzen; die verstehen, daß die Gebiete, die wir besitzen und unter Schwierigkeiten in Bewirtschaftung genommen haben, nicht nur die alten piastischen Gebiete unserer Väter sind, sondern auch eine Notwendigkeit für unsere Existenz darstellen. [...] Hat aber die polnische Nation einen Grund, die Nachbarn um Vergebung zu bitten? Mit Sicherheit nein! Wir sind überzeugt, daß wir als Volk durch die Jahrhunderte dem deutschen Volk keinerlei politisches, wirtschaftliches oder kulturelles Unrecht angetan haben [...] Wenn sich nur ein einziger Pole als unwürdig erwiesen hätte, erst dann hätten wir Anlaß zu sagen: ‚Wir entschuldigen uns‘.“[416] Einige deutsche Katholiken aus Westdeutschland, konstituiert im „Bensberger Kreis“, setzten den Weg der Verständigung dennoch fort und verabschiedeten im Jahr 1968 das vielbeachtete „Memorandum deutscher Katholiken zu den deutsch-polnischen Fragen“, in welchem auch eine Anerkennung der Oder-Neiße-Linie als deutsch-polnische Grenze in Betracht gezogen wurde.

Strukturen der ehemaligen ostdeutschen Diözesen Breslau und Ermland, der ehemaligen freien Prälatur Schneidemühl und der ehemaligen Generalvikariate Glatz und Branitz sowie für Danzig existierten mit deutscher staatlicher und vatikanischer Unterstützung im Westen für die Vertriebenenseelsorge auch nach der Vertreibung lange weiter, argwöhnisch betrachtet vom polnischen Klerus, der der Deutschen Bischofskonferenz jahrzehntelang vorwarf, sie verhalte sich mit ihrer Vertriebenenseelsorge revisionistisch und damit polenfeindlich. Außerdem bedrängte der polnische Klerus jahrzehntelang den Vatikan, die kirchenrechtlichen Verhältnisse in den Oder-Neiße-Gebieten, so wie sie Primas Kardinal Hlond de facto geschaffen hatte, endgültig zugunsten Polens zu regeln.[417]

---

416 Fastenhirtenbrief vom 10.2.1966. Zitiert nach: Strobel, Die polnische „Preußenkrankheit“, S. 28.

417 Strobel, Chauvinismus und Verstrickung, S. 48.

Erst im Zuge der von der Bundesrepublik Deutschland Anfang der siebziger Jahre praktizierten Ostvertragspolitik (s.w.u.) entschloß sich der Vatikan auf das Drängen des polnischen Episkopates hin, eine Neuzirkumskription der Diözesen in den Oder-Neiße-Gebieten vorzunehmen und die alte „deutsche“ Struktur aufzuheben bzw. zu ergänzen.

Am 28. Juni 1972 veröffentlichte der Apostolische Stuhl unter Papst Paul VI. in der Verlautbarung (Bulle) „Episcoporum Poloniae“ die kirchenrechtliche Neuordnung, die in den Oder-Neiße-Gebieten die neuen Bistümer Oppeln, Landsberg a. d.Warthe, Stettin-Cammin, Köslin und Kolberg bildete. Die Neuordnung wurde vom Vatikan ausdrücklich mit der Sicherstellung pastoraler Notwendigkeiten begründet.

Am 10. Juli 1972 erging eine Verbalnote der Deutschen Botschaft beim Apostolischen Stuhl, mit der die Bundesrepublik Deutschland auf die Neuzirkumskription der Diözesen in den Oder-Neiße-Gebieten durch den Vatikan reagierte. In dieser bemerkenswerten Note hieß es u. a.: Da die „Rechte und Verantwortlichkeiten der Vier Mächte sich insbesondere auch auf die endgültige Festlegung der Grenzen Deutschlands als Ganzes erstrecken, können die Gebiete der bisherigen Diözesen Breslau, Ermland und der freien Prälatur Schneidemühl insoweit auch nach dem Inkrafttreten des Vertrages vom 7.12.1970[418] noch nicht als endgültig aus dem Geltungsbereich des zwischen dem Deutschen Reich und dem Hl. Stuhl abgeschlossenen Konkordats vom 20.7.1933 ausgeschieden angesehen werden, das im Verhältnis zwischen dem Hl. Stuhl und der Bundesrepublik Deutschland nach wie vor in Kraft ist. Unter diesen Umständen hat nach Auffassung der Bundesregierung der Artikel 33, Abs. 2, des Reichskonkordats eine Bedeutung auch für Regelungen behalten, die sich auf das Gebiet der genannten Diözesen beziehen.“[419] Trotz dieser Rechtsauffassung der deutschen Bundesregierung unterließ der Vatikan eine eingehende Konsultation mit der Bundesregierung betreffend die Diözesen östlich von Oder und Neiße.[420]

Am 31. Juli 1972 übermittelte allerdings der damalige Apostolische Nuntius in Deutschland, Erzbischof Konrad Bafile, dem damaligen

---

418 Gemeint ist der deutsch-polnische Grundlagenvertrag, s. w. u. Anm. d. Verf.

419 Zitiert nach Czaja, Unterwegs zum kleinsten Deutschland?, S. 482.

420 Czaja, Unterwegs zum kleinsten Deutschland?, S. 483.

Generalsekretär des Bundes der Vertriebenen eine ausführliche Darlegung, aus der hervorgeht, daß der Vatikan mit der Neubildung jener Bistümer keinen Akt „politischer Natur“ vorgenommen habe, der „als politische Anerkennung der Oder-Neiße-Grenze“ ausgelegt werden könne. „Die Maßnahmen des Hl. Stuhls“ seien „nicht als Ergebnis von diplomatischen Verhandlungen mit der polnischen Regierung getroffen worden und auch nicht, um eine Konzession an nationale Interessen zu machen“, so der Nuntius. „Daraus ergibt sich auch: Sollte der endgültige Friedensvertrag Änderungen der gegenwärtigen Grenzlinie herbeiführen, wäre eine entsprechende Anpassung der Diözesangrenzen eine Selbstverständlichkeit“, schrieb Erzbischof Bafile als Vertreter des Vatikan im Hinblick auf die damalige völkerrechtliche Lage des geteilten Deutschlands.[421]

Der Vatikan, ein Völkerrechtssubjekt, das im Gegensatz zu den politischen Westmächten in den von katholischen Christen bewohnten Gebieten des kommunistischen Machtbereiches zumindest im Hinblick auf die kirchenrechtliche Organisation tatsächlich Regelungskompetenz hatte, hat die Oder-Neiße-Linie bis zur Wiedervereinigung Deutschlands also nicht völkerrechtlich anerkannt und sogar bis 1972 an den aus deutscher Zeit überkommenen Bistumsstrukturen in den Oder-Neiße-Gebieten nichts geändert.

---

[421] Zitiert nach Czaja, Unterwegs zum kleinsten Deutschland?, S. 480 f.

2.4 Die Haltung in der Sowjetischen Besatzungszone Deutschlands bzw. in der Deutschen Demokratischen Republik und die Haltung in der Volksrepublik Polen

2.4.1 Polen 1945 bis 1949

Nach dem Wortlaut des „Potsdamer Protokolls“ vom 2. August 1945 wurde den polnischen Verwaltungsbehörden deutsches Gebiet östlich von Oder und Lausitzer Neiße zur Verwaltung überlassen. Über die im „Potsdamer Protokoll“ beschriebene Grenze hinaus erhielten polnische Behörden – übrigens wie die übrigen Oder-Neiße-Gebiete zeitlich ebenfalls schon vor der Potsdamer Konferenz – aufgrund einer sowjetischen Entscheidung am 3./5. Juli 1945 auch die westlich der Oder gelegene Hafenstadt Stettin teilweise zur Verwaltung, wobei gemäß einer Vereinbarung über eine vorläufige Demarkationslinie zwischen Polen und Deutschland vom 10. Juli 1945, getroffen zwischen der Sowjetischen Militäradministration in Deutschland (SMAD) und polnischen Stellen, jedoch noch drei Vororte Stettins in der Sowjetischen Besatzungszone Deutschlands (SBZ) verblieben. Zuvor hatten polnische „Verwaltungskader“ schon zweimal versucht, von Stettin Besitz zu ergreifen (28. April und 9. Juni 1945). Sie wurden jedoch beide Male von der Sowjetunion zurückbeordert.[422]

Bis zur Übergabe der Stadt Stettin in polnische Verwaltung am 5. Juli 1945 amtierte dort übrigens noch der von den Sowjets am 3. Mai eingesetzte deutsche Oberbürgermeister Erich Wiesner. Damals lebten in Stettin noch etwa 84 000 Deutsche und schon rund 1600 neuangesiedelte Polen. In einem Rechenschaftsbericht des letzten deutschen Bürgermeisters von Stettin, der am 14. Juli 1945 verfaßt worden ist, hieß es: „Hundertmal lieber eine Besetzung durch die Rote Armee als Polenherrschaft.“[423]

Am 19. November 1945 kam durch eine eigenmächtige polnisch-sowjetische Übereinkunft vom 21. September 1945 zusätzlich ein Ge-

---

[422] Zur Inbesitznahme Stettins durch Polen: Breyer, Die Oder-Neiße-Linie bei Stettin, S. 429 ff.; Heitmann, Die Stettin-Frage.

[423] Zitiert nach: Bund der Vertriebenen (Hrsg.), Deutscher Ostdienst Nr. 20 v. 18.5.2001, S. 11.

biet westlich der Oder und östlich einer genau beschriebenen Linie, die im wesentlichen der heutigen deutsch-polnischen Grenze entspricht, von ca. 850 qkm im Bereich zwischen Swinemünde (poln. Świnoujście) und Greifenhagen (poln. Gryfino) unter polnische Verwaltung,[424] wobei der nördliche Teil Stettins, der Stadtteil Pölitz (poln. Police), der erst am 8. Juli 1946 polnischer Verwaltung übergeben wurde und bis dahin als deutsche Enklave (!) geduldet werden musste,[425] und der Haupthafen Stettins erst am 19. September 1947 endgültig polnischer Verwaltung übergeben wurden.[426] Die an der Ostsee gelegene Stadt Swinemünde wurde am 6. Oktober 1945 von der polnischen Verwaltung übernommen[427] (siehe Karte 7).

Einhergehend mit der Vertreibung der deutschen Bevölkerung erfolgte in den Oder-Neiße-Gebieten eine Besiedlung mit Polen. Gleichzeitig gliederte der polnische Staat die Oder-Neiße-Gebiete durch Verwaltungsmaßnahmen in das Staatswesen ein. Mit einem Dekret vom 13. November 1945 wurde für eine Übergangszeit ein Sonderministerium für die „wiedergewonnenen Gebiete", das mit außerordentlichen Vollmachten ausgestattet war, eingerichtet, und das innerpolnische Recht in den Oder-Neiße-Gebieten eingeführt.[428] Durch eine Verordnung des Ministerrats wurde am 29. Mai 1946 eine vorläufige Verwaltungsgliederung für die „wiedergewonnenen Gebiete" geschaffen, wodurch die Wojewodschaften Allenstein (Olsztyn), Stettin (Szczecin) und Breslau (Wrocław) eingerichtet, einige Kreise jedoch bereits bestehenden Wojewodschaften Innerpolens angegliedert wurden.[429] Durch Rechtsakte zur Regelung von Eigentumsverhältnissen der „Kolonisten" und zur Förderung der Neubesiedlung[430] verteilte der polnische Staat in den ihm „zur Verwaltung" übergebenen deutschen

---

424 Breyer, Die Oder-Neiße-Linie bei Stettin, S. 433. Siehe auch Keesing's Archiv der Gegenwart 1945, S. 441 C.

425 Bingen, Oder-Neiße-Grenze, S. 409.

426 Breyer, Die Oder-Neiße-Linie bei Stettin, S. 436, und Lehmann, Der Oder-Neiße-Konflikt, Anm. 79, S. 231.

427 Bahr, Ostpommern unter polnischer Verwaltung, S. 102.

428 Klafkowski, Die deutsch-polnische Grenze nach dem II. Weltkrieg, S. 58 ff.

429 Europa-Archiv 1/1946/47, S. 593 ff.

430 Geilke, Die gesetzgeberischen Maßnahmen Polens, S. 113 ff.; Bundesministerium für Vertriebene, Die Vertreibung der deutschen Bevölkerung aus Ostmitteleuropa, Bd. I/3, Polnische Gesetze und Verordnungen 1944-1955.

Ostgebieten das bereits durch Gesetz vom 6. Mai 1945 sowie durch Dekret vom 8. März 1946 konfiszierte deutsche Eigentum.

Aus den weitreichenden Rechtsakten Polens, durch die die Oder-Neiße-Gebiete trotz des juristischen Vorbehaltes faktisch in den polnischen Staat eingegliedert wurden, ist ersichtlich, daß Polen sich in Konsequenz seiner schon vor Kriegsende gezeigten politischen Haltung auf Dauer in seinen ursprünglich deutschen „Verwaltungsgebieten" einrichten und diese für immer behalten wollte. Aus einem Vertrag Polens mit der Tschechoslowakei geht jedoch hervor, daß zumindest noch bis Februar 1946 in Warschau zwischen dem eigenen Hoheitsgebiet und einem Verwaltungsgebiet gemäß dem Potsdamer Protokoll unterschieden wurde.[431]

Über das in Potsdam Polen zur Verwaltung übergebene Gebiet hinaus erhoffte sich die Warschauer Regierung noch bis ins Jahr 1947 weitere „Grenzrevisionen" zugunsten Polens, die eine Grenze bis teilweise ca. 50 km *westlich* der Oder erbringen sollten, eine Forderung, die mit amtlicher Billigung und Förderung vor allem der „Polnische Westverband" (Polski Związek Zachodni) und das Posener „Westinstitut" (Instytut Zachodni) unter Zygmunt Wojciechowski, das die Forderungen „wissenschaftlich" zu begründen suchte, vorbrachten.[432] Teilweise wurde sogar die „Eingliederung" Vorpommerns einschließlich Stralsund und Rügen in Polen gefordert.[433] Hätten diese Forderungen Erfolg gehabt, dann hieße etwa, so kann polnischen Atlanten entnommen werden, Prenzlau heute „Przemysław", Anklam trüge den Namen „Nakło", Wolgast den Namen „Wołogoszcz", Greifswald hieße „Gryfia" und Stralsund „Strzalów". Weiter im Süden forderte das kommunistische Polen in dieser Zeit im Hinblick auf das in der Lausitz zum Teil von Sorben besiedelte Gebiet, dieses müsse entweder als autonomes Gebilde errichtet oder Polen angeschlossen werden.[434]

---

[431] Strobel, Deutschland-Polen, Wunsch und Wirklichkeit, S. 14. Lehmann, Der Oder-Neiße-Konflikt, S. 58. Uschakow, Stalins Anteil, S. 88.

[432] Besonders Wojciechowski, The Left Bank of the Oder, S. 424 f., S. 426. Siehe zu diesen Gebietsforderungen auch die Zusammenfassung bei Breyer, Die Oder-Neiße-Linie bei Stettin, S. 436 ff. sowie die o. g. Forderungen Wojciechowskis aus der Vorkriegszeit.

[433] Wojciechowski, The Left Bank of the Oder, S. 428 ff.

[434] Strobel, Die polnische „Preußenkrankheit", S. 27.

Erfolgreich waren diese Gebietsforderungen, wie schon dargestellt, im Jahr 1945 westlich von Stettin im Bereich der Kreise Greifenhagen und Ueckermünde. Ein noch Anfang November 1947 durch polnische Truppen links der Oder besetztes Gebiet der SBZ bei Schwedt von ca. 50 km Länge und 10 km Breite konnte von Polen jedoch nicht mehr annektiert werden, da die Sowjetunion dies verhinderte.[435]

Es existiert aber auch ein Hinweis, daß Polen im Hochsommer 1946 bereit war, eine Grenzrevision zugunsten Deutschlands anzuerkennen, wenn Deutschland die Oder und die *östliche* Neiße als Grenze endgültig akzeptiere.[436]

In einer Volksabstimmung holte die polnische Regierung am 30. Juni 1946 die Meinung der polnischen Bevölkerung u. a. zur Oder-Neiße-Linie ein. Laut Angaben der Zeitung Rzeczpospolita vom 12. Juli 1946 sollen auf 11 530 551 gültige Stimmen 10 534 697 (91,4 Prozent) zustimmend zur Oder-Neiße-Grenze entfallen sein.[437] Tatsächlich hatten sich in dieser Abstimmung, wie sich erst viel später herausgestellt hat, 66,9 Prozent der polnischen Bevölkerung für die neue Westgrenze ausgesprochen. Aufgedeckt wurde die Fälschung erst im Laufe der neunziger Jahre.[438] Zwei Drittel Zustimmung zu dieser Grenze sind dennoch ein bemerkenswertes Ergebnis.

Konnte Polen in seiner Oder-Neiße-Politik bis Mitte 1946 noch der prinzipiellen Hinnahme auch der Westalliierten sicher sein, so muß die Stuttgarter Rede des amerikanischen Außenministers Byrnes (6. September 1946, s. o.) in Polen wie ein Blitz aus heiterem Himmel eingeschlagen haben.[439] Die Frage nach der internationalen Anerkennung der Grenze und des einmal erreichten Besitzstandes stand in der polnischen Außen- und Sicherheitspolitik seitdem im Vordergrund. Interes-

---

435 Lehmann, Der Oder-Neiße-Konflikt, S. 57 mit Anm. 79 ebd., S. 231. Hierzu auch Breyer, Die Oder-Neiße-Linie bei Stettin, S. 438.

436 Lemmer, Manches war doch anders, S. 272 ff.

437 Lehmann, Der Oder-Neiße-Konflikt, Anm. 21, S. 235. Mikołajczyk, der die Volksabstimmung insgesamt für gefälscht hielt, nahm damals 10 % Ablehnung als Ergebnis an. FRUS 1946, Bd. VI, S. 471 f.

438 Osteuropa (Osteuropa-Archiv) 8/1999, S. A347-A352; Frankfurter Allgemeine Zeitung, 2.7.1996.

439 Vgl. FRUS 1947, Bd. II, S. 143.

sant ist in diesem Zusammenhang der Argumentationswandel vom Zeitpunkt der Außenminister-Vorbereitungskonferenz in London vom 14. Januar bis 25. Februar 1947, als die polnische Regierung in einem Memorandum zu erkennen gab, daß für sie die Grenzfrage trotz des Potsdamer Protokolls noch offen sei und folglich die Anerkennung der Oder-Neiße-Linie verlangte, zu der Argumentation auf der Moskauer 4. Außenministerkonferenz vom 10. März bis 24. April 1947, als Polen plötzlich gerade unter Berufung auf die Übereinkommen von Jalta und Potsdam die Endgültigkeit der Oder-Neiße-Grenze betonte.[440] In der polnischen Argumentation gewann in der Anerkennungsfrage das „Potsdamer Protokoll" von da an eine immer größere Bedeutung als völkerrechtliche Grundlage des Besitzes der Oder-Neiße-Gebiete. Außerdem gewann die These von der „Rückkehr in historisch polnische Gebiete" zunehmendes Gewicht.

Polen bezeichnete die Oder-Neiße-Linie seither als „Friedensgrenze", d. h., wer gegen diese Grenze sei, sei auch gegen den Frieden.[441] In den westlichen Ländern, besonders in Frankreich, betrieb Polen eine intensive und kostspielige Propaganda, um für den polnischen Standpunkt in der Grenzfrage zu werben. Dem besiegten Deutschland gegenüber führte Polen dagegen eine Politik, die als ein „Kalter Krieg" im kleinen bezeichnet werden kann.[442] Davon waren auch deutsche Kommunisten nicht ausgeschlossen, die die Oder-Neiße-Linie zunächst in Frage gestellt hatten.

In einer Note vom 23. Oktober 1947 verlangte Polen folgerichtig ein grundsätzliches Verbot „revisionistischer Agitation" und von Vertriebenenorganisationen in Deutschland.[443]

Im Innern erreichten die polnischen Kommunisten durch den Kampf um den Erhalt der Oder-Neiße-Linie eine Solidarisierung fast aller national gesinnten Polen in dieser Frage, einschließlich der ausgespro-

---

440 Maass, Dokumentation, S. 8, S. 10 ff.

441 Z. B. Rede Gomułkas vom 31.12.1945, abgedruckt in: Strobel, Deutschland-Polen, Nr. 7 (S. 41).; So auch Arski, The new Polish-German Border, S. 7.

442 Proteste Polens gegen jede Konsolidierungspolitik in Deutschland, dokumentiert bei Maass, Dokumentation, S. 13 ff., S. 25 f.

443 Polish Embassy London, Poland, Germany and European Peace, S. 51 ff. Die gleiche Forderung erhob Polen nochmals am 11.6.1948 gegenüber der US-Militärregierung. Maass, Dokumentation, S. 24 f.

chen national eingestellten katholischen Kirche Polens, die, wie ja schon weiter oben ausgeführt, alles tat, um die „urpolnischen Westgebiete“ für „Gott und Polen“, d. h. für den Katholizismus (die deutschen Ostgebiete waren vor der Vertreibung überwiegend evangelisch), nach „Jahrhunderten der Trennung“[444] zurückzugewinnen. Der polnische Klerus unter seinem Primas Kardinal Augustyn Hlond kritisierte in seinem Kampf für die Oder-Neiße-Grenze ja sogar den damaligen Papst Pius XII., der, wie schon erwähnt, die Vertreibung der Deutschen verurteilte und rückgängig zu machen empfahl.[445]

In der Frage des Besitzes der Oder-Neiße-Gebiete waren sich die gesellschaftlichen, kirchlichen und politischen Gruppen Polens somit weitgehend einig.[446] Wissenschaftlich abgesichert wurden die Gebietsansprüche gegen Deutschland im bereits 1944 von Personen aus dem national-katholischen Untergrund eingerichteten „Westinstitut“ (Instytut Zachodni) unter der Leitung von Professor Zygmunt Wojciechowski, der sich, insofern ein Veteran des „Westgedankens“, schon in der Vorkriegszeit deutlich für eine weitere Ausdehnung Polens bis Oder und Neiße ausgesprochen hatte. Das Westinstitut wurde in der Folgezeit seiner Aufgabe, eine Propagandainstitution zur wissenschaftlichen Untermauerung der polnischen Ansprüche zu sein, jahrzehntelang gerecht. „Ergebnis war vor allem in den ersten beiden Nachkriegsjahrzehnten, zum Teil aber auch noch später, eine extrem tendenziöse, teilweise propagandistisch anmutende Geschichtsschreibung, die unter nunmehr marxistischen Vorzeichen nahtlos an altbekannte antideutsche Klischees anknüpfte. Die als Folge einer einmaligen weltpolitischen Konstellation zustandegekommene Oder-Neiße-Grenze erschien vielen Historikern und Publizisten nun als die konsequente Vollendung einer im 19. Jahrhundert von aufgeklärten und staatsbewußten Eliten angestoßenen Entwicklung.“[447]

Polnische antikommunistische Intellektuelle im Exil wie der Schriftsteller Józef Mackiewicz, der sich nach dessen eigenen Worten „keineswegs verpflichtet“ fühlte, „hinsichtlich der Interessen des internationalen Kommunismus Schonung walten zu lassen oder ihnen ir-

---

444 Zitiert nach Lehmann, Der Oder-Neiße-Konflikt, S. 161.

445 Hirtenbrief Kardinal Hlonds, in: Kokot, The Logic of the Oder-Neisse-Frontier, S. XVI f.

446 Kokot, The Logic of the Oder-Neisse-Frontier, S. 18.

447 Gehrke, Der polnische Westgedanke, S. 7 f.

gendeine andere Reverenz zu erweisen",[448] gehörten zu den wenigen Ausnahmen. Mackiewicz beklagte bitter, daß selbst in der polnischen Emigration die Frage der Anerkennung der Oder-Neiße-Grenze über der Frage der Befreiung und Unabhängigkeit Polens von der Sowjetunion dominierte – sah Mackiewicz die Oder-Neiße-Frage doch als Teil eines „deutschen Komplexes", der, wie er es beurteilte, eine „Frucht kommunistischer Provokation" bzw. „integraler Bestandteil einer die ganze Welt umfassenden kommunistischen Verschwörung" gewesen sei.[449]

In ihrer Bemühung, eine international garantierte Absicherung ihres Besitzstandes zu erreichen, war die kommunistische polnische Regierung allerdings nur innerhalb des Ostblocks erfolgreich. So verurteilte eine „Deutschlandkonferenz", die vom 17. bis 18. Februar 1948 in Prag stattgefunden hatte und an der die Außenminister Polens, der Tschechoslowakei und Jugoslawiens teilgenommen hatten, einmütig den von Westdeutschland ausgehenden Revisionismus, der den europäischen Frieden gefährde.[450] Einen weiteren Schritt stellte die „Warschauer Konferenz" vom 23. bis 24. Juni 1948 dar, an der neben der Sowjetunion und Polen Albanien, Bulgarien, Jugoslawien, Rumänien, die Tschechoslowakei und Ungarn teilnahmen. Auf dieser Konferenz wurde die Oder-Neiße-Linie zwar nicht garantiert, jedoch als „Friedensgrenze" gegen Angriffe moralisch in Schutz genommen.[451]

Am 11. Januar 1949 gliederte Polen durch ein Gesetz die „wiedergewonnenen Gebiete in die allgemeine Staatsverwaltung" ein, nachdem schon am 30. Dezember 1948 der polnische Ministerrat aufgrund eines Sejm-Beschlusses eine entsprechende Verfügung getroffen hatte, und löste das am 13. November 1945 gegründete Sonderministerium für die Oder-Neiße-Gebiete auf.[452] Die Eingliederung bzw. Annexion dieser Gebiete in das polnische Staatsgebiet wurde damit formal staatsrechtlich abgeschlossen.

---

448 Mackiewicz, Sieg der Provokation, S. 211.

449 Ebd., S. 211 ff.

450 Die Erklärung der „Prager Konferenz" ist abgedruckt in: Polish Embassy London, Poland, Germany and European Peace, S. 74 ff. Hier S. 76 f.

451 Polish Embassy London, Poland, Germany and European Peace, S. 17 ff. Hier S. 21 f.

452 Maass, Dokumentation, S. 30.

Nicht nur für die Deutschen, die durch Polen seit 1945 vertrieben bzw. deportiert wurden, sondern auch für diejenigen Deutschen, die ihre Heimat nicht verlassen mußten, die als „germanisierte Polen“ bzw. als „Autochthone“ bezeichnet wurden, hatte die Aufrichtung der Oder-Neiße-Grenze harte Folgen. Die meisten dieser Deutschen lebten in Oberschlesien und in Masuren. In Oberschlesien wurde „Anfang 1947 verfügt, daß sie bei den geringsten Anzeichen von Deutschsein, wozu schon deutsch beschriftete Küchengerätschaften gehörten, den Sicherheitsbehörden anzuzeigen seien, was Pflicht eines jeden guten Polen sei“. Der Gebrauch der deutschen Sprache war umfassend, auch im Gottesdienst, verboten und wurde bestraft, der Unterricht des Deutschen – auch als Fremdsprache – war in Oberschlesien jahrzehntelang eingestellt, so daß die Kenntnis der deutschen Sprache bei den nachwachsenden Generationen zwangsläufig verkümmern mußte. Bei Stellenbesetzungen wurden die „Autochthonen“ benachteiligt. Noch Anfang der sechziger Jahre wurden in der Wojewodschaft Oppeln Personen verhaftet und verurteilt, weil sie gegen die antideutschen Auflagen verstoßen hatten.[453] Mit Akribie wurde in den Oder-Neiße-Gebieten polnischerseits versucht, möglichst auch alle manifestierten sprachlichen deutschen Spuren zu beseitigen. Dazu gehörten nicht nur Ortsnamen und sonstige topographische Bezeichnungen, sondern auch alle möglichen sonstigen Aufschriften und Beschriftungen z.B. auf Friedhöfen und Gebäuden, ja sogar auf Maschinen, Kleingeräten, Handtüchern, Tischdecken, Kaffeedosen etc. Behördlicherseits wurden die zur Polonisierung ausersehenen Deutschen Oberschlesiens und Südostpreußens außerdem zu „freiwilligen“ Namensänderungen gezwungen. Im April 1946 wurde in Oberschlesien zudem angeordnet, daß neugeborenen Kindern keine deutschen Vornamen mehr gegeben werden durften, es sei denn, daß deren Familien zur „Aussiedlung“ vorgesehen waren. Mehr als 500 Vornamen wurden damals verboten, weil sie zu deutsch geklungen haben, auch die Kirchen wurden unter Druck gesetzt, bei Taufen deutsche Vornamen abzulehnen.[454]

---

[453] Strobel, Die polnische „Preußenkrankheit“, S. 29.

[454] Zu den umfangreichen Entgermanisierungsmaßnahmen siehe z.B. Swider, Die sogenannte Entgermanisierung im Oppelner Schlesien.

2.4.2 Sowjetische Besatzungszone Deutschlands (SBZ) 1945 bis 1949

Der größte Teil der führenden Mitglieder der Kommunistischen Partei Deutschlands (KPD), insbesondere deren Vorsitzender Wilhelm Pieck, wollte sich mit der vollständigen Abtrennung der deutschen Gebiete östlich von Oder und Neiße zunächst nicht abfinden. Überliefert sind z. B. wütende Aussagen des im Ostteil der durch die Oder-Neiße-Linie geteilten Stadt Guben geborenen Pieck von Anfang Juli 1945 in Weimar auf einem KPD/SPD-Kongreß, nachdem ihm ein Bote eine Meldung übergeben hatte: „Genossen, mir wird soeben mitgeteilt, daß die Polen Stettin besetzt haben. Das ist ein Übergriff, den wir uns nicht bieten lassen werden! Und überhaupt werden wir uns alles wieder zurückholen, was uns die Pollacken geraubt haben, auch meine Heimatstadt Guben“, soll Pieck gesagt haben.[455] Im Gegensatz zu Pieck stand in der KPD anscheinend zunächst lediglich Walter Ulbricht, der bereits im Juni 1945 den Verlust der ostdeutschen Gebiete rechtfertigen wollte: „Die Bevölkerung der Ostgebiete sei selbst an ihrer Aussiedlung schuld, da sie es nach 1918 nicht vermocht habe, die Macht der ostelbischen Junker zu brechen und eine demokratische Ordnung zu errichten. Aus der Zange zwischen Ostpreußen und Oberschlesien sei der Krieg gegen Polen und die Sowjetunion begonnen worden. Damit habe Hitler diese Gebiete für immer verspielt. Polen habe ein Recht darauf, sich Sicherheiten gegen den ‚preußischen Drang nach Osten‘ zu verschaffen“,[456] so Ulbricht.

Offiziell wurden in der KPD Standortbestimmungen zur Oder-Neiße-Linie lange vermieden. Eine offizielle Stellungnahme wurde jedoch erforderlich, als unter Führung der KPD die vier in der Sowjetischen Besatzungszone (SBZ) zugelassenen Parteien (KPD, SPD, CDU und LDP) anläßlich der Potsdamer Konferenz der Siegermächte eine Resolution vorlegen sollten. Während sich KPD und SPD in dem Entwurf der sogenannten „Erklärung der Einheitsfront der antifaschistisch-demokratischen Parteien Deutschlands zu den Beschlüssen der

---

455 Zitiert nach Kreutzer, Hermann: Landraub der Polen empörte Wilhelm Pieck, in: Märkische Zeitung vom 10.9.1993, S. 4.

456 Zitiert nach: Malycha, Wir haben erkannt, daß die Oder-Neiße-Grenze die Friedensgrenze ist, S. 195.

Berliner Konferenz der drei demokratischen Großmächte" auf die Formulierung einigen konnten, daß die „geplanten Gebietsabtrennungen im Osten [...] die unvermeidliche Folge verbrecherischer Gewaltpolitik" seien und es „verständlich" sei, „daß die angegriffenen Völker sich damit eine Garantie gegen neue deutsche Aggressionen schaffen wollen", konnten CDU und LDP dieser Formel nicht zustimmen. Der SBZ-SPD-Vorsitzende Otto Grotewohl, der in der Resolution eigentlich zum Ausdruck gebracht haben wollte, daß die Grenzziehung an Oder und Lausitzer Neiße „als Provisorium zu betrachten sei und bei der endgültigen Regelung den Lebensbedürfnissen des deutschen Volkes" entsprochen werden müsse, verzichtete schließlich auf die Berücksichtigung eines solchen Verweises. Schlußendlich spielte die deutsche Ostgrenze in der Vier-Parteien-Erklärung zum Potsdamer Protokoll, die am 12. August 1945 verkündet wurde, keine Rolle.[457]

KPD und SPD der Sowjetischen Besatzungszone Deutschlands (SBZ) hielten sich auch in der folgenden Zeit mit offiziellen Äußerungen zur Oder-Neiße-Linie zunächst zurück, ebenso die am 21. April 1946 durch die Vereinigung von KPD und SPD in der SBZ gegründete „Sozialistische Einheitspartei Deutschlands" (SED). Von der Parteibasis, insbesondere von Mitgliedern, deren Heimat jenseits von Oder und Neiße lag, wurde diese offizielle Zurückhaltung mit Befremden aufgenommen, zumal die bürgerlichen Parteien CDU und LDP dieses Thema offensiver angingen – die SBZ-CDU unter Jakob Kaiser gab 1946 mehrfach zu erkennen, daß sie mit Nachdruck für eine Grenzrevision zugunsten Deutschlands eintrat und machte dies auch zum Wahlkampfthema.[458] Eine gewisse Ausnahme bildete in der SED-Führung vor allem Wilhelm Pieck, einer der beiden SED-Vorsitzenden.[459] Am 5. Mai 1946 z. B. versprach Pieck den Einwohnern seiner Heimatstadt Guben, „daß eines Tages auch der jenseits der Neiße liegende Teil der Stadt Guben wieder unter deutsche Verwaltung gestellt wird".[460] Ende August 1946 beteuerte Pieck anläßlich von auf dem 1. Interzonentreffen der SPD gegen ihn vorgebrachter Vorwürfe in der „Ostfrage",

---

457 Malycha, a. a. O., S. 195 f.

458 Malycha, Wir haben erkannt, daß die Oder-Neiße-Grenze die Friedensgrenze ist, S. 196 ff.

459 Der zweite Vorsitzende war Otto Grotewohl.

460 Zitiert nach Malycha, Wir haben erkannt, daß die Oder-Neiße-Grenze die Friedensgrenze ist, S. 197 (Neues Deutschland v. 7.5.1946).

daß auch die SED die Oder-Neiße-Linie als vorläufig betrachte und daß sie bei der endgültigen Grenzregelung Rücksichtnahme „auf die Notwendigkeiten unseres Volkes“ erhoffe.[461]

In der im Sommer/Herbst 1946 durchgeführten Wahlkampagne sprach die SED-Führung die Grenzfrage dann erstmals öffentlich an. Eine Entschließung des Zentralsekretariats der SED, die am 12. August 1946 im Pressedienst der SED veröffentlicht wurde, wurde in der Folge zur Sprachregelung auch für die SED-Landesverbände. Darin hieß es u. a., daß die von den Siegermächten in Potsdam vereinbarte „Übertragung der Verwaltung deutscher Gebiete bis zur Friedensregelung an Polen“ keine Gebietsabtrennung vorsehe. „Die SED ist der Hoffnung, daß aus dem neuzuschaffenden Geiste des Friedens und der Demokratie eine Verständigung über die Ostgrenze erfolgen wird (...). Sie ist gewiß, daß sie mit ihrer politischen Arbeit für die Sicherung der antifaschistisch-demokratischen Entwicklung in Deutschland auch zu einer Lösung der Ostgrenzenfrage im Sinne der Lebensinteressen unseres Volkes beiträgt.“ Schließlich wurde in der Entschließung die Erwartung geäußert, daß die Siegermächte bei der endgültigen Grenzfestsetzung „eine weitsichtige Politik verfolgen“ werden.[462] Am 19. September 1946 faßte der Parteivorstand der SED einen Beschluß zur Ostgrenze mit dem Titel „Die SED zur Grenzfrage“. Darin hieß es, daß man durch die Erzeugung von Achtung und Vertrauen bei den Nachbarvölkern erreichen wolle, „daß bei den bevorstehenden Friedensverhandlungen das deutsche Volk einen erträglichen Friedensvertrag erhält und auch bei der Festsetzung der Ostgrenzen auf die Lebensnotwendigkeiten des deutschen Volkes Rücksicht genommen und eine entsprechende Regelung der jetzt gezogenen polnischen Verwaltungsgrenzen zugelassen wird.“ Dieser beschlossene Text ging der Sowjetischen Militäradministration in Deutschland (SMAD) offensichtlich jedoch zu weit, denn in der schließlich veröffentlichten Fassung des Beschlusses „Die SED zur Grenzfrage“ hieß es lediglich, daß man hoffe, „daß bei den bevorstehenden Friedensverhandlungen das deutsche Volk einen erträglichen Friedensvertrag erhält“. Die SED werde „alles tun, damit auch in den Fragen der künfti-

461 In: Freiheit (Düsseldorf), 27.8.1946. Zitiert nach Lehmann, Der Oder-Neiße-Konflikt, S. 80.

462 Zitiert nach Malycha, Wir haben erkannt, daß die Oder-Neiße-Grenze die Friedensgrenze ist, S. 197.

gen Grenzen Deutschlands die Stimme des deutschen Volkes auf der Friedenskonferenz Gehör findet".[463]

Diese gemäßigt revisionistische, nach mehreren Seiten hin interpretationsfähige Haltung konnte in der SED noch solange vertreten werden, wie die Sowjetunion und die Sowjetische Militäradministration in Deutschland (SMAD) einen gemäßigten Revisionismus in der SBZ als nützlich für den Ausbau der kommunistischen Positionen erachteten. Schon Äußerungen des sowjetischen Außenministers Molotow vom 16. September 1946 gegenüber der polnischen Presseagentur, daß es der „Standpunkt der Sowjetregierung" sei, daß den „historischen Beschluß der Berliner Konferenz über die Westgrenzen Polens [...] niemand erschüttern" könne, sorgten für Erklärungsbedarf seitens der SED, zumal diese Aussage auch im „Neuen Deutschland" veröffentlicht wurde.[464] Die SED entschloß sich zunächst, trotz der Molotow-Äußerung an ihren Positionen zur Grenzfrage festzuhalten, nicht zuletzt, um einer entsprechenden Stimmung in der Bevölkerung und der Parteibasis zu genügen und den Ruf der „Russenpartei" loszuwerden. Noch in einer Sitzung des SED-Parteivorstandes am 26./27. März 1947 äußerte Otto Grotewohl, daß es „unsinnig" sei, „davon zu reden, daß etwa die Oder nun eine Friedenssicherung darstellt (...). Ein Grund zu irgendeiner Änderung in unserer Stellungnahme zur Grenzfrage liegt nicht vor."[465]

Daß zu diesem Zeitpunkt jedoch für die SED ein solcher Grund bereits vorlag, muß der Führung der SED spätestens anläßlich ihres Moskau-Besuches vom 30. Januar bis 7. Februar 1947 klargeworden sein, als Stalin auf die Frage, ob „man mit kleinen Korrekturen hinsichtlich der Ostgrenze rechnen" könne, antwortete, er „fürchte, daß daraus nichts wird".[466]

Ab Mitte 1947 rückte die SED dann allmählich vom Revisionismus ab und vertrat die Position, daß die Oder-Neiße-Linie nach den Entscheidungen von Jalta und Potsdam eine vollendete Tatsache sei, an der keine Propaganda etwas ändern könne.[467] Anfang Juli 1947 formulierte

---

463 Zitiert nach Malycha, Wir haben erkannt, daß die Oder-Neiße-Grenze die Friedensgrenze ist, S. 197 f.

464 Zitiert nach Malycha, a. a. O. , S. 199.

465 Zitiert nach Malycha, a. a. O. , S. 201.

466 Nach Bonwetsch / Bordjugow, Stalin und die SBZ. Ein Besuch der SED-Führung in Moskau vom 30. Januar – 7. Februar 1947, in: Vierteljahreshefte für Zeitgeschichte 2/1994, S. 301.

467 Die Welt, 19.8.1947. Nach Lehmann, Der Oder-Neiße-Konflikt, S. 122.

Wilhelm Pieck, der in der SED den Revisionsgedanken bis dahin am leidenschaftlichsten formuliert hatte: „Man hat inzwischen 13 Millionen Menschen ausgesiedelt, die in Deutschland untergebracht wurden. Kann man sich vorstellen, daß das eine provisorische Maßnahme war? Im Gegenteil, wir müssen damit rechnen, daß es bei dieser Grenze bleiben wird.“ Walter Ulbricht forderte auf einer Parteivorstandssitzung im Juli 1947, „daß wir die Ostgrenzenfrage unter allen Umständen neu behandeln müssen“.[468] Zwar gab es zur „Ostgrenzenfrage“ in der Folge keinen Vorstands- oder Parteitagsbeschluß, doch änderte die SED im Sinne einer Grenzanerkennung allmählich ihre Sprachregelung.

Der in der Grenzfrage stärkere Widerstand der bürgerlichen Parteien in der SBZ (CDU und LDP) wurde durch die SMAD um die Jahreswende 1947/48 gebrochen. Der Ost-CDU-Vorsitzende Jakob Kaiser weigerte sich noch am 19. November 1947, die Oder-Neiße-Linie anzuerkennen. Er wurde um die Jahreswende 1947/48 von der SMAD abgesetzt.[469]

Seit dieser Zeit erstickten SMAD und SED jeden Grenzrevisionismus in der SBZ, wenn möglich, schon im Keim. Im Rahmen der von der SED zur Vorbereitung der Gründung eines sozialistischen Staates seit Ende 1947 eingeleiteten „Volkskongreßbewegung“ sahen sich alle Parteien und Organisationen gezwungen, die Oder-Neiße-Linie als Grenze zu akzeptieren. Notfalls schritt, wie im Fall des CDU-Politikers Jakob Kaiser, die SMAD ein. Jeglicher Grenzrevisionismus, vor allem der des Westens, wurde von nun an als „nationalistische Volksverhetzung“ bzw. als „Kriegshetze“ bezeichnet.

Auf dem sogenannten „2. Deutschen Volkskongreß“ sprach Grotewohl am 17. März 1948 dann für die SED offiziell die Anerkennung der Oder-Neiße-Linie als deutsche Ostgrenze aus und wies die Schuld für diese Grenze jenen zu, die das deutsche Volk „zweimal in einen Weltkrieg hineingehetzt“ hätten. Das deutsche Volk solle, so Grotewohl, erkennen, „welcher neuen Gefahr es entgegentaumelt, wenn es unverantwortlichen Hetzern, die angesichts der unmißverständlichen

---

468 Beide Zitate nach Malycha, Wir haben erkannt, daß die Oder-Neiße-Grenze die Friedensgrenze ist, S. 202.

469 Lehmann, Der Oder-Neiße-Konflikt, S. 122 u. Anm. 64 a. a. O., S. 245 (Materialie Bundesarchiv).

Erklärungen der beteiligten Völker, daß eine Grenzveränderung Krieg bedeute, aufs neue sein Ohr schenkt".[470]

Die SED-Presse gebrauchte in dem Artikel „Die Friedensgrenze" im „Neuen Deutschland" vom 10. Juli 1948 erstmals diesen Begriff für die Oder-Neiße-Linie, nachdem dieser auf der Warschauer Konferenz vom 24. Juni 1948 proklamiert worden war. In dem im „Neuen Deutschland" veröffentlichen programmatischen Zeitungsartikel „Die Grundlagen der deutsch-polnischen Freundschaft" vom 21. November 1948[471] forderte der damalige stellvertretende SED-Vorsitzende Walter Ulbricht die „Anerkennung der Oder-Neiße-Grenze als Friedensgrenze". In dem Artikel hieß es u. a., daß endlich akzeptiert werden müsse, daß die deutschen Ostgebiete im „Ergebnis einer jahrhundertelangen reaktionären Politik, die gegen die Freiheit Polens und die Schaffung der Demokratie in Polen gerichtet" gewesen sei, „verspielt" worden seien. „Vernichtung des Nationalismus und aller Revanchetendenzen in Deutschland, das heißt vor allem: Anerkennung der Oder-Neiße-Grenze als Friedensgrenze. Erst diese Schlußfolgerung beweist, daß wir ehrlich gewillt sind, ein neues freundschaftliches Verhältnis zum polnischen Volk zu schaffen", so Ulbricht. Am 1. September 1949 betonte auch der SED-Vorsitzende Pieck in Warschau die Endgültigkeit der deutsch-polnischen Grenze.[472]

Oft wurden in der Folge Namen von Straßen, Hotels oder Speisen, die nach ostdeutschen Städten oder Landschaften benannt waren, abgeändert,[473] und die Bildung von Organisationen der Heimatvertriebenen, beschönigt „Umsiedler" genannt, wurde in der SBZ verhindert. Landes- und Kreisleitungen der SED wurden ermahnt, in der Mitgliedschaft für eine Anerkennung der Oder-Neiße-Linie zu sorgen, was dort in Teilen allerdings noch jahrelang für Mißmut sorgte.[474] Nach außen hin wurde in der SBZ, später in der DDR, die Frage nach der Oder-

---

470 Zitiert nach Malycha, Wir haben erkannt, daß die Oder-Neiße-Grenze die Friedensgrenze ist, S. 203.

471 Walter Ulbricht, Die Grundlagen der deutsch-polnischen Freundschaft, in: Neues Deutschland vom 21.11.1948 (Sonntagsbeilage).

472 Maass, Dokumentation, S. 30.

473 Wirtschafts-Zeitung (Stuttgart), 22.10.1949. (Nach Lehmann, Der Oder-Neiße-Konflikt, S. 250, Anm. 53.)

474 Malycha, Wir haben erkannt, daß die Oder-Neiße-Grenze die Friedensgrenze ist, S. 204.

Neiße-Linie einfach verboten, d. h. verschleiert oder tabuisiert. Im Gegensatz dazu stand die Haltung der Vertriebenen in der SBZ, die die Oder-Neiße-Linie überwiegend ablehnten.[475]

2.4.3 Die Haltung in der DDR und in Polen von 1949 bis 1989

Da die Haltung der SED zur Oder-Neiße-Linie feststand, war die Haltung der DDR zu dieser Frage eindeutig vorgezeichnet. Nachdem die DDR am 7. Oktober 1949 begründet worden war, erklärte deren Ministerpräsident Otto Grotewohl am 12. Oktober in einer Regierungserklärung, daß für die DDR die Oder-Neiße-Grenze „eine Friedensgrenze, die ein freundschaftliches Verhältnis zum polnischen Volke ermöglicht", sei.[476]

In einer Antwort auf diese Aussagen in Grotewohls Regierungserklärung schrieb Polens Staatspräsident Bolesław Bierut an den DDR-Präsidenten Wilhelm Pieck und an Otto Grotewohl, daß „die polnische Nation" die „Errichtung der Deutschen Demokratischen Republik" begrüße, „die ein für allemal mit der verhängnisvollen und schändlichen Tradition des ‚Dranges nach Osten' gebrochen hat und die Oder und Neiße als Grenze des Friedens betrachtet".[477] Am 18. Oktober 1949 nahmen Polen und die DDR diplomatische Beziehungen auf, und am 2. November 1949 bekräftigten Pieck und Grotewohl in einem Antwortschreiben an Bierut ihren Willen zur Anerkennung der Oder-Neiße-Linie als Staatsgrenze. Darüber hinaus erklärten sie, daß die SED jeden, „der das Ansinnen einer Revision dieser Grenze stellt, als einen Feind des deutschen und polnischen Volkes und zugleich als einen Kriegstreiber" betrachte.[478]

Der formaljuristische Akt der Bestätigung der Oder-Neiße-Linie als Staatsgrenze folgte, indem Walter Ulbricht und der polnische Regie-

---

475 Seraphim, Die Heimatvertriebenen in der Sowjetzone, S. 175 f.

476 Neues Deutschland vom 13.10.1949, zitiert nach Maass, Dokumentation, S. 34.

477 Neues Deutschland vom 16.10.1949, zitiert nach Maass, Dokumentation, S. 35.

478 Neues Deutschland vom 3.11.1949, zitiert nach Maass, Dokumentation, S. 36.

rungschef Józef Cyrankiewicz am 6. Juni 1950 in Warschau eine Deklaration über die Grenzmarkierung[479] unterzeichneten, und indem zwischen der DDR und Polen im Ostteil der geteilten Neißestadt Görlitz am 6. Juli 1950 das „Abkommen von Zgorzelec“ (Abkommen von Görlitz)[480] geschlossen wurde, das die Oder-Neiße-Linie durch einen deklaratorischen Akt völkerrechtlich bestätigen sollte (siehe Karte 10).

Bemerkenswert am Abkommen von Görlitz ist, daß die Grenzbeschreibung in Artikel 1 der Formulierung des Potsdamer Protokolls folgte, daß also das westlich der Oder liegende Stettin erneut nicht erwähnt wurde. Weiterhin bemerkenswert am Abkommen von Görlitz war die Formulierung im gleichen Artikel, daß der Vertrag die „Staatsgrenze zwischen Deutschland und Polen“ beschreiben und definieren sollte. Die DDR wollte somit im Namen ganz Deutschlands handeln, von dem sie sich damals noch als reorganisierten Kernteil betrachtete.

Am 27. Januar 1951 wurde in Frankfurt/Oder dann noch ein besonderes Abkommen neben ergänzenden Urkunden wie Protokollen, Kartenwerken, Skizzenmappen, Koordinatenverzeichnissen u. a. unterzeichnet,[481] das die zu diesem Zeitpunkt bereits vollzogene Grenzmarkierung dokumentierte, die in den Artikeln 2 bis 6 des Abkommens von Görlitz vorgesehen war. Kurz vor dem Abkommen vom 27. Januar 1951 trat die Regierung der DDR „zum Beweis der Festigung der deutsch-polnischen Freundschaft“ außerdem noch einen Gebietsstreifen auf der Insel Usedom westlich von Swinemünde an Polen ab.[482]

Mit dem Abkommen von Görlitz beendete die DDR offiziell den Streit mit Polen um die Oder-Neiße-Linie. Inoffiziell gingen die Animositäten jedoch jahrzehntelang weiter.

Die sogenannte „Friedens- und Freundschaftsgrenze“, die nach der Präambel des Görlitzer Abkommens Deutsche und Polen „nicht trennt, sondern einigt“, gehörte bis in die sechziger Jahre zu den bestbewachtesten und am besten abgeriegelten Grenzen Europas.

---

479 Text in: Deutsches Institut für Zeitgeschichte, Polen, Deutschland und die Oder-Neiße-Grenze, S. 577 ff.

480 Text in: Deutsches Institut für Zeitgeschichte, Polen, Deutschland und die Oder-Neiße-Grenze, S. 583 ff.

481 Text in: Deutsches Institut für Zeitgeschichte, Polen, Deutschland und die Oder-Neiße-Grenze, S. 587 ff.

482 Magazin zum Wochenende. Beilage zum Darmstädter Echo vom 19.1.1991, S. II.

KARTE 10: Die Oder-Neiße-Grenze seit dem Abkommen von Görlitz 1950

Offiziell wurden in der DDR zwar hinsichtlich der Ostgrenze keine Revisionsforderungen mehr erhoben. Es sei jedoch erwähnt, daß z.B. im Zuge des Volksaufstandes in der DDR am 17. Juni 1953 die Aufständischen-Vertretung der Stadt Görlitz, das „Görlitzer Stadtkomitee", in einem Maßnahmenkatalog u. a. auch eine Revision der Oder-Neiße-Grenzverträge forderte. 40 Prozent der Einwohnerschaft von Görlitz waren damals Vertriebene, die hofften, bald wieder in ihre Heimat zurückkehren zu können.[483]

Zu einem Streit zwischen der DDR und Polen führte noch 1987 die Abgrenzung ihres jeweiligen Hoheitsgebietes in der Pommerschen Bucht, als die DDR 1985 eigenmächtig ihre Hoheitsgewässer ausdehnte und dabei die Swinemünder Schiffahrtsrinne tangierte. Dieser Streit wurde erst kurz vor dem staatlichen Ende der DDR durch den am 22. Mai 1990 geschlossenen „Vertrag über die Abgrenzung der Seegebiete in der Oderbucht" beigelegt.[484]

Mit der Grenzanerkennung durch die DDR im Jahr 1950 gehörten „schwankende Haltungen" zur Oder-Neiße-Grenze innerhalb der SED im übrigen zu den Kriterien, mit denen ein Parteiausschluß gerechtfertigt werden konnte. „Vorbehalte gegen die neue Ostgrenze und Zweifel am Verhalten der Führung und der offiziellen Haltung der SED zur Oder-Neiße-Linie blieben an der Parteibasis dennoch über Jahrzehnte hinweg latent."[485]

Während die Existenz der DDR in Polen nicht als Bedrohung empfunden werden durfte, avancierten die Bundesrepublik Deutschland und besonders Bundeskanzler Konrad Adenauer aufgrund ihres verbalen Revisionismus für die polnische Propaganda zum „vatikanisch-washingtoner Bastard" und „Erben Hitlers und Ribbentrops".[486] Die bis Ende der sechziger Jahre gegen die Bundesrepublik Deutschland durchgeführte maßlose Hetzkampagne hatte vor allem den Zweck, die Herrschaft der kommunistischen politischen und gesellschaftlichen Eliten Polens abzusichern, die durch die Konstruktion eines konkreten,

---

483 Frankfurter Allgemeine Zeitung v. 11.6.2003, S. 3.

484 Abgedruckt in: Ministerium für Abrüstung und Verteidigung, Dokumente zur Oder-Neiße-Grenze, S. 19 f. Zu diesem Grenzstreit: Bingen, Warten auf Glasnost und Perestroika, S. 4 ff.

485 Malycha, Wir haben erkannt, daß die Oder-Neiße-Grenze die Friedensgrenze ist, S. 207.

486 Formulierungen des poln. Ministerpräsidenten Cyrankiewicz am 21.1.1952. Strobel, Deutschland-Polen, Wunsch und Wirklichkeit, Nr. 15 (S. 47).

akut bedrohlichen Feindes sich als die Protektoren polnischer Interessen aufspielen konnten.[487] Auf der „Grundlage der Friedensgrenze an Oder und Lausitzer Neiße“ strebte Polen jedoch offiziell „friedliche und gutnachbarschaftliche Beziehungen mit dem ganzen deutschen Volk“ an und hob am 18. Februar 1955 im Gefolge der UdSSR den „Kriegszustand der Volksrepublik Polen mit Deutschland“ auf.[488]

Seit etwa 1958 wird von einer grundsätzlichen Integration der Oder-Neiße-Gebiete in Polen gesprochen, der eine detaillierte Integration gefolgt sei, die zum Verlust des bisherigen Sondercharakters dieser Gebiete geführt habe.[489] Zuvor waren Städte wie Breslau und Stettin beim Wiederaufbau immer noch benachteiligt worden, was darauf hinweist, daß Polen sich in den fünfziger Jahren seiner „wiedergewonnenen“ Gebiete noch keineswegs sicher wähnte. Nun baute Polen jedoch darauf, daß die „Oder-Neiße-Grenze [...] durch die vereinigte Kraft des sozialistischen Lagers geschützt“ werde.[490]

---

487 Bingen, Westverschiebung Polens, S. 156. Siehe zur polnischen Propaganda v. a. die bis 1971 reichende Dokumentation Strobel, Deutschland-Polen, Wunsch und Wirklichkeit, sowie Maass, Dokumentation, S. 32 ff.

488 Zitiert nach Maass, Dokumentation, S. 107.

489 Zusammenfassend zur Eingliederung der Oder-Neiße-Gebiete in Polen aus poln. Sicht: Kruszewski, The Oder-Neisse Boundary and Poland’s Modernization. S. 175 ff. Siehe auch die Dokumentation von Stehle, Deutschlands Osten – Polens Westen?

490 So Ausführungen des polnischen Außenministers Rapacki am 21.2.1959 in Breslau. Zitiert nach Maass, Dokumentation, S. 219.

2.5 Die Haltung in den westlichen Besatzungszonen Deutschlands bzw. in der Bundesrepublik Deutschland

2.5.1 1945 bis 1949

Nach der Potsdamer Konferenz hat es in Westdeutschland wohl keine repräsentative Gruppe gegeben, die die Gebiete östlich der Oder-Neiße-Linie für endgültig verloren hielt. Daß die ostdeutschen Flüchtlinge und Vertriebenen die Oder-Neiße-Linie nicht billigten, braucht nicht weiter erläutert zu werden.[491] Doch auch alle deutschen politischen Parteien waren sich zunächst darin einig, daß die endgültige Entscheidung über die deutsch-polnische Grenze einer Friedensregelung vorbehalten bleiben müsse, bei der deutsche Interessen gebührend berücksichtigt werden würden.

Seit März 1946 – Winston Churchill hatte am 5. März 1946 seine aufsehenerregende Rede in Fulton gehalten – begann ein zunächst vorsichtig betriebener Revisionismus öffentlich, in Zeitungen, Radiosendungen und Versammlungen, geäußert zu werden, wobei sich diese Stimmen auf ausländische Kritik an der Oder-Neiße-Linie und an der Vertreibung der deutschen Bevölkerung stützen und berufen konnten.[492] Mit der Rede James Francis Byrnes' in Stuttgart am 6. September 1946 brachen dann die Dämme des Revisionismus in Westdeutschland. Wortführerin des westdeutschen Revisionismus war zunächst die SPD mit ihrem im westpreußischen Kulm geborenen Vorsitzenden Kurt Schumacher, der „mit den friedlichen Mitteln der Politik um jeden Quadratmeter"[493] östlich der Oder-Neiße-Linie kämpfen wollte, und dem ehemaligen Reichstagspräsidenten Paul Löbe aus Liegnitz in Niederschlesien.

Auf einem SPD-Parteitag in Nürnberg formulierte Schumacher z. B. am 23. Juni 1947: „Wenn wir Sozialdemokraten von deutschem Gebiet

---

491 Dokumentiert bei: Blumenthal, Erklärungen zur Deutschlandpolitik, Teil I.

492 Wortführer revisionistischer Stimmen des Auslandes waren vor allem der amerikanische Bankier Warburg, der Londoner Verleger Gollancz, der britische Lord Beveridge (Europa-Archiv 1946/47, S. 178) und der deutsch-amerikanische Historiker Rothfels, der vor einem „Hitlerian Peace" (Rothfels, Frontiers, S. 67) warnte. Vgl. die Literaturliste im Anhang.

493 Spandauer Volksblatt vom 29.1.1947. (Zitiert nach Lehmann, S. 239, Anm. 64.)

sprechen, meinen wir immer nur das Gebiet der Weimarer Republik. Die Gebiete östlich von Oder und Neiße als weggenommen anzusehen, sind wir deutsche Sozialdemokraten nicht geneigt."[494]

Doch die bürgerlichen Parteien, u. a. unter Konrad Adenauer (CDU), Josef Müller (CSU) oder dem bayerischen Ministerpräsident Hans Ehard (CSU), machten der SPD den Rang als Wortführerin im Revisionismus bald streitig. In einem Neujahrsaufruf zum Jahreswechsel 1946/47 teilte Konrad Adenauer den Vertriebenen mit, daß „kein christlich-demokratischer Politiker einen Friedensvertrag unterschreiben wird, in dem die Oder-Neiße-Linie anerkannt wird".[495] Die Liberalen von FDP/LDP schlossen sich dieser Haltung mit einer Erklärung am 7. Januar 1947 an.[496]

Selbst die Kommunistische Partei Deutschlands (KPD) vertrat anfangs revisionistische Positionen, die sich jedoch an denen der SED orientierten.[497]

Zwar fehlte in den Westzonen Deutschlands zunächst eine zentrale Körperschaft, die den Revisionismus vertreten konnte, doch wurde dieser wirksam von anderen offiziellen oder offiziösen Stellen vorgetragen. Hierzu zählten z. B. die Landesregierungen, die die schwere Last der Unterbringung der Vertriebenen zu tragen hatten. So hieß es etwa in einer Resolution des hessischen Kabinetts: „Die Deutschen werden niemals die Grenze an der Oder und Neiße anerkennen. Wenn Deutschland leben soll, muß es alles von ihm bis 1937 besessene Land haben."[498] Revisionistisch äußerten sich auch das „Deutsche Büro für Friedensfragen", das am 14. März 1947 in Stuttgart gegründet wurde und sich von einer Materialsammelstelle und einem Forschungsinstitut zur Vorbereitung der erwarteten Friedensverhandlungen zu einem Vor-

---

494 Zit. nach: Czaja, Unterwegs zum kleinsten Deutschland?, S. 102.

495 Deutscher Pressedienst vom 31.12.1946. (Zitiert nach Lehmann, S. 88, Anm. 58.)

496 Deutscher Pressedienst vom 7.1.1947. (Zitiert nach Lehmann, S. 239, Anm. 58.)

497 Lehmann, Der Oder-Neiße-Konflikt, S. 88, u. Anm. 61, S. 239 a. a. O.

498 Die Resolution ist abgedruckt in: Auswärtiges Amt, Dokumentation „Oder-Neiße-Linie", S. 39. Siehe zu ähnlichen Formulierungen in Nordrhein-Westfalen auch Maass, Dokumentation, S. 28 ff.

läufer des Auswärtigen Amtes entwickelte,[499] die Parteien, seit Ende 1947 freilich nicht mehr die KPD, die Kirchen, die zahlreiche Sonderstrukturen zur Betreuung der Vertriebenen ins Leben riefen,[500] sowie selbstverständlich die Vertriebenenorganisationen, deren Bildung zunächst durch das Verbot der amerikanischen und britischen Militärregierung, sich in Vereinigungen zusammenzuschließen (Koalitionsverbot), verhindert, dann aber ab 10. März 1947 (amerikanische Besatzungszone) erstmals gestattet wurde.[501] Nach der Gründung der Bundesrepublik Deutschland organisierten Heimatvertriebene eine eigene Partei, den „Bund der Heimatvertriebenen und Entrechteten" (BHE).[502]

Indem der Revisionismus zu einem bestimmenden Faktor in den deutschlandpolitischen Vorstellungen aller politischen und gesellschaftlichen Gruppen wurde, mußte er auch für die Verfaßtheit des von den westlichen Alliierten forcierten Weststaates eine wichtige Rolle spielen. Die im Jagdschloß Niederwald bei Rüdesheim am 21./22. Juli 1948 versammelten Ministerpräsidenten Westdeutschlands rezipierten hierzu die schon vorher entstandene „Magnettheorie",[503] die davon ausging, Westdeutschland als reorganisierten Kernstaat Deutschlands aufzubauen, der stufenweise durch wachsende Souveränität und Prosperität auf die Sowjetzone und auf die Ostgebiete wirke und diese wie ein Magnet zu sich und damit zur deutschen Einheit zurückziehe.[504] Der zu reorganisierende westdeutsche Staatsteil (Bundesrepublik Deutschland) sollte also nicht zum Hinderungspunkt, sondern zur Vor-

---

499 Lehmann, Der Oder-Neiße-Konflikt, S. 114.

500 Z. B. den ev. „Ostkirchenausschuß", den vom Papst ernannten „Sonderbeauftragten für die Betreuung der Flüchtlinge/Vertriebenen" sowie Organisationen und Bildungseinrichtungen vertriebener Pfarrer und Gesinnungsgemeinschaften auf konfessioneller Basis. Siehe die „Königsteiner Erklärung" vom 27.3.1947, in der 2300 vertriebene kath. Geistliche die Rückgabe der „jahrhundertealten Heimat" forderten. In: Neue Zeitung vom 18.4.1947.

501 Am 24.8.1949 wurden die „Vereinigten Ostdeutschen Landsmannschaften" (VOL) gegründet. Die Endgültige Organisationsform wurde am 14.12.1958 durch die Konstitution des Bundes der Vertriebenen (BdV) in Berlin erreicht. Reichert, Das Organisationswesen, S. 166 ff. Zur Geschichte der deutschen Vertriebenenorganisationen jüngst umfangreich Stickler, Ostdeutsch heißt gesamtdeutsch.

502 30.10.1949. Die offizielle Gründung erfolgte am 8.1.1950.

503 U. a. skizziert im Mai 1947 von Kurt Schumacher (SPD). Benz/Plum/Röder, Einheit der Nation, S. 88.

504 Schwarz, Vom Reich zur Bundesrepublik, S. 613 ff.; Gimbel, Amerikanische Besatzungspolitik, S. 286, S. 289.

aussetzung der faktischen Wiederherstellung des rechtlich weiterbestehenden Deutschen Reiches in seinen Grenzen von 1937 werden. Zwar gelang es aufgrund des Einspruchs der Westmächte nicht, die Kernstaatstheorie im Rahmen des verfassunggebenden „Parlamentarischen Rates“ auch institutionell durch Hinzuziehung von Vertretern der SBZ, der Ostgebiete und des Saarlandes abzusichern,[505] doch konnte sie im Grundgesetz, der Verfassung der Bundesrepublik Deutschland, verfassungsrechtlich verankert werden. Nach herrschender staatsrechtlicher Lehre wurde das Grundgesetz[506] dahingehend interpretiert, daß das Wiedervereinigungsgebot der Präambel sich auf das Gebiet Deutschlands in den Grenzen vom 31. Dezember 1937 bezog, was vor allem die Bestimmung des Artikels 116 Absatz 1 Grundgesetz (GG) implizierte[507] und was auch die Auffassung aller Mitglieder des Parlamentarischen Rates – mit Ausnahme der Kommunisten – war.[508] Artikel 116 Absatz 1 GG lautete und lautet bis heute: „Deutscher im Sinne dieses Grundgesetzes ist vorbehaltlich anderweitiger gesetzlicher Regelung, wer die deutsche Staatsangehörigkeit besitzt oder als Flüchtling oder Vertriebener deutscher Volkszugehörigkeit oder als dessen Ehegatte oder Abkömmling in dem Gebiete des Deutschen Reiches nach dem Stande vom 31. Dezember 1937 Aufnahme gefunden hat.“

Eindeutig begriff das Grundgesetz den „Weststaat“ somit als ein territoriales Provisorium, wie aus der Präambel und aus den Artikeln 16, 23, 116 und 146 GG alter Fassung hervorgeht, somit als reorganisierten, mit dem Deutschen Reich identischen, territorial jedoch nur teilidentischen, Staat.[509]

---

505 FRUS 1948, Bd. II, S. 420.

506 Gemeint ist das Grundgesetz in der bis zum 3.10.1990 gültigen Fassung.

507 So etwa Blumenwitz, Denk ich an Deutschland, S. 65.

508 Lehmann, Der Oder-Neiße-Konflikt, S. 147 f.

509 Zuletzt 1987 BVerfGE 77, S. 137 ff.

2.5.2 Die Haltung der Regierungen Adenauer und Erhard (1949 bis 1966)

Nachdem am 24. Mai 1949 durch das Inkrafttreten des Grundgesetzes der Westteil Deutschlands als Bundesrepublik Deutschland reorganisiert worden war und sich am 7. September 1949 der am 14. August gewählte 1. Deutsche Bundestag konstituiert hatte, formulierte Bundeskanzler Konrad Adenauer in seiner ersten grundlegenden Regierungserklärung[510] am 20. September 1949 die offizielle Haltung der Bundesregierung zur Oder-Neiße-Frage mit folgenden Worten:

Lassen Sie mich nun zu Fragen übergehen, die uns in Deutschland außerordentlich am Herzen liegen und die für unser gesamtes Volk Lebensfragen sind. Es handelt sich um die Abkommen von Jalta und Potsdam und die Oder-Neiße-Linie. Im Potsdamer Abkommen heißt es ausdrücklich: Die Chefs der drei Regierungen, das sind die Vereinigten Staaten, England und Sowjetrußland – haben ihre Ansicht bekräftigt, daß die endgültige Bestimmung der polnischen Westgrenze bis zur Friedenskonferenz vertagt werden muß.

Wir können uns daher unter keinen Umständen mit einer von Sowjetrußland und Polen später einseitig vorgenommenen Abtrennung dieser Gebiete abfinden. Diese Abtrennung widerspricht nicht nur dem Potsdamer Abkommen, sie widerspricht auch der Atlantik-Charta vom Jahre 1941, der sich die Sowjetunion ausdrücklich angeschlossen hat.

Die Bestimmungen der Atlantik-Charta sind ganz eindeutig und klar. Die Generalversammlung der Vereinten Nationen hat durch Beschluß vom 3. November 1948 die Großmächte aufgefordert, nach diesen Prinzipien baldmöglichst Friedensverträge abzuschließen.

Wir werden nicht aufhören, in einem geordneten Rechtsgang unsere Ansprüche auf diese Gebiete weiterzuverfolgen.

Ich weise darauf hin, daß die Austreibung der Vertriebenen in vollem Gegensatz zu den Bestimmungen des Potsdamer Abkommens vorgenommen worden ist. In diesem Potsdamer Abkommen ist nur von einer Umsiedlung der in Polen, der Tschechoslowakei und Ungarn verbliebenen deutschen Bevölkerung die Rede, und es war vereinbart

[510] In: Verhandlungen des Deutschen Bundestages, 1. Wahlperiode 1949, Stenographische Berichte, Bd. 1, S. 28 f.

worden, daß jede stattfindende Umsiedlung auf organisierte und humane Weise vorgenommen werden sollte.

Es fällt mir sehr schwer, meine Damen und Herren, wenn ich an das Schicksal der Vertriebenen denke, die zu Millionen umgekommen sind, mit der notwendigen leidenschaftslosen Zurückhaltung zu sprechen. Ich darf aber darauf hinweisen, daß kein Geringerer als Winston Churchill bereits im August 1945 im britischen Unterhaus öffentlich und feierlich nicht nur gegen das Ausmaß der von Polen angestrebten Gebietserweiterung, sondern auch gegen die Praxis der Massenaustreibung Protest eingelegt hat. Die Massenaustreibung nannte Churchill eine „Tragödie unvorstellbaren Ausmaßes", und er deutete an, daß eine unerhört große Zahl von diesen Vertriebenen einfach verschwunden sei. Am 10. Oktober 1945 stellte der britische Außenminister Bevin fest, daß Großbritannien in keiner Weise verpflichtet sei, die Ansprüche Polens auf die Oder-Neiße-Linie zu unterstützen. Die gleiche Feststellung traf der frühere amerikanische Außenminister Byrnes am 6. September 1946 in seiner bekannten Rede in Stuttgart.

Die Bundesregierung wird allen diesen Fragen die größte Aufmerksamkeit widmen und sich dafür einsetzen, daß auch das uns zustehende Recht geachtet wird. Sie wird das ganze Rechts- und Tatsachenmaterial in einer Denkschrift, die veröffentlicht und den alliierten Regierungen überreicht werden wird, zusammenfassen.

Der Rechtsstandpunkt, den Adenauer in seiner Regierungserklärung vertrat, wurde von allen Parteien, außer den Kommunisten, geteilt. Kurt Schumacher (SPD) warnte in seiner Erwiderung auf Adenauer sogar vor jedem Kompromiß im Kampf gegen die Oder-Neiße-Linie.[511] Am 17. August 1951 formulierte Schumacher in Berlin: „Keine deutsche Regierung und keine deutsche Partei können bestehen, die die Oder-Neiße-Linie anerkennen wollen."[512]

Der Revisionismus der Parteien wurde übrigens auch, im Wahlkampf für jedermann sichtbar und besonders einprägsam, in zahlreichen Wahlplakaten jener Zeit graphisch ausgedrückt.

---

511 Die Erwiderung Schumachers a. a. O., S. 41 f.

512 Zitiert nach Czaja, Unterwegs zum kleinsten Deutschland?, S. 103.

Entsprechend dieser Grundhaltung reagierte die Regierung Adenauer auf die Grenzvereinbarungen zwischen der DDR und Polen. Zu der Deklaration über die Grenzmarkierung vom 6. Juni 1950 (s.o.) erklärte die Regierung Adenauer am 9. Juni 1950, daß alle Grenzabreden und -vereinbarungen der Sowjetzone „null und nichtig" seien. „Die Deutsche Bundesrepublik als Sprecherin des gesamten deutschen Volkes wird sich niemals mit der allen Grundsätzen des Rechts und der Menschlichkeit widersprechenden Wegnahme dieser rein deutschen Gebiete abfinden."[513] Der Deutsche Bundestag legte am 13. Juni 1950 im Namen sämtlicher Abgeordneter, die Kommunisten ausgenommen, eine feierliche Rechtsverwahrung gegen die „Politik des Verzichts" ein.[514] Eine Protestnote der Bundesregierung gegen das „Abkommen von Görlitz" vom 6. Juli 1950 wurde am 4. Oktober 1950 von den Hohen Kommissaren der drei westlichen Mächte an den sowjetischen Oberbefehlshaber in Deutschland, General Tschuikow, sowie an die ausländischen Botschafter in Berlin übergeben.[515]

In den folgenden Jahren versicherten Bundeskanzler, Bundestag, Bundesminister, Politiker der Regierungsparteien und der Opposition vielfach vor dem Bundestag, bei Wahlkampfveranstaltungen und vor Vertriebenentreffen zum Teil bis Ende der sechziger Jahre, daß „keine deutsche Regierung [...] je in der Lage sein (wird), die Oder-Neiße-Linie anzuerkennen",[516] und daß der Tag der friedlichen Rückgewinnung Ostdeutschlands kommen werde. In einer Regierungserklärung hieß es am 20. Oktober 1953, daß „das deutsche Volk die sogenannte Oder-Neiße-Grenze niemals anerkennen" werde.[517] Willy Brandt schrieb Anfang 1963 in der „Stuttgarter Zeitung", daß wer „der von anderen diktierten Grenzlinie (an Oder und Neiße) zustimmt, [...] es nicht gut mit den zukünftigen deutsch-polnischen Beziehungen" meine; Brandt forderte

---

513 Zitiert nach Maass, Dokumentation, S. 42.

514 Verhandlungen des Deutschen Bundestages, 1. Wahlperiode 1949, Stenographische Berichte, Bd. 4, S. 2457 f. Eine weitere Entschließung zur Oder-Neiße-Linie wegen der Anerkennung durch die DDR erfolgte am 14.9.1950. Maass, Dokumentation, S. 45.

515 Presse- und Informationsamt der Bundesregierung, Mitteilung an die Presse Nr. 853/1950.

516 Memorandum Adenauers an den US-Präsidenten Eisenhower vom 29.5.1953. Zit. nach Maass, Dokumentation, S. 82.

517 Zitiert nach Czaja, Unterwegs zum kleinsten Deutschland?, S. 103.

damals einen „ehrlichen Ausgleich“.[518] Es waren Willy Brandt, Erich Ollenhauer und Herbert Wehner von der SPD, die in einem Grußtelegramm zum Schlesiertreffen 1963 die markanten Worte „Verzicht ist Verrat, wer wollte das bestreiten? [...] Das Recht auf Heimat kann man nicht für ein Linsengericht verhökern [...]“ gebrauchten.[519]

Das Konzept Adenauers und der Bundesregierung, die Wiedervereinigung und eine Revision der Ostgrenze zu erreichen, war die feste Einbindung Deutschlands in den „Westen“ unter der Führung der USA. Unter diesem Schutz und Beistand sollte die UdSSR aus Europa verdrängt und schrittweise die Einheit Deutschlands in den Grenzen von 1937 wiederhergestellt werden. „Nur mit einem starken Europa hatten wir auch Aussicht, die Sowjetzone und die Gebiete jenseits der Oder und Neiße für die Freiheit zurückzugewinnen“, so Adenauer.[520] Adenauers Bemühungen, die Westmächte im bereits weiter oben erwähnten „Vertrag über die Beziehungen zwischen der Bundesrepublik Deutschland und den Drei Mächten“ (Deutschland- oder Generalvertrag) vom 26. Mai 1952 auf eine Revision der Oder-Neiße-Linie festzulegen, scheiterten jedoch. Einziger Erfolg von Adenauers hartnäckiger Revisions- und Verhandlungspolitik war es, wie schon dargestellt, im „Deutschlandvertrag“ die Westmächte auf das gemeinsame Ziel eines frei vereinbarten Friedensvertrages und eines wiedervereinigten Deutschlands festzulegen und die Offenheit der Deutschen (Grenz-)Frage bis zum Abschluß eines Friedensvertrages bestätigt zu bekommen.[521]

Expressis verbis ließen sich die Westmächte in diesem Vertrag zwar nicht auf eine Grenzrevision festlegen, doch bestätigten sie darin die Offenheit der deutschen Ostgrenzfrage im speziellen wie der Offenheit der Deutschen Frage im allgemeinen, ganz im Sinne und in der Kontinuität der Absprachen von Potsdam, im Hinblick auf einen Friedensvertrag.

---

518 Zitiert nach Czaja, Unterwegs zum kleinsten Deutschland?, S. 103.

519 Zitiert nach Jahn, Die deutsche Frage, S. 28. Für die Zeit bis April 1959 insgesamt: Auswärtiges Amt, Dokumentation „Oder-Neiße-Linie“, und Maass, Dokumentation, S. 53 ff. Für die Zeit danach siehe etwa Jahn, Die deutsche Frage von 1945 bis heute (1985).

520 Adenauer, Erinnerungen 1945-1953, S. 382.

521 Münch, Dokumente des geteilten Deutschland, S. 232. Die Fassungen 1952 und 1954 stimmen in Artikel 7.1. überein.

Dieser Vertrag war im Sinne der Revisions- und Wiedervereinigungspolitik Adenauers insgesamt ein großer Erfolg. Er blieb bis 1990 für die westliche Völkerrechtslehre eine maßgebliche Grundlage für die Beschreibung der rechtlichen Stellung Gesamtdeutschlands.

Schon 1953 wurde die Möglichkeit der Revision der Oder-Neiße-Linie von kompetenter Seite jedoch als äußerst schwierig bezeichnet, da hieran weder die Westmächte, noch die UdSSR und – erst recht nicht – Polen interessiert gewesen seien.[522] Adenauer selbst hat nach den Aussagen seines damaligen Spitzendiplomaten und außenpolitischen Beraters Wilhelm Grewe „an eine reale Möglichkeit, die Gebiete jenseits der Oder-Neiße zurückzugewinnen, [...] schwerlich geglaubt".[523] Neuere Forschungen haben ergeben, daß Adenauer schon 1952 nach den Verhandlungen zum Deutschland-Vertrag der Position, daß eine Wiedervereinigung Deutschlands auf die Gebiete der Bundesrepublik Deutschland, der DDR und Berlins beschränkt bleiben werde, nicht widersprochen habe.[524] Grewe selbst glaubte 1960, daß es „überhaupt nur eine Aussicht" gebe, „das deutsche Volk mit einer Lösung zu versöhnen, die größere Gebietsopfer verlangen würde. Das wäre eine Verbindung der Grenzfrage mit einer positiven Regelung der Wiedervereinigungsfrage."[525] Zwischen Ende 1957 und Sommer 1963 sollen darüber hinausgehend auf Adenauers Schreibtisch radikale Konzepte einer künftigen Deutschlandpolitik gelegen haben, die sogar eine de-facto-Anerkennung von DDR und Oder-Neiße-Linie beinhaltet hätten.[526] Dies hätte allerdings bei der bundesdeutschen Wählerschaft damals stärksten Widerspruch hervorgerufen. Nach außen vertrat Adenauer national wie international bis zum Ende seiner Kanzlerschaft daher mehr oder weniger laut die Offenheit der Frage der deutschen Ostgrenze.[527] Tatsächlich war die gesamte deutsche Frage nach Ansicht Adenauers nur unter dem europäischen Dach lösbar, das auch das katholische Polen einmal umfassen sollte. In einem solchen „europäi-

522 Meyer von Achenbach, „Gedanken über eine konstruktive Ostpolitik", S. 67 f.

523 W. Grewe in: Schwarz, Entspannung und Wiedervereinigung, S. 46.

524 Küsters, Der Integrationsfriede, S. 610 f.

525 Zitiert nach: Rautenberg, Die Wahrnehmung von Flucht und Vertreibung, S. 35.

526 Erhard, Adenauers deutschlandpolitische Geheimkonzepte, nach: Frankfurter Allgemeine Zeitung v. 21.11.2003, S. 8.

527 Czaja, Unterwegs zum kleinsten Deutschland?, S. 127 ff.

schen Rahmen schwebte Adenauer bereits 1952 auch die dauerhafte Lösung der Oder-Neiße-Frage vor.“[528]

Unter Adenauers Nachfolger als Bundeskanzler, Ludwig Erhard, wurden die Adenauerschen deutschlandpolitischen Rechtspositionen formell aufrechterhalten. Bemerkenswert war in Erhards Regierungszeit eine „Note zur deutschen Friedenspolitik“, welche am 25. März 1966 allen ausländischen Regierungen übermittelt wurde, zu denen die Bundesrepublik diplomatische Beziehungen unterhielt, sowie allen osteuropäischen und arabischen Staaten, in denen der westdeutsche Staat keine Vertretungen hatte. In dieser Note hielt die Bundesregierung zwar an den Vorbehalten zur Oder-Neiße-Linie fest und betonte, daß „Deutschland in den Grenzen vom 31. Dezember 1937 fortbesteht, solange nicht eine freigewählte gesamtdeutsche Regierung andere Grenzen anerkennt.“ Bedeutungsvoll hieß es in der Note jedoch auch, daß das deutsche Volk für seine Wiedervereinigung „Opfer“ auf sich nehmen wolle. Den osteuropäischen Staaten, so auch der Sowjetunion und Polen, bot die Bundesregierung den Austausch förmlicher Gewaltverzichtserklärungen an.[529]

2.5.3 Die Haltung der Regierungen Kiesinger, Brandt, Schmidt und Kohl (1966 bis 1989)

Der öffentlich vorgetragene Revisionismus der Bundesregierungen unter Konrad Adenauer und auch Ludwig Erhard bezog sich auf das deutsche Staatsgebiet, wie es am 31. Dezember 1937 bestand. Erst nach 1966 (Große Koalition unter Kurt Georg Kiesinger) und vor allem nach dem Regierungswechsel 1969 beschränkte sich im Rahmen der sogenannten „neuen Ostpolitik“ das Wiedervereinigungspostulat der nun SPD/FDP-geführten Bundesregierungen – wenn es denn überhaupt ernsthaft geäußert wurde – schließlich auf „die beiden Staaten in Deutschland“. Es erfolgte seit Mitte/Ende der sechziger Jahre somit eine Anpassung der Politik – insbesondere vertreten von SPD und FDP

[528] Küsters, Westintegration – der Weg der Freiheit, in: Die politische Meinung Nr. 373/ Dezember 2000. S. 45.

[529] Nach Frankfurter Allgemeine Zeitung v. 25.3.2006, S. 10.

– an die deutschlandpolitischen „Realitäten“, womit nicht nur die faktische Existenz einer Staatsgrenze an Oder und Lausitzer Neiße, sondern auch die Existenz des Staates „DDR“ bzw. die Teilung Deutschlands in zwei Staaten gemeint war. Diese „Realitäten“ sollten nun respektiert bzw. politisch anerkannt werden; politisches Ziel jener Zeit, vorgegeben durch die USA, war die „Entspannung“ zwischen Ost und West.

Die Anerkennung oder Respektierung der „Realitäten“ einschließlich der DDR bedeutete eine radikale Abkehr von den offiziellen ost- und deutschlandpolitischen Prinzipien Adenauers.

Erstmals sprach sich auf Regierungsebene am 18. März 1968 der damalige Außenminister der Großen Koalition Kiesingers, Willy Brandt, für eine „Anerkennung bzw. Respektierung der Oder-Neiße-Linie bis zur friedensvertraglichen Regelung“ aus.[530]

Mit dem „Vertrag zwischen der Bundesrepublik Deutschland und der Volksrepublik Polen über die Grundlagen der Normalisierung ihrer gegenseitigen Beziehungen“ (Warschauer Vertrag)[531] vom 7. Dezember 1970 führte die seit dem 21. Oktober 1969 amtierende Regierung Brandt/Scheel dann offiziell die politische Anerkennung der Oder-Neiße-Linie seitens der Bundesrepublik Deutschland durch.[532] In Artikel I des „Warschauer Vertrages“ stellten die Vertragspartner übereinstimmend fest, daß die in Kapitel IX des Potsdamer Protokolls beschriebene Linie „von der Ostsee unmittelbar westlich von Swinemünde und von dort die Oder entlang bis zur Einmündung der Lausitzer Neiße und die Lausitzer Neiße entlang bis zur Grenze mit der Tschechoslowakei [...], die westliche Staatsgrenze Polens bildet“. Das westlich der Oder gelegene Stettin wurde wiederum nicht erwähnt. Die Vertragspartner bekräftigten die „Unverletzlichkeit ihrer bestehenden Grenzen“, verpflichteten sich „zur uneingeschränkten Achtung ihrer territorialen Integrität“ und erklärten, „daß sie gegeneinander keine Gebietsansprüche haben und solche auch in Zukunft nicht haben werden“.

---

530 Brandt, Der Wille zum Frieden, S. 171.

531 In: Presse- und Informationsamt der Bundesregierung, Die Verträge der Bundesrepublik Deutschland (1971), S. 155-157.

532 Rauschning, Die Endgültigkeit der in dem Vertrag mit Polen getroffenen Gebietsregelung, S. 164 ff.

In drei gleichlautenden Noten der Bundesregierung an die drei Westmächte[533] schränkte die Bundesregierung jedoch ein, daß sie dargelegt habe, daß dieser Vertrag nicht die „Rechte und Verantwortlichkeiten“ der Drei Mächte berühren könne – diese Einschränkung fand ihren Niederschlag auch in Artikel IV des „Warschauer Vertrages“ – und daß sie nur in ihrem Namen, d. h. nicht im Namen ganz Deutschlands, handeln könne, wodurch die völkerrechtliche Lage Deutschlands formalrechtlich nicht verändert wurde.

In seiner anläßlich der Unterzeichnung des „Warschauer Vertrages“ am 7. Dezember 1970 gehaltenen Fernsehansprache[534] ließ Brandt jedoch keine Zweifel aufkommen, daß die Bundesregierung von der Endgültigkeit der Oder-Neiße-Linie ausging. Man habe sich nicht „leichten Herzens“ zu diesem Vertrag entschlossen, es ginge jedoch um „den Beweis unserer Reife und um den Mut, die Wirklichkeit zu erkennen“. Der Vertrag gebe „nichts preis, was nicht längst verspielt worden ist. Verspielt nicht von uns, die wir in der Bundesrepublik Deutschland politische Verantwortung tragen und getragen haben. Sondern verspielt von einem verbrecherischen Regime, vom Nationalsozialismus“, so Brandt.

Ratifiziert wurde der „Vertrag zwischen der Bundesrepublik Deutschland und der Volksrepublik Polen über die Grundlagen der Normalisierung ihrer gegenseitigen Beziehungen“ vom 7. Dezember 1970 durch den Deutschen Bundestag bei Enthaltung der meisten CDU/CSU-Abgeordneten und 17 Gegenstimmen am 17. Mai 1972. Am 3. Juni 1972 trat der Vertrag in Kraft.

Mit dem politischen Bekenntnis des „Warschauer Vertrages“ war die Anerkennungsgeschichte der Oder-Neiße-Linie allerdings noch nicht beendet. Es blieben die völkerrechtlichen Vorbehalte, die von der Bundesregierung selbst eingestanden worden waren und die von den Westmächten bestätigt wurden.[535]

---

533 Note an die Botschaft des Vereinigten Königreichs Großbritannien und Nordirland, in: Presse- und Informationsamt der Bundesregierung, Die Verträge der Bundesrepublik Deutschland (1971), S. 158 f.

534 Ebd., S. 169 ff.

535 Die Antwortnote der Regierung Ihrer Majestät auf die Note der Bundesregierung in: a. a. O., S. 159 f.

Im Rahmen der Ratifizierung der Ostverträge durch den Deutschen Bundestag verabschiedete dieser am 17. Mai 1972 eine Entschließung, in der nicht nur die Vorbehalte der Bundesregierung wiederholt wurden, sondern in der auch festgestellt wurde, daß die Verträge „eine friedensvertragliche Regelung für Deutschland“ nicht vorwegnehmen, daß sie „keine Rechtsgrundlage für die heute bestehenden Grenzen“ schüfen und daß das „unveräußerliche Recht auf Selbstbestimmung [...] nicht berührt“ werde. Er schränkte allerdings auch ein, daß die Bundesrepublik Deutschland mit letzterer Forderung „keinen Gebiets- oder Grenzänderungsanspruch“ erhebe.[536]

Das Bundesverfassungsgericht (BVerfG) bestätigte diese rechtlichen Vorbehalte und legte in seinem Beschluß zu den Verträgen mit Moskau und Warschau (Ostverträge) am 7. Juli 1975[537] die Rechtslage Deutschlands ausführlich dar.

Das BVerfG hatte eigentlich über Beschwerden von in den de jure deutschen Gebieten östlich von Oder und Neiße ansässigen Deutschen zu entscheiden, die rügten, „ihre deutsche Staatsangehörigkeit dadurch verloren zu haben, daß die Gebiete östlich von Oder und Neiße mit dem Inkrafttreten der Ostverträge aus der rechtlichen Zugehörigkeit zu Deutschland entlassen und der Souveränität, also sowohl der territorialen wie der personalen Hoheitsgewalt der Sowjetunion und Polens endgültig unterstellt worden seien“. Das BVerfG wies diese Beschwerden jedoch zurück, da diese Wirkung den Ostverträgen nicht beigemessen werden könne.[538] Das BVerfG begründete seine Auffassung damit, daß die „Gebiete östlich von Oder und Neiße [...] ebenso wie das übrige Reichsgebiet in den Grenzen vom 31. Dezember 1937 von den Siegermächten bei Kriegsende nicht annektiert worden“ seien. Außerdem, so das BVerfG, hätten die drei Westmächte „einer endgültigen Zuweisung der deutschen Ostgebiete an die Sowjetunion und Polen nicht zugestimmt“. Das BVerfG verwies in seiner Entschei-

---

536 Die Entschließung ist abgedruckt in: Verhandlungen des Deutschen Bundestages, 6. Wahlperiode 1969, Stenographische Berichte, Bd. 80, S. 10960.

537 In: BVerfGE 40, S. 141 ff.

538 BVerfGE 40, S. 171. Siehe hierzu abweichend die östliche Völkerrechtslehre, die im Warschauer Vertrag eine Grenzanerkennung sah. Siehe Uschakow, Die Ostverträge in östlicher Sicht, S. 95.

dung auf die „Rechte und Verantwortlichkeiten der Vier Mächte bezüglich Deutschlands als Ganzes“ und auf den „Deutschlandvertrag“ vom 26. Mai 1952, „dessen Art. 2 Satz 1 einen Vorbehalt zugunsten der Westmächte in bezug auf Deutschland als Ganzes einschließlich einer friedensvertraglichen Regelung“ enthalte.

Diese seit langem (Potsdamer Protokoll 1945, Deutschlandvertrag 1952) vertretene und nun durch das Bundesverfassungsgericht bestätigte völkerrechtliche Lage Deutschlands wurde von der christdemokratisch geführten Regierung Helmut Kohl nach dem Regierungswechsel von 1982 – meistens jedoch nur auf sogenannten „Sonntagsreden“ vor Vertriebenen, deren Stimmenpotential für Wahlen immer noch berücksichtigt sein wollte – manchmal wieder öffentlich vertreten, zuletzt von Bundesfinanzminister Theodor Waigel am 2. Juli 1989 beim Deutschlandtreffen der Schlesier in Hannover, wo er formulierte, daß „zur deutschen Frage auch die ostdeutschen Gebiete jenseits von Oder und Neiße“ gehörten und – unter Berufung auf das Bundesverfassungsgericht – daß „das Deutsche Reich in den Grenzen von 1937 rechtlich fortbesteht“.[539]

Das Vortragen jener Rechtslage war jedoch in dieser Zeit, davon darf ausgegangen werden, nicht mehr darauf gerichtet, im Falle der Möglichkeit zur Wiedervereinigung die Grenzen Deutschlands von 1937 wiederherzustellen, sondern darauf, ein rechtstechnisches Mittel zur Betonung der Offenheit der Deutschen Frage überhaupt zu haben, deren Beantwortung – irgendwann einmal – zur Wiedervereinigung der Gebiete von Bundesrepublik (West-)Deutschland, DDR und Berlin führen sollte.

[539] Auszüge der Rede in: Ratza, Antworten zu Deutschland-Fragen 1989, S. 71 f.

2.6 Die völkerrechtliche Anerkennung der Oder-Neiße-Linie im Zuge der Wiederherstellung der Einheit Deutschlands

Der Fall der „Mauer“ im November 1989 setzte die Möglichkeit der staatlichen Wiedervereinigung Deutschlands unerwartet über Nacht auf die „Tagesordnung der Weltpolitik“. Mit auf die Tagesordnung kam damit die Frage nach der endgültigen völkerrechtmäßigen Anerkennung der Oder-Neiße-Linie als Staatsgrenze.

2.6.1 Deutschland: freiwillige Anerkennung der Oder-Neiße-Linie oder Anerkennung als Folge von Druck?

Bereits vor dem Fall der „Mauer“ versicherte der damalige deutsche Bundesaußenminister Hans Dietrich Genscher am 27. September 1989 vor der Vollversammlung der Vereinten Nationen seinem Kollegen, dem neuen polnischen Außenminister Krzysztof Skubiszewski, daß das polnische Volk wissen solle, „daß sein Recht, in sicheren Grenzen zu leben, von uns Deutschen weder jetzt noch in Zukunft durch Gebietsansprüche in Frage gestellt wird“.[540] Schon kurz nach dem Fall der „Mauer“ erklärte auch der Deutsche Bundestag durch eine Entschließung am 8. November 1989, daß das polnische Volk wissen solle, „daß sein Recht, in sicheren Grenzen zu leben, von uns Deutschen weder jetzt noch in Zukunft durch Gebietsansprüche in Frage gestellt wird“.[541] In einer gemeinsamen Erklärung[542] bekräftigten Bundeskanzler Helmut Kohl und der polnische Ministerpräsident Tadeusz Mazowiecki am 14. November 1989 in Warschau, daß „die Unverletzlichkeit der Grenzen und die Achtung der territorialen Integrität und der

---

540 Die Rede ist abgedruckt in: Bulletin des Presse- und Informationsamtes der Bundesregierung 98/1989, S. 849 ff. Hier S. 849. Siehe zur entsprechenden Haltung des Auswärtigen Amtes zur Oder-Neiße-Frage im Rahmen der 2+4-Verhandlungen am besten Kiessler/Elbe, Ein runder Tisch mit scharfen Ecken. Besonders kritisch mit der Haltung Genschers in der Oder-Neiße-Frage setzt sich auseinander: Czaja, Unterwegs zum kleinsten Deutschland?

541 Entschließungsantrag der Fraktionen von CDU/CSU und FDP vom 8.11.1989 (BT-Drucksache 11/5589), angenommen lt. Sten. Ber. 173. Sitzung, 8.11.1989, S. 13061. Vgl. hierzu die schriftl. Erklärung von 26 Abgeordneten in Sten. Ber. 173. Sitzung, 8.11.1989, Anlage 2, S. 13091 f.

542 In: Bulletin des Presse- und Informationsamtes der Bundesregierung Nr. 128/1989, S. 1094 ff.

Souveränität aller Staaten in Europa in ihren gegenwärtigen Grenzen eine grundlegende Bedingung für den Frieden sind". Auch in einer Rede im Rahmen einer internationalen Konferenz in Paris am 17. Januar 1990 ließ Kohl keinen Zweifel daran, daß „die Polen die Gewißheit haben, in sicheren Grenzen zu leben".[543] Denselben Tenor hatten die Aussagen des damaligen Bundesinnenministers Wolfgang Schäuble am 20. Februar 1990 gegenüber dem amerikanischen Außenminister James Baker, indem er ankündigte, daß der „Beitrittsartikel" 23 des Grundgesetzes nach der Vereinigung mit der DDR gestrichen werde, was Baker „sehr befriedigend" fand.[544]

In der Regierungserklärung,[545] die Bundeskanzler Kohl am 21. Juni 1990 anläßlich der Billigung des Staatsvertrages über die Herstellung der Wirtschafts-, Währungs- und Sozialunion und einer in beiden Parlamenten mit überwältigender Mehrheit gebilligten gemeinsamen Polen-Erklärung von Deutschem Bundestag und DDR-Volkskammer[546] abgab, betonte er, das wiedervereinigte Deutschland werde die „Grenze Polens zu Deutschland, so wie sie heute verläuft", völkerrechtlich anerkennen, er teilte allerdings auch mit, daß man „heute vor einer ganz klaren Wahl" stehe: „Entweder wir bestätigen die bestehende Grenze, oder wir verspielen unsere Chance zur deutschen Einheit." Am 5. August 1990 ergänzte der Bundeskanzler an die deutschen Heimatvertriebenen gerichtet diese Aussage durch das Bekenntnis, daß diese Bedingung bei seinen „Gesprächen mit Präsident Michail Gorbatschow Mitte vergangenen Monats [...] von der sowjetischen Seite einmal mehr mit allem Nachdruck bekräftigt worden" ist. „Ebenso unmißverständlich" hätten sich ihm gegenüber „zu diesem Thema Präsident George Bush, Staatspräsident Mitterand und Premierministerin Margret Thatcher geäußert". Von der Zustimmung der Vier Mächte, die „nach wie vor Träger von Rechten und Verantwortlichkeiten in bezug auf Berlin und Deutschland als Ganzes" seien, hinge es ab, „ob das vereinte Deutschland volle Souveränität erlangt". Der zu diesem Zeitpunkt erreichte „Durchbruch" in den Verhandlungen mit der So-

---

543 In: Bulletin des Presse- und Informationsamtes der Bundesregierung Nr. 9/1990, S. 61 ff.

544 Schäuble, Der Vertrag, S. 59 f.

545 In: Frankfurter Allgemeine Zeitung, 22.6.1990, S. 6 f.

546 Die gemeinsame Entschließung von Bundestag und Volkskammer ist abgedruckt in: Presse- und Informationsamt der Bundesregierung, Vertrag über die abschließende Regelung, S. 23 ff.

wjetunion „wäre nie erreicht worden, wenn nicht unmißverständlich klar gewesen wäre, daß die Wiedervereinigung auf die Bundesrepublik, die DDR und Berlin beschränkt bleibt".[547]

Bundeskanzler Kohl war zu einer endgültigen vertraglichen Bestätigung des Verzichts auf die Gebiete östlich der Oder-Neiße-Linie sowie des sowjetisch verwalteten Königsberger Gebiets unzweifelhaft bereit. Für diesen endgültigen Territorialverzicht erwartete Kohl allerdings auch die Aufgabe aller Reparationsansprüche.[548]

Schon frühzeitig hatten Bundesregierung, Bundestag und Volkskammer der DDR also aus freien Stücken angekündigt, daß ein wiedervereinigtes Deutschland die deutsch-polnische Grenze, auch in ihrem konkreten Verlauf, nicht in Frage stellen werde. Gleichzeitig haben nach den Aussagen Kohls die Vier Mächte jedoch Druck ausgeübt, um von seiten der Bundesrepublik Deutschland eine eindeutige Aussage zur deutsch-polnischen Grenze zu bekommen. Dieser Druck läßt sich anhand einiger öffentlicher Aussagen führender westlicher Politiker zwischen dem Fall der „Mauer" und dem Abschluß der „Zwei-Plus-Vier-Konferenz" am 12. September 1990 mehrfach nachweisen. Die Regierung der Vereinigten Staaten ließ durch ihren Außenminister Baker klarstellen, daß sie von den gegenwärtigen Grenzen, innerhalb derer Deutschland sich vereinigen solle, ausgehe, und daß man sich an die Sprachregelung der „Schlußakte von Helsinki" halten sollte, „die davon ausgeht, daß die Grenzen in Europa unverletzlich sind und nur mit friedlichen Mitteln verändert werden sollten".[549] Dies war im wesentlichen auch die Position der Regierung Großbritanniens.[550] Frank-

---

547 Ansprache des Bundeskanzlers anläßlich der 40. Wiederkehr des Jahrestages der Verkündigung der „Charta der deutschen Heimatvertriebenen" am 5.8.1990 in Stuttgart. Redemanuskript herausgegeben vom Presse- und Informationsamt der Bundesregierung am gleichen Tag. Hier S. 9.

548 Küsters, Von der beschränkten zur vollen Souveränität Deutschlands, in: Aus Politik und Zeitgeschichte 17/2005.

549 Fernsehinterview Bakers am 4.12.1989, abgedruckt in: Europa-Archiv 2/1990, S. D 52-54, hier S. D 53. Baker äußerte sich in diesem Sinne auch am 29.11.1989, reagierend auf Kohls Zehn-Punkte-Programm zur deutschen Einheit (Kaiser, Deutschlands Vereinigung, S. 169), am 12.12.1989 vor dem Berliner Presseclub (Europa-Archiv 4/1990, S. D 77-84) und am 5.5.1990 zur Eröffnung der „2+4-Verhandlungen" in Bonn (Kaiser, Deutschlands Vereinigung, S. 211).

550 Die sich auf die KSZE-Prinzipien berufende Erklärung zu Mittel- und Osteuropa der Tagung des Europäischen Rates vom 8./9.12.1989 ist abgedruckt in: Europa-Archiv 1/1990, S. D 13-14, die von Großbritannien unterstützt wurde. Großbritannien war in der deutsch-polnischen Grenz-

reich ging über die Position der Vereinigten Staaten hinaus und verlangte über die Bestätigung der „Unverletzlichkeit“ der deutsch-polnischen Grenze eine Bestätigung der „Unantastbarkeit“ dieser Grenze, das heißt, „daß man sie nicht mehr verändern kann“,[551] eine Position, die gegenüber den Bestimmungen der von US-Außenminister Baker genannten Schlußakte der „Konferenz über Sicherheit und Zusammenarbeit in Europa“ (KSZE) von Helsinki von 1976 eine diskriminierende Sonderbehandlung für Deutschland vorsah.

Revisionistische Forderungen, die von der Bundesregierung, dem Deutschen Bundestag oder den Organen der DDR im Hinblick auf eine Veränderung der deutsch-polnischen Grenze vorgetragen worden wären, sind in keiner Phase des Prozesses der Wiederherstellung der staatlichen Einheit Deutschlands erkennbar gewesen, obwohl sie angesichts des von manchen Politikern jahrzehntelang betriebenen verbalen Revisionismus bzw. des von diesen vertretenen Rechtsstandpunktes von mancher Seite vielleicht erwartet oder befürchtet wurden, z.B. von den Vertriebenen und den noch in den Oder-Neiße-Gebieten lebenden Deutschen oder von den Polen. Bundesregierung und Bundestag haben jedoch weder Bedingungen für die Grenzanerkennung gestellt, noch haben sie das Grenzproblem bei Stettin angesprochen. Bundeskanzler Kohl hat zwar in der Wiedervereinigungsphase bis zum Abschluß der „Zwei-plus-Vier-Verhandlungen“ (s. u.) bzw. bis zur Wiedervereinigung durchgehend an der vom Bundesverfassungsgericht 1975 bestätigten Rechtslage Deutschlands festgehalten und sich geweigert, die Oder-Neiße Linie einseitig durch die „alte“ Bundesrepublik Deutschland vor den Verhandlungen mit den Vier Mächten anzuerkennen. Diese Anerkennung könne erst von einem gesamtdeutschen Parlament endgültig und völkerrechtlich wirksam beschlossen werden, außerdem könnten rechtliche Festlegungen, die die Siegermächte des Zweiten Weltkrieges (z. B. im Deutschland-Vertrag 1952) getroffen hätten,

---

frage in der Öffentlichkeit jedoch zurückhaltend.

[551] Pressekonferenz des frz. Außenministers Dumas am 22.6.1990 in Paris. Auszüge bei: Ludwig, Polen und die deutsche Frage, S. 252 f., hier S. 253. Die Forderung nach „Unantastbarkeit“ der Oder-Neiße-Linie wurde von Dumas schon am 12.12.1989 vor der Französischen Nationalversammlung (Kaiser, Deutschlands Vereinigung, S. 173-175) und von Staatspräsident Mitterrand am 9.3.1990 auf einer Pressekonferenz in Paris (Ludwig, Polen und die deutsche Frage, S. 227 ff.) erhoben.

nicht einseitig von der Bundesrepublik (West-)Deutschland aufgehoben werden.

Daran, daß die Oder-Neiße-Linie als deutsch-polnische Grenze ohne Umstände von einem wiedervereinten Deutschland anerkannt werden würde, hat jedoch auch Kohl nie einen Zweifel gelassen. Insofern war der Wirbel, den Teile von CDU, SPD, FDP, Grünen usw. sowie Teile der Presse insbesondere im November 1989 um diese völkerrechtliche Vorbehalte äußernde Haltung Kohls machten, und der fast zu einer Koalitionskrise der CDU/CSU-FDP-Koalition führte, reichlich künstlich.[552]

Es ist sowohl eine vielfach geäußerte, auch aufrichtig gemeinte Freiwilligkeit und Bereitwilligkeit zur endgültigen völkerrechtlichen Anerkennung der Oder-Neiße-Linie seitens der Regierung und des Parlamentes der Bundesrepublik Deutschland zu konstatieren, als auch ein gewisser Druck seitens der Siegermächte des Zweiten Weltkrieges auf die deutschen Organe, der dort wiederum bei eventuell Revisionswilligen zur Erkenntnis geführt haben mag, daß eine Forderung nach Revision ohnehin ohne Aussicht auf Erfolg gewesen wäre, ja daß sie den Prozeß der Vereinigung der „beiden Staaten in Deutschland“ ernsthaft gefährdet hätte.

Zum an sich besonnenen und zur Grenzanerkennung sogar sofort bereitwilligen Verhalten der Bundesregierung in der entscheidenden Wiedervereinigungsphase 1989/90 kann hier jedoch zurecht auch konstatiert werden, daß „somit [...] die Vertriebenen und die deutsche Minderheit in Polen durch die betreffenden offiziellen Rechtsstandpunkte in ihren Erwartungen lange Zeit getäuscht worden [sind]“.[553]

---

552 Zahlreiche Presseberichte, z. B. Die Welt v. 9.11.1989, 16.11.1989, 11.3.1990.

553 Korger, Die Polenpolitik der deutschen Bundesregierung von 1982-1991, S. 47.

2.6.2 Vertragliche Schritte zur völkerrechtlichen Anerkennung der Oder-Neiße-Linie

2.6.2.1 Vertrag über die Herstellung der Einheit Deutschlands

Am 23. August 1990 erklärte die Volkskammer der DDR den Beitritt der DDR zur Bundesrepublik Deutschland mit Wirkung zum 3. Oktober 1990.[554] Diese Beitrittserklärung fand ihre Ausgestaltung im „Vertrag zwischen der Bundesrepublik Deutschland und der Deutschen Demokratischen Republik über die Herstellung der Einheit Deutschlands – Einigungsvertrag", der am 31. August 1990 in Berlin unterzeichnet wurde.[555] Durch diesen Vertrag wurden die Präambel und Artikel 146 des Grundgesetzes geändert und Artikel 23 GG gestrichen (Artikel 4 Einigungsvertrag), und zwar in einer Weise, die keinen Zweifel daran ließ, daß nach Ansicht der Verfassungsgeber „dieses Grundgesetz für das gesamte Deutsche Volk" gilt (Präambel neue Fassung), die Einheit Deutschlands also gemäß dem Auftrag der alten Fassung des Grundgesetzes (Präambel, Artikel 23, Artikel 146 GG) vollendet worden ist. Jede aus der alten Form des Verfassungsauftrages ableitbare Revisionsabsicht etwa der deutsch-polnischen Grenze wurde damit beseitigt.

2.6.2.2 Vertrag über die abschließende Regelung in bezug auf Deutschland

Angesichts der um den Jahreswechsel 1989/90 eintretenden Erkenntnis, daß die Wiedervereinigung Deutschlands auf die „Tagesordnung der Weltpolitik" gerückt war, einigten sich die Außenminister der „beiden Staaten in Deutschland", Frankreichs, Großbritanniens, der USA und der Sowjetunion anläßlich der Konferenz der NATO und des Warschauer Paktes in Ottawa am 13. Februar 1990 darauf, sogenannte „Zwei-plus-Vier-Gespräche" durchzuführen, um „die äußeren Aspekte der Herstellung der deutschen Einheit, einschließlich der Frage der Sicherheit der Nachbarstaaten, zu besprechen".[556] Im Laufe der „Zwei-

---

554 Text der Beitrittserklärung in: Bundesgesetzblatt 1990, Teil I, S. 2057.

555 Text in: Bundesgesetzblatt 1990, Teil II, S. 889 ff.

556 Kommunique von Ottawa, 13.2.1990, in: Bulletin der Bundesregierung 27/1990, S. 215.

plus-Vier-Verhandlungen" wurde deutlich, daß ein Friedensvertrag konventioneller Art, wie er in Potsdam im Jahr 1945 vorgesehen war, hierfür nicht mehr in Frage kam. Am 12. September 1990 wurde dann der „Vertrag über die abschließende Regelung in bezug auf Deutschland",[557] der einen förmlichen Friedensvertrag für Deutschland jedoch ersetzt,[558] unterzeichnet.

In Artikel 1 des Vertrages finden sich alle Elemente, die die völkerrechtliche Bestätigung der bestehenden Grenzen Deutschlands, also auch der Oder-Neiße-Linie, vornehmen. Deren „endgültiger Charakter" als „ein wesentlicher Bestandteil der Friedensordnung in Europa" wurde konstatiert. In Artikel 7 Absatz 1 beendeten die Siegermächte des Zweiten Weltkrieges „ihre Rechte und Verantwortlichkeiten in bezug auf Berlin und Deutschland als Ganzes". Deutschland und Polen wurde auferlegt, „die zwischen ihnen bestehende Grenze in einem völkerrechtlich verbindlichen Vertrag" zu bestätigen (Artikel 1 Absatz 2).

2.6.2.3 Der deutsch-polnische Grenzbestätigungsvertrag vom 14. November 1990

Der „Vertrag zwischen der Bundesrepublik Deutschland und der Republik Polen über die Bestätigung der zwischen ihnen bestehenden Grenze"[559] wurde am 14. November 1990 in Warschau von den Außenministern Genscher und Skubiszewski unterzeichnet.

In Artikel 1 des Grenzbestätigungsvertrages bestätigten die Vertragspartner „die zwischen ihnen bestehende Grenze" und bezogen sich dabei – bemerkenswerterweise – auf das von früheren Bundesregierungen stets strikt abgelehnte und von der Regierung Adenauer als ungültig und rechtswidrig betrachtete „Abkommen von Görlitz" vom 6. Juli 1950, auf die in Ausführung dieses Abkommens zwischen der DDR und Polen geschlossenen Akte sowie auf den Vertrag vom 7. Dezember 1970 zwischen der Bundesrepublik Deutschland und der Volksrepublik Polen. In Artikel 2 erklärten die Vertragsparteien die

---

[557] In: Bundesgesetzblatt 1990, Teil II, S. 1318 ff.

[558] Zur völkerrechtlichen Bedeutung des „Vertrages über die abschließende Regelung in bezug auf Deutschland" als Friedensvertragsersatz: Rauschning, Die Wiedervereinigung, S. 983.

[559] In: Bundesgesetzblatt 1991, Teil II, S. 1329.

„Unverletzlichkeit“ der bestehenden Grenze, und in Artikel 3 versicherten sie einander, keinerlei Gebietsansprüche gegeneinander zu haben.

Der Grenzverlauf bei Stettin, der im Abkommen von 1950 und im Vertrag von 1970 nicht erläutert wurde, wurde auch im Grenzbestätigungsvertrag von 1990 nicht erwähnt.

Erst durch diesen Vertrag wurde die Oder-Neiße-Linie von der Bundesrepublik Deutschland als deutsch-polnische Staatsgrenze nach 45 Jahren völkerrechtlich anerkannt. Offen blieb für die Vertragspartner jedoch der Zeitpunkt, zu dem die Oder-Neiße-Gebiete die Souveränität gewechselt haben. Für die Bundesrepublik Deutschland ist dies erst mit dem Inkrafttreten des Grenzbestätigungsvertrages geschehen. Polen vertrat jedoch die altbekannte Ansicht, daß es den Rechtstitel auf die Oder-Neiße-Gebiete bereits durch die Übereinkünfte der Konferenz von Potsdam 1945 erhalten hat.

Hier liegt nach wie vor ein ungelöster Dissens vor, der jedoch hinsichtlich des Bestehens der deutsch-polnischen Grenze an der Oder-Neiße-Linie keine Auswirkungen mehr haben wird.[560]

Der deutsch-polnische Grenzbestätigungsvertrag erlangte nach dessen Billigung durch den Deutschen Bundestag am 17. Oktober 1991 (23 Gegenstimmen und 10 Enthaltungen)[561] und durch den polnischen Sejm am 18. Oktober 1991 (182 Ja-, 26 Neinstimmen)[562] für die Bundesrepublik Deutschland mit der Veröffentlichung im Bundesgesetzblatt am 16. Dezember 1991 Gesetzeskraft.[563] Durch den erforderlichen Austausch der Ratifikationsurkunden am 16. Januar 1992 in Bonn trat der Vertrag am gleichen Tag völkerrechtlich in Kraft.[564]

Eine abschließende Billigung fand der deutsch-polnische Grenzbestätigungsvertrag am 5. Juni 1992 durch die dritte Kammer des Zweiten Senats des Bundesverfassungsgerichts, die die Verfassungsbeschwerden von 11 ostdeutschen Vertriebenen, die eine Verletzung ihrer

---

560 Zu dem Problem des Zeitpunkts des Übergangs der Souveränität über die Oder-Neiße-Gebiete: Rauschning, Die Wiedervereinigung, S. 984.

561 Frankfurter Allgemeine Zeitung vom 18.10.1991.

562 Die Welt vom 19.10.1991.

563 Bundesgesetzblatt 1991, Teil II, S. 1328.

564 Bundesgesetzblatt 1992, Teil II, S. 118.

Grundrechte durch diesen Vertrag rügten, in einer unanfechtbaren, einstimmig erfolgten Entscheidung als unzulässig einstufte.[565]

[565] Frankfurter Allgemeine Zeitung, 14.7.1992. Zu den Gründen der Unzulässigkeit der Beschwerden: Bundesverfassungsgericht, Aktenzeichen 2 BvR 1613/91 u. a., Beschluß vom 5.6.1992.

2.7 Nach der Grenzanerkennung

Wie ein Blick zurück zeigt, hat sich im deutsch-polnischen Verhältnis seit der Grenzanerkennung einiges entwickelt. Schon bald nach der Anerkennung haben beide Staaten im Jahr 1991 einen „Vertrag über gute Nachbarschaft und freundschaftliche Zusammenarbeit“ geschlossen.[566] Zahlreiche Formen der grenzüberschreitenden Zusammenarbeit, z. B. die Bildung von Euro-Regionen (Pomerania, Viadrina, Spree-Neiße-Bober, Neiße), die Wiedererrichtung zerstörter Brücken über Oder und Neiße sowie zahlreiche kommunale Partnerschaften bezeugen eine enge Zusammenarbeit auf regionaler Ebene. Bedeutsam ist, daß Polen und Deutschland inzwischen Partner und militärische Verbündete in der Europäischen Union und in der NATO sind. Insgesamt hat das offizielle deutsch-polnische Verhältnis im Vergleich zur Zeit des „Kalten Krieges“ einen völlig neuen Charakter bekommen.

Auch ein Blick auf die Situation der deutschen Volksgruppe in Polen zeigt, daß sich deren Situation nach dem Ende „Volkspolens“ verbessert hat. Noch 1985 war vom damaligen polnischen Staatschef Wojciech Jaruzelski aus Anlaß des zentralen Festaktes zur „Wiedergewinnung“ der Oder-Neiße-Gebiete erklärt worden, daß das Problem einer deutschen nationalen Minderheit endgültig zu bestehen aufgehört habe. Und ein Jahr zuvor hatte das geistliche Oberhaupt der polnischen Katholiken, Primas Kardinal Glemp, behauptet, „daß keine Deutschen mehr in Polen übrig wären und wenn, sollten sie froh sein, Polen zu sein“.[567]

Es gab und gibt sie aber noch, Deutsche in den ehemaligen deutschen Ostgebieten. Die nach 1945 vor allem in Oberschlesien und Masuren als Polen vereinnahmten Deutschen und ihre Nachfahren können sich seit 1990 wieder als Deutsche bekennen und haben sich verbandsmäßig entsprechend organisiert. Schulunterricht und Gottesdienst können theoretisch wieder in deutscher Sprache stattfinden. Bei den Kommunalwahlen von 1991 wurden die Deutschen erstmals mit eigenen Kandidaten zugelassen und errangen rund 40 Bürgermeisterposten. Außerdem errangen Deutsche Sitze im Sejm und im Senat Polens.

---

[566] Vertrag vom 17.6.1991, in: Bulletin des Presse- und Informationsamtes der Bundesregierung Nr. 68 v. 18.6.1991, S. 541 ff.

[567] Rautenberg, Die Wahrnehmung von Flucht und Vertreibung, S. 42.

Zentren der deutschen Kultur- und Verbandsarbeit sind heute vor allem Allenstein (Ostpreußen) und Oppeln (Oberschlesien). Die meisten der in den ehemaligen deutschen Ostgebieten lebenden einheimischen Deutschen besitzen einen deutschen Paß, was ihnen nicht zuletzt der auch nach der Grenzanerkennung geltende deutsche Grundgesetz-Artikel 116 garantiert.[568] Bemerkenswert und konfliktträchtig zugleich sind zahlreiche Aktivitäten der deutschen Volksgruppe, die diese hinsichtlich der Wiederfindung ihrer Identität und Selbstachtung unternehmen konnte, wobei hier vor allem die Errichtung von Denk- und Ehrenmalen für die gefallenen deutschen Soldaten zu nennen sind. Auch die Errichtung eines Gedenksteines für die Insassen des Lagers Lamsdorf (poln. Łambinowice), die dort im Zuge der Deportation 1945/46 interniert waren, ist in diesem Zusammenhang positiv zu vermerken.

Freilich hat die deutsche Volksgruppe in Schlesien, Masuren und anderswo nach wie vor Probleme, die vor allem mit der Verwendung der deutschen Sprache im Unterricht, auf Ortstafeln und im amtlichen Verkehr zu tun haben. Ein großes Problem ist die Abwanderung junger Leute in die Bundesrepublik Deutschland.

Es sei als Problem auch die Haltung deutscher Bundesregierungen gegenüber deutschen Volksgruppen erwähnt. Von den Deutschen in Oberschlesien wurde etwa beklagt, daß das Interesse der Regierung Schröder an ihnen gering gewesen sei, ja, daß Politiker „aus Berlin" einen „Bogen um das Oppelner Land" gemacht hätten, obwohl man, so der deutsche Sejm-Abgeordnete Heinrich Kroll im Juni 2002, „moralische Unterstützung und Zurkenntnisnahme von deutscher Seite" dringend benötigt habe.[569]

Vor dem Hintergrund dieses zeitweisen Desinteresses deutscher Regierungsstellen ist es um so erfreulicher, daß sich sehr viele deutsche Vertriebene und deren Nachkommen in ihrer alten Heimat engagieren, und zwar in Zusammenarbeit mit nun dort lebenden Polen und verbliebe-

---

568 Artikel 116 Abs. 1 GG besagt: Deutscher im Sinne dieses Grundgesetzes ist vorbehaltlich anderweitiger gesetzlicher Regelung, wer die deutsche Staatsangehörigkeit besitzt oder als Flüchtling oder Vertriebener deutscher Volkszugehörigkeit oder als dessen Ehegatte oder Abkömmling in dem Gebiete des Deutschen Reiches nach dem Stande vom 31. Dezember 1937 Aufnahme gefunden hat.

569 Frankfurter Allgemeine Zeitung v. 17.6.2002, S. 3.

nen Deutschen. Besonders bemerkenswert sind in diesem Zusammenhang Tatsachen wie die, daß in Elbing im Jahr 2001 ein „Kommunalpolitischer Kongreß“ der Landsmannschaft Ostpreußen stattfinden konnte, der sogar mit einem Grußwort des damaligen polnischen Staatspräsidenten Aleksander Kwaśniewski bedacht wurde, das von dessen Kanzleidirektorin verlesen wurde. In diesem Grußwort forderte der polnische Staatspräsident die vertriebenen Ostpreußen auf, „die solideste Brücke, die unsere Staatsbürger, unsere Gesellschaften und unsere Staaten verbindet“, zu bauen.[570]

Zwei Bereiche im deutsch-polnischen Verhältnis, die unmittelbar mit der Aufrichtung der Oder-Neiße-Linie bzw. mit der damit verbundenen Deportation der deutschen Bevölkerung aus dem damaligen Ostdeutschland zusammenhängen, entwickelten nach der Jahrtausendwende allerdings ungeahnte Brisanz in den deutsch-polnischen Beziehungen und zeigen, daß die Oder-Neiße-Grenze nach wie vor keine normale, sondern, vor allem im Zusammenhang mit der damit verbundenen Problematik der Vertreibung, eine besondere Grenze ist. Es handelt sich dabei zum einen um die Frage, wie mit der historischen Tatsache von Annexion und Vertreibung heute, 60 Jahre nach diesen Ereignissen, in Deutschland und in Polen umgegangen wird. Brisanz entwickelte diese Frage durch die Diskussion über das in Berlin geplante „Zentrum gegen Vertreibungen“. Zum anderen wurde die Frage nach dem im Zuge von Flucht und Deportation der deutschen Bevölkerung konfiszierten Privatvermögen zu einem leidenschaftlich diskutierten Thema, nachdem einzelne Geschädigte aktiv geworden waren und beginnen wollten, ihre Ansprüche vor Gerichten geltend zu machen.

2.7.1 Annexion und Vertreibung im Bewußtsein von Deutschen und Polen

Das Thema Oder-Neiße-Linie, Annexion, Flucht und Vertreibung war jahrzehntelang nicht nur in Polen und in der DDR tabu, sondern auch in der Bundesrepublik Deutschland fanden politisch und psychologisch

570 Landsmannschaft Ostpreußen (Hrsg.), Ostpreußen: Land – Leute – Landsmannschaft, 2. Auflage Hamburg 2002 (Zeitungs-Sonderausgabe), S. 23.

unterschiedlich motivierte Formen der Verdrängung und Tabuisierung des Themas statt. Zu Recht stellte der Polenexperte Dieter Bingen im Jahr 1997 die Frage in der Raum, „ob es jemals in den vergangenen Jahrzehnten eine ‚Bewältigung', d. h. eine historische Würdigung des Verlusts von integralen Bestandteilen deutscher Geschichte und Kultur (Schlesien, Neumark, Pommern, Ostpreußen) gegeben" habe. „Ist diese Geschichte nicht vornehmlich als Belastung durch Folgewirkungen in Form von schwieriger Integration und Lastenausgleich perzepiert worden? Wer im Westen hat sich wirklich Gedanken darüber gemacht, daß diejenigen Deutschen, die ihre historischen und kulturellen Wurzeln kollektiv verloren haben – sei es, daß sie in die beiden deutschen Staaten flüchteten oder vertrieben wurden, sei es, daß sie nun in einer polnischen Umgebung lebten –, nicht schuldiger an den Verbrechen des Nationalsozialismus waren als etwa die Deutschen im Rheinland oder in Sachsen, aber für den verlorenen Krieg doppelt und dreifach zu zahlen hatten?"[571] Das Thema Oder-Neiße-Linie, Annexion, Flucht und Vertreibung galt auch für konservativ-liberale Kreise lange als unzeitgemäß und war so jahrzehntelang in diesen Teilen des politischen Spektrums der Bundesrepublik lediglich noch Anlaß für „Sonntagsreden". Die „Linke" mied das Thema seit den siebziger Jahren ohnehin fast ganz oder bagatellisierte es. Der Historiker Manfred Kittel konstatierte gegenüber dem Schicksal der deutschen Vertriebenen eine „ungeheure Gleichgültigkeit", ja eine politisch motivierte „Vertreibung von Millionen aus der Erinnerung" nach dem Bonner „Machtwechsel" von 1969. „Manch übereifriger Entspannungsanhänger meinte nun, etwas für Frieden und Völkerversöhnung zu tun, wenn er im Streben nach ‚Konvergenz' mit den sozialistischen Ostblockstaaten auch gleich noch die Geschichte Ostdeutschlands leugnete, Denkmäler an den alten Osten im Westen stürmte oder Breslau nur noch Wrocław nannte". Nach Kittel breiteten sich „zunächst bei den publizistischen und intellektuellen Wegbereitern einer ‚neuen Ostpolitik' Tendenzen aus, die Vertreibung ganz ausschließlich als gerechte Sühne für die Schuld am Weltkrieg und Holocaust zu betrachten. Der Unrechtscharakter der Vertreibung selbst löste sich dabei in einer schlichten Ursache-Folgen-

---

571 Bingen, Bilanz deutscher Politik gegenüber Polen, S. 5.

Analyse auf."[572] Gleiches galt für eine der Voraussetzungen der Vertreibung der Deutschen aus Ostdeutschland, nämlich dessen Annexion durch Polen.

Anscheinend hat die Wiederkehr der schrecklichen Bilder von Vertreibung, Deportation und Tod im Zug der Kriege im ehemaligen Jugoslawien seit dem Ende des 20. Jahrhunderts in Deutschland die Sensibilität für das Thema in Teilen von Politik und Gesellschaft erhöht. Neben den „aktuellen" Vertreibungen, die um die Jahrtausendwende in aller Welt stattfanden, trug auch die politische und gesellschaftliche Diskussion, die durch Günter Grass' im Jahr 2002 herausgekommenes Buch „Im Krebsgang" und durch verschiedene Fernsehdokumentationen zur Vertreibung der Deutschen ausgelöst wurde, dazu bei, daß die Themen Annexion und Vertreibung nach dem Zweiten Weltkrieg in der gesellschaftlichen Diskussion in Deutschland wieder einen gewissen Stellenwert erreicht haben, ohne daß dies jedoch politische Auswirkungen gehabt hätte. Im Gegenteil, die Regierung Schröder kürzte die Mittel für die deutschen Vertriebenenverbände erheblich und ließ bei verschiedenen Gelegenheiten verlauten, daß für sie die Vertreibung eine „abgeschlossene historische Epoche" sei bzw. „ins Museum der deutschen Geschichte" gehöre.[573] Es kann an dieser Stelle ganz klar konstatiert werden, daß die rot-grüne Regierung Schröder-Fischer „sich nicht für das Schicksal der Vertriebenen" interessiert hat, „auch hat sie nicht zur Kenntnis genommen, daß in vielen Städten und Dörfern des Ostens immer noch Deutsche leben".[574]

Lediglich ein einsamer Ruf ohne Konsequenzen war in der Bundesrepublik Deutschland somit rückblickend gesehen die Aussage des Bundesinnenministers Otto Schily (SPD), der – abweichend zur üblicherweise von der rot-grünen Bundesregierung gegenüber den deutschen Vertriebenen vorgetragenen Haltung – am 29. Mai 1999 anläßlich eines Festaktes des Bundes der Vertriebenen im Berliner Dom

---

572 So Manfred Kittel im Bayernkurier 11/17.3.2007. Zum Thema siehe dessen 2007 veröffentlichte Studie „Vertreibung der Vertriebenen?".

573 So Bundeskanzler Gerhard Schröder (SPD) anläßlich eines Besuches beim tschechischen Ministerpräsidenten Milos Zeman im März 1999 bzw. Bundestagsvizepräsidentin Antje Vollmer (Grüne). Nach: CDU/CSU-Fraktion im Deutschen Bundestag (Hrsg.): Deutschland Union Dienst (DUD) Nr. 13 v. 3.7.2000, S. 7.

574 Reinhard Müller in der Frankfurter Allgemeinen Zeitung v. 11.5.2004, S. 1.

u. a. ausführte: „Die politische Linke hat in der Vergangenheit, das läßt sich leider nicht bestreiten, zeitweise über die Vertreibungsverbrechen, über das millionenfache Leid, das den Vertriebenen zugefügt wurde, hinweggesehen. [...] Inzwischen wissen wir, daß wir nur dann, wenn wir den Mut zu einer klaren Sprache aufbringen und der Wahrheit ins Gesicht sehen, die Grundlage für ein gutes und friedliches Zusammenleben finden können."[575]

Der Publizist und Dissident Jan Józef Lipski beklagte bereits 1981 in seinem bekannten Essay „Zwei Vaterländer – zwei Patriotismen" geschichtliche Mythen und Vorurteile, die in den Köpfen der Polen herumspukten, und forderte: „Im polnischen Bewußtsein unserer geschichtlichen Beziehungen zu den Deutschen sind eine Menge Mythen und falsche Bilder entstanden, die im Namen der Wahrheit und zum Zwecke eigener Gesundung einmal von Lügen gereinigt werden müssen: falsche Vorstellungen von der eigenen Geschichte sind eine Krankheit der Seele der Nation, sie dienen hauptsächlich der Fremdenfeindlichkeit und dem nationalen Größenwahn." [576] Wie weit ist Polen, nachdem es seine Freiheit wiedergewonnen hat, bisher auf diesem von Lipski gewiesenen Weg gekommen?

In Polen haben seit dem Ende der kommunistischen Herrschaft in Sachen Wahrnehmung der eigenen Vergangenheit tatsächlich einige Änderungen stattgefunden. Als Anhaltspunkt kann hier die Debatte um das Massaker von Jedwabne[577] dienen, die den jahrzehntelang sorgsam gepflegten „Mythos der Polen als Volk der Opfer" schwer erschüttert hat.[578] In bezug auf die deutsche Vergangenheit großer Teile heutigen polnischen Staatsgebietes ist das Interesse gerade junger Polen an der deutschen Geschichte ihrer Heimat und an der Vertreibung der alteingesessenen deutschen Bevölkerung bemerkenswert. „Nach 1989, seit-

[575] Eigene Aufzeichnung als Teilnehmer an der Veranstaltung.

[576] Zitiert nach Gehrke, Der polnische Westgedanke, S. 344.

[577] Das Buch „Nachbarn" des Politologen an der New York University Jan Tomasz Gross beschreibt ein antisemitisches Massaker in der polnischen Kleinstadt Jedwabne, das nicht von den deutschen Besatzern, sondern von „ganz normalen" polnischen katholischen Bürgern in Eigenregie verübt worden sei. Diese Veröffentlichung löste in Polen heftigste Diskussionen und „eine veritable Krise des polnischen Selbstverständnisses" aus. Frankfurter Allgemeine Zeitung v. 23.4.2002.

[578] Joanna Tokarska-Bakir, Vergangenheit die nicht vergehen will, in: Frankfurter Allgemeine Zeitung v. 2.5.2001, S. 10.

dem in der polnischen Öffentlichkeit die Vertreibung der Polen aus dem Osten ein Thema geworden ist, beschäftigt man sich intensiv auch mit der Vertreibung der Deutschen – einem Vorgang, der nicht nur als Konsequenz der Zerstörung Europas durch den Nationalsozialismus, sondern immer öfter auch in moralischen Kategorien als eine Ungerechtigkeit begriffen wird, die unzählige Leiden Unschuldiger nach sich gezogen hat."[579] Hier ist in der polnischen Diskussion inzwischen eine größere Offenheit eingekehrt. Besondere Erwähnung muß an dieser Stelle die wissenschaftliche Aufarbeitung der Vertreibung durch Polen, z. T. in Zusammenarbeit mit Deutschen, finden.[580]

Durch die in Polen vier Jahrzehnte lang praktizierte „außerordentlich geschickte, politisch effiziente, von Teilen der Historiker sowie Publizisten vor allem in populären Darstellungen zweckvoll verfälschende Manipulation von Generationen, deren Wirkung verständlicherweise noch heute anhält",[581] hat jedoch in der polnischen Bevölkerung ein tiefgreifender Tabuisierungs- und Verdrängungsprozeß gegriffen. Nach im Jahr 1996 in Polen durchgeführten Meinungsumfragen wußte die Hälfte der Befragten – bei den unter 24jährigen sogar 59 Prozent – überhaupt nichts von einer Vertreibung der Deutschen. Eine Hälfte der „wissenden" Befragten sah in der Vertreibung eine „gerechte Strafe", die andere Hälfte hielt sie jedoch für ein „Unrecht an der deutschen Zivilbevölkerung, die dieses Land seit Jahrhunderten bewohnte".[582]

Die offiziellen Aussagen sind in Polen entsprechend ambivalent. Der erste demokratisch gewählte Ministerpräsident Polens nach der Wende, Tadeusz Mazowiecki, sprach in Warschau anläßlich einer Diskussion über die Vertreibung der Deutschen nach dem Zweiten Weltkrieg und im Hinblick auf die Vertreibung von Polen aus von Deutschland im Zweiten Weltkrieg annektierten polnischen Gebieten von einer „deutsch-polnischen Schamgemeinschaft", aus der es Lehren zu ziehen

---

579 Borodziej, Polen und Deutschland seit 1945, S. 18.

580 Zu denken ist hier vor allem an die mehrbändige Herausgabe polnischer staatlicher Akten über die Vertreibung der Deutschen durch die Professoren Włodzimierz Borodziej und Hans Lemberg (Verlag Herder-Institut, Marburg/Lahn), sowie an die Studie von Bernadetta Nitschke über die „Vertreibung und Aussiedlung der deutschen Bevölkerung aus Polen 1945 bis 1949".

581 Strobel, Die polnische „Preußenkrankheit", S. 28.

582 Rautenberg, Die Wahrnehmung von Flucht und Vertreibung, S. 43.

gelte.[583] Die These von den sogenannten „wiedergewonnenen Gebieten“ wurde von einigen polnischen Politikern, so dem ehemaligen Botschafter in Deutschland Janusz Reiter, offen als Lüge bezeichnet.[584] In der wichtigen Rede, die der damalige polnische Außenminister Władysław Bartoszewski am 28. April 1995 vor dem Deutschen Bundestag und dem Bundesrat gehalten hat, sprach dieser u. a. von einer Wiedererlangung geistiger Souveränität Polens, deren Maß „das Gefühl der moralischen Verantwortung für die ganze Geschichte“ sei, „in der es – wie immer – helle und dunkle Seiten gibt. Als Volk, das vom Krieg besonders heimgesucht wurde, haben wir die Tragödie der Zwangsumsiedlungen kennengelernt sowie die damit verbundenen Gewalttaten und Verbrechen. Wir erinnern uns daran, daß davon auch unzählige Menschen der deutschen Bevölkerung betroffen waren und daß zu den Tätern auch Polen gehörten.“ Und: „Wir beklagen das individuelle Schicksal und die Leiden von unschuldigen Deutschen, die von den Kriegsfolgen betroffen wurden und ihre Heimat verloren haben.“[585] Dies waren versöhnliche Worte. Es muß aber auch klar gesehen werden, daß mit diesem offiziellen Bedauern Polens kein Bedauern über die Annexion und die Vertreibung an sich gemeint war. Der Unrechtscharakter dieser Völkerrechtsdelikte wird polnischerseits nach wie vor überwiegend bestritten. Auch schieben polnische Politiker nach wie vor die Verantwortung für die Errichtung der Oder-Neiße-Grenze und damit für die Vertreibung der Deutschen allein auf die Alliierten des Zweiten Weltkrieges oder auf „die Deutschen“ bzw. Hitler als Kriegsverursacher ab und lassen dabei jegliche Kritik am Verhalten des stalinistischen Polens von 1945 vermissen. Der polnische Ministerpräsident Leszek Miller formulierte z. B. am 24. Juni 2002 in Bromberg (Bydgoszcz), die „Entscheidung zur Aussiedelung von Bewohnern jener Gebiete, die nach dem Zweiten Weltkrieg zu Polen gekommen seien, sei von den Alliierten getroffen worden, welche den Hitlerismus niedergerungen und die Welt von dieser Gefahr befreit“ hätten.[586] An anderer Stelle sagte Miller im Jahr 2003, daß

---

583 Frankfurter Allgemeine Zeitung v. 15.5.2002, S. 3.

584 Festvortrag Janusz Reiter anläßlich des dreißigjährigen Bestehens der Deutsch-Polnischen Schulbuchkommission am 6.6.2002 in Wittenberg. Deutscher Ostdienst (DOD) 17 /2002, S. 8.

585 Zitiert nach: Bartoszewski, Wider das selektive Erinnern.

586 Frankfurter Allgemeine Zeitung v. 25.6.2002, S. 2.

man „von den Polen [...] mit Fug und Recht erwarten“ könne, „daß sie Mitleid und Anteilnahme am Schicksal der Deutschen nähmen, daß sie Scham empfänden und Bedauern wegen der Akte brutaler Gewaltanwendung äußerten. Daß sie die Aussiedlungen verdammten, dürfe man jedoch nicht erwarten. Das notwendige Übel Aussiedlung habe einen Neuanfang zwischen Deutschen und Polen erst ermöglicht.“[587] Und den polnischen Anteil an der Festlegung der Oder-Neiße-Linie und an der Vertreibung völlig ignorierend führte der ehemalige polnische Außenminister Bartoszewski, der von Haus aus Historiker ist, im Jahr 2003 aus: „Auf der Potsdamer Konferenz im Sommer 1945 wurde über den Transfer der deutschen Bevölkerung aus jenen Gebieten entschieden, welche Polen zugeteilt wurden, und zwar nicht im Ergebnis einer freien Willensäußerung unserer Gesellschaft. Und es war auch gewiß kein Grund zu ungetrübter Freude für die Polen, daß sie im Austausch gegen acht Wojewodschaften (Regierungsbezirke), in denen sie seit Jahrhunderten gelebt hatten und die nun der damaligen Sowjetunion zugeschlagen wurden, die Gebiete an Oder und Neiße erhielten. [...] Die wahnsinnige Politik Hitlers und der Nationalsozialisten nach 1933 hatte alles das verursacht.“ Und, so Bartoszewski in dem gleichen Artikel, „in der Situation von 1945“ sei „auch in den westlichen Demokratien keine bessere Lösung gefunden“ worden. „Churchill, Attlee, Roosevelt oder Truman sahen auch kein besseres Rezept als den Bevölkerungstransfer, um normal funktionsfähige Staaten zu schaffen.“[588] Dieser Artikel des Historikers Bartoszewski aus dem Jahr 2003 trug den Titel „Wider das selektive Erinnern“ und scheint dabei ein Musterbeispiel für selektives Erinnern zu sein – nicht einmal Stalin wird als Mitverantwortlicher für das erwähnt, was 1945 geschehen ist, von Bierut und Gomułka ganz zu schweigen. Der polnische Außenminister Włodzimierz Czimoszewicz rechtfertigte die Oder-Neiße-Grenze und die Vertreibung der deutschen Bevölkerung in einem Interview mit der Frankfurter Allgemeinen Zeitung im November 2004 so: „Ich weiß von den Tragödien, welche Menschen und Familien damals durchlebt haben, und als menschliches Wesen empfinde ich Mitgefühl. Andererseits aber darf niemand den historischen Zusammenhang vergessen. Niemand darf vergessen, daß die meisten der Menschen, die damals so

---

[587] Frankfurter Allgemeine Zeitung v. 2.9.2003, S. 5.

[588] Bartoszewski, Wider das selektive Erinnern.

viel verloren und gelitten haben, 1933 für die Nazi-Partei gestimmt und Hitler den Weg an die Spitze Deutschlands geebnet haben. Hitler hat die Macht schließlich nicht durch einen Coup d'Etat errungen." Auf den Hinweis der Frankfurter Allgemeinen Zeitung, daß manche der Deutschen ja gegen Hitler gestimmt hätten und trotzdem vertrieben worden seien, daß manche der Vertriebenen auch Kinder gewesen seien, entgegnete der polnische Außenminister: „Gut. Aber wenn wir im demokratischen Prozeß falsche Entscheidungen treffen, bekommen alle die Folgen zu spüren. In diesem Sinne können wir von individuellen Tragödien reden, aber nicht von historischem Unrecht. Das wäre der kürzeste Weg zu einer Eruption der Kontroversen über die Vergangenheit."[589]

Auch die polnische Kirche äußerte sich nach der „Wende" zur Vergangenheit teilweise in einer Art, die sich in nichts von den seit Jahrzehnten tradierten polnischen „piastischen" Vorstellungen unterscheidet. So predigte der polnische Erzbischof Marian Przykucki aus Anlaß der zentralen Feierlichkeiten zum 50. Jahrestag des Kriegsendes am 18. Juni 1995 in Stettin, daß „die Ausdehnung der Westgrenze Polens bis zur Oder-Neiße-Linie eine Erfüllung der historischen Gerechtigkeit ist und mit der Rückkehr Polens in diese Gebiete auch die Kirche zu ihren Ursprüngen zurückgekehrt ist".[590]

Schwierig ist der Dialog, trotz aller positiven Leistungen, auch unter Historikern. In einem mit Unterstützung der „Zeit"-Stiftung herausgegebenen polnisch-deutschen Heft mit dem Titel „Dialog oder mehr?" äußerten sich deutsche und polnische Historiker „über die Erhellung der deutsch-polnischen Beziehungen nach der Wende durch die Geschichtswissenschaft". In diesem Heft konstatierte z. B. Claudia Kraft vom Deutschen Historischen Institut (DHI) in Warschau die „Verminung" gewisser Themenkreise. Eine „Verminung" sei vor allem dort erfolgt, wo „Historiker mit ihrer Arbeit dazu beitrugen, nationale Besitzstände zu legitimieren". In der heutigen „postnationalistischen" Zeit wäre von Historikern zu erwarten, daß sie mit diesen Legitimierungen aufhörten, was aber nicht der Fall sei – dies geschehe nun nur unbewußter. Im gleichen Heft bemängelte der Historiker Joachim Rogall,

589 Zitiert nach Frankfurter Allgemeine Zeitung v. 2.11.2004, S. 6.

590 Pressemitteilung des poln. Episkopats v. 23.6.1995, zitiert nach Strobel, Die polnische „Preußenkrankheit", S. 29.

daß die Kollegen der alten polnischen „Westforschung“ und deren Schüler im Wissenschaftsbetrieb überaus präsent seien. „Und daß man auf deutscher Seite mit diesen polnischen ‚alten Kämpfern‘ unter den Historikerkollegen so umgeht, als fände man deren Schwadronieren von der nationalen Aufgabe der (polnischen) Historiker und ihre Geschichtsklitterung zum Beispiel über die historischen Rechte auf die Oder-Neiße-Gebiete absolut gesellschaftsfähig und in Ordnung, das ist allenfalls mit dem Respekt vor ihrem Schicksal in Kriegs- und Besatzungszeit zu erklären.“ Doch, so Rogall, sollte es „diesbezüglich Grenzen der Toleranz geben“.[591]

In dieser ambivalenten Bewußtseins- und Diskussionssituation wurde die Idee eines in Berlin anzusiedelnden „Zentrums gegen Vertreibungen“ entwickelt. Das „Zentrum gegen Vertreibungen“ existiert seit dem 6. September 2000 als gemeinnützige Stiftung unter Vorsitz von Erika Steinbach (CDU, Präsidentin des Bundes der Vertriebenen) und (dem inzwischen verstorbenen) Dr. Peter Glotz (SPD) und soll einmal eine zentrale Informations-, Dokumentations- Archiv- und Begegnungsstätte zum Thema Vertreibung werden. In diesem Zentrum soll sowohl „die Tragödie der deutschen Heimatvertriebenen, als auch die Vertreibung anderer Völker, insbesondere in Europa“, aufgearbeitet werden.[592] Für Peter Glotz war das „Zentrum gegen Vertreibungen“, wie er einmal ausführte, „im Kern eine Plattform, auf der Nationalismus dokumentiert, analysiert, diskutiert – und bekämpft wird.“[593]

Erwartungsgemäß löste dieses Vorhaben in Deutschland eine heftige Debatte aus, auch im Deutschen Bundestag. Der im Deutschen Bundestag als Wortführer der Gegner des Projektes auftretende SPD-Bundestagsabgeordnete Markus Meckel sprach sich strikt gegen das „Zentrum gegen Vertreibungen“ aus. Meckel äußerte als Begründung, der Ansatz der Stiftung sei „zu national“ und plädierte für ein „europäisches Zentrum gegen Vertreibungen, an dessen Gestaltung andere Nationen von Anfang an zu beteiligen wären und dessen Trägerschaft

---

591 Zitiert nach Karol Sauerland, Minenfelder, in: Frankfurter Allgemeine Zeitung v. 27.12. 2002, S. 35.

592 So ein vom Bund der Vertriebenen herausgegebenes Faltblatt (undatiert).

593 Glotz, Wider den Nationalismus.

europäisch verankert sein müsse".[594] Als Sitz eines solchen europäischen „Zentrums" plädierte Meckel für Breslau.

Von der rot-grünen Bundesregierung unter Bundeskanzler Schröder wurde das „Zentrum gegen Vertreibungen" ebenfalls nicht unterstützt. Im August 2002 sprach sich Schröder gegen dessen Errichtung in Berlin oder Breslau aus. Schröder äußerte Zweifel, „ob beide Orte glücklich sind" und sah eine „Gefahr", daß die Vertreibung als „deutsche Frage" angesehen werde. Dem Bund der Vertriebenen und der Stiftung unterstellte Schröder eine angebliche „Fixierung [...] auf allein die deutsche Vertreibung", was in eine falsche Richtung führe. Daher war Schröder „nicht entschlossen, das zu unterstützen".[595] Ebenso übte Außenminister Joseph Fischer harsche Kritik am Konzept der Vertriebenen und äußerte Verständnis für den „berechtigten Verdacht", die Geschichte solle neu geschrieben werden.[596] Im August 2004 bekräftigte Schröder in Warschau nochmals, daß sich die rot-grüne Bundesregierung gegen Pläne wende, „in Berlin ein nationales ‚Zentrum gegen Vertreibung' zu errichten".[597]

Die CDU-Vorsitzende Dr. Angela Merkel, seit Herbst 2005 Bundeskanzlerin, sprach sich in der damaligen Debatte hingegen für dieses Projekt und auch für dessen Standort Berlin aus. Es sei für sie selbstverständlich, „daß dieser Teil der Geschichte – der immerhin 15 Millionen Menschen betroffen hat, von denen über zwei Millionen zu Tode gekommen sind, und von denen Millionen in die Bundesrepublik Deutschland integriert wurden – auch in unserem Leben eine Rolle spielen muß." Es sei für sie „unvorstellbar, daß dieser Teil der Geschichte – inklusive der Vertreibungen, die es erst kürzlich zum Beispiel auf dem Balkan gegeben hat – nicht in Deutschland dargestellt werden" könne. Dies stelle „das Gedenken an die schrecklichen Taten der Deutschen im Zusammenhang mit dem Nationalsozialismus und dem Zweiten Weltkrieg nicht in Frage, im Gegenteil." Aber es sei „wichtig, daß auch der deutschen Opfer gedacht" werde. Und daß „mit diesem Teil der deutschen Geschichte auch Trauer verbunden

594 Frankfurter Allgemeine Zeitung v. 16.7.2003, S. 10.
595 Frankfurter Allgemeine Zeitung v. 16.8.2002.
596 Frankfurter Allgemeine Zeitung v. 29.8.2003, S. 3.
597 Frankfurter Allgemeine Zeitung v. 3.8.2004, S. 2.

ist, das muß auch in Deutschland ausgesprochen werden können", so Merkel.[598]

In der von Angela Merkel geführten Bundesregierung fand das „Zentrum gegen Vertreibungen" expressis verbis zwar keinen Eingang in die Koalitionsvereinbarung zwischen Unionsparteien und SPD. Allerdings wurde in der Koalitionsvereinbarung die Setzung eines „Sichtbaren Zeichens" beschlossen, um „an das Unrecht von Vertreibungen zu erinnern und Vertreibung für immer zu ächten."[599] Der Bundeshaushalt sah für 2007 eine Förderung der Stiftung „Zentrum gegen Vertreibungen" in Höhe von einer Million Euro vor.[600]

In Polen waren die Reaktionen auf das geplante „Zentrum gegen Vertreibungen" ausgesprochen heftig. Von der politischen Spitze – Staatspräsident und Ministerpräsident – bis in alle gesellschaftlichen Gruppen hinein wurde das Vorhaben abgelehnt.

Das Hauptmotiv für die Ablehnung des Berliner „Zentrums gegen Vertreibungen" bestand darin, „daß man in Polen zu wissen glaubte, dort solle staatlich sanktionierte, museale Geschichtsklitterung betrieben werden, derart, daß am Ende nicht mehr sichtbar sei, wer den Zweiten Weltkrieg begonnen habe, oder daß die Polen, die unter deutscher Besatzung und durch Vertreibungen von deutscher und sowjetischer Hand gelitten, Millionen Opfer zu beklagen und dennoch an der Seite der Alliierten mit hunderttausenden Soldaten aktiv gegen Hitler und für die Befreiung Europas gekämpft hatten, am Ende nur noch als ‚Vertreibernation', als die Bösewichte Europas dastehen würden – während die Verantwortlichen für den Krieg als Märtyrer erscheinen würden und den mächtigen Drahtziehern der Vertreibung – Briten, Russen oder Amerikanern – von den Deutschen keineswegs moralisch am Zeug geflickt werde. Allein diese Vermutung legte die Nerven blank."[601]

Staatspräsident Aleksander Kwaśniewski formulierte 2003 in einem Zeitungsbeitrag u. a., daß durch das Konzept des „Zentrums" „die Gefahr eines Rückfalls in nationale Gegensätze" bestehe „und daß Ideo-

598 Zitiert nach Frankfurter Allgemeine Zeitung v. 22.8.2003, S. 3.

599 Zitiert nach Deutscher Ostdienst 5/2007, Seite 6.

600 Frankfurter Allgemeine Zeitung v. 15.11.2006, S. 2.

601 So Michael Ludwig in der Frankfurter Allgemeinen Zeitung vom 19.9.2003, S. 12.

logie abermals Geschichte ersetze, wenn in Berlin vor allem – und isoliert vom historischen Kontext – das Leid der Deutschen exponiert werde. Statt Versöhnung werde Teilung erreicht.“[602] Ministerpräsident Leszek Miller schrieb im Jahr 2003 in einem Beitrag für die Zeitung „Gazeta Wyborcza“ u. a., „jedes Volk habe zwar das Recht, seiner Opfer zu gedenken, es dürfe aber dabei keinesfalls die Geschichte verfälscht werden, indem man den Unterschied zwischen Ursache und Wirkung verwische beziehungsweise den zwischen Verbrechen und Strafe.“[603]

Der polnische Historiker Włodzimierz Borodziej, der durch die (gemeinsam mit Hans Lemberg) Herausgabe polnischer Akten zur Vertreibung der Deutschen bekannt geworden ist, lehnte eine Zusammenarbeit mit Vertriebenenverbänden zur Errichtung eines „Zentrums gegen Vertreibungen“ ab. „Während Wissenschaftler und Publizisten die nationalen Traditionen überwunden und durch gemeinsame Forschungen einen politischen Mißbrauch der Geschichte unterbunden hätten, setzten Vertriebenenfunktionäre aus Verbandsinteressen weiterhin ‚die Nachbarn auf die Anklagebank‘. Die Renationalisierung der Geschichte in einem Zentrum, das ‚primär auf deutsche Leiden fixiert‘ wäre, hätte ‚verheerende Folgen‘“, so Borodziej. Der ehemalige polnische Außenminister Władysław Bartoszewski bezeichnete das Vorhaben der BdV-nahen Stiftung als „Provokation“ und kündigte an, sollte das Vorhaben im Deutschen Bundestag eine Mehrheit finden, müsse „darauf mit einem Gegenzentrum in Posen geantwortet werden, das 175 Jahre polnischer Leiden unter deutscher Fremdherrschaft thematisiere“.[604] In dem schon erwähnten Zeitungsartikel Bartoszewskis „Wider das selektive Erinnern“, der sowohl in der polnischen „Rzeczpospolita“ als auch in der „Frankfurter Allgemeinen Zeitung“ erschienen ist, polemisierte der Historiker heftig gegen das Projekt, da er darin vor allem das Vorhaben einer gegen Polen gerichteten selektiven Erinnerungskultur mit dem Ziel, in Deutschland „falsches Bewußtsein zu erzeugen“, sah.

---

602 Frankfurter Allgemeine Zeitung v. 16.9.2003, S. 5.

603 Frankfurter Allgemeine Zeitung v. 2.9.2003, S. 5.

604 Die Äußerungen Borodziejs und Bartoszewskis in: Frankfurter Allgemeine Zeitung v. 16.7.2003, S. 10.

Mit dem Antritt der national-katholischen Regierung Kazimierz Marcinkiewicz und des Präsidenten Lech Kaczyński Ende 2005 hat sich die Einstellung Polens zu einem „Zentrum gegen Vertreibungen" in keiner Weise entspannt. „Der Henker will sich als Opfer darstellen", wurde der polnische Widerstand gegen das „Zentrum" Anfang 2006 begründet[605], eine Haltung, die unter der nachfolgenden polnischen „Doppelspitze" der Zwillingsbrüder Lech und Jarosław Kaczyński nicht versöhnlicher wurde.

Schon 1960 formulierte der amerikanische Geschichtsdozent Zoltan M. Szaz mit Blick auf Polen provozierend: „Unter Bierut und Osóbka-Morawski führten die Polen – hierin den Vertretern Hitlers ähnlich – den Nationalitätenkampf mit Methoden, die den allgemeinen Gesetzen der Menschlichkeit Hohn sprachen. [...] Zunächst plünderte man die Deutschen systematisch aus, dann zwang man sie zu schwerer körperlicher Arbeit, und schließlich wurden sie ausgewiesen. Hier erhebt sich die Frage, ob es als moralisch oder politisch gerechtfertigt angesehen werden kann, wenn die Schaffung eines einheitlichen nationalen polnischen Staates mit dem Tod von fast zwei Millionen Menschen, der Vertreibung weiterer 3,5 Millionen und der Weigerung, rund 4,5 Millionen Evakuierte zurückkehren zu lassen, erkauft wurde? Sind wir verpflichtet, Polen noch immer als jenes Heldenvolk anzusehen, das westliche Kultur und Moral gegen den Ansturm von Nationalsozialismus und Kommunismus verteidigte? Haben nicht die Methoden der polnischen Miliz und pro-kommunistischen Sicherheitspolizei die Ideale mit Füßen getreten, für die Polens Jugend so begeistert ihr Blut vergossen hatte?"[606]

Es scheint genau diese Fragestellung zu sein, vor der sich Polen heute so fürchtet – die Infragestellung des nationalen Mythos von Polen als ewigem Opfer zwischen Deutschland und Rußland und die Infragestellung des nationalen Selbstbildes vom Volk widerständiger Helden. An die oben zitierten Worte Jan Józef Lipskis aus „Zwei Vaterländer – zwei Patriotismen", geschrieben 1981, sei an dieser Stelle daher noch einmal erinnert.

605 Süddeutsche Zeitung v. 1.2.2006, S. 2.
606 Szaz, Die deutsche Ostgrenze, S. 145.

In einem Leitartikel in der „Frankfurter Allgemeinen Zeitung" wurde bereits im Juli 2004 von Stefan Dietrich resümiert, daß „die Auseinandersetzung über das Projekt Zentrum gegen Vertreibungen [...] einen politischen Flurschaden unabsehbaren Ausmaßes" angerichtet habe. „Die polnischen Reaktionen auf die Stiftungsinitiative der BdV-Vorsitzenden Steinbach und des Sozialdemokraten Peter Glotz arteten zeitweise in ein Säbelrasseln aus, wie man es zuletzt in finstersten Zeiten des Kalten Kriegs erlebt hatte. Als Fußnote ist festzuhalten, daß es deutsche Politiker, Professoren und Publizisten waren, die die polnische Öffentlichkeit gegen das Stiftungsprojekt und dessen Urheber mobilisierten. Ihre Verdächtigungen kamen postwendend als handfeste Tatsachenbehauptungen aus Polen zurück." Dietrich stellte fest, daß mit „antieuropäischen und antideutschen Ressentiments [...] in Polen heute glänzende politische und publizistische Geschäfte gemacht" würden. Selbst gemäßigte Parteien kämen „nicht umhin, dem von Einpeitschern alter Schule geschürten Nationalismus Tribut zu zollen." Solange, so Dietrich, „hüben und drüben so unterschiedliche Denkmuster vorherrschen, ist die Zeit wohl doch noch nicht reif für ein gemeinsames Erinnern." Verfehlt sei die Stiftungsinitiative deshalb aber nicht: „Die Deutschen haben ihrer wiedervereinigten Hauptstadt als Gründungsakte ein Schuldbekenntnis mitgegeben, das Mahnmal für die ermordeten Juden Europas. Es soll bezeugen, daß die Deutschen ihre Lektion aus der Geschichte gelernt haben. Sie haben sie jedoch nur halb gelernt, solange sie begangenes Unrecht anders gewichten als erlittenes und Vertreibungsverbrechen als ‚Folge' vorausgegangener Untaten bagatellisieren. Statt den zweiten Teil der Lektion, die generelle Ächtung ethnischer Säuberungen, zu ‚europäisieren', also abzuschieben, sollte sich die Bundesregierung endlich auch zutrauen, gemeinsam mit den Vertriebenen ein Beispiel dafür zu geben, wie man den eigenen Opfern der Geschichte so gerecht wird, daß kein Nachbar daran Anstoß nehmen kann."[607]

Die am 10. August 2006 im Berliner Kronprinzenpalais eröffnete Ausstellung der Stiftung „Zentrum gegen Vertreibung" namens „Er-

[607] Stefan Dietrich: Deutsch-polnischer Flurschaden, in: Frankfurter Allgemeine Zeitung v. 19.7.2004, S. 1. Eine Zusammenfassung der „Abwehrschlacht" deutscher Parlamentarier, Regierungsbeamter und Historiker gegen das „Zentrum gegen Vertreibung" gibt Troebst, Vertreibungsdiskurs und europäische Erinnerungskultur.

zwungene Wege. Flucht und Vertreibung im Europa des 20. Jahrhunderts“ hat erwiesen, daß sich die deutsch-polnischen Aufregungen beim Blick auf die Vergangenheit zwischenzeitlich nicht gelegt haben. Von polnischer Seite wurde die Ausstellung, die in elf Wochen etwa 60 000 Besucher hatte, lebhaft mit den schon bekannten Diktionen kritisiert, dort werde „Geschichte uminterpretiert“, die Grenze zwischen „Opfern“ und „Henkern“ werde verwischt, „Täter“ würden zu „Opfern“ gemacht. Der nationalkonservative polnische Ministerpräsident Jarosław Kaczyński formulierte, bei der Ausstellung handele es sich um eine „sehr schlechte“ und „sehr traurige Angelegenheit“. Die Erinnerung, „wer der Angreifer und wer das Opfer war“ müsse, so Kaczyński, eindeutig bewahrt werden. Die regierungsamtliche polnische Ablehnung dieser Ausstellung führte sogar dazu, daß einige polnische Institutionen und Vereine, die als Leihgeber der Ausstellung Gegenstände zur Verfügung gestellt hatten, sich gezwungen sahen, diese auf Druck der polnischen Regierung wieder zurückzuziehen. Das bekannteste Beispiel dafür war die Glocke des im Zweiten Weltkrieg versenkten deutschen Flüchtlingsschiffes „Wilhelm Gustloff“.[608]

2.7.2 Restitution von Eigentum

Zeitlich eng zusammen mit der Diskussion um das „Zentrum gegen Vertreibungen“ hing die eher noch brisantere Diskussion über die Frage des Privateigentums an Immobilien in den ehemaligen deutschen Ostgebieten.

Alle deutschen Regierungen der Nachkriegszeit vertraten gegenüber den deutschen Vertriebenen und gegenüber den betroffenen ausländischen Regierungen stets den Standpunkt, daß die entschädigungslose Enteignung, die im Zuge der Vertreibung stattgefunden hat, völkerrechtswidrig gewesen sei. Außerdem bekundeten alle Bundesregierungen, daß durch die Verträge Deutschlands mit Polen und anderen Staaten, die Deutsche vertrieben haben, die individuellen Vermögensansprüche der Vertriebenen nicht berührt worden seien. Dies wurde gegenüber Polen Anfang der neunziger Jahre im Zuge des Abschlusses des Nachbarschaftsvertrages in einem Briefwechsel noch

[608] Frankfurter Allgemeinen Zeitung v. 11.8.2006, S. 4; 18.8.2006, S. 1; 30.10.2006, S. 5.

einmal deutlich gemacht, in welchem es hieß, daß der Vertrag „sich nicht mit Vermögensfragen“ befaßt. Auch das Lastenausgleichsgesetz, das in den frühen Jahren der Bundesrepublik u. a. den deutschen Vertriebenen finanzielle Hilfen gewährte, schuf keineswegs die Grundlage für Entschädigungen, sondern hielt Entschädigungsansprüche ausdrücklich offen. Vom deutschen Bundesverfassungsgericht wurde dieser Rechtsstandpunkt durch dessen Rechtsprechung bestätigt. Die als sicher angenommene Völkerrechtswidrigkeit der Vermögenskonfiskationen sowie die innere Rechtslage der Bundesrepublik Deutschland implizierte somit den Vertriebenen einen Rechtsgrund für Wiedergutmachungsforderungen, die an den Schädiger zu richten wären.

Das „Zauberwort“, das die deutsche Politik für die Vertriebenen hinsichtlich ihrer Ansprüche bereithielt, war auf den Sonntagsreden stets „Europa“, womit die Europäische Gemeinschaft bzw. die Europäische Union gemeint war. „Je länger die faktische Abtrennung der alten deutschen Ostgebiete währte, desto häufiger beschwor man die goldene Zukunft eines geeinten Kontinents, in der Grenzen keine Bedeutung mehr hätten. Dann, so das Versprechen, würden auch die deutschen Vertriebenen zu ihrem Recht kommen.“[609]

Am 1. Mai 2004 ist Polen Mitglied der Europäischen Union geworden. Damit ist dann hinsichtlich der von der offiziellen deutschen Politik stets bestätigten privaten Vermögensansprüche deutscher Vertriebener in ehemals deutschen Gebieten eine „juristische Zeitbombe scharf geworden, deren Sprengkraft wohl unterschätzt wurde.“[610]

Bevor die deutsch-polnische Situation hinsichtlich der Vermögensfrage genauer weiterbetrachtet wird, soll zunächst ein kurzer Blick auf Regelungen einiger anderer postkommunistischer Staaten hinsichtlich Ansprüchen von Vertriebenen geworfen werden.

Viele Staaten des früheren Ostblocks haben im Jahrzehnt nach dem Umbruch Reprivatisierungsgesetzgebungen eingeleitet und durchgeführt, um kommunistisches Unrecht wiedergutzumachen. In den Fällen Estlands, Ungarns und Rumäniens wurden auch die während des bzw. nach dem Zweiten Weltkrieg ausgesiedelten bzw. vertriebenen Deutschen zum Teil mehr oder weniger stark berücksichtigt. In Slowenien

---

[609] Reinhard Müller in der Frankfurter Allgemeinen Zeitung v. 11.5.2004, S. 1.
[610] Frankfurter Allgemeine Zeitung v. 3.8.2004, S. 1.

führten nach der Jahrtausendwende Gerichtsbeschlüsse dazu, daß Deutschen, die nach dem Krieg durch die jugoslawischen sogenannten Avnoj-Bestimmungen enteignet wurden, in Einzelfällen Rückerstattungen gewährt wurden.[611] Für kurzes Aufsehen sorgten die recht weitgehenden Pläne der konservativen Regierung Kroatiens unter Ministerpräsident Ivo Sanader, die nach jahrelangen Verhandlungen zwischen Zagreb und Wien Ende 2005 ein Abkommen schließen wollte, das Volksdeutschen, die aus Kroatien nach Österreich vertrieben wurden, ihr Eigentum in Kroatien zurückerstatten sollte. Diese Restitutions- und Entschädigungsregelung, die Kroatien rund 120 Millionen Euro gekostet hätte, scheiterte jedoch am Widerstand der postkommunistischen kroatischen Sozialdemokraten mit Präsident Stjepan Mesić. Der Präsident bezeichnete das Vorhaben der Regierung in diesem Zusammenhang als einen „gefährlichen Präzedenzfall", der in mehreren europäischen Ländern Besorgnis hervorgerufen habe.[612]

Insgesamt unzureichend gelöst wurde die Frage der Eigentumsrestitution durch Gesetz in der Tschechischen Republik, was im Jahr 2001 sogar zu einer Verurteilung Prags durch den Menschenrechtsausschuß der Vereinten Nationen führte. Begründet wurde die im Ausschuß einstimmig erfolgte Verurteilung damit, „daß die im Gesetz enthaltene Bedingung der Staatsbürgerschaft als notwendige Voraussetzung der Rückgabe konfiszierten Eigentums eine willkürliche und in der Folge diskriminierende Unterscheidung zwischen Individuen trifft, die gleichermaßen Opfer früherer staatlicher Konfiskationen waren".[613] Hinsichtlich des Vermögens der deportierten über drei Millionen Sudetendeutschen erklärte das tschechische Parlament im April 2002 jedoch, daß die „rechtlichen und Eigentumsverhältnisse", die sich aus den Nachkriegsgesetzen und Dekreten des damaligen Präsidenten Beneš (Beneš-Dekrete) ergeben haben, „unbestreitbar, unantastbar und unveränderbar sind".[614]

In Polen wurden bereits 1985 Rechtsakte aufgehoben, die den Einzug des sogenannten „verlassenen" Vermögens der Deutschen aus den Oder-Neiße-Gebieten zum Inhalt hatten. Diese haben also – im Gegen-

---

611 Reinhard Olt: Das Vermögen ist zurückzuerstatten, in: Frankfurter Allgemeine Zeitung v. 17.6.2002, S. 6.

612 Frankfurter Allgemeine Zeitung v. 30.11.2005, S. 5.

613 Frankfurter Allgemeine Zeitung v. 9.11.2001.

614 Zitiert nach Frankfurter Allgemeine Zeitung v. 22.4.2002.

satz zu den berüchtigten „Beneš-Dekreten“ in der Tschechischen Republik – heute keine aktive Gültigkeit mehr. Zu nennen ist hier vor allem das „Gesetz über das verlassene und aufgegebene Vermögen“ vom 6. Mai 1945, das, so der polnische Historiker Włodzimierz Borodziej, durch den Beschluß des „Gesetzes über Raumwirtschaft und die Enteignung von Grund und Boden“ am 29. April 1985 außer Kraft getreten sei.[615] Selbstverständlich bewirkte diese Aufhebung jedoch keine Wiedereinsetzung der Vertriebenen in ihre Eigentumsrechte. Vielmehr wurde durch die Aufhebung signalisiert, daß die Enteignung der deutschen Vertriebenen als längst abgeschlossener Vorgang angesehen wurde.

Eine umfassende Restitutionsgesetzgebung ist in Polen bis heute (2007) nicht erfolgt. Ein Reprivatisierungsgesetz, das 2001 vom polnischen Sejm angenommen wurde, ist vom damaligen Staatspräsidenten Aleksander Kwaśniewski abgelehnt worden und daher gescheitert.[616] Die bisherigen Entwürfe sahen im übrigen keine Restitution an vertriebene Deutsche vor. Ein Restitutionsgesetz würde sich jedoch nach dessen Verabschiedung von der internationalen Gerichtsbarkeit wohl darauf überprüfen lassen müssen, ob es bestimmte Gruppen von Alteigentümern, etwa die deutschen Vertriebenen, benachteiligt.

Kurz vor dem Beitritt Polens zur EU, der am 1. Mai 2004 erfolgt ist, hat das polnische Abgeordnetenhaus, der Sejm, mit der Mehrheit von 375 gegen eine Stimme und bei vier Enthaltungen im März 2004 eine Entschließung angenommen, in welcher die Abgeordneten erklärten, „daß sämtliche Fragen im Zusammenhang mit der Übernahme der Vermögen der ‚ehemaligen Umsiedler‘ aus den ‚wiedergewonnenen Gebieten‘ endgültig geregelt“ seien und nicht der Behandlung durch den Europäischen Gerichtshof oder den Menschenrechtsgerichtshof in Straßburg unterlägen, was auch für mögliche Entschädigungsforderungen gelte. Die Abgeordneten bekundeten in der Entschließung ferner, daß in dieser Frage „keinerlei Entscheidungen von Institutionen der EU für Polen verbindlich seien“. Die polnische Regierung wurde aufgefordert, „in den Verhandlungen über die EU-Verfassung einen ent-

---

[615] Michael Ludwig: Nicht Versöhnung war das Ziel. Wie die polnischen Kommunisten die Vertreibungsgesetze aufgehoben haben, in: Frankfurter Allgemeine Zeitung v. 28.6.2002, S. 1 f.

[616] Michael Ludwig: 200 000 Klagen gegen den Staat?, in: Frankfurter Allgemeine Zeitung v. 15.5.2001.

sprechenden Passus in den Verfassungsvertrag aufnehmen zu lassen sowie den Regierungen aller EU-Staaten eine Erklärung zu übermitteln, welche der Entschließung des Parlaments gleiche." In einer darauf folgenden Erklärung des polnischen Außenministeriums wurde die Auffassung der Sejm-Abgeordneten dahingehend bestätigt, „daß nach Warschauer Auffassung in der Tat alle Fragen im Zusammenhang mit der Übernahme besagter Vermögen auf unanfechtbare Weise geregelt seien." Auch stimmte das Außenministerium der Auffassung der Abgeordneten zu, „daß weder das Gericht in Straßburg noch das Gericht in Luxemburg zivilrechtliche Klagen früherer deutscher Besitzer gegen Polen verhandeln werde."[617]

Interessanterweise haben jedoch deutsche Spätaussiedler in Polen die Möglichkeit, ihr zurückgelassenes Immobilieneigentum auf dem Gerichtsweg zurückerstattet zu bekommen. Grund dafür sind Uneindeutigkeiten in den Grundbüchern. So wurden einer deutschen Staatsangehörigen, die ihre Heimat im Jahr 1977 verlassen hat, im Sommer 2007 ein Forsthaus sowie 47 Hektar Land in Masuren restituiert. Allein in der Wojewodschaft Ermland-Masuren waren zu diesem Zeitpunkt noch etwa 170 vergleichbare Klagen anhängig. Nach Zeitungsberichten bereitete die nationalkonservative Regierung in Warschau daraufhin jedoch ein Gesetz vor, um weitere derartige Rückübertragungen zu verhindern.[618]

Die deutschen Bundesregierungen sahen sich in der Zeit nach der Grenzanerkennung nicht veranlaßt, gegenüber den Staaten, aus deren heutigem Gebiet Deutsche geflohen sind bzw. deportiert worden waren, darauf hinzuwirken, daß Vertriebene in irgendeiner Form Wiedergutmachung erlangt hätten, so auch nicht gegenüber Polen. 1999 kritisierte der damalige Präsident des Bundes der Vertriebenen Wittmann (CSU) die Regierung Kohl, diese habe zwar stets hervorgehoben, die Streitfragen zur Enteignung der deutschen Vertriebenen „zum geeigneten Zeitpunkt und in geeigneter Weise zur Sprache zu bringen", sie sei

617 Frankfurter Allgemeine Zeitung v. 15.3.2004, S. 7.
618 Frankfurter Allgemeine Zeitung v. 11.6.2007, S. 7.

jedoch nicht bereit gewesen, diesen Punkt mit dem Beitritt der östlichen Nachbarn zur EU zu verknüpfen.[619]

Es verdient an dieser Stelle ausführlich hervorgehoben zu werden, daß die Regierung Kohl es im Zuge des Prozesses der Wiedererlangung der deutschen Einheit – mit hinterfragungswürdigen Verfahren – vermocht hat, diejenigen Enteigneten, Deportierten oder Vertriebenen von einer Naturalrestitution auszuschließen, deren Eigentum in der SBZ (Gebiet der späteren DDR) 1945–1949 enteignet worden war – also in den Gebieten, in denen die Bundesrepublik Deutschland aufgrund der Wiedervereinigung eigene gesetzliche Regelungsmöglichkeiten hatte. Dieses Handeln der Regierung Kohl hat nicht nur die davon Betroffenen, sondern darüber hinaus zahlreiche Nichtbetroffene in ihrem Rechtsempfinden brüskiert. Das hier fragliche Grund- und Immobilienvermögen befand sich 1990 fast ausschließlich in Staatsbesitz („Volkseigentum").

Die renommierte Frankfurter Allgemeine Zeitung antwortete in einem Leitartikel Anfang 1998 auf die Frage, was die Bundesregierung, der Deutsche Bundestag, die Vermögensämter und Treuhand-Nachfolger, die Gerichte und „die sonst so emsigen Enthüllungsmedien" täten, damit das in der SBZ-Zeit konfiszierte Vermögen zurückerstattet werde, in einer Weise, die dieses Handeln des Bundes offen anprangerte: „Sie tun alles, damit die Opfer der politischen Verfolgung und Willkürjustiz von 1945 bis 1949 die noch vorhandenen und in Staatshand befindlichen Vermögenswerte nicht zurückbekommen. Der deutsche Staat verkauft sie sogar. Es handelt sich um Wohnhäuser, um Gewerbe- und Industriebetriebe, um Grundstücke, um Bauernland und um Gutsland. Selbst private Erbstücke gibt er nicht zurück, wenn sie wertvoll sind, um sie in Museen zu zeigen. Gegenüber der russischen Beutekunst, den verschleppten Kulturgütern, spielt er sich auf als Apostel des Rechts und der Moral und verlangt die Rückgabe. Aber beim Umgang mit seiner eigenen Beute mißachtet er beides, will sie nicht herausgeben, sondern bereichert sich an ihr wie ein Hehler." Und dann heißt es weiter: „Die Bundesregierung hat der Bevölkerung, dem Parlament und dem Verfassungsgericht, als sie die deutsche Wiedervereinigung ins Werk setzte, eine Bedingung der Sowjetunion und der DDR vorgetäuscht, die eine

[619] Zitiert nach Frankfurter Allgemeine Zeitung v. 2.8.2004, S. 3.

Rückgabe angeblich untersagte. Das hat sich bald darauf aber nachweislich als erfunden herausgestellt. Die Regierung wagt nicht, gegen diese Beschuldigung auf dem Rechtsweg vorzugehen. Auch zeigen die russischen Rehabilitationen, daß der russischen Regierung das behauptete allgemeine Rückgabeverbot gleichgültig war und ist. In tausenden von Fällen hat sie die Opfer der damaligen kommunistischen Verfolgung und Willkürjustiz zur Vernichtung einer Klasse rehabilitiert und damit das konfiszierte Eigentum zur Rückgabe freigegeben, meist sogar ausdrücklich. Damit begonnen hat sie schon 1989/90. Ist schon die Täuschung skandalös genug, besteht der zusätzliche Skandal darin, daß die Vertreter des heutigen deutschen Staates diese rechtsstaatliche Haltung der Russen nicht etwa, wie es sich verstünde, erleichtert begrüßten, sondern alles tun, das Beutegut trotzdem nicht herausgeben zu müssen, daß sie es weiterhin versilbern, daß sie die Wahrheit leugnen, sie unterdrükken, mit Schweigen belegen, gleichsam tabuisieren. Skandalös ist ferner, daß sich Ämter und Gerichte der in einem Verfahren zwingenden Sachverhaltsaufklärung und damit der Wahrheitsfindung verweigern und Eigentumsansprüche pauschal abweisen. Gerechtigkeit gelingt zwar nicht stets, aber zur Wahrheit muß man immer stehen." Der Autor schloß: „Die Opfer der damaligen Verfolgung und Willkürjustiz, soweit sie rehabilitiert sind und ihr in Staatshand befindliches Eigentum trotzdem bisher nicht zurückerhalten haben, sind auf diese Weise abermals Opfer von staatlichem Unrecht, nun aber von Unrecht eines Staates, der sich rühmt, ein Rechtsstaat zu sein – mit Politikern an der Spitze, die sich zu willigen Bewahrern politischer Klassenjustiz der Ulbricht-Kommunisten in Tateinheit mit Vermögensraub machen."[620]

Hinsichtlich des Eigentums der SBZ-Vertriebenen verfuhr die Regierung Schröder/Fischer seit 1998 nicht anders als die Regierung Kohl. Noch 2004/05 stritten SBZ-Enteignete erfolglos vor deutschen und europäischen Gerichten um ihr Eigentum.[621]

---

620 Klaus Peter Krause: Die unterdrückte Wahrheit, in: Frankfurter Allgemeine Zeitung v. 14.2.1998.

621 Entscheidung des Bundesverfassungsgerichtes vom 1.12.2004. Sachverhalt in Frankfurter Allgemeine Zeitung v. 2.12.2004, S. 1 u. 3; Entscheidung des Europäischen Gerichtshofes für Menschenrechte in Straßburg vom 30.3.2005, Frankfurter Allgemeine Zeitung v. 31.3.2005, S. 1 f. Siehe zu dem Gesamtkomplex des Umgangs der Bundesregierung mit dem Enteignungsproblem 1945-1949 aus juristischer Sicht am besten Paffrath, Macht und Eigentum.

Angesichts dieser Handlungsweisen deutscher Bundesregierungen gegenüber SBZ-Vertriebenen war nicht zu erwarten, daß diese sich gar für Eigentumsforderungen deutscher Ostvertriebener gegen Polen oder die Tschechische Republik einsetzen würden. Wer die Art und Weise der Regelung der offenen Vermögensfragen im Gebiet der ehemaligen DDR durch die Bundesrepublik Deutschland aufmerksam verfolgt hat, dem konnte eigentlich spätestens angesichts dieser Regelung völlig klar werden, daß die deutsche Politik – allen Beteuerungen aus früheren Zeiten zum Trotz – zugunsten von Eigentumsansprüchen deutscher Vertriebener aus Gebieten außerhalb der Bundesrepublik Deutschland nicht tätig werden würde.

Möglicherweise hatten diejenigen Politiker, die Vertriebene in Reden in ihrer Ansicht bestärkten, sie hätten nach wie vor offene Vermögensansprüche, die Hoffnung, solche würden nie ernsthaft, d. h. vor Gerichten, eingefordert werden. Im Jahr 2004 schien zeitweise deutlich zu werden, daß diese Hoffnung weltfremd gewesen sein könnte.

Angesichts der bekannten polnischen Haltung und des Desinteresses der deutschen Bundesregierungen wurde bereits im Jahr 2001 die „Preußische Treuhand GmbH & Co KG a. A." gegründet. Ziel der Gesellschaft war einerseits die Sicherung von Eigentumsansprüchen vertriebener Deutscher in den ehemaligen Ostgebieten, andererseits aber auch, so deren Selbstdarstellung, der „Erwerb von Grundeigentum und anderen Vermögenswerten in den Preußischen Provinzen jenseits von Oder und Neiße." Die Gründungsgesellschafter der Firma, die auch unter dem Namen „Prussian Claims Conference" auftrat, gehörten „durchwegs als gewählte Funktionäre verschiedenen Vertriebenenverbänden in leitender Stellung an."[622] Wie der Aufsichtsrat der „Preußischen Treuhand", Rudi Pawelka, im Jahr 2003 gegenüber der „Frankfurter Allgemeinen Zeitung" ausführte, wolle die „Preußische Treuhand" versuchen, „Polen zur Rückgabe von Vermögen an deutsche Vertriebene zu bewegen, und dabei Lösungen den Vorzug geben, die für beide Seiten verträglich sind." Als Vorbild habe man die „Jewish Claims Conference" in den USA. „Man werde Ansprüche der Vertriebenen sammeln und deren Vertretung in geordnete Bahnen lenken. Es solle vermieden werden, daß polnische Behörden sich mit einer

622 Frankfurter Allgemeine Zeitung v. 4.8.2004, S. 2.

Flut von Anträgen einzelner auseinandersetzen müßten." Pawelka führte weiter aus, „einvernehmliche Lösungen der strittigen Vermögensfragen könnten unter anderem darin bestehen, die Rückgabe von Häusern an Vertriebene mit der Verpflichtung zu Investitionen zu verbinden. Die Gründung der Gesellschaft sei deshalb erfolgt, weil Polen es trotz Bitten der Vertriebenen versäumt habe, von sich aus Vorschläge für die Regelung der Vermögensfrage zu unterbreiten, die in den Verträgen zwischen Polen und Deutschland ausgeklammert worden war. Einzelne Vertriebene seien sogar bereit, ihre Häuser oder ein Stück Land zurückzukaufen. Aber die zwischen Polen und der EU ausgehandelten langen Übergangsfristen beim Landerwerb durch Ausländer stünden dem entgegen. Falls man zu keinen tragbaren Lösungen komme, blieben als letzter Weg nur Sammelklagen gegen die polnische Seite vor amerikanischen Gerichten, die durchaus Erfolg versprechen würden", so Pawelka.[623] Die „Preußische Treuhand" hat mehrfach angekündigt, Klagen vor polnischen und europäischen Gerichten einzureichen. Ende 2006 wurde vom Europäischen Gerichtshof für Menschenrechte eine entsprechende Klage angenommen.[624]

In Polen erhob sich angesichts der Aktivitäten der „Preußischen Treuhand" ein Sturm der Entrüstung, der sich zeitgleich mit der Kritik an dem geplanten „Zentrum gegen Vertreibungen" entfachte. So schrieb die Zeitung „Rzeczpospolita", die „Preußische Treuhand" sei ein „weiterer Versuch, deutsche Geschichte zu revidieren und die Beziehungen zu den Nachbarstaaten zu verändern. Die Deutschen von heute würden immer öfter vergessen, daß die Generation ihrer Väter und Großväter – ‚nicht ein Hitler allein' – Millionen Menschen ermordet, Konzentrationslager und Ghettos angelegt und für Völkermord verantwortlich gewesen sei. Daß man sich nun ausgerechnet auf die Jewish Claims Conference berufe, um Vermögensansprüche gegen Polen durchzusetzen, sei beleidigend und verletzend." Der Sprecher des polnischen Außenministeriums sagte gegenüber der „Rzeczpospolita", „es gebe keinerlei Grundlage dafür, das polnische Eigentumsrecht in den gegenwärtigen Grenzen Polens in Zweifel zu ziehen; denn dieses Eigentumsrecht sei die Folge der Kapitulation des Dritten Reiches und der

623 Aussage Pawelkas nach Frankfurter Allgemeine Zeitung v. 6.10.2003, S. 5.

624 Frankfurter Allgemeine Zeitung v. 16.12.2006, S. 2.

Entscheidungen der Alliierten. Die polnische Regierung sei auf mögliche Vorstöße der Landsmannschaften jedoch vorbereitet."[625]

Den Höhepunkt in der Eigentumsdiskussion markierte in Polen eine auf national-katholische Initiative hin am 10. September 2004 fast einstimmig angenommene Resolution des Sejm, in der Deutschland zur Begleichung von Kriegsschäden aufgefordert und der Bundesrepublik die Zuständigkeit für eine Entschädigung deutscher Vertriebener zugewiesen wurde. Zur Begründung hieß es in der Resolution, „Polen habe bislang weder eine angemessene finanzielle Entschädigung erhalten noch Kriegsreparationen für die ‚enormen materiellen und immateriellen Schäden', die von Deutschland verursacht wurden". Die polnische Regierung wurde in der Resolution aufgefordert, gegenüber der deutschen Bundesregierung „angemessene Initiativen in dieser Angelegenheit" einzuleiten.[626]

Der damalige polnische Ministerpräsident Belka teilte nach einer Kabinettssitzung über diese Parlamentsresolution allerdings mit, daß die Frage der Reparationen „ein für alle Mal" abgeschlossen sei,[627] eine Position, die in völkerrechtlicher Hinsicht aufgrund geschlossener Verträge und polnischerseits abgegebener Reparationsverzichtserklärungen aus den Jahren 1953 und 1970 korrekt zu sein scheint,[628] wenn auch polnischerseits z. T. behauptet wird, daß die polnischen Verzichtserklärungen nichtig seien, da sie unter sowjetischerseits ausgeübtem Zwang abgegeben worden seien.[629]

In der Bundesrepublik Deutschland fanden die Ziele der „Preußischen Treuhand" bei Regierung und Opposition ohnehin keine Unterstützung. Bundeskanzler Schröder erklärte Anfang August 2004 während eines Aufenthaltes in Warschau, wo er sich anläßlich der Gedenkfeierlichkeiten zum sechzigsten Jahrestag des Warschauer Aufstandes aufhielt, „wir Deutschen" wüßten „sehr wohl, wer den Krieg angefangen hat und wer seine ersten Opfer waren. Deshalb darf es heute keinen

---

625 Beide Aussagen nach Frankfurter Allgemeine Zeitung v. 6.10.2003, S. 5.

626 Frankfurter Allgemeine Zeitung v. 11.9.2004, S. 1.

627 Frankfurter Allgemeine Zeitung v. 15.9.2004, S. 6.

628 Theodor Schweisfurth, Reparationen an Polen? In: Frankfurter Allgemeine Zeitung v. 16.9.2004, S. 10.

629 Mariusz Muszynski u. Stefan Hambura, Das Ende des deutschen Wunschdenkens, in: Frankfurter Allgemeine Zeitung v. 11.11.2004, S. 12.

Raum mehr für Restitutionsansprüche aus Deutschland geben, die die Geschichte auf den Kopf stellen. Die mit dem Zweiten Weltkrieg zusammenhängenden Vermögensfragen sind für beide Regierungen kein Thema mehr in den deutsch-polnischen Beziehungen. Weder die Bundesregierung noch andere ernst zu nehmende politische Kräfte in Deutschland unterstützen individuelle Forderungen, soweit sie dennoch geltend gemacht werden. Diese Position wird die Bundesregierung auch vor allen internationalen Gerichten vertreten", so der deutsche Bundeskanzler.[630]

Wenig später erklärte Schröder Klagen deutscher Vertriebener außerdem als „rechtlich grundlos".[631] Schröder gab mit diesen Aussagen politisch die Ansicht aller vorherigen Bundesregierungen auf, die die mit der Vertreibung der Ostdeutschen verbundene Vermögenskonfiskation von Privatpersonen als völkerrechtswidrig angesehen und in dieser Völkerrechtswidrigkeit einen Grund für Vermögensansprüche Privater erkannt haben.

Unter Bezugnahme auf ein Gutachten einer deutsch-polnischen Juristenkommission, das angesichts dieses Vermögensstreites von der deutschen und der polnischen Regierung in Auftrag gegeben wurde, erklärten Bundeskanzler Schröder und Ministerpräsident Belka am 4. November 2004 erneut, daß es für Klagen Vertriebener gegen Polen keinen Rechtsgrund gebe. „Es gibt keinen Prozeßweg für Deutsche, die ausgesiedelt wurden", sagte Belka. „Nicht nach deutschem Recht, nicht nach polnischem Recht, nicht in Straßburg oder vor dem Europäischen Gerichtshof in Luxemburg und auch nicht in den Vereinigten Staaten. Es ist schade um die Zeit, die mit solchen Versuchen verschwendet wird." Schröder schloß sich dieser Haltung Polens an. Das „präzise, schnell und gleichwohl sorgfältig geschriebene Gutachten" bestätige, daß „alle Ansprüche rechtlich unhaltbar seien". Übereinstimmend betrachteten beide Regierungschefs diese Frage „als abgeschlossen." Das Gutachten, das von den Völkerrechtlern Jochen Frowein und Jan Barcz erstellt worden ist, stellt im übrigen fest, daß die o. g. Erklärung Bundeskanzler Schröders von August 2004 als ein „völkerrechtlich bindender einseitiger Akt der Bundesrepublik Deutschland" zu werten sei.[632]

---

630 Zitiert nach Frankfurter Allgemeine Zeitung v. 3.8.2004, S. 2.

631 Frankfurter Allgemeine Zeitung v. 24.9.2004, S. 12.

632 Frankfurter Allgemeine Zeitung v. 5.11.2004, S. 8; ebd., 11.11.2004, S. 6.

Abschließend sei zum Thema „Eigentum“ noch auf den Bereich „Beutekunst“ hingewiesen, der nicht nur im deutsch-russischen, sondern auch im deutsch-polnischen Verhältnis eine problematische Rolle spielt. Bekanntlich sind während des Zweiten Weltkrieges zahlreiche deutsche Kulturgüter ins damalige Ostdeutschland und nach Polen verbracht worden, wo sie vor den alliierten Bomben sicher sein sollten. Derartig vor allem aus Berlin ausgelagerte Kulturgüter fielen dann mit der Errichtung der Oder-Neiße-Grenze u.a. auch in polnische Hand. Darunter finden sich z. B. Bestände der Preußischen Staatsbibliothek mit Hunderttausenden von Autographen und Büchern, Musikalien von Mozart und Beethoven, Nachlässe von Goethe und nicht zuletzt die Handschrift des „Liedes der Deutschen“ von Hoffmann von Fallersleben.

Der deutsch-polnische Nachbarschaftsvertrag von 1991 sieht zwar Verhandlungen über die Rückgabe von Kulturgütern vor, die Verhandlungen wurden seit 2005 jedoch von Polen blockiert. Die deutsche Bundesregierung betrachtet mit Verweis auf die Haager Landkriegsordnung von 1907 die seinerzeit ausgelagerten deutschen Kulturgüter in Polen als „Beutekunst“ und dringt auf deren Rückgabe. Im Juli 2007 betonte ein Regierungsvertreter, daß es sich dabei um deutsches Kulturgut handele, „das widerrechtlich in Polen liegt ... Wir geben das unter keinen Umständen auf und halten das Thema auf der Tagesordnung.“[633a]

Nach polnischer Auffassung sind diese Kulturgüter mitsamt den deutschen Ostgebieten aufgrund des „Potsdamer Abkommens“ jedoch wie alle anderen Kulturgüter dieser Gebiete an Polen gefallen. Am 8. März 1946 seien sie dann, wie alles deutsche Eigentum, per Dekret rechtmäßig zu polnischem Staatseigentum erklärt worden. Des weiteren sieht Polen die deutschen Kulturgüter als „Sachentschädigung“ bzw. „Ersatzrestitution“ für durch das Deutsche Reich im Zweiten Weltkrieg zerstörtes polnisches Kulturgut an. Nach Aussagen des Deutschland-Beauftragten der polnischen Regierung, Mariusz Muszynski, und des Historikers Krzysztof Rak, die im Sommer 2007 in der Zeitung „Rzeczpospolita“ veröffentlicht worden sind, widerspreche jegliches Nachgeben in der Frage dieser Kulturgüter der „polnischen Staatsraison“, weil dadurch die gesamte Nachkriegsordnung in Frage

[633a] Frankfurter Allgemeine Zeitung v. 28.7.2007, S. 5; ausführliche Berichterstattung ebd. am 26.7.2007, S. 1 f.

gestellt werde. Muszynski und Rak gaben ihrer Überzeugung ausdruck, daß sich hinter den deutschen Rückforderungen nämlich nichts Geringeres verstecke als „die Absicht, die ‚Potsdamer Territorialordnung' – den Verlust des deutschen Ostens an Polen – insgesamt in Frage zu stellen." Und, so weiter, „Polen müsse wissen, daß ein Nachgeben im Falle von kulturellem Eigentum, das auf später polnischem Gebiet zurückblieb, Warschaus Position auch bei Rechtsstreitigkeiten um private Restitutionsforderungen schwächen könne. Jede Entscheidung über die Rückgabe von Kulturgütern ziehe unweigerlich die Vermutung nach sich, daß auch die Übernahme privaten Eigentums Unrecht gewesen sein könnte." Schließlich folgt die Warnung: „Jede Regierung, die einer solchen Rückgabe zustimmt, würde damit eine juristische Pforte für die Rückerstattung des gesamten Vermögens öffnen, das nach dem Krieg an Polen gefallen ist."[633b]

[633b] Zitiert nach Frankfurter Allgemeine Zeitung v. 4.8.2007, S. 6.

3. Zusammenfassung und Bewertung

Im Vorwort zu diesem Buch wurde angekündigt, daß darin im wesentlichen folgende Fragen zur Oder-Neiße-Linie beantwortet werden sollten: Wie kam es zur Oder-Neiße-Linie? Wer wollte diese Grenze seit wann und aus welchen Gründen? Wer hat die Oder-Neiße-Linie tatsächlich als Staatsgrenze durchgesetzt und verwirklicht? War im Grunde Hitler schuld an der Oder-Neiße-Grenze und damit an der Vertreibung der Ostdeutschen? Gab es je eine Möglichkeit der Revision dieser Grenze? Welche Bedeutung für die Entstehung der Oder-Neiße-Linie hatte eigentlich die Konferenz von Potsdam, die kurz nach dem Ende des Zweiten Weltkrieges in Europa stattfand, wirklich? War die neue deutsch-polnische Grenze tatsächlich als gemeinsamer Beschluß der Siegermächte des Zweiten Weltkrieges eine Folge der Potsdamer Konferenz?

All diese Fragen und noch einige weitere, die mit der Entstehung der Oder-Neiße-Linie zusammenhängen, sind in diesem Buch beantwortet worden. Die Antworten seien im folgenden noch einmal zusammengefaßt und einer Bewertung unterzogen.

Schon kurz nach dem Kriegsausbruch im September 1939 stand fest, daß sich die polnische Exilregierung für die Zukunft nicht mit den durch den Versailler Vertrag gezogenen Westgrenzen Polens begnügen wollte. Aus strategischen Gründen forderte sie vielmehr eine Begradigung der deutsch-polnischen Grenze, zunächst durch die Zuweisung von Ostpreußen und Danzig, dann auch durch Oberschlesien und die Ostspitze von Pommern, an Polen. Großbritannien und – später – die USA unterstützten dieses territoriale Konzept und konkretisierten es seit 1942 und besonders 1944/45 in eigenen Plänen. Sie sahen diese Gebietsgewinne für Polen im Westen jedoch schon bald als Kompensation für polnische Gebiete im Osten, deren weitgehender Verlust für Polen zugunsten des Kriegsverbündeten Stalin von der polnischen Exilregierung zwar nicht akzeptiert, von Großbritannien und den USA jedoch ab 1942 als unausweichlich angesehen wurde. Denn mit dem durch den Einmarsch Hitlers in die Sowjetunion beendeten Hitler-Stalin-Pakt wurde auch die Sowjetunion, die Ostpolen in jedem Fall behalten wollte, zur Alliierten der Westmächte und damit plötzlich vom Todfeind zur zweifelhaften „Verbündeten“ Polens, einer Verbündeten, deren Bedeutung für die Kriegsführung der Westmächte nach der deutschen Niederlage in Stalingrad stetig wuchs.

Die geopolitische Situation Polens zwischen Deutschland und der Sowjetunion führte dazu, daß Stalin in der Polenfrage mehr und mehr realen Einfluß bekam, während die Möglichkeiten der Westmächte, insbesondere die der ursprünglichen polnischen „Garantiemacht“ Großbritannien, immer mehr schwanden. Daran änderten auch größere territoriale Zugeständnisse Großbritanniens und der USA an die Exilregierung, die 1943/44 bis zur „Oder-Linie“ gingen, nichts.

Grundlage für die Entstehung der deutsch-polnischen Grenze an Oder und Neiße wurde dann das taktische Kalkül Stalins, nach einem Sieg über Deutschland durch große polnische Gebietsgewinne auf Kosten Deutschlands Polen von der Sowjetunion abhängig zu machen, um die eigene Machtbasis weit nach Mitteleuropa vorzuschieben, den „cordon sanitaire“ der Zwischenkriegszeit also gewissermaßen umzukehren. Hierdurch sollte zwischen Polen und Deutschland außerdem ein ernstes Problem geschaffen werden, das Polen von der Sowjetunion abhängig machen würde und dessen Schiedsrichter die Sowjetunion sein sollte. Stalin konnte sich für diese Zwecke auf die Forderungen fast des gesamten politischen Spektrums Polens berufen, das im Sinne des in Polen schon seit vielen Jahrzehnten existierenden nationalistischen „piastischen“ Westgedankens Schlesien, Ostbrandenburg, Mittel- und Ostpommern sowie Danzig und Ostpreußen, vorgeblich als „Kompensation“ für die jenseits der von ihnen akzeptierten „Curzon-Linie“ liegenden polnischen Gebiete, in Besitz nehmen wollte. Nachdem die gegenüber Stalin aus pragmatischen Gründen sehr konzessionsbereiten Westmächte Ende 1943 in Teheran die „Westverschiebung“ Polens bis an die – nicht weiter definierte – „Oder-Linie“ im Grundsatz akzeptiert hatten, legte Stalin zusammen mit seinen kommunistischen polnischen Verbündeten in Moskau im Laufe des Jahres 1944 die Oder-Neiße-Linie einschließlich Stettins als künftige deutsch-polnische Grenze fest. Hierzu wurde auch ein Geheimvertrag mit einer neuen polnischen, von Stalin abhängigen kommunistischen Regierung geschlossen, die nach und nach gegenüber der legitimen Exilregierung wegen deren Hartnäckigkeit in der Frage der polnischen Ostgrenze an Bedeutung gewann.

Durch die Ergebnisse der Konferenzen von Jalta und insbesondere von Potsdam erreichten Stalin und Polen es schließlich, nachdem sie im ersten Halbjahr 1945 in den Oder-Neiße-Gebieten durch die Einrichtung einer polnischen Verwaltung und durch erste systematische Vertreibungen bereits vor der Konferenz von Potsdam vollendete Tatsachen geschaffen hatten, diesen Besitz einschließlich Niederschlesiens westlich der Oder unter Auslegung ihres Rechtsverständnisses von den Westmächten faktisch anerkannt zu bekommen.

Mit anderen Worten: Mitte 1944 wurde die Oder-Neiße-Linie als künftige deutsch-polnische Grenze zwischen der kommunistischen polnischen „Nebenregierung" und der Sowjetunion vertraglich vereinbart, in der ersten Hälfte des Jahres 1945 wurde dieser Beschluß durch Polen, gedeckt durch die und mit Hilfe der Sowjetunion, faktisch umgesetzt, und auf der Potsdamer Konferenz wurden die geschaffenen Tatsachen schließlich – bis zu einer noch zu treffenden endgültigen friedensvertraglichen Regelung – auch von den Westmächten hingenommen.

Die Oder-Neiße-Grenze ist nicht als Folge *der, sondern bereits* vor *der Potsdamer Konferenz geschaffen worden.*

Letztlich ermöglichte im Jahr 1945 die mit Gewalt und Unwahrheiten verbundene Aktivität der Sowjetunion und Polens in der deutsch-polnischen Grenzfrage die Oder-Neiße-Grenze ebenso wie die Passivität der Westmächte. Es ist zu betonen, daß Polen und die Sowjetunion ihr Ziel der Aufrichtung der Oder-Neiße-Grenze auf der Grundlage des Bruches von geltendem Völkerrecht (insbesondere Artikel 43 und 46 der Haager Landkriegsordnung von 1907) und der Mißachtung völkerrechtlich verbindlicher vertraglicher Abmachungen (insbesondere Atlantik-Charta von 1941 und Londoner Protokoll von 1944) erreichten.

Hätten sich die westalliierten Vorstellungen zur künftigen deutsch-polnischen Grenze durchgesetzt, wäre die Oder-Neiße-Linie nicht entstanden. Breslau und Stettin wären heute noch deutsche Städte, Millionen von Menschen wären nicht vertrieben worden. Doch die Westalliierten hatten in Ostmitteleuropa keine reale Einflußmöglichkeit, eine Tatsache, die besonders die USA weitgehend akzeptierten, auch bedeutete die Grenzfrage ihnen im Rahmen der polnischen Frage nicht viel. Die Westmächte konzentrierten sich, solange der Krieg andauerte, vielmehr darauf, den Balanceakt zu vollbringen, einerseits sich Stalin als Verbündeten zu erhalten, andererseits aber auch für Polen künftig demokratische Verhältnisse und Freiheit zu sichern, ein Bestreben, das ihnen sehr wichtig war, das jedoch völlig mißlang.

Auf der Strecke blieben in diesem Bemühen die an den eigenen Prinzipien, etwa an der „Atlantik-Charta", zu messende Glaubwürdigkeit der Westmächte sowie die polnische Exilregierung, die zugunsten von Stalins polnischer Marionettenregierung, welche als Ergebnis von „Jalta" lediglich von einigen „westlichen Farbtupfern" durchsetzt wurde, geopfert wurde.

Großbritanniens Ziel, die einmal an Polen gegebenen Garantieversprechen ohne großen Gesichtsverlust einzulösen, scheiterte.

Die Grenzfrage war auf den Kriegskonferenzen, vor allem in Potsdam, für die Westmächte als untergeordneter Teil der Polen- und Deutschlandfrage nur eine Verhandlungsmasse, die durch Konzessionen dafür eingesetzt werden konnte, für eigene übergeordnete Interessen, besonders in der Frage der weiteren Kriegsführung, im Hinblick auf die politische Zukunft Polens, in der Reparationsfrage oder in der Frage der Versorgung der westlichen Besatzungszonen etwas herauszuhandeln.

Auffällig erscheint in der westlichen Haltung zur Oder-Neiße-Frage die Diskrepanz zwischen den weitsichtigen Konzeptionen des US-State Departments und des britischen Foreign Office einerseits und den tatsächlichen Einstellungen und Verhandlungen der westlichen Regierungschefs andererseits. Aufgrund der politischen Konzessionsbereitschaft der westlichen Regierungschefs konnten sich die Sowjetunion und Polen das Fait accompli an Oder und Lausitzer Neiße leisten, ohne daß die Führer der Westmächte dagegen irgend etwas hätten tun wollen.

Nachdem die Oder-Neiße-Linie durch Polen und die Sowjetunion vor der Potsdamer Konferenz erst einmal etabliert und dann in Potsdam von den Westmächten, wenn auch nur unter dem Vorbehalt der endgültigen Regelung durch einen Friedensvertrag, sanktioniert worden war, war eine Revision dieser Grenze solange ausgeschlossen, wie eine solche nicht im Interesse der Sowjetunion lag, die in der unmittelbaren Nachkriegszeit in der Oder-Neiße-Frage gewissermaßen den Schlüssel in ihren Händen hielt. Der Revisionismus der USA und Großbritanniens 1946/47 war in diesem Kontext damals wohl ohne große Aussicht auf Erfolg, hatte im „Kalten Krieg" jedoch eine große Bedeutung im „struggle for Germany".

Seit 1949 verlagerte sich, nachdem ein Friedensvertrag nicht mehr in Aussicht stand, die Oder-Neiße-Frage auf die direkt davon betroffenen Staaten, deren Einstellungen zu dieser Grenze sich in die übergeordneten innenpolitischen Interessen um die Machterhaltung und in die außenpolitischen Zwänge von „Kaltem Krieg" und „Entspannung" einordneten. Bundeskanzler Adenauer machte sich trotz seines konsequenten verbalen Revisionismus über dessen mögliche Erfolgsaussichten wohl keine Illusionen.

Für Polen stand seit etwa 1947 das Ringen um die internationale Anerkennung der Oder-Neiße-Linie als Staatsgrenze im Vordergrund.

„Innerkommunistisch" wurde die Oder-Neiße-Linie als sogenannte „Friedensgrenze" bereits 1950 durch das „Abkommen von Görlitz" anerkannt, international erfolgte die völkerrechtliche Anerkennung der Oder-Neiße-Linie jedoch erst 1990 durch den einen Friedensvertrag ersetzenden „Zwei-plus-Vier-Vertrag" und den deutsch-polnischen Grenzbestätigungsvertrag, wenn die „politische" Anerkennung durch den Westen im Zeichen der „Entspannung" auch schon wesentlich früher, in den siebziger Jahren, erfolgte.

Einen Revisionsversuch machte die Bundesregierung im Rahmen der „Zwei-plus-Vier-Verhandlungen" zur Wiedervereinigung Deutschlands nicht, im Gegenteil, sie hat die Oder-Neiße-Linie ohne Umstände in ihrem tatsächlichen Verlauf anerkannt und damit auch darauf verzichtet, die polnischen Gebietsaneignungen in und um Stettin anzusprechen, die nicht im Einklang mit dem Wortlaut des von der Bundesregierung zwar stets sehr geringbedeutend eingeschätzten, von Polen aber immer wieder als Rechtsgrundlage für den Gebietsübergang zitierten „Potsdamer Protokolls" standen.

Es stellt sich nun grundsätzlich die Frage nach der *eigentlichen Urheberschaft* und *Verantwortung* für die Oder-Neiße-Linie. Eng damit verbunden ist die Verantwortung für die Vertreibung der deutschen Bevölkerung aus den deutschen Gebieten östlich dieser Linie, da es zu keiner Vertreibung aus diesen Gebieten gekommen wäre, wären sie nach dem Krieg deutsches Staatsgebiet geblieben.

Zu sagen, die Deutschen selbst, Deutschland bzw. Hitler hätten die Ostgebiete „verspielt“ (Willy Brandt), erscheint zu kurz gegriffen, wenn ein Teil der Wahrheit auch an diesem Punkt, der aggressiven und sogar verbrecherischen Politik Hitlers, beginnt. Schließlich hat das Deutsche Reich unter Hitler doch den Krieg angefangen, einen Krieg, den es verloren hat und für den es bezahlen mußte, so diese Logik, bezahlen auch mit Territorium und Eigentum. Der damalige deutsche Bundeskanzler Gerhard Schröder formulierte im Jahr 2003 in schlichter Weise dieser „Logik“ folgend zu den Ursachen der Vertreibung (und damit auch der Annexion), die nicht verwechselt werden dürften: „Die Ursachen liegen im Faschismus und den daraus sich entwickelnden Kriegen.“[634] Es gibt, wie in diesem Buch gezeigt werden konnte, zahlreiche deutsche und polnische Politiker, Publizisten, Historiker usw., die dieses Geschichtsbild vertreten. Letztlich handelt es sich hierbei um die Verknüpfung eines monokausalen Geschichtsbildes (Hitler bzw. „die Deutschen“ waren an allem Schuld) mit der These von der durch diese „Kollektivschuld“ gerechtfertigten kollektiven Bestrafung.

Doch, abgesehen von der Fragwürdigkeit aller Kollektivschuldthesen, hätte Hitler den Krieg auch dann begonnen, wenn ihm die Sowjetunion durch den Pakt mit Stalin nicht den Rücken freigehalten hätte? Stalin war offensichtlich kriegsbereit und kriegswillig, sonst hätte er im Sommer 1939 Pakte mit den Westmächten geschlossen und nicht mit Hitler, dessen Eroberungs- und Kriegsabsicht gut erkennbar war – jedenfalls für Stalin. Stalin hatte als Eroberer von Ostpolen, Estland, Lettland, Litauen, Ostrumänien (Bessarabien) und als Angreifer Finnlands zumindest eine Mitverantwortung für den Zweiten Weltkrieg von 1939 bis zum deutschen Einmarsch in die Sowjetunion 1941 und somit, um diese Tatsache noch einmal zu verdeutlichen, für die damit verbundene vierte Teilung Polens. Die Sowjetunion hatte damit auch eine Mitverantwortung für die Kriegsfolgen in diesem Raum, zumal sie

---

634 Zitiert nach Frankfurter Allgemeine Zeitung v. 24.9.2003, S. 2.

als militärische und strategische Siegerin aus diesem Krieg hervorgegangen ist.

Doch was ist mit Hitlers Krieg gegen die Sowjetunion ab Sommer 1941? Angesichts der vom Nationalsozialismus zu verantwortenden unsäglichen Verbrechen der Besatzungszeit in Polen und in der Sowjetunion – erscheinen polnische und sowjetische Rachegefühle an dem besiegten Deutschland da nicht nachvollziehbar? Die Sowjetpropaganda postulierte unter der Leitung des fanatischen Schriftstellers Ilja Erenburg während des Krieges jedenfalls eine grausame Rache an Deutschland und am deutschen Volk.

Als Mittel der Politik ist Rache jedoch nicht akzeptabel, erst recht dann nicht, wenn Opfer dieser Rache millionenfach Personen geworden sind, die objektiv unschuldig am Weltkrieg und an den begangenen Verbrechen des nationalsozialistischen Regimes bzw. nationalsozialistischer Täter waren. Die Annexion Ostdeutschlands und die Vertreibung der Ostdeutschen ist ein offensichtliches völkerrechtliches Delikt gewesen, das auch durch die Bezugnahme auf ähnliche Maßnahmen, die Hitler durchführen ließ bzw. durchführen lassen wollte, nicht zu rechtfertigen gewesen ist. Der Sieger hatte im 20. Jahrhundert längst nicht mehr das Recht, mit dem Besiegten alles zu tun, was er wollte, gerade dann nicht, wenn der Sieger für sich eine Art höhere Moral in Anspruch nahm und unter diesem Banner in den Kampf zog – wie es die Verbündeten der „Anti-Hitler-Koalition" ja taten. Die Zeiten des „vae victis" waren 1945 völkerrechtlich längst abgeschafft.

Von zahlreichen Intellektuellen wurde das Denken in monokausalen Geschichtsbildern und in Kategorien der Kollektivschuld denn auch längst als moralisch fragwürdig entlarvt. Der amerikanische Völkerrechtler Alfred M. de Zayas formulierte z. B. 1981: „Wenn sich auch so mancher gern auf den Einwand beschränken möchte, daß die Deutschen eben den Krieg verloren und die Folgen zu tragen haben, so erschöpft dieser wenig humane Grundsatz doch nicht das eigentliche Problem. Wer sich den Prinzipien der Humanität verpflichtet fühlt, muß sich allen Ungerechtigkeiten stellen."[635]

Auch polnischerseits wurde dies teilweise schon so beurteilt. So formulierte im Oktober 1981 in der polnischen Exilzeitschrift „Kultura" der unvergessene Jan Józef Lipski: „Das uns angetane Böse, auch

---

635 de Zayas, Die Anglo-Amerikaner und die Vertreibung der Deutschen, S. 21.

das größte, ist keine Rechtfertigung und darf auch keine sein für das, was wir selbst anderen zugefügt haben."[636] Und im Jahr 2003 erklärte Stanisław Dziuba, Leiter der Abteilung für Moraltheologie an der katholischen Universität Lublin, das „Drama der Vertreibungen sei niemals zu rechtfertigen. Es sei daher falsch, wenn in polnischen Medien bisweilen versucht werde, die Vertreibung der Deutschen als unausweichliche Folge des von Deutschland angezettelten Zweiten Weltkrieges darzustellen. Ein solches Denken sei eine grobe Vereinfachung mit dem Ziel, etwas zu erklären, was unfaßbar bleibe."[637]

Der tschechische Linksintellektuelle Petr Uhl wandte sich 2002 in einem Diskussionsforum der sudetendeutschen Ackermann-Gemeinde im Hinblick auf die Vergangenheit seiner Heimat „gegen die von fast allen tschechischen Politikern vertretene Auffassung, die Vertreibung sei die ‚natürliche' und ‚unvermeidliche' Konsequenz der vorangegangenen Verbrechen des Nationalsozialismus gewesen" und bezeichnete dieses Denken als einen „konsequentiellen Mythos",[638] eine Beurteilung, die wohl auch auf die fragliche deutsch-polnische Geschichtsepoche zutrifft. Ein anderer Tscheche, der Politikwissenschaftler Bohumil Dolezal, wandte sich hinsichtlich der deutsch-tschechischen Beziehungen ebenfalls gegen die Theorie von „Ursache und Wirkung" und benutzte dafür Argumente, die ebensogut auf das deutsch-polnische Verhältnis anwendbar sind: „Manche deutschen Politiker und Historiker haben sich die seltsame Theorie von Ursache und Wirkung ohne Vorbehalt angeeignet, der zufolge sich die Menschen mechanisch wie Billardbälle bewegen. Geschichte aber ist das Ergebnis der Entscheidungen von Menschen, die durchaus fähig sind, sich vom Zwang der ‚Ursachen' zu befreien. Daher sind sie auch für das, was sie getan haben, verantwortlich und unterliegen dem Urteil späterer Generationen. Geschichte verstehen heißt, über die Geschichte Gericht zu halten. Es ist seltsam und ein wenig beleidigend für uns Tschechen, wenn die Deutschen, die das in den vergangenen fünfzig Jahren hinsichtlich des Nationalsozialismus für sich selbst beherzigt haben, in unserem Fall einen pseudohistorischen Alibismus akzeptieren."[639]

---

636 Zit. nach: Czaja, Unterwegs zum kleinsten Deutschland?, S. 69.

637 Frankfurter Allgemeine Zeitung v. 9.9.2003, S. 8.

638 Frankfurter Allgemeine Zeitung v. 25.3.2002, S. 5.

639 Bohumil Dolezal, Wenn ihr doch wenigstens geschwiegen hättet, in: Frankfurter Allgemeine Zeitung v. 26.8.2003, S. 8.

Der Journalist Karl-Peter Schwarz, Korrespondent der „Frankfurter Allgemeinen Zeitung“ in Prag, formulierte 2001 zwar ebenfalls auf die Diskussion in der Tschechischen Republik bezogen, jedoch allgemein für die Nachkriegszeit anwendbar: „Das dritte und zugleich schwächste Argument ordnet die Vertreibung einem monokausalen Wirkungsschema zu und erfreut sich daher in Deutschland besonderer Beliebtheit. Demnach wären die Vertriebenen, wie zuletzt der Titel einer deutschen Fernseh-Dokumentation suggerierte, ‚Hitlers letzte Opfer‘ gewesen, was in gewisser Weise natürlich richtig ist. In ebendieser gewissen Weise wären allerdings auch die Opfer der stalinistischen Schauprozesse in Mitteleuropa Hitler anzulasten, denn ohne Hitlers Krieg wäre die Rote Armee nicht bis Berlin marschiert. Diese Sichtweise verweigert sich der Aufgabe, die Täter zu benennen, und sie verführt dazu, die politische Verantwortlichkeit für die Nachkriegsverbrechen zu verschleiern. In letzter Konsequenz stellt sie den Urhebern von Verbrechen, die im Gefolge und im Schatten von fraglos noch weit größeren Verbrechen begangen wurden, einen historischen Blanko-Freispruch aus.“[640]

Wer die Deutschen der dreißiger und vierziger Jahre *uneingeschränkt* selbst für den Verlust eines Viertels des Staatsgebietes und die Vertreibung der Ostdeutschen verantwortlich macht nach dem Prinzip „Wer Wind sät, wird Sturm ernten“ oder nach dem Grundsatz „Auge um Auge, Zahn um Zahn“, der wird damit objektiven Ansprüchen des Völkerrechts und der Menschenwürde nicht gerecht, da die Betroffenen des „Sturmes“ im Osten ja nicht die im völkerrechtlichen oder strafrechtlichen Sinne Verantwortlichen für Krieg und Verbrechen waren, sondern die ganz normale Bevölkerung, die an der „Machtergreifung“ und am Kriege Hitlers jedoch ebensoviel oder ebensowenig Anteil hatte wie etwa die Bayern, Rheinländer oder Thüringer. Man sollte sich bei Gelegenheit auch daran erinnern, daß diejenigen, die 1933 Adolf Hitler in den letzten freien Wahlen der „Weimarer Republik“ mit zur Macht verholfen haben (nicht die Mehrheit des deutschen Wahlvolkes!), diesen nicht deshalb gewählt haben, damit dieser Krieg beginne und Völkermord begehe. Aber wenn man schon dem Gedan-

---

[640] Karl-Peter Schwarz, Mit der Vertreibung vollendet, in: Frankfurter Allgemeine Zeitung v. 1.6.2001, S. 8.

ken der Kollektivschuld und der Kollektivbestrafung „für Hitler" zustimmt: Warum wurden dann die Ost- und Sudetendeutschen von den Siegern eigentlich schlechter behandelt als die Mittel-, Nord-, West- und Süddeutschen oder die Österreicher?

Im Lichte der vorstehenden Aussagen und Fragen erscheinen die nach wie vor von deutschen und polnischen Politikern so gerne vertretenen „Kausalitäten", Kollektivschuldzuweisungen und Kollektivbestrafungsrechtfertigungen als rechtsethisch abwegige Phrasen, als Denkfehler, die so manche Verantwortlichkeit tatsächlich verschleiern und letztendlich einer wirklichen Völkerverständigung, die alle Opfer von Gewaltherrschaft würdigen und die Täter entsprechend benennen sollte, keinen guten Dienst erweisen.

Man kann zurecht die Frage stellen, was für einen Zweck die Vertretung und Bejahung eines derart antiwissenschaftlichen und ideologischen monokausalen Geschichtsbildes und der Kollektivschuld bzw. der Legitimität einer Kollektivbestrafung für die jeweiligen Protagonisten eigentlich hat. Ist es schlichte Unwissenheit, ist es Denkfaulheit, oder steckt doch einfach nur politisches Kalkül dahinter, polnischerseits, weil man nicht will, daß Ursprung und Gegenwart des Besitzes der Oder-Neiße-Gebiete sowie die „Umsiedlung" der Deutschen moralisch in Frage gestellt werden können, deutscherseits, weil man um des lieben politischen Friedens willen bestimmte Fragen nicht ansprechen, keine Ansprüche stellen will, und sich überhaupt in der historischen Rolle des europäischen Bösewichtes, des „Alleinschuldigen", in Form einer „Nationalneurose" gut und gerne eingerichtet hat?

In diesem Zusammenhang ist bemerkenswert, daß die ungeheuerlichen Verbrechen, die von deutscher Seite unter dem Deckmantel des Zweiten Weltkrieges begangen worden sind, als *Grund* für die Errichtung der Oder-Neiße-Grenze und als *Grund* für die Vertreibung von über 14 Millionen Deutschen aus ganz Ostmittel-, Ost- und Südosteuropa auf den Kriegskonferenzen der Alliierten offiziell keine Rolle gespielt haben. Eine solche theoretisch ja mögliche zeitnahe „Kausalität der Vergeltung und Strafe", die zumindest auf der Potsdamer Konferenz, als bereits bekannt war, was in Auschwitz und anderswo geschehen ist, bestimmend für die Haltung der Siegermächte gegenüber Deutschland und „den Deutschen" gewesen sein könnte, ist in den Akten nicht nachweisbar. Freilich haben, und das ist in den Akten sehr wohl nachvollziehbar, Zwangsumsiedlungsmaßnahmen, die vom NS-Regime durchgeführt oder geplant worden waren, aber auch entsprechende Maßnahmen Stalins (z. B. Krimtataren, Wolgadeutsche) sowie der als „erfolgreich" empfundene, vertraglich vereinbarte „Bevölkerungsaustausch" zwischen Griechenland und der Türkei in den 1920er Jahren, den damaligen Entscheidungsträgern als Beispiel für die Machbarkeit derartiger „Umsiedlungen" gedient und Skrupel vor solchen Zwangsmaßnahmen beseitigt.

Doch wenn nicht „die Deutschen" selber, wer kann dann die tatsächliche Verantwortung für die Oder-Neiße-Grenze gehabt haben?

Die Westmächte sind als Siegermächte des Zweiten Weltkrieges und Mitverantwortungsträger für die Behandlung des besiegten Deutschlands und seiner Bevölkerung für die Entstehung der Oder-Neiße-Grenze und die entsprechende Vertreibung der deutschen Bevölkerung in erheblicher Weise mitverantwortlich. Zwar haben die USA und Großbritannien die Oder-Neiße-Grenze nicht aktiv geschaffen, sondern lediglich aus für sie übergeordneten Interessen heraus von Polen und der UdSSR während des Krieges vorgebrachte Forderungen sowie in der ersten Jahreshälfte 1945 vertragswidrig und einseitig geschaffene Tatsachen hingenommen. Man muß jedoch auch konstatieren, daß die demokratischen Westmächte, insbesondere Churchills Großbritannien, einer „Westverschiebung" Polens (Kompensationsgedanke) und einer Verkleinerung Deutschlands früh positiv gegenüberstanden und daß sie hinsichtlich der dann als erforderlich angesehenen „Umsiedlung" von Millionen von Menschen kaum humanitäre oder (völker-)rechtliche Skrupel hatten. Allerdings wollten die westlichen Alliierten bei den Gebietsübertragungen nicht so weit gehen wie die Sowjetunion und Polen. Nach den westlichen Vorstellungen sollte, wie dargestellt, die neue deutsch-polnische Grenze wesentlich weiter im Osten liegen als die heutige Grenze an Oder und Lausitzer Neiße. Wäre es um 1947 herum, wie ursprünglich vorgesehen, zu einer Friedenskonferenz über Deutschland gekommen, dann hätten die Westmächte, insbesondere die USA, möglicherweise sogar eine Grenzrevision zugunsten Deutschlands durchzusetzen versucht.

Es bleiben als eigentliche Verantwortliche für die Entstehung der konkreten Grenze an Oder und Neiße und die damit verbundene Vertreibung der damaligen Ostdeutschen die Sowjetunion und (Sowjet-) Polen, ein Sachverhalt, den auch schon Konrad Adenauer in seiner Regierungserklärung am 20. September 1949 klar benannte.

Die Frage, ob Stalin die Oder-Neiße-Linie auch dann gefordert und durchgesetzt hätte, wenn dies nicht gleichzeitig eine vehement vertretene polnische Forderung gewesen wäre, kann hier nicht eindeutig beantwortet werden. Auf den ersten Blick erscheint die Aufrichtung der Oder-Neiße-Grenze als reines „Ergebnis der Machtpolitik Stalins", als „ein Stalinsches Diktat".[641]

Stalin ging es allerdings hauptsächlich um sein strategisches Konzept, um die Sowjetisierung Europas (einschließlich Polens und Deutschlands). Fraglich ist, ob es ihm bezüglich Polens Westgrenze dabei tatsächlich um irgendeine konkrete Grenzlinie gegangen ist. Stalin brauchte zur Verwirklichung seines Konzeptes jedenfalls willige Helfer, die bereit waren, das Sowjetisierungskonzept auch aus eigenen Antriebskräften, aus eigenen Interessen heraus glaubwürdig zu vertreten und zu verwirklichen. Und hier kam der traditionsreiche „piastisch"-polnische Nationalismus mit dem ihm immanenten „West- bzw. Meeresgedanken" ins Spiel, der es zugleich ermöglichte, auf der einen Seite den Verlust Ostpolens und auf der anderen Seite eine extreme Expansion Polens in Richtung Westen als die langersehnte Vollendung des polnischen Nationalstaates zu propagieren.

Die neue Westgrenze ist, so wie sie heute verläuft, Polen nicht allein quasi „von oben", einem Gottesurteil ähnlich, völlig gegen seinen Willen von Stalin oder gar den Westalliierten in Potsdam oder Jalta aufgezwungen worden, auch wenn dies manchem polnischen Exilpolitiker damals so erschienen sein mag und bis heute von polnischen Politikern so behauptet wird. Die neue Westgrenze Polens entstand vielmehr, wie dargestellt, eingebettet in eine lebendige nationalistische Tradition aufgrund eindringlich vorgebrachter polnischer Forderungen während und nach dem Zweiten Weltkrieg sowie mittels umfangreicher polnischer Aktivitäten auf dem Gebiet der Verwaltung und durch Vertreibungen im Gefolge der Ostdeutschland 1945 erobernden Roten Armee, und dies alles schon vor der Potsdamer Konferenz. Die polnischen

---

641 Lilge, Die Entstehung der Oder-Neiße-Linie, S. 166.

Forderungen kamen wiederum dem Sowjetisierungskonzept Stalins entgegen, dem klar sein mußte, daß ein (kommunistisches) Nachkriegspolen um so abhängiger von der Sowjetunion sein würde, je mehr Territorium es sich in völkerrechtswidriger Weise angeeignet haben würde.

Hinsichtlich der polnischen Forderungen sei differenzierend betont, daß zumindest die polnische Exilregierung bei der von ihr offiziell geforderten Westausdehnung, die sie als strategische „Grenzbegradigung“ begriff, nicht unbedingt bis zur Oder-Lausitzer Neiße-Linie annektieren wollte. „Wir wollen weder Breslau noch Stettin“, so Exilpremier Arciszewski noch im Dezember 1944. Der etwas mäßigeren Haltung der „westlichen“ polnischen Exilregierung standen allerdings forderndere Politiker in ebendieser Regierung, vor allem jedoch im nationalkonservativen polnischen Untergrund, im polnischen Militär und bei den polnischen Kommunisten unter den Fittichen Stalins gegenüber, welche letztendlich mit ihren weitreichenden Annexionswünschen für die neue polnische Regierung im Lande selbst bestimmend und damit für das Ausmaß der Annexionen ausschlaggebend geworden sind.

1947 beantwortete der polnische nationaldemokratische Politiker Jędrzej Giertych die Frage nach der Urheberschaft der Oder-Neiße-Linie in einer Weise, die der geschichtlichen Wahrheit wohl am nächsten kommt: „Das Postulat der (polnischen) Westgrenze an Oder und Neiße ist keine sowjetische Erfindung aus dem Jahre 1945, sondern ein seit langem formuliertes Postulat der polnischen Politik. Schon in der Vorkriegszeit wurde es laut von der Nationaldemokratischen Partei erhoben. [...] Man muß feststellen, daß die Angliederung der Gebiete bis zur Oder und Neiße keine Polen aufgezwungene sowjetische Lösung war, sondern die Verwirklichung von altbekannten polnischen Nationalpostulaten durch die Sowjets [...]“[642]

Es besteht somit in jedem Fall eine gewichtige polnische Verantwortung für die Entstehung der Oder-Neiße-Grenze einschließlich der Vertreibung der deutschen Bevölkerung. Hätte (Sowjet-)Polen 1944/45 die Oder-Neiße-Grenze nicht gewollt, dann wäre diese Grenze auch nicht entstanden. Eine abwegige Vorstellung? Man rufe sich an dieser Stelle nur die dargestellten noch weiter in Richtung Westen gehenden

642 Zitiert nach Wagner, Der slawische Vorstoß, S. 39.

Expansionsvorstellungen Polens, die nach der Potsdamer Konferenz vorgebracht wurden, oder die Ablehnung der Bober-Queis-Linie durch die polnische Delegation auf der Potsdamer Konferenz in Erinnerung, um den polnischen Anteil an der Entstehungsgeschichte der Oder-Neiße-Linie würdigen zu können.

Und doch, dies ist eine einleuchtende Tatsache, ohne den Zweiten Weltkrieg wäre es wohl nie zu einer deutsch-polnischen Grenze an Oder und Neiße gekommen, wenn der Frieden dauerhaft gewahrt worden wäre. Ironischerweise – und für die davon betroffene Bevölkerung tragischerweise – war es somit ausgerechnet der durch ein „Ostprogramm" motivierte verlorene Krieg Hitlers, der dem in der piastischen Tradition stehenden polnischen Nationalismus, rezipiert 1942–45 von den Kommunisten und befördert durch den Sowjetdiktator Stalin, zur Verwirklichung seines „Westprogramms" Tür und Tor öffnete.

Die Frage der „Verantwortlichkeiten", insbesondere diejenige nach der Verantwortung für die Entstehung der Oder-Neiße-Linie als deutsch-polnische Grenze, kann also zusammenfassend so beantwortet werden:

1. Das nationalsozialistische Deutschland und die stalinistische Sowjetunion waren als Bündnispartner 1939 – 1941 verantwortlich für den Beginn des Krieges mit Polen und den daraus folgenden Zweiten Weltkrieg. In ihren jeweiligen Machtbereichen und Besatzungsgebieten waren während des ganzen Zweiten Weltkrieges beide Mächte auch verantwortlich für die jeweilige Besatzungspolitik und die damit verbundenen Verbrechen. Besonders schwer wog hierbei die Verantwortung des nationalsozialistischen Deutschlands für den Völkermord an den europäischen Juden. Das nationalsozialistische Deutschland hatte außerdem den Angriff auf die Sowjetunion im Jahr 1941 zu verantworten. Die Sowjetunion hatte wiederum ihre im Zuge des Kriegsendes vorgenommenen Annexionen einschließlich derjenigen Polens östlich der „Curzon-Linie" zu verantworten.
2. Die drei Hauptsiegermächte des Zweiten Weltkrieges – Großbritannien, die USA und die Sowjetunion – waren nach der verlangten und erzielten „bedingungslosen Kapitulation" allgemein und umfassend verantwortlich für die Zukunft des besiegten Deutschlands. Sie trugen damit auch die Verantwortung für die Bevölkerung und die Grenzen des Landes. Im Hinblick auf die deutsch-polnische Grenze

trugen die drei Hauptsiegermächte, so auch Großbritannien und die USA, im allgemeinen die Verantwortung für die Entscheidung, die deutsch-polnische Grenze nach Westen zu verlegen und die davon betroffene deutsche Bevölkerung „umzusiedeln“. Für das letztlich erreichte Ausmaß dieser Grenzverlegung, also für die Entstehung des konkreten Grenzverlaufes, trugen Großbritannien und die USA keine Verantwortung.

3. Für die Entscheidung, den konkreten Verlauf der polnischen Westgrenze an Oder und Lausitzer Neiße unter Einschluß Stettins zu errichten, also für das genaue Ausmaß der deutsch-polnischen Grenzverschiebung in Richtung Westen sowie das damit verbundene Ausmaß der „Umsiedlung“, trugen das kommunistische Polen sowie die Sowjetunion die Verantwortung. Neben dieser Entscheidungsverantwortung für den konkreten Grenzverlauf trugen die Sowjetunion und insbesondere Polen auch die Ausführungsverantwortung für die Vertreibung bzw. Deportation der deutschen Bevölkerung aus den ostdeutschen Gebieten.

1990 zogen die Regierungen und Parlamente der Bundesrepublik Deutschland und der Republik Polen völkerrechtlich verbindliche Schlußstriche unter den Grenzaspekt des Oder-Neiße-Konfliktes. Diese Grenzanerkennung seitens der Bundesrepublik Deutschland war hinsichtlich der 45 Jahre nach Kriegsende vorherrschenden Fakten, hinsichtlich der völkerrechtlichen Gegebenheiten im Jahr 1990 und hinsichtlich des politischen Selbstverständnisses Nachkriegsdeutschlands als Teil einer im Wortsinne europäischen „Gemeinschaft“ völlig korrekt.

Trotzdem stellt das Oder-Neiße-Problem in den Augen jener, die nicht mit zweierlei Maß messen – die also z. B. die Menschenrechtsverletzungen der NS-Diktatur genauso verurteilen wie die Menschenrechtsverletzungen anderer Diktaturen, etwa der stalinistischen Sowjetdiktatur – noch ein moralisches Problem dar. Es ist ja doch offensichtlich, daß die Erlangung der deutschen Ostgebiete durch das stalinistische Polen auf weitreichendem Unrecht basierte. Die Übertretung des Annexionsverbotes, die totale entschädigungslose Enteignung sowie Vertreibung bzw. Deportation der ansässigen fast zehn Millionen Menschen zählenden deutschen Bevölkerung waren und sind in dieser Dimension beispiellose Unrechtsakte. Ist jedoch der Anfang, die

Grundlage des polnischen Besitzes der vorher deutschen Oder-Neiße-Gebiete auf Unrecht gegründet, so haftet auch an allem, was daraus hervorgegangen ist und darauf aufgebaut wurde, ein gewisser historisch-moralischer Makel. Dies ist ein moralisches Problem, dem sich das offizielle Polen bislang kaum stellt, und an dem damit verbundenen Makel konnten und können weder das Potsdamer Protokoll noch jegliche Grenzanerkennung etwas ändern.

4. Quellen und Literatur

I. Quellenveröffentlichungen, Dokumentationen und Vertragstexte

Auswärtiges Amt (Hrsg.): Dokumentation „Oder-Neiße-Linie". Urkundentexte und zusätzliche Erklärungen zur Frage der deutschen Ostgebiete vom Potsdamer Abkommen (2. August 1945) bis April 1959. 2. Aufl. Bonn 1959.

Blumenthal, Werner (Bearb.): Erklärungen zur Deutschlandpolitik. Eine Dokumentation von Stellungnahmen, Reden und Entschließungen des Bunds der Vertriebenen – Vereinigte Landsmannschaften und Landesverbände. Teil I: 1949–1972; Teil II: 1973–1978; Teil III: 1979–1986. Bonn 1984–1986.

Blumenwitz, Dieter: Denk ich an Deutschland. Antworten auf die Deutsche Frage (Dokumenten-Band). Hrsg. von der Bayerischen Landeszentrale für politische Bildungsarbeit. 1. Aufl. München 1989.

Borodziej, Włodzimierz/Lemberg, Hans (Hrsg.): „Unsere Heimat ist uns ein fremdes Land geworden...". Die Deutschen östlich von Oder und Neiße 1945–1950. Dokumente aus polnischen Archiven. 4 Bde. Marburg 2000 ff.

Brandt, Peter/Ammon, H. (Hrsg.): Die Linke und die nationale Frage. Dokumente zur deutschen Einheit seit 1945. Reinbek bei Hamburg 1981.

Bundesministerium für Innerdeutsche Beziehungen (bis 1969: für Gesamtdeutsche Fragen, Hrsg.): Dokumente zur Deutschlandpolitik. Bearb. von Ernst Deuerlein. Frankfurt am Main / Berlin 1961 ff.

Bundesministerium für Vertriebene (Hrsg.): Dokumentation der Vertreibung der Deutschen aus Ost-Mitteleuropa. Bearbeitet von einer Kommission unter Leitung von Theodor Schieder. 5 Bde., 3 Ergänzungshefte. Hier Bde. I/1, I/2, I/3, Die Vertreibung der deutschen Bevölkerung aus den Gebieten östlich der Oder-Neiße. Bonn 1953–1961.

Department of State (Hrsg.): Germany 1947–1949. The Story in Documents. Washington 1950.

Deuerlein, Ernst: Die Einheit Deutschlands. Bd. 1: Die Erörterungen und Entscheidungen der Kriegs- und Nachkriegskonferenzen 1941–1949. Darstellungen und Dokumente. 2. Aufl. Frankfurt am Main/Berlin 1967.

Deuerlein, Ernst (Hrsg.): Potsdam 1945. Quellen zur Konferenz der „Großen Drei". München 1963.

Deutsch-polnischer Dialog. Briefe der polnischen und deutschen Bischöfe und internationale Stellungnahmen. Edition Atlantic-Forum. Bonn/Brüssel/New York 1967.

Deutsches Büro für Friedensfragen (Hrsg.): Ausländische Dokumente zur Oder-Neiße-Linie. Stuttgart 1949. (Osthandbuch Heft 6, Vorabdruck)

Deutsches Büro für Friedensfragen (Hrsg.): Erklärungen und Memoranden der alliierten Regierungen zur Deutschlandfrage (Londoner Konferenz v. 14.2.-25.2.1947.). Stuttgart 1950.

Deutsches Institut für Zeitgeschichte i. Verb. m. der Deutsch-Polnischen Historiker-Kommission (Hrsg.): Polen, Deutschland und die Oder-Neiße-Grenze (Dokumentation zur Zeitgeschichte, Bd. 1). Berlin (Ost) 1959.

Documents français relatifs à l'Allemagne (août 1945 a février 1947). Paris 1947.

Evangelische Kirche in Deutschland: Die Lage der Vertriebenen und das Verhältnis des deutschen Volkes zu seinen östlichen Nachbarn. Eine evangelische Denkschrift. Hannover 1965.

Fischer, Alexander (Hrsg.): Teheran, Jalta, Potsdam. Die sowjetischen Protokolle von den Kriegskonferenzen der „Großen Drei“. Köln 1968.

Goguel, Rudi/Pohl, Heinz: Oder-Neiße. Eine Dokumentation. 2. Aufl. Berlin (Ost) 1956.

Her Majesty's Stationery Office (Hrsg.): Documents on British Policy Overseas (DBPO). Series I. Bde. I (1945), V (1945), VI (1945–46). London 1984–91.

Jahn, Hans Edgar: Die deutsche Frage von 1945 bis heute. Der Weg der Parteien und Regierungen. Mainz 1985.

James, Robert Rhodes: Churchill Speaks. Winston S. Churchill in Peace and War. Collected Speeches, 1897–1963. New York/London 1980.

Kimball, Warren F. (Hrsg.): Churchill and Roosevelt. The Complete Correspondence. Princeton 1984.

Lesniewski, Andrzej (Hrsg.): Western Frontier of Poland. Documents, statements, opinions. Warschau 1965.

Maass, Johannes (Hrsg.): Dokumentation der deutsch-polnischen Beziehungen 1945–1959. Bonn/Wien/Zürich 1960.

Marzian, Herbert: Zeittafel und Dokumente zur Oder-Neiße-Linie. In: Jahrbuch der Albertus-Universität zu Königsberg. Kitzingen 1953.

Meissner, Boris (Hrsg.): Die deutsche Ostpolitik 1961–1970. Kontinuität und Wandel. Dokumentation. Köln 1970.

Ministerium für Abrüstung und Verteidigung, Verwaltung Staatsbürgerliche Arbeit (Hrsg.): Dokumente zur Oder-Neiße-Grenze. Material zur Unterstützung der Staatsbürgerlichen Bildung. Berlin (Ost) 1990.

Ministerium für Auswärtige Angelegenheiten der UdSSR (Hrsg.): Teheran, Jalta, Potsdam. Konferenzdokumente der Sowjetunion. 3 Bde. Köln 1986.

Mitglieder des Bundesverfassungsgerichtes (Hrsg.): Entscheidungen des Bundesverfassungsgerichts (BVerfGE). Bd. 40/1976, S. 141 ff. (Ostvertragsbeschlüsse); Bd. 77/1988, S. 137 ff. (Teso-Beschluß).

Molotow, Wjatscheslaw Michailowitsch: Fragen der Außenpolitik. Reden und Erklärungen April 1945 bis Juni 1948. Moskau 1949.

Münch, Ingo v. (Hrsg.): Dokumente des geteilten Deutschland. Quellentexte zur Rechtslage des Deutschen Reiches, der Bundesrepublik Deutschland und der Deutschen Demokratischen Republik. 2. Aufl. Stuttgart 1976.

Polish Embassy London (Hrsg.): Poland, Germany and European Peace. Official documents 1944–1948. London 1948.

Polonsky, Antony (Hrsg.): The great powers and the Polish question 1941–1945. A Documentary Study in Cold War Origins. Publ. by the London Scool of Economics and Political Science. London 1976.

Presse- und Informationsamt der Bundesregierung (Hrsg.): Die Verträge der Bundesrepublik Deutschland mit der Union der Sozialistischen Sowjetrepubliken vom 12. August 1970 und mit der Volksrepublik Polen vom 7. Dezember 1970. Bonn 1971.

Presse- und Informationsamt der Bundesregierung (Hrsg.): Dokumentation zur Ostpolitik der Bundesregierung. Verträge und Vereinbarungen. 13. Aufl. Bonn 1990.

Presse- und Informationsamt der Bundesregierung (Hrsg.): Vertrag über die abschließende Regelung in bezug auf Deutschland. Die Verhandlungen über die äußeren Aspekte der Herstellung der deutschen Einheit. Bonn 1990.

Presse- und Informationsamt der Bundesregierung (Hrsg.): Vertrag zwischen der Bundesrepublik Deutschland und der Deutschen Demokratischen Republik über die Herstellung der Einheit Deutschlands – Einigungsvertrag –. Bonn o. J. (1990).

Rachocki, Janusz (Hrsg.): Volksrepublik Polen-Bundesrepublik Deutschland. Probleme der Normalisierung gegenseitiger Beziehungen. Texte und Dokumente. Posen 1972.

Rhode, Gotthold/Wagner, Wolfgang (Hrsg.): Quellen zur Entstehung der Oder-Neiße-Linie in den diplomatischen Verhandlungen während des Zweiten Weltkrieges. Stuttgart 1956.

Sikorski Historical Institute (Hrsg.): Documents on Polish-Soviet Relations 1939–1945. 2 Bde. London 1961/67.

Smith, Jean Edward (Hrsg.): The papers of General Lucius D. Clay. Germany 1945–1949. Bloomington (Ind.)/London 1974.

Statistisches Bundesamt (Hrsg.): Die deutschen Vertreibungsverluste. Bevölkerungsbilanzen für die deutschen Vertreibungsgebiete 1939/50. Wiesbaden 1958.

Stehle, Hansjakob (Hrsg.): Deutschlands Osten – Polens Westen? Eine Dokumentation. Frankfurt am Main 1965.

Strobel, Georg W.: Deutschland-Polen. Wunsch und Wirklichkeit. Eine Dokumentation zum Problem der Normalisierung der deutsch-polnischen Beziehungen nach 1945 und zur Frage der polnischen Vorbedingungen. 2. erw. Aufl. Bonn/Brüssel/New York 1971.

Thurich, Eckart: Schwierige Nachbarschaften. Deutsche und Polen – Deutsche und Tschechen im 20. Jahrhundert. Eine Darstellung in Dokumenten. Stuttgart 1990.

United States Department of State (Hrsg.): Documents on Germany 1944–1985. Washington 1985.

United States Government (Hrsg.): Foreign Relations of the United States (FRUS). Diplomatic Papers. Jahrgänge 1941 (Bd. 1), 1942 (Bd. 3), 1946 (Bd. 5, Bd. 6), 1947 (Bd. 2), 1948 (Bd. 2). Washington 1956 ff.

Sonderbände:

United States Government (Hrsg.): The Conferences at Cairo and Tehran 1943. (Foreign Relations of the United States. Diplomatic Papers. 1943.) Washington 1961.

United States Government (Hrsg.): The Conferences at Malta and Yalta 1945. (Foreign Relations of the United States. Diplomatic Papers. 1945.) Washington 1955.

United States Government (Hrsg.): The Conference of Berlin (The Potsdam Conference) 1945. (Foreign Relations of the United States. Diplomatic Papers. 1945.) 2 Bde. Washington 1960.

II. Literatur und Memoiren

Abendroth, Wolfgang: Die gegenwärtige völkerrechtliche Bedeutung des Potsdamer Abkommens vom 2. August 1945. In: Europa-Archiv 7/1952. S. 4943–4955.

Adenauer, Konrad: Erinnerungen 1945–1953. Stuttgart 1956.

Antoni, Michael: Das Potsdamer Abkommen: Trauma oder Chance? Geltung, Inhalt und staatsrechtliche Bedeutung. Berlin 1985.

Anweiler, Oskar: Die Oder-Neiße-Linie. Entstehung und Problem. In: Geschichte in Wissenschaft und Unterricht Heft 8/1957. S. 461–480.

Arntz, Helmut: Tatsachen über Deutschland. Hrsg. vom Presse- und Informationsamt der Bundesregierung. 5. neubearb. Aufl. Wiesbaden 1962.

Arski, Stefan: The new Polish-German Border. Safeguard of Peace. Washington (Poln. Botschaft) 1947.

Attlee, Clement R.: As it happened. New York 1954.

Backer, John H.: Die Entscheidung zur Teilung Deutschlands. Amerikanische Deutschlandpolitik 1943–1948. München 1981.

Bahr, Ernst: Ostpommern unter polnischer Verwaltung. Frankfurt am Main/Berlin 1957.

Bamberger, Sabine Dorothea: Die Oder-Neiße-Grenze in der polnischen Presse 1950–1990. In: Dokumentation Ostmitteleuropa 16=40/1990. S. 1–240.

Baring, Arnulf: Außenpolitik in Adenauers Kanzlerdemokratie. Bonns Beitrag zur Europäischen Verteidigungsgemeinschaft. München/Wien 1969.

Bartoszewski, Władysław: Wider das selektive Erinnern. In. Frankfurter Allgemeine Zeitung v. 6.8.2003, S. 9. (Deutsche Fassung eines am 15.7.2003 in der poln. Zeitung „Rzeczpospolita" erschienenen Artikels.)

Becker, Gerd: Vertreibung und Aussiedlung der Deutschen aus Polen und den ehemals deutschen Ostgebieten. Vorgeschichte, Ursachen und Abläufe. Diss. Gießen 1988.

Becker, Winfried: Die deutsche Frage und die Westmächte 1945–1984. Grundeinstellungen und vertragliche Regelungen. In: Festschrift für H. Hürten. Frankfurt am Main 1988. S. 633–669.

Bensberger Kreis (Hrsg.): Ein Memorandum deutscher Katholiken zu den polnisch-deutschen Fragen. 2. Aufl. Mainz 1968.

Benz, Wolfgang/Plum, Günter/Röder, Werner: Einheit der Nation. Diskussion und Konzeption zur Deutschlandpolitik der großen Parteien seit 1945. Stuttgart 1978.

Berling, Zygmunt: Wspomnienia. Wolność na przetarg (Erinnerungen. Freiheit zu versteigern). Warschau 1991.

Bingen, Dieter: Bilanz deutscher Politik gegenüber Polen 1949 bis 1997. In: Aus Politik und Zeitgeschichte B 53/97 v. 26.12.1997 (Beilage zur Wochenzeitung Das Parlament). S. 3–10.

Bingen, Dieter: Oder-Neiße-Grenze. In: Kobylinska, Ewa/Lawaty, Andreas/Stephan, Rüdiger Hrsg.): Deutsche und Polen. 100 Schlüsselbegriffe. München 1992. S. 406–420.

Bingen, Dieter: Warten auf Glasnost und Perestroika. Die DDR und Polen zwischen Freundschaftstreffen und Grenzproblemen. In: Bundesinstitut für Ostwissenschaftliche und Internationale Studien (Hrsg.): Aktuelle Analysen 39/1988.

Bingen, Dieter: Westverschiebung Polens und Revisionsanspruch der Bundesrepublik Deutschland. Die polnische Westgrenze als Stein des Anstoßes in den polnisch-deutschen Beziehungen. In: Haberl, Othmar Nikola/Hecker, Hans (Hrsg.): Unfertige Nachbarschaften. Die Staaten Osteuropas und die Bundesrepublik Deutschland. Essen 1989. S. 135–176.

Birke, Adolf M.: Nation ohne Haus. Deutschland 1945–1961. Berlin 1994. (= Siedler Deutsche Geschichte)

Bluhm, Georg: Die Oder-Neiße-Frage. Hannover 1967.

Bluhm, Georg: Die Oder-Neiße-Linie in der deutschen Außenpolitik. Freiburg im Breisgau 1963.

Blumenwitz, Dieter: Denk ich an Deutschland. Antworten auf die Deutsche Frage (Textband). Hrsg. von der Bayerischen Landeszentrale für politische Bildungsarbeit. 1. Aufl. München 1989.

Blumenwitz, Dieter: Der Vertrag vom 12.9.1990 über die abschließende Regelung in bezug auf Deutschland. In: Neue Juristische Wochenschrift 1990. S. 3041–3049.

Blumenwitz, Dieter: Die Grenze, die die beiden Völker nicht trennen, sondern einigen soll... – Zur abschließenden Bestätigung der Oder-Neiße-Linie aus völkerrechtlicher Sicht. In: Politische Studien 319/1991.

Blumenwitz, Dieter: Staats- und völkerrechtliche Überlegungen zur Regelung der deutsch-polnischen Grenze. In: Kulturstiftung der deutschen Vertriebenen (Hrsg.): Materialien zu Deutschlandfragen, Politiker und Wissenschaftler nehmen Stellung 1989/90. Bonn 1990.

Blumenwitz, Dieter: Was ist Deutschland? Staats- und völkerrechtliche Grundsätze zur deutschen Frage und ihre Konsequenzen für die deutsche Ostpolitik. 3. Aufl., Bonn 1989.

Bock, Hermann: Zwanzig Jahre Oder-Neiße-Linie. Deutsche Hoffnungen – Fragen an das Evangelium. Hamburg 1966.

Bohmann, Alfred: Polens Drang nach dem Westen. In: Außenpolitik XI/1960. S. 92–104.

Bond, Brian: Britische Ansichten über die Zukunft Deutschlands 1943–1945. In: Messerschmidt, Manfred/Guth, Ekkehart (Hrsg. i. A. des Militärgeschichtlichen Forschungsinstitutes): Die Zukunft des Reiches. Gegner, Verbündete und Neutrale (1943–1945). Herford/Bonn 1990. S. 13–36.

Borodziej, Włodzimierz: Polen und Deutschland seit 1945. In: Aus Politik und Zeitgeschichte B 53/97 v. 26.12.1997 (Beilage zur Wochenzeitung Das Parlament). S. 11–20.

Borries, Kurt: Das Dilemma der Oder-Neiße-Linie. In: Außenpolitik VII/1956. S. 650–653.

Bracht, Hans Werner: Verpflichtung der Bundesrepublik Deutschland aus dem Potsdamer Abkommen nach sowjetischer Völkerrechtsdarstellung. In: Klein, Friedrich/Meissner, Boris (Hrsg.): Das Potsdamer Abkommen und die Deutschlandfrage. I. Teil Wien 1977. S. 59–66.

Brancion, Yves: Die Oder-Neiße-Linie. Eine Kriegsgrenze. Stuttgart 1969.

Brandes, Detlef: Der Weg zur Vertreibung 1938–1945. Pläne und Entscheidungen zum „Transfer" der Deutschen aus der Tschechoslowakei und aus Polen. 2. überarbeitete und erweiterte Aufl. München 2005.

Brandt, Willi: Der Wille zum Frieden. Perspektiven der Politik. 2. Aufl. Hamburg 1972.

Braunstein, Karl: Vatikan und Oder-Neiße-Linie. In: Europäische Begegnung 3/1963. S. 136–140.

Breyer, Richard: Die Oder-Neiße-Linie bei Stettin. In: Göttinger Arbeitskreis (Hrsg.): Recht im Dienste der Menschenwürde. Festschrift für Herbert Kraus. Würzburg 1964. S. 423–444.

Burckhardt, Carl J.: Meine Danziger Mission 1937–1939. München 1960.

Buttlar, Walrab von: Ziele und Zielkonflikte in der sowjetischen Deutschlandpolitik 1945–1947. Stuttgart 1980.

Byrnes, James F.: Speaking frankly. London/Toronto 1947.

Churchill, Winston S.: The Second World War. Bd. 5 (Closing the Ring); Bd. 6 (Triumph and Tragedy. Epilogue). London 1948 ff.

Ciesielski, Stanislaw (Hrsg.): Umsiedlung der Polen aus den ehemaligen polnischen Ostgebieten nach Polen in den Jahren 1944–1947. Marburg 2006.

Clauss, Max Walter: Der Weg nach Jalta. Präsident Roosevelts Verantwortung. Heidelberg 1952.

Czaja, Herbert: Unterwegs zum kleinsten Deutschland? Marginalien zu 50 Jahren Ostpolitik. Frankfurt am Main 1996.

DBG-Hausatlas. E. Debes Handatlas. Deutsche Buch-Gemeinschaft. Berlin/Darmstadt 1956.

Deuerlein, Ernst: Deklamation oder Ersatzfrieden? Die Konferenz von Potsdam. Stuttgart 1970.

Deuerlein, Ernst: Die amerikanischen Vorformulierungen und Vorentscheidungen für die Konferenz von Potsdam. In: Deutschland-Archiv 3/1970. S. 337–356.

Deuerlein, Ernst: Die Verabschiedung der Deutschland-Bestimmungen des Potsdamer Abkommens. In: Deutschland-Archiv 3/1970. S. 673–688.

Deuerlein, Ernst: „Mit den Polen sprechen...". Die Vier Mächte und das Oder-Neiße-Problem. In: Die Politische Meinung Heft 102/1965. S. 56–68.

Deuerlein, Ernst: Potsdam 1945. Anfang und Ende. Köln 1970.

Deuerlein, Ernst: Wer hat Deutschland geteilt? Stalins Politik auf den Kriegs-Konferenzen. In: Die Politische Meinung Heft 11/1957. S. 29–40.

Diwald, Hellmut: Geschichte der Deutschen. Frankfurt a. M./Berlin/Wien 1978.

Dralle, Lothar: Die Deutschen in Ostmittel- und Osteuropa. Ein Jahrtausend europäischer Geschichte. Darmstadt 1991.

Drzewieniecki, W.M.: The German-Polish Frontier. Chicago 1959.

Durand, Yves: Deutschland aus der Sicht der Franzosen (November 1942 bis Mai 1945). In: Messerschmidt, Manfred/Guth, Ekkehart (Hrsg. i. A. des Militärgeschichtlichen Forschungsinstitutes): Die Zukunft des Reiches. Gegner, Verbündete und Neutrale (1943–1945). Herford/Bonn 1990. S. 37–56.

Ehrlich, Ludwik: Suwerenność Polski na ziemiach zachodnich i północnych. Zagadnienia prawne. (Die Souveränität Polens über die West- und Nordgebiete. Rechtsprobleme.) Kattowitz 1962. (Deutsche Zusammenfassung S. 50 ff.)

Erhard, Volker: Adenauers deutschlandpolitische Geheimkonzepte während der zweiten Berlin-Krise 1958–1962. Eine Studie aus den Akten der westlichen Diplomatie. Hamburg 2003.

Faust, Fritz: Das Potsdamer Abkommen und seine völkerrechtliche Bedeutung. Frankfurt am Main/Berlin 1969.

Faust, Fritz: Das Völkerrecht und die Oder-Neiße-Linie. Stellungnahmen aus Ost und West. In: Wehrwissenschaftliche Rundschau Heft 5/1964. S. 277–294.

Faust, Fritz: Die Oder Neiße-Linie in heutiger völkerrechtlicher und politischer Sicht. In: Wehrwissenschaftliche Rundschau Heft 4/1968. S. 204–235.

Feis, Herbert: Zwischen Krieg und Frieden. Das Potsdamer Abkommen. Frankfurt am Main/Bonn 1962.

Fiedler, Rudolf: Die Oder-Neiße-Unfriedensgrenze. In: Fiedler, Rudolf (Hrsg.): Würfelspiel um Deutschland 1944–56. Düsseldorf 1957. S. 21–44.

Fischer, Alexander: Sowjetische Deutschlandpolitik im Zweiten Weltkrieg 1941–1945. Stuttgart 1975.

Foschepoth, Josef: Britische Deutschlandpolitik zwischen Jalta und Potsdam. In: Vierteljahreshefte für Zeitgeschichte 30/1982. S. 675–714.

Foschepoth, Josef: Die Oder-Neiße-Frage im Kalkül der britischen Außenpolitik 1941–1947. In: Die beiden deutschen Staaten im Ost-West-Verhältnis (Edition Deutschland-Archiv). Köln 1982. S. 69–80.

Foschepoth, Josef: Großbritannien, die Sowjetunion und die Westverschiebung Polens. In: Militärgeschichtliche Mitteilungen 2/1983. S. 61–90.

Foschepoth, Josef (Hrsg.): Kalter Krieg und deutsche Frage. Deutschland im Widerstreit der Mächte 1945–1952. Göttingen 1985.

Friedrich, Wolfgang Uwe (Hrsg.): Die USA und die deutsche Frage 1945–1990. Frankfurt am Main/New York 1991.

Fuchs, Werner: Der neue Polenspiegel. Selbstzeugnisse polnischen Eroberungswillens. Hrsg. im Auftrag des Deutschen Ostmarken-Vereins. 1930.

Gaertner, Margarete: Eine englische Studie über die Oder-Neiße-Linie: Elizabeth Wiskemann, Germany's Eastern Neighbours. In: Zeitschrift für Politik 3/1956. S. 270–277.

Gehrke, Roland: Der polnische Westgedanke bis zur Wiedererrichtung des polnischen Staates nach Ende des Ersten Weltkrieges. Genese und Begründung polnischer Gebietsansprüche gegenüber Deutschland im Zeitalter des europäischen Nationalismus. Marburg 2001.

Geilke, Georg: Die gesetzgeberischen Maßnahmen Polens zur Besiedlung der deutschen Ostgebiete. In: Rabl, Kurt (Hrsg.): Das Recht auf die Heimat. Bd. 4. München 1960. S. 113–124.

Giertych, Jedrzej: Die Frage der wiedergewonnenen Gebiete im Lichte der Ethik. Dt. Übers. Stuttgart 1949.

Gill, Ulrich/Steffani, Winfried (Hrsg.): Eine Rede und ihre Wirkung. Die Rede des Bundespräsidenten Richard von Weizsäcker vom 8. Mai 1985. Betroffene nehmen Stellung. Berlin 1986.

Gimbel, John: Amerikanische Besatzungspolitik in Deutschland 1945–1949. Frankfurt am Main 1971.

Gimbel, John: Byrnes' Stuttgarter Rede und die amerikanische Nachkriegspolitik in Deutschland. In: Vierteljahreshefte für Zeitgeschichte 20/1972. S. 39–62.

Glotz, Peter: Wider den Nationalismus. In: Frankfurter Allgemeine Zeitung v. 11.8.2003, S. 6.

Gollancz, Victor: Our Threatened Values. London 1946.

Görlich, Joachim G.: Kommunistische Freundschaft an der Oder und Neiße. In: Osteuropa 14/1964. S. 724–728.

Graml, Hermann: Die Alliierten und die Teilung Deutschlands. Konflikte und Entscheidungen 1941–1948. Frankfurt am Main 1985.

Graml, Hermann: Zwischen Jalta und Potsdam. Zur amerikanischen Deutschlandplanung im Frühjahr 1945. In: Vierteljahreshefte für Zeitgeschichte 24/1976. S. 308–323.

Hacker, Jens: Sowjetunion und DDR zum Potsdamer Abkommen. Köln 1969.

Hacker, Jens: Deutsche Irrtümer. Schönfärber und Helfershelfer der SED-Diktatur im Westen. Frankfurt a.M./Berlin 1994.

Hacker, Jens: Zur Interpretation des Potsdamer Abkommens. In: Deutschland-Archiv 1/1968. S. 135–140.

Hansen, Ernst R.: Polens Drang nach dem Westen. Berlin/Leipzig 1927.

Hartmann, Karl: Das polnische Episkopat und die Oder-Neiße-Gebiete. In: Osteuropa 3/1971. S. 165–170.

Heitmann, Clemens: Die Stettin-Frage. Die KPD, die Sowjetunion und die deutsch-polnische Grenze 1945. In: Zeitschrift für Ostmitteleuropa – Forschung 51/2002. S. 25–63.

Hillgruber, Andreas: Deutsche Geschichte 1945–1986. Die „deutsche Frage“ in der Weltpolitik. 7. Aufl. Stuttgart/Berlin/Köln 1989.

Hillgruber, Andreas: Sowjetische Außenpolitik im Zweiten Weltkrieg. Königstein/Düsseldorf 1979.

Hillgruber, Andreas: Zweierlei Untergang. Die Zerschlagung des Deutschen Reiches und das Ende des europäischen Judentums. Berlin 1986.

Hoensch, Jörg K.: Geschichte Polens. Stuttgart 1983.

Hoffmann, Friedrich: Die Oder-Neiße-Linie. Politische Entwicklung und völkerrechtliche Lage. Frankfurt am Main 1949.

Hoffmann, Joachim: Stalins Vernichtungskrieg 1941 – 1945. 2. Aufl. München 1995.

Hofmann, Andreas R.: Die Nachkriegszeit in Schlesien. Gesellschafts- und Bevölkerungspolitik in den polnischen Siedlungsgebieten 1945–1948. Köln/Weimar/Wien 2000.

Holzer, Jerzy: Jalta. In: Kobylińska, Ewa/Lawaty, Andreas/Stephan, Rüdiger (Hrsg.): Deutsche und Polen. 100 Schlüsselbegriffe. München 1992.

Ipsen, Knut: Diskrepanz zwischen dem Grenzverlauf des Warschauer Vertrages und dem faktischen Grenzverlauf? In: Institut für internationales Recht an der Universität Kiel (Hrsg.): Ostverträge – Berlin-Status, Münchner Abkommen, Beziehungen zwischen der BRD und der DDR (Symposium). Hamburg 1971. S. 75–83.

Jacobsen, Hans-Adolf (Hrsg.): Bonn-Warschau: 1945–1991. Die deutsch-polnischen Beziehungen. Analyse und Dokumentation. Köln 1992.

Jacobsen, Hans-Adolf: Der Weg zur Teilung der Welt. 2. Aufl. Koblenz/Bonn 1979.

Janicki, Lech: Rechtsgrundlagen der Staatsgrenze an der Oder und Lausitzer Neiße: Versuch einer Zusammenfassung aus polnischer Sicht. In: Renger, Annemarie/Stern, Carola/Däubler-Gmelin, Herta (Hrsg.): Festschrift für Claus Arndt zum 60. Geburtstag. Heidelberg 1987. S. 71–82.

Janicki, Lech: The Final Confirmation of the Oder-Lusitian Neisse Frontier. In: Polish Western Affairs 1/1992. S. 93–118.

Jordan, Zbigniew A.: Oder-Neisse Line. A Study of the Political, Economic and European Significance of Poland's Western Frontier. London 1952.

Jozsa, Gyula: Reaktionen der Sowjetunion und Ungarns auf die Polenkrise. In: Bundesinstitut für ostwissenschaftliche und internationale Studien (Hrsg.): Polen 1982. Analysen der innenpolitischen Situation und der internationalen Auswirkungen (Sonderveröffentlichung). Köln 1982. S. 63–111.

Kaiser, Karl: Deutschlands Vereinigung. Die internationalen Aspekte. Bergisch Gladbach 1991.

Karch, John: Oder-Neisse: Anachronism of World War 2. In: World Affairs Bd.123/1960. S. 102–104.

Kellermann, Volkmar: Brücken nach Polen. Die deutsch-polnischen Beziehungen und die Weltmächte 1939–1973. Stuttgart 1973.

Kellermann, Volkmar: Schwarzer Adler – Weißer Adler. Die Polenpolitik der Weimarer Republik. Köln 1970.

Kennan, George F.: Memoiren eines Diplomaten. 2 Bde. Stuttgart 1968/72.

Kettenacker, Lothar: Krieg zur Friedenssicherung. Die Deutschlandplanung der britischen Regierung während des Zweiten Weltkrieges (Veröffentlichungen des Deutschen Historischen Instituts London, Bd. 22). Göttingen/Zürich 1989.

Kiefer, Heinz J.: Die deutsche Frage als strategischer Schlüssel. München 1988.

Kiełczewska Zaleska, Maria: The Geographical Bases of Poland. In: Instytut Zachodni (Hrsg.): Poland's Place in Europe. Posen 1947. S. 9–60.

Kiessler, Richard/Elbe, Frank: Ein runder Tisch mit scharfen Ecken. Der diplomatische Weg zur deutschen Einheit. Mit einem Vorwort von Hans-Dietrich Genscher. Baden-Baden 1993.

Kimball, Warren F.: Aus der Sicht Washingtons: Die Aussichten Deutschlands in den Jahren 1943–1945. In: Messerschmidt, Manfred/Guth, Ekkehart (Hrsg. i. A. des Militärgeschichtlichen Forschungsamtes): Die Zukunft des Reiches. Gegner, Verbündete und Neutrale (1943–1945). Herford/Bonn 1990. S. 57–78.

Kimminich, Otto: Die abschließende Regelung mit Polen. In: Zeitschrift für Politik Heft 4/1991. S. 361–391.

Kimminich, Otto: Völkerrechtliche Überlegungen zu Kriegsende – Potsdam – Vertreibung. Ausgewählte Beiträge. Bonn 1996. (= Deutschland und seine Nachbarn, Heft 15)

Kittel, Manfred: Vertreibung der Vertriebenen? Der historische deutsche Osten in der Erinnerungskultur der Bundesrepublik (1961–1982). München 2007.

Klafkowski, Alfons: Die deutsch-polnische Grenze nach dem II. Weltkrieg. Posen 1970.

Klafkowski, Alfons: Die Rechtsgrundlagen der Oder-Neiße-Grenze. In: Instytut Zachodni (Hrsg.): Die Polnischen Westgebiete. Posen 1960. S. 86–140.

Klein, Eckart: Kontinuitätsproblematik und Rechtsstellung der deutschen Ostgebiete. In: Meissner, Boris/Zieger, Gottfried (Hrsg.): Staatliche Kontinuität unter besonderer Berücksichtigung der Rechtslage Deutschlands. Köln 1983. S. 129 ff.

Klein, Friedrich/Meissner, Boris (Hrsg.): Das Potsdamer Abkommen und die Deutschlandfrage. I. Teil. Wien 1977.

Koch, Hans: Slawentum und Slawismus im polnischen Nationalbewußtsein 1794 bis 1848. In: Göttinger Arbeitskreis (Hrsg.): Das östliche Deutschland. Ein Handbuch. Würzburg 1959. S. 363–428.

Koepcke, Cordula: Oder-Neiße: Die Pflicht zur Entscheidung. 25 Jahre Schicksal und Politikum. München/Wien 1970.

Kokot, Józef: The Logic of the Oder-Neisse-Frontier. 2. erw. Aufl. Posen/Warschau 1959.

Korger, Dieter: Die Polenpolitik der deutschen Bundesregierung von 1982–1991. Bonn 1993. (= Mainzer Beiträge zur Europäischen Einigung, Bd. 15)

Kowalski, Włodzimierz T.: ZSRR a granica na Odrze i Nysie Łużyckiej 1941–1945. (Die UdSSR und die Grenze an der Oder und Lausitzer Neiße 1941–1945). Warschau 1965. (Deutsche Übersetzung Göttingen 1966, Veröffentlichung im Göttinger Arbeitskreis Nr. 354.)

Kowalski, Włodzimierz T.: The Western Powers and the Polish-German Frontier during the Second World War (1943–45). In: Polish Western Affairs 6/1965. S. 85–120.

Kraus, Herbert: Die Oder-Neiße-Linie. Eine völkerrechtliche Studie. Köln 1959.

Kröger, Herbert: Die staatsrechtliche Bedeutung des Potsdamer Abkommens für das deutsche Volk. In: Festschrift für Erwin Jacobi. Berlin (Ost) 1957. S. 197–237.

Krülle, Siegrid: Die völkerrechtlichen Aspekte des Oder-Neiße-Problems. Berlin 1970.

Kruszewski, Z. Anthony: The Oder-Neisse Boundary and Poland's Modernization. The Socioeconomic and Political Impact. New York/Washington/London 1972.

Küsters, Hanns Jürgen: Der Integrationsfriede. Viermächte-Verhandlungen über die Friedensregelung mit Deutschland 1945–1990. München 2000.

Labuda, Gerard: Poland's return to the Baltic and the Odra and Nysa in 1945 – Historical and current conditions. In: Polish Western Affairs 16/1975. S. 3–36.

Lachs, Manfred: Die Westgrenze Polens. Recht, Tatsachen, Logik der Geschichte. Warschau 1967.

Leahy, William Daniel: I was there. The personal Story of the Chief of Staff to Presidents Roosevelt and Truman, based on his notes and diaries made at the time. New York/London/Toronto 1950.

Lehmann, Hans-Georg: Der Oder-Neiße-Konflikt. München 1979.

Lemmer, Ernst: Manches war doch anders. Erinnerungen eines deutschen Demokraten. Frankfurt am Main 1968.

Lehndorff, Hans Graf von: Ostpreußisches Tagebuch. Aufzeichnungen eines Arztes aus den Jahren 1945–1947. München 1990.

Liepelt, Klaus: Die Oder-Neiße-Linie. Ein Ergebnis der alliierten Kriegsziel-Diskussion. In: Deutsche Universitäts-Zeitung Heft 5/1953. S. 9–13.

Lilge, Carsten: Die Entstehung der Oder-Neiße-Linie als Nebenprodukt alliierter Großmachtpolitik während des Zweiten Weltkrieges. Frankfurt am Main 1995.

Lipsius, Oskar: The Oder-Neisse-Line. In: Revue Militaire Generale Nr.11/1960. S. 372–385.

Ludat, Herbert: Die deutsch-polnische Vergangenheit in marxistischer Sicht. In: Zeitschrift für Ostforschung, Heft 1/1952.

Ludwig, Michael: Polen und die deutsche Frage. Bonn 1991.

Lutter, Harald: „Oder-Neiße-Friedensgrenze“. Zum Verständnis völkerrechtlicher Fragen in der sogenannten DDR. Diss. Mainz 1966.

Mackiewicz, Józef: Sieg der Provokation. Die Phasen der Entwicklung des Kommunismus in Rußland und Polen und die Frage der deutsch-polnischen Beziehungen. Frankfurt am Main 1987. (Erstveröffentlichung 1962)

Malycha, Andreas: „Wir haben erkannt, daß die Oder-Neiße-Grenze die Friedensgrenze ist“. Die SED und die neue Ostgrenze 1945 bis 1951. In: Deutschland Archiv 2/2000. S. 193–207.

Marienfeld, Wolfgang: Konferenzen über Deutschland. Die alliierte Deutschlandplanung und -politik 1941–49. Hannover 1963.

Marzian, Herbert: Annexion und Massenvertreibung. Polnische Kriegszielpolitik im Zweiten Weltkrieg. In: Göttinger Arbeitskreis (Hrsg.): Recht im Dienst der Menschenwürde. Festschrift für Herbert Kraus. Würzburg 1964. S. 519–532.

Marzian, Herbert: Politikwissenschaft und Oder-Neiße-Linie. Entwurf einer Grundlagen- und Methodenkritik. Würzburg 1965.

Marzian, Herbert: Politischer Realismus. Ein Beitrag zur Oder-Neiße-Frage. Göttingen 1969.

Mayer, Rainer: Deutsche und Polen. Überlegungen zur Oder-Neiße-Grenze und zur Versöhnung zwischen den Völkern Europas. In: Zeitwende, Heft 3/1990. S. 141–153.

Mee, Charles L.: Die Teilung der Beute. Die Potsdamer Konferenz 1945. Wien/München u. a. 1977.

Meissner, Boris: Die Frage des Friedensvertrages mit Deutschland vom Potsdamer Abkommen bis zu den Ostverträgen. In: Deutschland als Ganzes. Festschrift für Herbert Czaja. Köln 1985. S. 191 ff.

Meissner, Boris: Rußland, die Westmächte und Deutschland. Die sowjetische Deutschlandpolitik 1943–1953. Hamburg 1954.

Meissner, Boris: Stalin und die Oder-Neiße-Linie. In: Osteuropa 1/1951. S. 2–11.

Meissner, Boris/Veiter, Theodor (Hrsg.): Das Potsdamer Abkommen und die Deutschlandfrage. II. Teil: Berliner Deklaration und Sonderfragen. Wien/Stuttgart 1987.

Meister, Roland: Das Völkerrecht garantiert die Friedensgrenze an Oder und Neiße. Leipzig/Jena 1955.

Menzel, Eberhard: Das Annexionsverbot des modernen Völkerrechts und das Schicksal der deutschen Ostgebiete. In: Göttinger Arbeitskreis (Hrsg.): Das östliche Deutschland. Ein Handbuch. Würzburg 1959. S. 3–56.

Meyer von Achenbach, Richard: Gedanken über eine konstruktive deutsche Ostpolitik. Eine unterdrückte Denkschrift aus dem Jahr 1953. Herausgegeben von Julius H. Schoeps. Frankfurt am Main 1986.

Mieroszewski, Juliusz: Kehrt Deutschland in den Osten zurück? Berlin 1961.

Mikołajczyk, Stanisław: The pattern of Soviet domination. London 1948.

Molotow, Wjatscheslaw Michailowitsch: Über die Ergebnisse der Londoner Konferenz. Berlin o. J. (1948).

Moltmann, Guenter: Amerikas Deutschlandpolitik im Zweiten Weltkrieg. Kriegs- und Friedensziele 1941–45. Heidelberg 1958.

Mruck, Armin E.: Der gebildete Amerikaner und die Oder-Neiße-Linie. In: Europäische Begegnung, Heft 10/1963. S. 560–563.

Musial, Bogdan: Die Rechnung Stalins ging auf. In: Frankfurter Allgemeine Zeitung v. 10.3.2007, S. 6.

Nawratil, Heinz: Schwarzbuch der Vertreibung 1945 bis 1948. Das letzte Kapitel unbewältigter Vergangenheit. 10. Aufl. München 2001.

Naimark, Norman M.: Flammender Hass. Ethnische Säuberungen im 20. Jahrhundert. München 2004.

Neumann, Rudolf: Polens Westarbeit. Die polnischen Kultur- und Bildungseinrichtungen in den deutschen Ostgebieten. Bremen 1966.

Nitschke, Bernadetta: Vertreibung und Aussiedlung der deutschen Bevölkerung aus Polen 1945 bis 1949. München 2003.

Nowak, Paul H.: Entstehung und Begründung der territorialen Forderungen Polens auf die Gebiete östlich der Oder-Neiße-Linie unter Einbeziehung der Problematik des Schutzes sprachlicher Minderheiten. Diss. Marburg 1960.

Oldenburg, Fred: Das Verhältnis SED-PVAP während der Krise in Polen (Juli 1980–Juli 1982). In: Bundesinstitut für ostwissenschaftliche und internationale Studien (Hrsg.): Polen 1982. Analysen der innenpolitischen Situation und der internationalen Auswirkungen (Sonderveröffentlichung). Köln 1982. S. 112–136.

Paffrath, Constanze: Macht und Eigentum. Die Enteignungen 1945–1949 im Prozeß der deutschen Wiedervereinigung. Köln u. a. 2004.

Pautsch, Ilse Dorothee: Die territoriale Deutschlandplanung des amerikanischen Außenministeriums 1941–1943. Frankfurt/Main 1990.

Poeggel, Walter: Zur völkerrechtlichen Lage Deutschlands und beider deutscher Staaten. In: Deutsche Außenpolitik 11/1966. S. 1298–1312.

Pratt, Julius W.: Die Frage der deutschen Ostgrenzen auf den Konferenzen von Teheran bis Potsdam. In: Deutsch-slawische Gegenwart. Referate des 2. Ostseminars der Hochschule für Politische Wissenschaften. München 1957.

Raack, R. C.: Stalin Fixes the Oder-Neisse-Line. In: Journal of Contemporary History 25/1990. S. 467–488.

Rabl, Kurt: Die gegenwärtige völkerrechtliche Lage der deutschen Ostgebiete. München 1958.

Rasmus, Hugo: Pommerellen Westpreußen 1919–1939. München/Berlin 1989.

Ratza, Odo (Hrsg.): Antworten zu Deutschland-Fragen, zusammengestellt aus Schriften der Kulturstiftung der deutschen Vertriebenen. 1 Bd. u. 1 Ergänzungsbd. Bonn 1989.

Rauschning, Dietrich: Die Endgültigkeit der in dem Vertrag mit Polen getroffenen Gebietsregelung. In: Institut für internationales Recht an der Universität Kiel (Hrsg.): Ostverträge – Berlin-Status, Münchner Abkommen, Beziehungen zwischen der BRD und der DDR (Symposium). Hamburg 1971. S. 164–166.

Rauschning, Dietrich: Die Wiedervereinigung vor dem Hintergrund der Rechtslage Deutschlands. In: Juristische Schulung 12/1991. S. 977–985.

Rauschning, Hermann: Die Entdeutschung Westpreußens und Posens. Zehn Jahre polnischer Politik. Berlin 1930.

Rautenberg, Hans-Werner: Die Wahrnehmung von Flucht und Vertreibung in der deutschen Nachkriegsgeschichte bis heute. In: Aus Politik und Zeitgeschichte B 53/97 v. 26.12.1997 (Beilage zur Wochenzeitung Das Parlament). S. 34–46.

Reichert, Günter: Das Organisationswesen der deutschen Heimatvertriebenen. In: Frantzjoch, Marion/Ratza, Odo/Reichert, Günter: 40 Jahre Arbeit für Deutschland – die Vertriebenen und Flüchtlinge (Ausstellungskatalog). Frankfurt am Main/Berlin 1989. S. 166–168.

Rhode, Gotthold: Brief an Bischof Lilje. Anmerkungen zur Diskussion um eine Denkschrift. Sonderdruck aus „Die Politische Meinung“ Heft 112 (Februar 1966).

Rhode, Gotthold (Hrsg.): Die Ostgebiete des Deutschen Reiches. 4. Aufl. Würzburg 1957.

Rhode, Gotthold: Geschichte Polens. Ein Überblick. 3. verbess. Auflage Darmstadt 1980.

Ressing, Gerd: Versagte der Westen in Jalta und Potsdam? Ein dokumentierter Wegweiser durch die alliierten Kriegskonferenzen. Frankfurt am Main 1970.

Richthofen, B. Freiherr von: Gehört Ostdeutschland zur Urheimat der Polen? Kritik der vorgeschichtlichen Forschungsmethode an der Universität Posen. Danzig 1929. (Ostland-Schriften, Heft 2)

Roos, Hans: Geschichte der Polnischen Nation 1918–1978. 3. erw. Aufl. Stuttgart u. a. 1979.

Roth, Paul: Die Entstehung des polnischen Staates. Eine völkerrechtlich-politische Untersuchung. Berlin 1926.

Rothfels, Hans: Bismarck, der Osten und das Reich. Darmstadt 1960.

Rothfels, Hans: Frontiers and Mass Migrations in Eastern Central Europe. In: Review of Politics 8/1946. S. 37–67.

Sasse, Heinz Günther: Der heutige Stand der Interpretation der Oder-Neiße-Frage nach dem Potsdamer Abkommen. Würzburg 1965.

Sasse, Heinz Günther: Die ostdeutsche Frage auf den Konferenzen von Teheran bis Potsdam. Tübingen 1954.

Sasse, Heinz Günther: Die Vorgeschichte von Austreibungen und Oder-Neiße-Linie. 1939–1945. In: Göttinger Arbeitskreis (Hrsg.): Das östliche Deutschland. Ein Handbuch. Würzburg 1959. S. 527–578.

Schäuble, Wolfgang: Der Vertrag. Wie ich über die deutsche Einheit verhandelte. Stuttgart 1991.

Scheil, Stefan: Fünf plus Zwei. Die europäischen Nationalstaaten, die Weltmächte und die vereinte Entfesselung des Zweiten Weltkriegs. 2. Auflage. Berlin 2004.

Schickel, Alfred: Amerikanische Gedanken über die Ostgrenze. Washingtoner Geheimakten über das Für und Wider einer neuen deutschen Ostgrenze. Ein Forschungsbericht. In: Geschichte 76/1987. S. 44–50.

Schickel, Alfred: Deutsche und Polen. Bergisch Gladbach 1984.

Schulz, Gerhard: „Dismemberment of Germany". Kriegsziele und Koalitionsstrategie 1939–1945. In: Historische Zeitschrift 244/1987. S. 29–92.

Schulze-Dirschau, Heinrich: Oder-Neiße – muß Deutschland verzichten? Berg am See 1991.

Schwarz, Hans-Peter (Hrsg.): Entspannung und Wiedervereinigung. Deutschlandpolitische Vorstellungen Konrad Adenauers 1955–1958. (Rhöndorfer Gespräche, Bd. 2.) Stuttgart/Zürich 1979.

Schwarz, Hans-Peter: Vom Reich zur Bundesrepublik. Deutschland im Widerstreit der außenpolitischen Konzeptionen in den Jahren der Besatzungsherrschaft 1945–1949. 2. Aufl. Stuttgart 1980.

Schweitzer, Carl Christoph/Feger, Hubert (Hrsg.): Das deutsch-polnische Konfliktverhältnis seit dem Zweiten Weltkrieg. Multidisziplinäre Studien über konfliktfördernde und konfliktmindernde Faktoren in den internationalen Beziehungen. Boppard am Rhein 1975.

Seraphim, Peter-Heinz: Die Heimatvertriebenen in der Sowjetzone. Berlin 1954.

Seraphim, Peter-Heinz/Maurach, Reinhart/Wolfrum, Gerhart: Ostwärts der Oder und Neiße. Tatsachen aus Geschichte-Wirtschaft-Recht. Hannover 1949.

Seyda, Marian: Poland and Germany and the post-war reconstruction of Europe. London 1942.

Skubiszewski, Krzysztof: Administration of Territory and Sovereignty: A Comment on the Potsdam Agreement. In: Archiv des Völkerrechts 23/1985. S. 31–53.

Skubiszewski, Krzysztof: The Frontier between Poland and Germany as a Problem of International Law and Relations. In: Polish Western Affairs 5/1964. S. 311–332.

Skubiszewski, Krzysztof: Wysiedlenie Niemców po II. Wojnie Światowej. (Die Aussiedlung der Deutschen nach dem II. Weltkrieg.) Warschau 1968.

Skubiszewski, Krzysztof: Zachodnia granica Polski w swietle traktatów (Die Westgrenze Polens im Licht der Verträge. Zusammenfassung in engl. Sprache S. 337–339). Posen 1975.

Sperling, Walter: Die deutsche Ostgrenze sowie die polnische West- und Nordgrenze in deutschen Schulatlanten seit 1946 (Studien zur internationalen Schulbuchforschung. Schriftenreiche des Georg-Eckert-Instituts, Bd. 69.). Frankfurt am Main 1991.

Stehle, Hansjakob: Grenze an Oder und Neiße. Deutschlands Verhältnis zu Polen seit 1918. In: Kommunität, Heft 34/1965.

Stehle, Hansjakob/Janßen, Karl-Heinz: Oder-Neiße-Grenze. Der deutsche Osten – Kompensationsmittel, Verhandlungsobjekt und Propagandawaffe. In: Die Zeit 26/1990. S. 49–50.

Stickler, Matthias: „Ostdeutsch heißt gesamtdeutsch". Organisation, Selbstverständnis und heimatpolitische Zielsetzungen der deutschen Vertriebenenverbände 1949–1972. Düsseldorf 2004.

Strauss, Harold: The division and dismemberment of Germany. From the Casablanca Conference to the establishment of the East German Republic. Ambilly 1952.

Strobel, Georg W.: Chauvinismus und Verstrickung. Die Haltung der katholischen Kirche Polens gegenüber Deutschen und Deutschland, insbesondere nach 1945. München 1999. (Der besondere Vortrag, Heft 2, hrsg. v. Haus des Deutschen Ostens, München)

Strobel, Georg W.: Die polnische „Preußenkrankheit" und ihre politische Instrumentalisierung. In: Aus Politik und Zeitgeschichte B 53/97 v. 26.12.1997 (Beilage zur Wochenzeitung Das Parlament). S. 21–33.

Strobel, Georg W.: Wie Stalin Grenzen in Ostmitteleuropa zog. Zu Zygmunt Berlings Erinnerungen. In: Osteuropa 12/1992. S. 1078–1085.

Strobel, Georg W./Mahnke, Hans Heinrich: Forderungen der Volksrepublik Polen gegenüber der Bundesrepublik Deutschland. Thesen eines polnischen Völkerrechtlers. Köln 1965.

Šukov, G.P.: Die deutsch-polnische Grenze an Oder und Lausitzer Neiße – eine unverbrüchliche Friedensgrenze. In: Gegenwartsprobleme des Völkerrechts. Berlin (Ost) 1962. S. 233–247.

Swider, Malgorzata: Die sogenannte Entgermanisierung im Oppelner Schlesien in den Jahren 1945–1950. Lauf an der Pegnitz 2003.

Szaz, Zoltan Michael: Die deutsche Ostgrenze. Geschichte und Gegenwart. München/Eßlingen 1960.

Terry, Sarah Meiklejohn: Poland's Place in Europe. General Sikorski and the Origins of the Oder-Neisse Line 1939–1943. Princeton 1983.

Troebst, Stefan (Hrsg.): Vertreibungsdiskurs und europäische Erinnerungskultur. Deutsch-polnische Initiativen zur Institutionalisierung. Eine Dokumentation. Osnabrück 2006.

Truman, Harry S.: Memoiren. 2 Bde. Stuttgart 1955/56.

Uschakow, Alexander: Das Erbe Stalins in den deutsch-polnischen Beziehungen. Köln o.J. (1970).

Uschakow, Alexander: Das Potsdamer Abkommen in polnischer Sicht. In: Meissner, Boris/Veiter, Theodor (Hrsg.): Das Potsdamer Abkommen und die Deutschlandfrage. II. Teil. Wien 1987. S. 179–195.

Uschakow, Alexander: Die Ostverträge in östlicher Sicht. In: Institut für internationales Recht an der Universität Kiel (Hrsg.): Ostverträge – Berlin-Status, Münchner Abkommen, Beziehungen zwischen der BRD und der DDR (Symposium) Hamburg 1971. S. 91–96.

Uschakow, Alexander: Jalta und die polnische Frage. In: Blumenwitz, Dieter/Meissner, Boris (Hrsg.): Die Überwindung der europäischen Teilung und die deutsche Frage (Bd. 4 der Staats- und völkerrechtlichen Abhandlungen der Studiengruppe für Politik und Völkerrecht). Köln 1986. S. 33–46.

Uschakow, Alexander: Stalins Anteil an der Entstehung der Oder-Neiße-Linie. In: Klein, Friedrich/Meissner, Boris (Hrsg.): Das Potsdamer Abkommen und die Deutschlandfrage. I. Teil. Wien 1977. S. 67–90.

Verdross, Alfred/Simma, Bruno/Geiger, Rudolf: Territoriale Souveränität und Gebietshoheit. Zur völkerrechtlichen Lage der Oder-Neiße-Gebiete. Bonn 1980.

Vierheller, Viktoria: Polen und die Deutschlandfrage 1939–1949. Köln 1970.

Vorstand der SPD (Hrsg.): Das Problem der Oder-Neiße-Linie. Bonn 1947.

Wagner, Oskar: Der slawische Vorstoß nach dem deutschen Osten. Ulm 1956.

Wagner, Wolfgang: Die Entstehung der Oder-Neiße-Linie in den diplomatischen Verhandlungen während des II. Weltkrieges. 3. Aufl. Marburg 1964.

Wagner, Wolfgang: Eden und die Oder-Neiße-Linie. In: Außenpolitik VI/1955. S. 714–721.

Wandel, Paul: Wie es zur Oder-Neiße-Grenze kam. 2. Aufl. Berlin (Ost) 1955.

Warburg, James P.: Germany – Bridge or Battleground. New York 1946.

Wiewióra, Bolesław: The attitude of the German Federal Republic to the frontier on the Oder and Lusitian Neisse. In: Polish Western Affairs 6/1965. S. 25–58.

Wiewióra, Bolesław: The Polish-German Frontier in the Light of International Law. Posen 1964.

Wilpert, Friedrich von: Das Oder-Neiße-Problem. Eine europäische Aufgabe. 2. Aufl. Leer 1969.

Winiewicz, J. M.: The Polish-German Frontier. London/Edinburgh/Glas gow 1944.

Wippermann, Wolfgang: Der 'deutsche Drang nach Osten'. Ideologie und Wirklichkeit eines politischen Schlagwortes. Darmstadt 1981.

Wiskemann, Elizabeth: Germany's Eastern Neighbours. Problems relating to the Oder-Neisse line and the Czech frontier regions. London 1956.

Wojciechowski, Zygmunt: The Left Bank of the Oder. In: Instytut Zachodni (Hrsg.): Poland's Place in Europe. Posen 1947. S. 421–452.

Wojcik, Andrzej J.: The Teheran Conference and the Odra-Nisa Boundary. New York 1959.

Wolfgramm, Eberhard: Die Entstehung der Oder-Neiße-Grenze. Stuttgart 1948. (Mschr.)

Woodward, Llewellin: British Foreign Policy in the Second World War. 5 Bde. London 1962–76.

Zayas, Alfred M. de: Die Anglo-Amerikaner und die Vertreibung der Deutschen. Vorgeschichte, Verlauf, Folgen. 6. erw. Aufl. München 1981.

Zayas, Alfred M. de: Die deutschen Vertriebenen. Keine Täter – sondern Opfer. Hintergründe, Tatsachen, Folgen. Graz 2006.

Zeidler, Manfred: Kriegsende im Osten. Die Rote Armee und die Besetzung Deutschlands östlich von Oder und Neiße 1944/45. München 1996.

Zernack, Klaus: Deutschlands Ostgrenze. In: Demandt, Alexander (Hrsg.): Deutschlands Grenzen in der Geschichte. 2. verbess. u. erw. Aufl. München 1991.

Zieger, Gottfried: Berliner Erklärung und Potsdamer Abkommen. Auswirkungen auf den Fortbestand Deutschlands. In: Blumenwitz, Dieter/Meissner, Boris (Hrsg.): Die Überwindung der europäischen Teilung und die deutsche Frage (Bd. 4 der Staats- und völkerrechtlichen Abhandlungen der Studiengruppe für Politik und Völkerrecht). Köln 1986. S. 47–64.

Zieger, Gottfried: Die Teheran-Konferenz 1943. Hannover 1967.

Zieger, Gottfried/Meissner, Boris/Blumenwitz, Dieter (Hrsg.): Deutschland als Ganzes. Rechtliche und historische Überlegungen. Köln 1985.

Zielinski, Henryk: Conceptions of the Polish Western Frontier. In: Polish Western Affairs 9/1968.